한자 속의 중국 문화

한자 속의 중국 문화

이해원

고려대학교출판부
KOREA UNIVERSITY PRESS

서문

한자가 安陽안양에서 출토된 갑골문에서 유래했다는 것이 정설이었지만, 이보다 앞선 遼河요하 문명에서 한자의 기원이 되는 문자가 새겨진 도기가 발견되었다. 안양은 동이족이 살던 지역과 접해 있고, 요하 문명은 고조선이 활동 무대였던 만주 땅에 속한다.

중국은 최근 중국 문명의 시원을 요하 문명으로 수정하고 이 요하 문명이 중원 문명에 영향을 끼쳤다고 했다. 그렇다면 한자는 중국인만 사용한 글자였을까? 한반도로 흘러들어 갔을 가능성도 있지 않았을까?

20세기에 접어들어 중국 정부는 쓰기 복잡한 한자의 획수를 줄이는 간화를 실시했다. 심지어 병음만으로 한자를 대체하려는 움직임도 있었다. "중국은 크다"는 한어 '中國很大'를 'Zhongguo hen da'로 쓰는 것이다. 세종대왕은 일반 백성들이 배우고 쓰기 어려운 이런 한자를 간단한 기호로 표기하여 한글을 창조했다. 한어병음과 한글의 기호는 한자를 표기하는 방법에 있어서는 별반 다를 바가 없다.

나라 國국 자의 변천 과정을 보면, 중국과 우리나라의 한자가 뿌리는 같되 사용법이 다르다는 것을 알 수 있다. 胛骨'갑골, 金文금문을 거친 뒤 마지막 '국'은 한자를 우리 음으로 표기한 것으로 소리글자인 한글 창제의 독창성이 드러난다.

언어는 자음과 모음으로 이루어진 집합체이다. 뿌리 깊은 한자는 동아시아 공통의 문자다.

"중국은 세계의 반쪽이다."

이 말은 서구 중심주의에서 벗어난 사고에서 나온 결과다. 물론 우리나라와 일본도 세계의 반쪽에 속한다. 사실은 반쪽의 일부지만. 서구 중심의 기준으로 볼 때 일본을 제외한 중국과 우리나라는 아직은 선진국이 아니다. 동아시아를 구성하는 이 세 나라는 역사적으로 깊은 관계를 맺고 있지만 문화와 풍속은 제각기 다르다. 초강대국으로 급부상한 중국, 이미 선진국인 일본, 그리고 그 중간에 위치한 한국의 미래는 과연 어떠한가? 외부의 간섭 없이 큰 눈치를 보지 않고 독자적인 행보를 내딛으면서 생존해 갈 수 있을 것인가? 그리고 아직도 해결하지 못하고 있는 북한 문제를 원만하게 처리하면서 한반도에 평화와 안전을 꾀하고 세계의 미래를 이끌 동반자로서 공동의 번영을 이룩할 수 있을까? 해답의 열쇠는 중국에 있다.

세계적인 화학자이자 중국과학사를 집대성한 영국의 조지프 니덤(Joseph Needham)은 15세기까지 세계 최강국은 중국이었다고 했다. 그때까지 중국은 외국으로부터 들여올 것이 없을 정도로 선진 문명을 자랑했다. 15세기 초반에 명나라는 상대적으로 엄청나게 큰 배와 많은 수의 선원들을 인도양, 아프리카까지 파견했다. 이에 비하면 아메리카를 발견한 콜럼버스의 두 척의 배, 바스코 다 가마와 마젤란이 이끈 배는 조족지혈이다. 이론화되지 못한, 중국의 무수한 과학 발명품들은 필요성 부재와 동기 부여의 결핍으로 동력을 잃고 후대에 계승 발전되지 못하고 사장되었다. 중국은 자만에 빠져 서구 열강이 개항을 요구하면 먼저 황제에게 예의를 갖추는 방법부터 외국 사절에게 가르쳤다. '三跪九叩삼궤구고'는 무릎을 꿇고 머리가 땅에 닿도록 절을 세 번 반복하는 것을 말한다.

'지피지기 백전백승'이라는 병법을 만든 손자의 나라 중국은 그 후손이 이론을 실천에 옮기지 않아 서구열강에게 패했다. 한낱 황제의 눈요기를 위한 불꽃놀이에 사용되었던 화약이 장전된 폭죽은 서구에서 업그레이드 되어 중국으로 되돌아왔다. 중국에는 과학적 발명을 이론화해 확대 재생산하는 시스템이 부재했다. 게다가 서양 세계에 대한 무지로 오히려 그들이 쏜 함대의 대포알에서 폭발한 화약에 맥없이 무너졌다.

1919년 5 · 4운동은 당시에 중국이 서구열강에 의해 자존심에 큰 상처를 입고 국난 위기에 봉착한 것이 근본 원인이었다. 21세기에 이르러 5 · 4운동의 구호였던 민주와 과학 가운데 과학 분야에서는 일정 수준에 도달했다. 개혁 개방 초기에 서구 선진국의 투자와 기술력을 받아들이면서 겸손한 자세로 자국에 부족한 과학기술을 수용하였다. 세계 각국에 많은 혜택을 주면서 중국 내에 공장 설립을 허가하고 행정절차를 간편하게 하여 경제 건설에 필요한 외화를 유치했다.

근면 성실한 중국인은 선진국을 본보기로 삼아 배우면 언젠가는 과거의 영광을 되찾을 것이라는 희망을 안고 그날만을 손꼽아 기다렸다. 경제 발전을 정부 시책의 최우선으로 하고 국가 경제력을 강화하였다. 다른 한편으로는 유엔회원국 가운데 대만보다 더 많은 국가의 지지를 받아 유엔에 가입해 대만을 국제사회에서 고립시키고, 국제무대인 올림픽에서 메달 수를 늘려 나갔다. 2008년 하계올림픽을 성공적으로 치렀고, 대기권 밖으로 인공위성을 쏘아 올렸으며, 자기부상 열차를 가동했고, 자동차도 생산하여 지금은 수출도 하고 있다. 첨단과학에 대한 투자와 연구열이 높아지면서 이제 중국은 세계무대에서 중요한 국가로 등장하였고 세계 각국의 주목을 받는 정도가 아니라 초강대국에 위협을 줄 정도로 급성장했다. 경제 성장의 원동력인 원자재를 세계로부터 빨아들이는 블랙홀이 되었고, 세계의 공장이나 기업을 인수하면서 영향력을 넓혀 나갔다. 그렇다면 중국은 과연 어떤 나라인가?

첫째, 중국은 세계의 반쪽이다.

동양과 서양으로 이루어진 세상의 반쪽은 중국이다. 서양인의 눈에는 동양은 중국이다. 한국인이나 일본인을 중국인으로 착각한다. 일본이 탈아시아적 선진국이라면 중국은 동양의 중심이다. 땅이 넓고 인구가 많다. 규모가 크고 엄청난 물량 공세가 가능하다. 전 세계의 어느 나라에도 차이나타운은 있다.

지구에 사는 사람 가운데 네 명 중 한 명은 중국인이라고 한다. 동남아시아에 오래전부터 중국인들이 살기 시작했다. 오스트레일리아를 먼저 발견한 사람이 영국의 제임스 쿡이 아니라 동남아에 진출한 중국인이라는 주장도 있다. 550년 전 명나라 때 鄭和정허가 이끄는 함대가 아프리카 동해안까지 진출하였고, 지금도 그 후손들이 대를 이어 살고 있다. 이제 중국인은 세계 어느 곳에서도 볼 수 있다. 미국인은 돈벌이와 전쟁 수행 때문에 전 세계를 누빌 뿐 그곳에 살러 가거나 영원히 눌러 앉지는 않는다. 세계 곳곳에 사는 이주 민족 중에 중국인이 가장 많다. 만주, 시베리아, 하와이로 끌려갔어도 모질게 살아남은 한민족도 있지만 전 세계에 차이나타운이 없는 곳이 있을까? 히말라야, 사하라 사막, 남극에서도 중국음식을 먹을 수 있다. 전 세계 화교 네트워크를 하나로 연결시킨다면 엄청난 파워가 발생할 것이다. 규모의 경제력이다.

둘째, 중국은 음양의 나라다.

중국인은 중용을 중시한다. 이중적인 동시에 탄력적인 사고방식으로 정신이 무장되어 있다. 어느 한쪽으로 기우는 법이 없다. 유가가 삼년상을 치러야 한다고 하면 묵가는 그것이 지나치게 형식적이고 비현실적이라고 반대했다. 유가가 수신제가치국평천하를 선비의 자세라고 주장하면 노자와 장자는 입신출세를 비판하며 자연에 순응해서 살아야 한다고 주장하면서 인위적 가식을 반대했다. 유가가 왕도정치를 내세울 때 법가는 德治덕치가 비현실적이라고 배척하며 법치와 형벌을 중시했다. 진시황제가 법치로 중국을 통일했다. 당나라의 통치이념은 유가사상이지만 황제는 도교를 신봉했다. 부모에 대한 효와 국가에 대한 충성을 강조했지만 다른 한편으로 개인의 삶은 도교 사상 기반 위에 세워졌다. 새옹지마란 속담처럼 중국인의 일상생활은 음과 양의 관계와 같다. 음은 곧 양이 되고, 양은 곧 음이 되는 영원한 반복의 연속이다. 이것은 정적인 것이 아니라 동적으로 쉴 새 없이 돌고 도는 순환이론에 기초하고 있다. 지나침은 미치지 못함과 같다는 과유불급에서 중용의 도가 파생되었다. 이런 중용 정신에서 중국인만의 독특한 처세술이 발달했다.

동전은 쉽게 뒤집을 수 있다. 중간의 선택은 중도이고 중용이다. 남에게 해를 입히지 않고 자신도 손해 보려고 하지 않는다. 피와 벼를 구별하지 못할 때는 벼가 어느 정도 자랄 때까지 기다린다. 그때쯤이면 피가 눈에 잘 보인다. 이때 피를 뽑아 버리면 된다. 튀면 죽는다. 毛澤東마오쩌둥이 정치권력을 장악할 때 이 방법을 사용하여 정적을 제거했다. 그래서 중국인은 원만해 보인다.

셋째, 중국은 젓가락 문화다.

젓가락은 두 개가 한 벌이다. 너와 내가 같이 있어야 먹고 산다. 젓가락 한 짝으로는 요리를 집을 수 없다. 기름에 볶은 요리를 찌르면 튀어서 남에게 실례가 된다. 關係관시를 중시한다. 동양인이 서양인과 다른 점은 자신보다 남을 먼저 의식한다는 것이다. 그래서 體面티멘을 중요시한다. 남에게 명분을 먼저 만들어 주고 자신은 실리를 챙긴다.

중국 젓가락 快子콰이쯔는 가늘고 길지만 둥글다. 접시도 식탁도 둥글다. 네모진 땅에서 싸우던 사람도 둥근 식탁에 앉으면 달라진다. 상석이 따로 없다. 입이 데일 정도로 뜨거운 차를 마시려면 차가 식을 때까지 기다려야 한다. 숨을 고르며 마음을 안정시킬 시간의 여유가 생긴다. 요리가 나올 때까지 기다리면 화가 누그러진다. 기름에 볶은 요리가 나온다. 서로 둥근 원판을 옆 사람에게 "請칭"하면서 권한다. 계속 기름에 튀긴 요리가 나온다. 기름은 윤활유이다. 기름에 볶고 튀긴 음식이 목구멍으로 넘어갈 때 서로에 대한 적개심도 함께 삼켜 버린다. 술이 나온다. 서로 눈을 마주보고 두 손으로 바쳐 든 술을 한 모금 입에 털어 넣으면 속이 따뜻해지면서 얼음처럼 얼었던 적개심도 슬슬 녹기 시작한다. 술 석 잔 마시면 好하오다. 이것이 중국인의 처세술이다.

다섯째, 중국은 세계의 공장이다.

미국에서 중국산 제품 없이 살아보자고 버티어도 한 달을 견디지 못한다. 중국 시장은 현재형이 아닌, 가능성과 잠재력이라는 미래의 언어로만 존재했다. 이런 중국에 갑작스런 변화가 일어나기 시작했다.

2008년 1월 스위스 다보스에서 열린 세계 경제포럼에서 세계적인 경영

컨설팅사인 액션츄어 인터내셔널 회장 비스콘티(Visconti)는 앞으로는 선진국의 독주가 끝나고 개발도상국 등 신흥 시장의 도약이 두드러질 것으로 전망하고 이런 세상을 그는 '다극화 세계'(multi-polar-world)라고 명명했다. 아시아, 아프리카, 동유럽, 중남미의 신흥 시장들이 활기를 띠면서 글로벌 경제의 지형도가 바뀐 현상을 반영하였다.

신흥 시장이 급부상한 이유로 비스콘티 회장은 경제력 확대에 따라 자본, 인재, 소비자, 혁신적 아이디어가 풍부해졌고, 지원과 원자재 확보 경쟁도 자원 부국인 일부 신흥 시장에 날개를 달아 줬다는 점을 들었다.

비스콘티 회장은 다극화 세계를 설명하기 위한 이상적인 국가로 한국을 예로 든다. 다극화 시대의 새로운 챔피언인 삼성이나 LG 같은 다국적 기업들을 한국이 배출했기 때문이다. 그러나 세계적인 베스트셀러《메가트렌드》의 저자 존 네이스비트(John Naisbitt) 중국 南開난카이 대학 교수는 한국이 살아남기 위해서는 적자생존의 논리를 철저히 따라야 한다면서 한국 기업들은 외국 기업들과 무한경쟁을 통해서만 생존할 수 있다고 전망했다.

네이스비트 교수는 아시아 메가트렌드 중 중국을 강조한다. 중국을 배우고 중국을 주시하고 중국 기업과 손잡아야 한다고 충고한다. 중국 예찬론자로 유명한 그는 하루 서너 시간씩 100여 개가 넘는 중국의 지방 신문들을 읽으며 '혁명적 변화'를 감지하고 있다고 한다. 그는 모든 거대 현상의 출발점은 로컬 현상이라며 특히 중국 지방 곳곳에서 혁신적인 지성인들과 예술가들이 창조적 에너지를 폭발시키며 변화를 일으키는 버텀 업(buttom-up) 현상이 무섭다고 말했다.

2008년 새해 첫 달 스위스 다보스에서 열린 포럼에서 각국은 미국 서브프라임 모기지(비우량 주택담보 대출) 사태로 인한 신용 경색 파장이 세계 경제를 불황으로 몰고 갈 것인지에 대해 토론을 벌였다. FRB(미국의 연방준비제도이사회)가 거품을 키워 사태가 커졌다는 비판의 목소리도 컸다고 한다. 세계 각국의 회의 참석자들은 주택 시장과 증시에 끼어 있는 자산 거품을 해소하려는 경제 운용을 미국 정부가 제대로 하지 못했다고 비판하면서 이런 미국

경제의 하강 무드는 계속될 것이라고 전망했다. 미국 대신 브라질 · 러시아 · 중국 · 인도 같은 신흥 경제국이 세계 경제 성장을 떠받칠 것이고, 중국은 미국의 신용 경색에도 불구하고 성장을 계속할 것이라고 중국 경제 관련자가 전망했다.

여섯째, 중국인은 장사에 능하다.

중국인은 돈을 중시한다. 체면과 돈, 어느 것을 택하라면 중국인은 돈을 먼저 택한다. 문화대혁명을 겪으면서 똑같이 일하고 똑같이 나누어 가졌다. 너와 나는 모두 똑같아졌지만 본능적 욕망은 끝이 없는 것이다. 택시 운전기사가 대학 교수보다 더 많은 현찰을 손에 쥐면서, 미국인과 일본인의 관광 안내를 하면서 팁으로 달러와 엔화의 위력을 맛보고 나서 달라졌다. 돈맛을 알기 시작하면서 힘이 있을 때 더 많은 돈을 벌고 싶어졌다. 체면도 중요하지만 돈이 더 좋아졌다. 국가지도자가 나라의 문호를 활짝 열어젖히니 덩달아 시골의 중국 사람도 한국 관광객 뒤를 쫓아다니면서 張家界장자제에서 "두 개, 천 원!"이라고 외쳐 댄다.

돈에 취해서 각종 부패가 발생한다. 돈 되는 일이면 매혈도 마약도 매춘도 공금횡령도 사기도 불사한다. 그러나 통제는 허술하다. 너무 넓은 데다 사람이 많은 탓도 있지만 더 큰 문제는 문화가 없기 때문이다. 봉건제도를 무조건 나쁘다고 무너뜨리고 만민은 평등하다는 새로운 주의가 도입되면서 권력 투쟁으로 수많은 사람들이 희생되었다. 공산주의라는 이질적인 이데올로기가 수천 년 이어져 온 유교 문화를 대체하면서 정치적 권리와 생활수준의 차이가 없어지고 발전은 정체됐다. 중국은 현재 공산주의 국가가 아니다. 그렇다고 서구와 같은 자본주의 국가도 아니다. 그러나 시장경제는 자본주의식이다. 그렇다면 정신은 어떨까? 과거 봉건사회의 가치관과 세계관을 지녔을까? 홍위병이 반동분자로 몰아세우고 아버지뻘 되는 어른을 구타하고 심지어 무참하게 죽였다. 지금 중국을 이끌고 있는 세대가 바로 그들이다. 공산주의도 사라지고 없고 자본주의에 물든 현대 중국인은 과연 어떤 가치관을 가지고 있을까?

중국에는 지금도 매일같이 백만장자가 생겨나고 있다. 농촌을 버리고 도시로 달려가고 있다. 그에 따라 경제 발전의 빠른 속도만큼 농촌의 인구는 줄어들고 농촌은 황폐해져 도시와 농촌은 심한 불균형을 이루고 있다. 소득의 현격한 차이는 중국을 위협하는 심각한 문제다. 상대적으로 경제가 낙후된 농촌의 인구가 도시로 유입되면서 과밀해진 도시에 각종 문제가 발생하여 큰 대가를 치르고 있다.

과학과 민주를 기준으로 서양을 따라잡겠다는 중국은 현재 과학에 초점을 맞추고 질주하고 있다. 성장을 우선시하다 보니 환경 파괴니 대기오염이니 다 무시한다. 경제성장률이 높아질수록 환경오염 문제는 더욱 심각해질 것이다. 성장 일변도는 이미 시작됐다. 가진 자와 못 가진 자의 격차가 심화되면서 상대적 박탈감이 더욱 커졌다. 주식을 너도나도 사고 있다. 주식에 맛들인 중국인은 증권투자에 열을 올리고 있다. 부동산 값은 엄청 올랐다. 상하이의 집값은 우리나라 못지않다. 우리나라 인구만큼의 중국의 인구가 우리나라의 상류층과 같은 수준 혹은 그 이상의 부자들이다.

"중국이 기침을 하면 우리는 감기가 든다."

중국에 투자한 한국인이 많다. 세금 혜택을 받아 공장을 세우고 인건비가 싼 중국 노동자를 고용한 한국 중소기업이 중국에 많이 살고 있다. 부동산에 투자한 한국인도 많아졌다. 인천 부두에서 배를 타고 중국을 오가는 보따리 장사는 이제 옛날 얘기다. 중국의 위안화 가치가 높아지면서 중국 펀드에 투자하는 한국인이 많다. 중국 증권 시장의 오르내림에 따라 한국인의 희비 쌍곡선이 덩달아 춤을 춘다. 중국이 감기가 들면 한국은 재채기부터 하기 시작한다.

급속한 경제성장으로 인한 많은 문제점을 안고 있는 중국이지만 중국과 무역을 하는 한국 기업 열 곳 중 일곱은 중국의 기술 경쟁력이 3년 내에 한국을 추월할 것으로 예상했다. 또한 곧 체결될 한 · 중 FTA(자유무역협정) 이후 중국으로부터의 수입이 중국으로의 수출보다 늘 것으로 예상된다. 중국의 기술력과 가격 경쟁력이 우리나라 기업에 큰 위협이 된다는 것이다. 중국과 우리나라 두 나라의 공동 발전을 위한 윈윈 전략이 필요할 때이다.

지도 밖의 중국 속으로 여행을 해 보자. 이 책은 인접국이자 경쟁국인 중국에 대한 지침서 역할을 할 것이다. 중국에 대한 올바른 이해와 상호교류는 한국의 미래와 직결된다. 흔히 '知彼知己지피지기 百戰百勝백전백승'이라는 말을 하지만, 실은 '知彼知己지피지기 百戰不殆백전불태'다. 몇몇 분야에서는 한국이 중국을 앞서 있지만 그 반대도 성립된다. 긴 안목으로 볼 때 중국이 지난 20년간의 속도로 계속 경제성장을 지속한다면 한국이 모든 면에서 중국을 훨씬 능가한다는 것은 불가능하다. 우리의 삶속에 깊숙이 들어온 중국, 중국 없인 하루도 살 수 없게 된 우리. 미국이 재채기하고 일본이 기침을 하며 중국이 감기라도 걸리면 우리는 자리에 드러눕는다. 병에 걸리면 약을 먹으면 낫지만, 최선의 방책은 병을 미리 예방하는 것이다. 적을 잘 알면 나라가 위태롭게 되지 않는다. 적을 알면 적의 공세에 대처할 수 있는 방안이 나온다. 만반의 준비를 철저하게 할 수밖에 없다. 지난 역사가 이를 증명했다.

세계 4대 경제대국이 된 중국, 미국 전역에 깔린 월마트 판매대에 가득 쌓여 있는 1달러짜리 메이드 인 중국. 북한산 석탄을 국제 시세의 4분의 1 가격으로 공급받고 있는 중국, 북한 핵 문제의 키를 쥐고 있는 중국, 6·25전쟁에 참전했던 중국, 종전이 아닌 휴전인 한반도 문제에 깊이 관련된 중국, 四海사해의 중심은 중국이고 그 밖은 오랑캐라고 여기는 중국, 오랑캐 땅이었던 몽골과 만주족에게 나라를 몽땅 빼앗겼던 역사를 자국사에 편입시킨 중국, 철도를 놓고 티베트도 잘살게 됐다고 선전하며 중국 땅이라고 프로파간다를 외치는 중국, 선진국만의 전유물이었던 올림픽을 통해 국제사회에서 이미지를 개선하고 경제 발전을 과시하려는 중국, 소수민족의 민속관을 몽땅 한자리에 모아놓은 빅브라더 중국, 내란의 주범인 수단의 다이푸르에 무기를 팔아먹는 중국, 급속한 경제발전으로 대기권에 쏘아올린 인공위성처럼 높아지는 심지어 이성을 잃어 가는 애국주의 중국.

반면에 자존심을 잃고 잠자다가 굴기하여 세계의 반쪽이라고 목소릴 높이고 있지만 여전히 세계의 반쪽뿐이라는 현실을 냉정하게 받아들여야 하는 중국, 경제발전으로 강대해진 국력 덕분에 강대국 대열에 올라선 중국, 백성들의 삶의 질은 아직 선진국 수준에 못 미치고 도시와 농촌의 빈부의 격차가 극심한 중국.

국가의 생명은 언어다. 언어가 없으면 정신도 없다. 언어는 문화의 기초다. 중국은 우리의 무엇인가? 중국인도 한국인도 일본인도 한자를 쓴다. 그러나 한자를 사용하는 세 나라의 문화는 다르다. 너와 내가 다르므로 충돌한다. 이웃하는 세 나라의 공통은 한자다. 동아시아는 한자 왕국이다. 그래서 공존하면서 자국의 안전과 상호 평화를 구축할 수 있다.

漢字한쯔는 중국인의 뇌이자 피다. 한자는 한 권의 중국 문화사이자 동아시아 공통의 문화다. 그래서 한자는 중국을 이해하는 첫걸음이자 동시에 중국을 극복하는 첩경이자 우리나라의 정체성을 확인하는 현주소다.

이 책은 하나의 단어에 대해 기술하고 그 내용 중에 다음 주제가 될 만한 단어를 선택해 기술하는 방법으로 씌어졌다. 꼬리에 꼬리를 무는 작은 주제들의 연속이라고 할 수 있다. 본문에서 한자의 중국어 발음은 고딕체, 한국어 발음은 명조체로 표기하여 발음상의 혼동을 피했다. 아무쪼록 이 책이 중국이라는 거대한 나라를 이해하는 소소한 밑거름이라도 되길 바란다.

2009년 11월

이해원

차례

서문	5	
짱꼴라 · 講過了	19	讲过了 · 장궈러
고려 · 高麗	20	高丽 · 가오리
한자 · 漢字	23	汉字 · 한쯔
간체자 · 簡體字	27	简体字 · 젠티쯔
병음 · 拼音	30	拼音 · 핀인
사전 · 辭典	34	辞典 · 츠덴
북경어 · 北京話	36	北京话 · 베이징화
친구 · 朋友	39	朋友 · 펑요우
대지약우 · 大智若愚	44	大智若愚 · 다즈루오위
똑같다 · 差不多	48	差不多 · 차부두오
한어 · 漢語	52	汉语 · 한위
범저 · 范雎	55	范雎 · 판쥐
채택 · 蔡澤	60	蔡泽 · 차이저
삼협 · 三峽	66	三峡 · 산샤
댐 · 壩	72	坝 · 바
방점 · 傍點	74	傍点 · 팡덴
일 · 一	76	一 · 이
칠 · 七	80	七 · 치
옥 · 玉	87	玉 · 위
문경지교 · 刎頸之交	90	刎颈之交 · 원징즈자오
십 · 十	92	十 · 스
상 · 上	92	上 · 상
하 · 下	94	下 · 샤
무 · 无	95	无 · 우
아 · 亞	97	亚 · 야
서 · 西	98	西 · 시

이 · 二	99	二 · 얼
삼 · 三	101	三 · 산
정화 · 鄭和	108	郑和 · 정허
아편 · 阿片	118	阿片 · 아펜
에이즈 · 愛滋病	123	爱滋病 · 아이쯔빙
탁자 · 拆字	127	拆字 · 차이쯔
사 · 四	131	四 · 쓰
오 · 五	135	五 · 우
육 · 六	139	六 · 리우
먹다 · 吃	142	吃 · 츠
전족 · 纏足	144	缠足 · 찬주
제갈량 · 諸葛亮	146	诸葛亮 · 주거량
유월설 · 六月雪	148	六月雪 · 류위에쉬에
평요 · 平遙	151	平遥 · 핑야오
일승창 · 日升昌	154	日升昌 · 르성창
양 · 羊	156	羊 · 양
팔 · 八	157	八 · 파
방언 · 方言	167	方言 · 팡옌
민남어 · 閩南語	170	闽南语 · 민난위
관화 · 官話	174	官话 · 관화
문자통일 · 文字統一	176	文字统一 · 원쯔퉁이
요하 · 遼河	178	辽河 · 라오허
체면 · 體面	182	体面 · 티멘
느리다 · 慢慢的	184	慢慢的 · 만만디
백만장자 · 大富翁	185	大富翁 · 다푸웡
영어 · 英語	187	英语 · 잉위
부인 · 愛人	192	爱人 · 아이런
한류 · 韓流	194	韩流 · 리우
상해 · 上海	198	上海 · 상하이
폭동 · 暴動	202	暴动 · 바오둥
주식 · 股票	204	股票 · 구퍄오

올림픽 · 奧運會	206	奥运会 · 아오윈후이
자원 · 資源	210	资源 · 쯔위안
환경오염 · 環境汚染	211	环境污染 · 환징우란
광동 · 廣東	212	广东 · 광둥
소황제 · 小皇帝	213	小皇帝 · 샤오황디
술 · 酒	215	酒 · 지우
만두 · 餃子	222	饺子 · 쟈오쯔
철밥통 · 鐵飯碗	224	铁饭碗 · 테판완
조선 · 朝鮮	225	朝鲜 · 차오셴
조선족 · 朝鮮族	227	朝鲜族 · 차오셴쭈
세계유산 · 世界遺産	229	世界遗产 · 스제이찬
풍경 · 風景	243	风景 · 펑징
설날 · 春節	244	春节 · 춘제
중국 · 中國	246	中国 · 중궈
소수민족 · 少數民族	256	少数民族 · 사오수민쭈
크다 · 大	259	大 · 다
광 · 廣	263	广 · 광
말 · 馬	268	马 · 마
흉노 · 匈奴	273	匈奴 · 숑누
많다 · 多	282	多 · 두오
국민성 · 國民性	286	国民性 · 궈민싱
화평굴기 · 和平崛起	288	和平崛起 · 허핑쥐에치
골동품 · 骨董品	289	骨董品 · 구둥핀
대만 · 臺灣	290	台湾 · 타이완
패권 · 覇權	293	霸权 · 바취안
동북공정 · 東北工程	295	东北工程 · 둥베이궁청
손자병법 · 孫子兵法	299	孙子兵法 · 쑨쯔빙파
	300	맺음말

짱꼴라
講過了
讲过了
장궈러

비단 장수 왕서방이 한양의 광화문 네거리에 나타났다. 비단옷을 입은 중국인을 처음 본 한양 시민들은 신기한 시선으로 "너 어디서 왔냐?", "네 이름이 뭐냐?"고 물었다. 눈치를 살피며 왕서방은 "我姓王워싱왕"이라고 했다. 그러자 조선 사람은 "뭐라고 하는 거야?" 다시 이름이 뭔지 물었다. 왕서방이 귀찮다는 듯 큰소리로 "**장궈러**"라고 했다. **장궈러**는 이전에 이미 말했다는 뜻이다.

왕서방은 이미 말했는데 왜 자꾸 묻느냐고 투덜댔던 것이다. 그러자 조선 사람이 "아, 짱꼴라", "너 이름이 짱꼴라구나!"라고 여기고는 "어이! 짱꼴라, 비단 한 필에 얼마냐?"라고 물었다. 비단 두루마리를 겨드랑이에 낀 조선 사람들은 이내 뿔뿔이 흩어졌다. 그래서 사람들은 중국 사람을 짱꼴라라고 부르게 되었다. 왜 중국인을 그렇게 부르냐고 물어 보면 모두들 남들이 그렇게 말하더라고 한다. 지금도 왜 중국인을 그렇게 부르는지 모른다.

왕서방이 이듬해에 또 한양에 왔다. 때마침 저녁 식사 시간이 좀 지난 시간이었다. 청진동 거리를 걷던 왕서방이 해장국 집에서 막 나오는 조선 사람 앞에 멈춰 섰다. 你好니 하오? 지난 번 비단을 산 사람을 알아본 것이다. 吃飯了嗎츠판러마? 빠른 중국어로 갑자기 뱉어내는 이 말에 조선 사람이 화를 냈다. 吃츠라는 음이 **쓰**로 들렸기 때문이다. 이 친구, 보자마자 욕이야!

조선 사람이 일본인의 감시를 피해 돈을 벌기 위해 만주행 기차에 몸을 실었다. 무순 탄광에서 석탄 캐는 일을 중국인들과 함께 하게 되었다. 중노동 일을 하는 하층 노동자를 쿨리(cooly)라고 하는데 중국어로는 苦力쿠리라고 부른다. 조선 사람은 중국인 노동자를 쿨리라고 불렀다. 힘든 탄광 일은 하루하루가 고생의 연속이었다. 생활도 말이 아니어서 삶은 국수에 콩 죽을 버무린 炸醬麵자장몐 같은 간단한 음식으로 허기진 배를 채웠다. 석탄가루를 뒤집어쓰기 일쑤여서 옷도 더러워지고 얼굴도 새까맣게 변해 씻어도 잘 지워지지 않았다. 게다가 사소한 일로 중국인과 다투게 되어 서로 사이가 나빠졌다.

그래서 더럽다는 뜻의 髒짱을 앞에다 붙여서 중국인을 **짱쿠리**라고 부르며 놀려댔다. 이 말이 와전되어 **짱꼴라**가 되었다고 하는 사람도 있다. 과거에는 중국인이 한민족을 高麗幇가오리방이라고 불렀는데 고려 사람들의 무리를 가리키는 말로 욕은 아니라고 한다. 아마도 이 호칭이 변해서 **가오리방즈**가 된 것이 아닐까?

고려
高麗
高丽
가오리

한반도에서 온 조선의 시골 사람을 중국 사람들은 高麗가오리라고 불렀다. **가오리**가 중국 서당에 갔다. 《천자문》, 《소학》, 《논어》, 《맹자》 등을 가르치고 있었다. 《三字經삼자경》을 가르치는 반의 수업 광경을 창을 통해 들여다보았다. 迨至隋다이즈수이, 一土宇이투위, 不再傳부짜이취안, 失統緖스퉁쉬. 모두 세 글자씩 끊어서 스승을 따라 크게 암송했다. '迨至隋'—마침내 수나라에 이르러, '一土宇'—천하는 하나의 나라로 통일되었으나, '不再傳'—왕위가 거듭 전수되지 못하고, '失統緖'—왕통의 계승을 잃었다. 왜 왕위 계승이 오래 이어지지 못하고 수나라는 멸망했을까?

서점에 가서 중국역사책을 샀다. 인민출판사에서 출판한 范文瀾범문란의 《中國通史簡編중국통사간편》, 제3편, 제1책, 수나라에 관한 설명을 펼쳐보았다. 대략 다음과 같이 씌어 있다. "고구려에 대한 세 차례에 걸친 전쟁으로 수나라는 급속히 붕괴했다. 침략 전쟁으로 대규모의 농민 동원은 수나라의 멸망을 가속화시켰다. 수양제의 고구려 정벌이 실패로 돌아가자 농민들은 조정의 실정에 반기를 들고 起義기의를 일으켰고 결국 수나라는 멸망했다."

중국을 통일한 수나라가 왜 동쪽의 자기보다 작은 나라인 고구려를 공격했을까? 중국인은 어릴 때부터 중국은 四海쓰하이의 중심이고 그 주변은 四夷쓰이라는 오랑캐가 살고 있으며 위대한 문명국인 중원 땅의 중국이 항상 그들을 보살펴 주고 그들은 중국을 받들고 조공을 바쳐 충성을 다했다고 가르쳤다. 이런 수나라가 대규모 군대를 총동원하여 쓰이 가운데 하나로 여긴 고구려를 공격하였고, 그것도 한 번이 아니라 여러 차례 공격하였는데도 오늘날 일부 중국의 학자나 단체가 고구려를 일개 지방정권에 불과했다고 주장한다.

王仲犖왕중로의 《隋唐五代史수당오대사》를 꺼내어 읽어 보니 다음과 같이 서술되어 있었다. "수문제는 598년 2월에 고구려의 왕이 만여 명의 군사를 이끌고 요서, 지금의 朝陽차오양을 공격하였기 때문에 육군과 수군 30만 명을 징발하여 반격했다. 수양제는 611년에 고구려 공격 명령을 하달했다. 전쟁의 성격상 수양제의 고구려 출병은 침략성이 강했고 백성들의 지지를 받지 못했다. 이듬해에 또 수문제는 군사를 징발하였는데, 그 수가 340만 내지 350만 명에 달했다. 병역 부담을 진 군사가 110만여 명, 군수품 운송 등의 부역에 동원된 수는 이 두 배에 달했다. 수나라 총 인구의 13분의 1에 해당되었다. 징발된 군사 대부분은 장정들로 전국 장정 수의 10분의 4에 해당된다. 대규모의 징발과 엄한 법령의 실시는 전 국민에게 엄청난 재앙을 끼쳤다. 이런 무리한 고구려 정벌과 농민기의의 발발은 수나라를 멸망시킨 원인이었다."

을지문덕 장군의 살수대첩으로 수양제의 대군을 격파했다고 배웠던 가오리는 중국인이 이 역사를 어떻게 서술하고 있는지 알아보았다. 중국역사학계의 주요 학자들도 당당히 '朝鮮古國高句麗조선고국고구려', '高句麗王고구려왕'이라고 적고 있다. 고구려가 지방정권이었다는 것은 사실과 달랐다. 또한 "來護兒내호아가 이끄는 수군이 고구려 땅에 상륙하여 4만의 정예군으로 평양을 공격하였지만 고구려 복병에게 참패하고 겨우 수천 명만이 살아남고 즉시 철수했다"라고 기술하고 있다.

지금 중국은 세계 제4대 경제대국이 되었다. 중국은 한반도에 비하면 엄청나게 큰 나라임이 틀림없다. 우리는 일본과 중국이라는 두 강대국 사이에 샌드위치가 되어 있고 중국은 두 자리 숫자의 경제성장률을 구가하며 발전하고 있다. 이런 성장을 지속한다면 중국은 일본을 넘어서서 반세기 만에 미국과 어깨를 나란히 할 수 있는 초강대국이 될 것으로 가오리는 예상했다. 선진국 일본과 한국을 바짝 뒤쫓는 중국이라는 두 강대국 사이에서 한국은 과연 이들 국가와의 경쟁에서 살아남을 수 있을까? 고구려처럼 중국의 경제 공격을 막아내고 조선의 이순신 장군처럼 일본의 경제침략에서 벗어나 감히 일본도 중국도 넘볼 수 없는 작지만 강한 힘과 독자성을 갖춘 나라의 건설은 불가능한가?

한 국가의 현재와 미래는 우선 인접국가에 대해 인식이라는 기반 위에 놓여 있다고 생각한 가오리는 漢語한위라고 부르는 중국어 공부부터 시작했다. 길을 걷다가도 간판에 유난히 시선을 주고, 모르는 한어는 작지만 많은 단어가 수록되어 있고 중국어 발음인 拼音병음과 聲調성조를 재빨리 찾을 수 있는 포켓용《新華字典신화사전》을 뒤적거리는 습관이 생겼다.

그러던 어느 날 만주의 하얼빈 거리를 걷다가 冲洗충시라고 적힌 간판을 무심코 바라보았다. 照片자오펜이란 작은 글자도 보였다. 가게 안을 호기심 어린 눈으로 들여다보았다. 풍경화 그림 앞에 신사복을 입은 사람이 의자에 앉아 있고 애써 억지웃음을 짓고 있다. 다리가 세 개이고 네모난 상자를 망토 같은 것으로 뒤집어씌운 채 상자와 연결된 줄을 손에 쥐고 있다. 한참 후에 번쩍 빛을 발하면서 '쾅' 하는 소리가 났다. 간판에 씌어진 글자가 궁금해서 집에 돌아와 사전에서 찾아보았다.

'沖충' 자는 '물 타다', '물을 붓다', '액체에 풀다'는 뜻으로 설명이 되어 있다. 그리고 單字단쯔 설명 다음에 예를 들어 沖茶충차가 적혀 있다. '차에 끓는 물을 붓다', '차를 타다'의 뜻이다. 沖 자의 두 번째 뜻으로는 '사진을 현상하다'라고 적혀 있다. 예문으로 沖洗照片충시자오펜이 적혀 있다. '사진을 현상하다'의 뜻이다. 그런데 자세히 살펴보니 사전에는 沖 자가 冲으로 되어 있었다. 간판은 '冲'이었다. 그러면 두 점 冫빙과 세 점 氵수 중 어느 것이 맞을까? 당연히 사전이 맞을 것이라고 생각했다. 중국 사람도 글자를 틀리게 쓸 수도 있구나 생각했다. 그런데 沖충의 簡體字간체자가 冲충이란다. 그래서 현대 중국어에서는 틀리지 않는다는 것이다. 게다가 부딪칠 衝충의 간체자도 冲충으로 쓴다고 한다. 서로 다른 세 글자를 하나로 쓰지만 서로 '부딪칠' 염려가 없다. 베이징의 그 많은 자전거가 서로 부딪치지 않고 사람과 자동차 사이를 요리조리 잘도 피하면서 달려가는 것처럼 중국어는 정말 교통정리가 잘되어 있다.

淨정, 滅멸, 涂도, 況황, 減감, 沖충, 洗세, 湊주, 決결 등의 부수 氵수는 冫빙으로 흔히 쓴다. 冫빙은 冰빙 자이다. 冫빙의 부수를 가진 글자는 모두 차갑다는 뜻을 지녔다. 氵수 부수를 가진 글자와 구별된다. 예를 들면, 冫빙, 冷냉, 凍동, 凜늠, 凌능, 寒한, 冬동이 그런 글자다.

사전을 뒤적이다가 次차, 准준, 馮풍이란 글자도 冫빙 부수라는 것을 알았다. 이 글자 모두는 차갑다는 의미와는 아무 관계가 없다. 반나절을 사전을 뒤적이다가 깨달은 바가 있었다. 次차의 부수는 冫빙이 아니고 欠흠 자 부수에 속한다. 그러므로 좌측의 점 둘은 二이이다. 송나라 때 재상을 지낸 寇準구준의 이름을 諱휘하여 열 十십 자를 빼 버리고 또 淮회 자와 혼동하지 않기 위해 準준으로 불렀다. 그러나 얼마 후 周必大주필대로 재상이 바뀌자 다시 準준 자로 고쳤고, 후대에 이르러 준을 연용하게 되었다고 한다. 馮풍 자는 말이 급히 빨리 달려 말굽이 땅을 쿵쿵 밟는 소리를 내는 것을 말한다. 좌변이 쿵쿵 땅을 구르는 소리를 가리키므로 冫빙 자의 뜻은 없다. 準준과 馮풍은 모두 육서의 원칙을 따르지 않는다.

한자
漢字

汉字
한쯔

가오리는 한자가 모두 몇 자나 될까 궁금했다. 또 한자의 기원은 무엇일까?

기원전 400년 전 西安시안 근교 半坡반파의 仰韶앙소 문화 신석기유적지에서 문자가 아닌 기호가 새겨진 도자기 파편이 발굴되었다. 또 기원전 2500년경으로 추정되는 山東산둥의 大汶口대문구 문화 유적지에서 다섯 가지 형태의 기호가 새겨진 도기조각이 발굴되었다. 문자로 인정받는 것은 20세기 초에 이르러서야 발견된 甲骨文갑골문이다.

갑골문은 商상왕조 마지막 도읍지인 殷墟은허에서 발굴되었다. 지금의 허난성 安陽안양 부근이다. 상왕조는 대략 기원전 1700년에서부터 1100년경까지 존속했다. 중국 문자의 기원은 3,300년 전이다.

중국 문자를 중국인은 한자라고 부른다. 한자의 한은 한나라 때 형성된 한족의 한이다. 그러나 漢字라고 적힌 최초의 기록은《元史원사》에 보인다. 몽골족이 세운 원나라의 역사서에 몽골 문자와 다른 한나라의 문자를 한자라고 부른 것이다.

사냥에서 먹이를 얻을 수 있는지, 다른 부족과 싸우기 전에 이번 전쟁에 승리할 것인지에 대한 길흉을 점칠 때 거북의 배 껍질(등 껍질이 아님)이나 들짐승의 어깨뼈에 날카로운 것으로 구멍을 내고 불에 쪼이면 균열이 생기는데 이 균열을 보고 판단한 내용을 새겨 넣은 문자가 바로 갑골문이다. 약 4,500년 전의 문자로 갑골에 새겨진 한자는 대략 3,500에서 4,500자이다. 이 가운데 자형, 음과 뜻을 해독할 수 있는 글자의 수는 약 천 자 정도다. 칼로 새겼으나 간혹 붓으로 쓴 글자도 있다.

한자는 어떻게 만들어졌을까? 처음에는 물체의 모양을 본떠 만들었다. 象形字상형자라고 한다. 해 日일과 달 月월, 뫼 山산과 내 川천, 사람 人인과 물고기 魚어 등이다. 그러면 형태가 없는 사물은 어떻게 글자로 만들어야 할까? 먼저 추상적인 기호를 만들었다. 위 上상과 아래 下하가 있다. 다음에는 상형자 나무 木목 밑에 짧은 선을 하나 그어 本본을 만든다. 나무의 뿌리라는 의미를 지닌 밑, 근본을 뜻한다. 木목 자 위에 똑같이 짧은 선 하나를 그어 末말을 만든다. 끝, 꼭대기란 뜻이다. 이런 방식으로 만들어진 글자를 指事字지사자라고 한다.

또 다른 방법을 고안해 냈다. 이미 만들어진 글자 두 개 이상을 합치는 것이다. 이런 글자를 會意字회의자라고 한다. 회란 모인다는 뜻이다. 쉴 休휴, 사람 人인과 나무 木목이 합쳐진 글자다. 사람이 나무에 기대어 쉰다는 뜻이다. 무리 衆중은 갑골문에서는 태양 밑에 사람 셋이 서 있는 모습이다. 땡볕에서 농사짓는 사람들을 가리킨다. 그래서 나중에 무리, 군중의 뜻이 되었다. 믿을 信신은 사람 人인과 말씀 言언이 합쳐진 글자다. 사람의 말이 진실하여야 믿을 수 있다고 생각했다. 伏복은 사람 人인과 개 犬견이 합쳐졌다. 사람 곁에서 개는 항상 머리를 조아리고 엎드린다. 그래서 엎드리다, 복종하다를 뜻한다.

음이 같은 글자를 빌려 쓰는 방법을 생각해 냈다. 그런데 나중에는 다른 글자로 변해 버린 글자도 많았다. 이런 글자를 假借字가차자라고 한다. 계집 女여는 본래 女여 자란 뜻이었지만 음이 같은 너 汝여를 쓸 자리에다 빌려 쓴 것이다. 옛날에는 이인칭대명사를 女여로 썼다. 후에 河南허난성의 강 이름이 汝水여수의 汝여를 가차한 후로는 女여 자는 더 이상 쓰지 않게 되었다.

한 부수를 세우고 같은 뜻을 서로 받는 방법을 轉注전주라고 한다. 考고와 老노는 모두 耂노에서 나왔다. 이 방법에 대한 설명이 불명확하여 역대로 학설이 분분하다. 그래서 학자들은 이것은 조자 방법이 아니라 한자의 사용법에 속한다고 여기고 있다.

음이 같은 글자도 그 수가 제한되어 있고 의미도 혼란해져서 이미 만들어진 글자를 부수로 삼고 두 개의 글자를 합쳐서 새로운 글자를 만들었다. 구성되는 한 글자는 의미와 형태를 나타내고 다른 한 글자는 음을 나타낸다. 이런 글자는 形聲字형성자라고 한다. 갑골문의 20퍼센트, 현재는 한자의 90퍼센트 이상이 형성자다. 예를 들면, 江강과 河하에서 氵수는 물 水수로 형태를 나타내어 글자의 의미와 관련이 있고, 工공과 可가가 음을 나타낸다. 城성은 흙 土토와 이룰 成성이 합쳐진 글자다. 토는 의미를, 성은 음을 나타낸다.

위와 같이 造字조자하는 방법을 六書육서라고 한다. 갑골의 글자는 육서의 구조를 이미 갖추고 있다.

청동기에 한자를 새겨 넣었는데 이 문자를 金文금문이라고 한다. 상나라에서부터 주나라를 거쳐 춘추전국 시대 때까지 1,200년 동안 청동기물에 새겨진 문자를 말한다. 고대 중국에서는 銅동을 金금이라고 하여 금문이라고 했다. 가장 긴 銘文명문은 서주 말기의 毛公鼎모공정으로 기물 안쪽에 새긴 글자의 수가 497자나 된다. 鼎정은 정치권력의 상징이었다. 지금까지 발견된 금문은 3,700자 정도다. 이 중 2,400자 정도 해독이 가능하다고 한다.

주나라 宣王선왕 때 太史태사 籒주가 만든 籒文주문이 바로 大篆대전이다. 한나라 때 許愼허신이 지은《說文解字설문해자》에 220여 자가 실려 있다. 대전을 秦진나라의 李斯이사가 개량하여 小篆소전을 만들었다. 진시황이 천하를 통일한 후 전국을 순행하면서 泰山태산, 琅琊臺낭야대, 嶧山역산 등지의 돌에 자신의 공적을 새겨 넣도록 하였는데 이 서체가 바로 이사의 필적으로 자신이 만든 소전으로 새겼다. 소전은 한자의 역사에서 최초로 규범화된 문자체다. 소전은 후한 때 허신이 지은《설문해자》에 9,353자가 수록되어 있다.

갑골문→금문→대전→소전→隸書예서→楷書해서 순으로 한자의 자형 변화가 일어났다. 예서는 한대의 공식 문자였다. 본래 예서는 진나라 때 程邈정막이 대전의 번잡한 글자체를 간략하게 만들어 진시황제에게 바친 글자체다. 그러나 진나라 때의 공식 글자체는 소전이었다. 예서는 필획을 간략하게 직선화했고 자형도 네모꼴로 만들었다. 후한 말 때 형성된 해서체와 거의 차이가 없었다.

후한 말경에 예서의 俗體속체와 草書초서를 바탕으로 行書행서가 만들어졌다. 이 행서체의 대가가 바로 그 유명한 王羲之왕희지다. 다시 행서를 바탕으로 漢魏한위 때 만들어진 서체가 해서다. 해서란 한자의 본보기가 되는 바른 글자체로 지금까지 계속 사용되고 있다.

수나라 바로 직전에 나온《玉篇옥편》에 2만 2,726자, 청나라 때 출간된《康熙字典강희자전》에 4만 7,035자, 일본의《大漢和字典대한화자전》에 4만 9,964자, 중국에서 편찬된《漢語大字典한어대자전》에 5만 6천 자가 수록되었다.

유가 경전인《十三經십삼경》에 사용된 글자 수는 총 6,544자라는 통계가 있다. 난해한 고전도 약 6천 자 정도면 해독이 가능하다는 말이다. 그리고 현재 중국에서 상용자는 3,500자 정도다. 현재까지 한자의 총 수가 5만여 자라면 엄청난 수의 글자가 사전 속에서 죽어가고 있는 것은 아닐까?

중국인 자신들이 읽을 줄도 쓸 줄도 모르는 한자가 수두룩하다.

간체자
簡體字
简体字
젠티쯔

가오리는 '習습'을 习이라고 쓰는 것이 의아스러웠다.

1950년대 중국 교육부에서 200개의 상용자를 정하여 발표했다. 이 가운데 10획이 넘는 글자가 반수를 넘었다. 필획 수가 가장 많은 글자는 龍용이 네 개 모인 글자인데 龍용 밑에 言언 자로 이루어진 중국어로 서 혹은 저로 읽는, 두려워할 讋섭의 異體字이체자라고 한다. 64획이다.

조개 貝패가 셋 모이면 힘쓸 贔비(비)가 된다. 贔屓비희는 비석을 받치는 대좌에 조각하는 거북과 비슷하게 생긴 전설상의 동물이다. 쇠 金금이 세 개 겹치면 금이 많아 재물이 흥성할 鑫흠(신), 수레 車거가 셋이면 울릴 轟굉, 물고기 魚어가 세 개 모이면 신선할 혹은 맛좋을 鱻선, 나무 木목이 세 개 겹치면 나무 빽빽할 森삼(썬), 물 水수가 셋이면 아득할 淼묘(먀오), 불 火화가 셋이면 불꽃 焱염(옌), 흙 土토가 셋이면 산 높을 垚요(야오)다. 이들 글자는 일상에서는 거의 쓰지 않는다.

복잡한 한자 획수를 줄여서 만든 글자를 簡化字간화자 혹은 간체자라고 한다. 진시황이 문자를 통일한 이후 또 한 번의 문자혁명이다. 중국 정부는 1956년, 간화 방안에 대한 논의를 시작하였다. 1964년, 漢字簡化方案한자간화방안의 최종안인 〈簡化字總表간화자총표〉를 출간했다. 간체자가 모두 2,236개가 실렸다. 1986년 10월 10일, 다시 〈간화자총표〉를 발표하고 10월 15일자 《인민일보》에 게재했는데, 모두 2,235개의 간체자가 실렸다.

간화에는 여러 방법이 있지만 실제로 사용된 방법은 다음과 같다.

1. 간단한 부호로 원래 글자를 바꾼다.
   對대 → 对, 鄧등 → 邓, 觀관 → 观, 歡환 → 欢, 嘆탄과 歎탄 → 叹, 難난 → 难, 鳳봉 → 凤, 風풍 → 风, 岡강 → 冈.
2. 자형의 일부를 삭제한다.
   廣광 → 广, 廠창 → 厂, 誇과 → 夸, 滅멸 → 灭, 習습 → 习.

3. 자형의 일부를 삭제한 후 다시 변형한다.

婦부 → 妇, 麗려 → 丽, 歸귀 → 归, 顯현 → 显, 務무 → 务, 寬관 → 宽.

4. 간체자의 윤곽 특성을 채용한다.

飛비 → 飞, 齒치 → 齿, 奪탈 → 夺, 門문 → 门.

(단, 開개, 門문은 開, 門으로 간화되지 않고 문 안에 있는 부분만 쓴다.)

5. 행서와 초서를 쓴다.

書서 → 书, 長장 → 长, 樂낙 → 乐, 頭두 → 头, 興흥 → 兴.

6. 같은 음 혹은 가까운 음으로 대체하고 표준말을 기준으로 삼는다.

穀곡 → 谷, 醜추 → 丑, 乾간, 幹, 榦 → 干, 髮발, 發 → 发.

7. 이미 도태된 통행 글자가 고착화된다.

餘여 → 余, 後후 → 后.

8. 회의자를 새로 만든다.

體체 → 体, 衆중 → 众

9. 옛 글자를 채용한다.

淚루 → 泪, 從종 → 从, 雲운 → 云, 網망 → 网, 與여 → 与, 傑걸 → 杰.

10. 비상용 이체자를 채용한다.

塵진 → 尘, 竈조 → 灶, 膚부 → 肤.

11. 필획이 적은 옛 글자를 채용한 후에 변형한다.

異이 → 异.

12. 俗字속자를 채용한다.

貓묘 → 猫, 豬저 → 猪, 來래 → 来.

13. 이체자를 채용한다.

姪질 → 侄, 嶽악 → 岳, 詠영 → 咏, 盃배 → 杯.

14. 형성자의 음을 표시하는 부분을 바꾸고 표준어를 기준으로 한다.

蠟납 → 蜡, 鄰린 → 邻, 艦함 → 舰.

15. 형성자를 새로 만들고 표준어를 기준으로 한다.

護호 → 护, 戶호와 음 후가 같다. 驚경 → 惊, 京경과 敬경은 음 징이 같다.

藝예 → 艺, 乙을과 음 이가 같다.

16. 음을 나타내는 부분을 일부 바꾸어 음이 같은 글자로 대체한다.

華화 → 华, 化화와 음 화가 같다. 憲헌 → 宪. 先선과 음 셴이 같다.

간화로 인해 글자가 서로 뒤섞여 구분하기 어려운 혼란이 생겼다. 예를 들면, 간화된 글자가 본래 있던 글자와 같은 경우인데, 곡식 穀곡의 간체자는 골 谷곡과 같다. 구름 雲운의 간체자는 이를 云운과 같다. 바를 塗도의 간체자는 涂도와 같다. 또 두 글자의 간체자가 본래의 글자와 같은 경우다. 마를 乾건과 몸 幹간의 간체자가 방패 干간과 같다. 또한 두 글자의 간체자가 새로 만든 간체자와 같은 경우가 있다. 예를 들면, 머리 발 髮발과 일으킬 發발의 간체자는 둘 다 '发'이다.

예서로 자형이 변한 뒤에도 적지 않은 글자는 필획이 복잡하였는데, 남북조 시대 이후로 사용하는 해서 한자 중에 일부 글자가 비교적 간단한 속자로 출현했다. 필획도 正字정자보다 적어 일반적으로 간체자라고 불렀다. 중국 4대 소설 가운데 하나로 원나라 때 편찬된 《수호전》에서는 이미 劉유자가 간화된 刘를 사용하고 있다.

중국인이 상용하는 한자의 수는 얼마나 될까? 《現代漢語使用字表현대한어사용자표》에는 상용자 2,500자, 차상용자 1천 자가 수록되어 있다. 중국인이 일상생활에서 불편 없이 사용할 때 사용하는 한자의 수는 모두 3,500자 정도다. 이 가운데 사용 빈도수가 가장 높은 글자의 수는 1천 자라고 한다. 그러면 중국인 가장 많이 사용하는 글자는 무엇일까? 的더이다. 그 다음은 一이다. 이 밖에 사용 빈도가 높은 글자를 순서대로 적어 보기로 하자. 在짜이, 不부, 了러, 有요우, 和허, 人런, 這저, 中중, 大다, 爲웨이, 上상, 个거, 國궈, 我워, 以이 등이다. 맨 마지막 천 번째로 많이 사용하는 글자는 感간이다.

병음 拼音
拼音 핀인

한자는 어떻게 읽을까? 한자가 상형 문자이기 때문에 읽는 방법을 따로 표기해야 했다.

한어를 上古상고, 中古중고와 古北京語고북경어로 나누는 것이 일반적이다. 상고한어(Old Chinese)는 기원전 1000년 무렵의《시경》시기의 한어, 중고한어(Middle Chinese)는 서기 7세기, 즉 대략 당나라 때의 韻書운서인《切韻절운》상의 한어를 말하고, 고북경어(Old Mandarin)는 명대의《洪武正韻홍무정운》에 수록된 한어를 말한다.

상고한어는 최초로 스웨덴의 칼그렌(Karlgren)이 가설을 세워 재구성하고, 1940년《漢文典한문전》(*Grammata serica*)에 명시했다. 중국어 상고음을 가장 완벽하게 재구성한 사람은 李方桂이방계다. 1971년에 발표한 논문〈上古音硏究상고음연구〉를 1976년에 일부 수정을 하여 상고음을 체계적으로 설명했다.

《절운》은 서기 601년에 陸法言육법언이 편찬했다. 한어의 문자를 성조와 음운에 따라 정리하여 각 문자를 읽는 음을 표기한 책이다. 당시에는 글자를 읽을 때의 발음과 실제 말로 할 때의 발음은 상당한 차이가 있었다. 6세기 남북조 말기의 북방과 남방의 글말 발음을 절충한 것이라고 한다. 남조 때의 수도였고, 수나라의 중국 재통일 이전까지 문화의 중심지였던 金陵금릉, 지금의 남경 지역의 말이 중심이었다.

《절운》의 서문을 보면, 이 책에서 채택한 음은 수나라 초에 장안에 모인 여덟 명의 회합에서 결정되었다고 하였다. 이 여덟 명 가운데 세 명은 남방 사람이고, 다섯 명은 북방 사람이었다. 그런데 음을 정하는 데 가장 영향력이 컸던 사람이 顔之推안지추와 蕭該소해였는데, 둘 다 남방 태생의 저명한 학자였으므로 금릉의 음이 기준이 되었던 것이다.

《절운》이 출간된 후에도 계속 수정과 증보가 이루어졌다. 수정 판본들이 모두 전해지지는 않고, 송대 陳彭年진팽년이 편찬한《廣韻광운》이 원본의 음운 체계를 온전하게 보존하고 있다. 이 책은 한어 중고음 연구에 가장 중요한 자료다.

중국의 문자는 각 글자가 하나의 단음절을 가진 음절 문자다. 《절운》이 편찬되기 전에 한어의 음절은 平평·上상·去거·入입 네 개의 성조 중의 하나에 속했다. 같은 성조 내의 글자는 서로 押韻압운될 수 있어서 두 글자의 음을 모아서 한 음절의 어음을 표기하는 실용적인 수단을 고안해 냈다. dong이라고 발음되는 글자의 음을 나타낼 때는 d-로 시작되는 글자와 -ong으로 끝맺는 글자를 합쳐 dong=de+hong으로 표기하였다. 이런 방법을 半切반절이라고 한다. 동녘 東동은 德紅反덕홍반으로 설명했다. 반절의 앞 글자는 자음, 뒤 글자는 모음을 나타낸다.

《절운》 계통의 음절들을 도표로 나타낸 것을 韻圖운도라고 한다. 지금 전하는 초기의 운도는 송대에 출간된《韻鏡운경》이다. 운도에 수록된 음운은 等韻등운인데, 이는 인도의 음운론 이론을 바탕으로《절운》의 음운을 분류하고 체계화한 것이다. 그런데 이런 등운이 완성되었을 때는 이미 표준음이 변화된 후였다. 금릉의 음을 표준으로 삼은《절운》과 장안을 수도로 정한 뒤 상당한 세월이 지난 당대 후기의 표준음은 상당한 차이가 있다.

송대의 수도는 허난성 중국 북부 중원지방이다. 12세기에서 14세기까지 중국 북부 지방은 외족에 의해 지배되었다. 금나라와 원나라 때 수도는 지금의 북경이었다. 각 왕조의 표준음은 수도의 말을 표준으로 삼았다. 역대 왕조와 그 시기를 대표하는 문학 장르를 합쳐 漢賦한부, 唐詩당시, 宋詞송사, 元曲원곡, 明淸小說명청소설이라고 부른다. 원대에 새로운 문학 장르인 曲곡이라는 운문이 출현했다. 곡은 당시 수도 북경의 음에 근거하여 운을 맞추었다.

14세기 초에 곡의 작가 周德淸주덕청이 곡에 사용되는 운을 모아서《中原音韻중원음운》을 편찬했다. 6천여 글자를 열아홉 개의 운으로 분류하고, 음이 같은 글자를 한데 묶었다. p, t, k의 入聲입성이 완전히 사라졌고, 현대 북방언어의 n에 편입된 것에 비해 꼬리음 m이 남아 있다는 특징이 있다.

근현대한어 음은 입성이 없어진 상태에서 平聲평성이 陰平음평과 陽平양평으로 나뉘어 각각 현대중국어 음의 제1성과 제2성으로, 上聲상성은 제3성, 去聲거성은 제4성이 되었다.

병음이란 중국어의 발음을 로마자로 표기한 부호다. 물론 문자가 아니다. 영어는 글자 자체가 발음부호로 표음 문자다. 한자는 표음 문자가 아니다. 한자의 병음은 聲母성모와 韻母운모로 나뉜다. 성모는 b(보), p(퍼), m(모), f(퍼)에서부터 zh(즈), ch(츠), sh(스), z(쯔), c(츠), s(쓰) 등의 스물네 개다, 운모는 모음 a, e, i, o, u를 중심으로 모두 서른다섯 개다.

성모와 운모, 즉 자음과 모음이 어울려 음악이 된다.

中중은 zhi(즈)와 ong(웅)이 합쳐서 zhong(중) 1성, 國국은 ge(거)와 uo(우오)가 합쳐서 guo(궈) 2성, 很흔은 he(허)와 en(언)이 합쳐서 hen(흔) 3성, 大대는 de(더)와 a(아) 4성이 합쳐서 da(다)가 되었다.

中國很大중궈흔다라고 자랑하는 중국인의 발음은 높낮이가 서로 다른 것이 음악을 듣는 것 같았다. 길게 계속 이어지다가 올라갔다 내려갔다가 다시 올라가더니 갑자기 뚝 떨어지는 소리였다. 병음 문자란 표음 문자란 뜻이다. 한자는 표음 문자가 아니다.

친구를 중국어로 朋友펑요우라고 한다. 그런데 초급중국어 책에 peng you 로마자가 한자 밑에 적혀 있어서 가오리는 자신도 모르게 그냥 펑유라고 읽었다.

한자 로마자 병음의 역사는 90여 년밖에 안 된다. 명대 말경에 중국에 온 이탈리아 예수회 선교사 마테오 리치(利瑪竇/Matteo Ricci, 1552-1610)는 라틴 자모로 한자 주음을 표기했고, 楊選杞양선기가 7년에 걸쳐 1658년 '한어병음방안'을 제정했으며, 명대 만력연간 때 프랑스 전도사 니콜라스 트리고(金尼閣/Nicolas Trigault, 1577-1628)는 한어병음에 관한 전문서《西儒耳目資서유이목자》를 펴냈다.

트리고는 마테오 리치가 죽은 해인 1610년에 중국에 왔다. 그는 山西산시와 陝西산시 두 성에서 선교 활동을 했다. 고대 중국에서는 중국 언어를 전문적으로 연구하는 학문을 小學소학이라고 했는데, 그는 이 소학에 정통한 韓雲한운이란 학자를 산서에서 알게 되었다. 두 사람은 반년 동안 함께 연구하고 그 성과로 저술 원고를 작성했다. 涇陽경양에서 두 사람은 또 다른 소학 학자

王征왕정을 만났다. 이들은 마테오 리치 등의 선교사들이 한자 注音주음을 배울 때 교재로 사용한《西字奇迹서자기적》을 기초로 이를 수정 보완하여 1626년에 중국 최초의 라틴 병음 한자 어휘를 제정했다. 이를 사람들은 '利金方案이금방안'이라고 했다. 利이는 利瑪竇이마두, 즉 마테오 리치, 金금은 今尼閣금니각, 즉 니콜라스 트리고를 가리킨다. 이 책은 완벽하지는 않지만 라틴 자모로 명말 한어의 독음을 정확하게 표기했다.

고대 중국에서는 어떻게 사람들끼리 통했을까?

雅言아언이란 共通語공통어로 方言방언에 대칭되는 말이다. 아언은 고대 중국의 공통어로 지금의 普通話푸퉁화에 해당된다. 공자가 제자들을 가르칠 때는 이 아언으로 강의를 했다. 그렇다면 아언은 무슨 언어를 기반으로 했을까?

중국 최초의 아언은 周주나라 언어를 기초로 했다. 주나라의 수도 鎬京호경, 즉 지금의 섬서성 시안 서북쪽 근교의 언어가 전국의 아언이었다. 고대 중국 최초의 통용어는 섬서 지방 언어였다. 특히 시안 일대의 언어는 아언의 표준어와 기초 방언이 되었다. 이후로 각 왕조의 수도가 바뀜에 따라 아언의 기초 방언도 달랐다.

한대에는 通語통어라는 공통어가 있었는데, 송나라까지 사용되었다. 소동파가 해남에 유배되었을 때 친구와 함께 학생들을 가르쳤는데 통어를 사용했다. 원대 이후 수도가 베이징으로 옮겨 가면서 베이징의 언어가 전국적으로 통용되는 아언이 되었다. 명대 이후로 한족의 공통어를 官話관화라고 했다. 청대에는 선비들 모두가 관화를 사용했는데, 만약 관리들이 관화를 사용하지 않으면 면직되었다.

북방 계통의 방언을 관화라고 부른다. 푸퉁화라는 명칭은 청말 학자 朱文熊주문웅이 제일 먼저 제기했는데, 그는 1906년 그의 저서《江蘇新字母강소신자모》에서 漢語한위를 세 부류로 나뉘었다. 그 하나는 푸퉁화로 각 성에서 통용되는 말이라고 정의했다. 민국 초에 명명한 國語궈위는 당시 교육부가 제정한 학교에서 사용되는 언어다.

1913년, 讀音統一會독음통일회가 열려 약 6,500개 글자의 國音국음과 注音字

母주음자모를 제정했다. 이후로는 이 국음을 老國音노국음이라고 불렀다. 聲母성모와 韻母운모는 북경어와 거의 같다. 1919년에 1만 3천 자의 국음을 표기한 《國音字典국음자전》을 편찬하여 전국에 보급시켰다. 그러나 당시에는 중국 전역에 이 《국음자전》과 똑같은 발음으로 말을 할 수 있는 사람이 거의 없었다. 그래서 1924년에 북경어 발음을 표준음으로 삼자는 의견이 모아졌다.

1949년 중화인민공화국 건립 이후 헌법 제19조에 국가는 푸퉁화를 추진한다고 규정했다. 현대 한어의 표준어는 북방 관화를 표준음으로 하고 북경어를 기초 방언으로 하며 모범이 되는 현대 白話文백화문 저작을 문법의 본보기로 하는 현대 한족의 공통어라고 했다. 《현대병음방안》이 실시되면서 푸퉁화가 중국 전역으로 신속하게 추진되었다.

베이징의 푸퉁 사람이 쓰는 푸퉁화. 東漢동한 때 수도였던 洛陽뤄양의 지배계층이 사용하던 말을 기준으로 역대 왕조의 수도에서 쓰는 말을 표준어로 삼았다. 뤄양 → 창안 → 카이펑 → 난징 → 베이징 → ?

사전
辭典

辞典
츠뎬

이탈리아 선교사 마테오 리치는 1582년 8월 7일에 마카오에 도착했다. 한자를 처음 보고, 한자가 지닌 믿기 어려울 정도의 잠재력에 놀라움을 감추지 못해 중국어 공부를 시작했다. 중국인은 세상의 말과 사물만큼 많은 문자를 가지고 있으며 문자의 수는 7만 자 이상이나 되고 한 자 한 자가 상당히 복잡한 형태를 하고 있다고 여겼다. 또 하나의 말에 의미가 여럿인 경우도 있고 때로는 그 차이가 발음뿐이어서, 그것도 네 개의 다른 성조로 높게 발음하거나 낮게 발음하는 것으로 의미가 달라진다는 것을 알았다. 또 모든 말은 한 음절로 이루어져 있고, 글자를 쓰는 방법은 그림을 그리는 것에 가까우며, 이 문자를 쓰는 문화권에서는 말이 다른 국민 사이에서도 그 뜻을 이해할 수 있는데, 서양 문자로는 그렇게 할 수 없다고 하였다.

마테오 리치는 중국 문장에는 格격이나 數수, 性성이나 時制시제의 변화가 없고, 직설법과 접속법의 구별도 없으며, 이런 문제들은 부사를 사용하여 모두 해결할 수 있고, 이 부사들은 아주 간단하게 해석할 수 있다고 말했다. 그로부터 중국어를 완전히 통달할 때까지 12년이란 기간이 필요했다. 유창하게 말하는 수준에 도달한 후 거의 모든 글을 읽을 수 있게 되었다. 그는 유교 입문서인《논어》,《맹자》,《중용》,《대학》으로 이루어진 四書사서를 독파했다. 그리고 그는 이 책의 라틴어 번역도 시도했다. 그로부터 얼마 후에 서양인 최초로 서양의 윤리도덕에 관한 글을 한문으로 쓴《交友論교우론》을 저술했다.

1595년, 마테오 리치는 南昌난창에서 중국어를 배운 성과를 유감없이 발휘할 기회를 얻었다. 그는 대단한 기억술의 소유자였다. 그는 이를 '위치 매김 기억법'(memorial locale)이라고 불렀다. 중국인들이 뒤죽박죽으로 쓴 한자를 단 한 번 훑어보고 그들이 쓴 순서대로 암송해 보였다. 한 글자도 틀리지 않자 중국인들은 놀라서 소리를 쳤다. 끝에서부터 거꾸로 암송해 보이자 그들은 혼비백산해서 마치 정신이 나가 멍하니 그저 그를 바라볼 뿐이었다.

명나라의 관리는 행정관인 동시에 사법관이었다. 마테오 리치는 이를 뜻하는 만다린(mandarin)이란 단어가 포르투갈어로 '명령한다'라는 뜻의 동사 mandar에서 유래했다고 주장하지만 실제로는 말레이시아어의 高官고관이란 뜻의 단어에서 나왔다고 한다. Europa에서 음차한 한자 歐羅巴구라파는 마테오 리치가 처음 사용했다.

마테오 리치는 徐光啓서광계란 명대 과학자를 만나 유클리드의《기하학원본》을 설명할 수 있었다. 서광계가 받아쓴 여섯 권은 1607년 베이징에서《幾何原本기하원본》이란 제목으로 출간되었다. 幾何기하라는 한자어는 예부터 중국에 있던 '얼마'라는 뜻이다. 그 발음이 지허이기 때문에 영어의 gemetry의 geo지오와 통한다. 서광계는 서양 언어를 몰랐다. 기하는 수학을 말한다.《기하학원본》7권 이후는 1860년대에 가서야 李善蘭이선란의 번역으로 출간되었다.

마테오 리치는 광둥성 肇慶자오칭에 있을 때 예수회 선교사 루제리(羅明堅/Ruggieri)와 함께《葡伊漢辭書포이한사사서》를 제작한 바 있다.

크기가 작아서 손아귀에 꼭 쥐어지는《신화사전》은 중국어 공부에 유용하다. 중국인 거리를 걸어 다니다가 모르는 한자가 나오면 즉시 호주머니에서 꺼내 어떻게 읽는지 뜻은 무엇인지 금방 확인할 수 있다. 600여 쪽의 소사전으로 單字단자, 이체자와 번체자를 합쳐서 1,100자가 수록되어 있다. 중국어 공부를 하려면 사전에 사전을 준비하자.

북경어 北京話
北京话 베이징화

푸퉁화의 발음 기준은 북경어 발음을 표준음으로 삼았다. 그러나 역사적인 요인 때문에 북경어음 중에 일부 土音토음, 輕聲경성과 兒化音아화음, 특히 異讀詞이독사와 多音多義字다음다의자가 잔존한다.

1. 토음

북경어에는 베이징 토착어 성분이 존재한다. 예를 들면, '아주 좋다'라는 太好타이하오의 太태는 투이, '따뜻하다'는 暖和놘허의 暖난은 낭, '이해하다'라는 明白밍바이의 白백은 베이라고 발음한다.

2. 경성

두 개의 글자가 합쳐진 단어의 두 번째 글자를 경성으로 읽으면 본래와 다른 뜻이 된다. 예를 들면, 買賣마이마이를 3성+4성으로 읽으면 동사로 '장사하다', 3성+경성으로 읽으면 명사가 되어 '장사'를 뜻한다. 그런데 중국인은 買賣, 우리나라에서는 賣買라고 쓴다. 本事번스를 3성+4성으로 읽으면 시 · 소설 · 희곡의 줄거리, 3성+경성으로 읽으면 능력 · 재능을 말한다. 東西둥시를 1성+1성으로 읽으면 방위의 동과 서를 말하고, 1성+경성으로 읽으면 어떤 사물이나 욕으로도 쓰인다.

3. 아화음

어떤 글자에 兒얼이 붙으면 본래와 다른 뜻이 된다. 예를 들면, 白麵바이몐은 '밀가루', 白麵兒바이멀은 '마약'이다. 一塊이콰이의 塊괴는 수량을 세는 量詞양사, 一塊兒이콸은 '함께'라는 뜻이다. 頭터우는 '머리', 頭兒털은 '우두머리'라는 뜻이다. 畵화는 동사 '그림을 그리다'이고, 畵兒활은 명사 '그림'을 뜻한다.

중국에 처음 가던 날, 베이징의 首都서우두 공항에 도착하여 시내로 향하는 택시를 타고 운전수와 이런저런 얘기를 하게 되었다. 그런데 你的名兒是什麽兒니더 미얼 스 선멀?이라고 묻는다. 푸퉁화로는 你叫什麽名字이 쟈오 선머 밍쯔?이다.

택시는 出租汽車추쭈 치처, 計程車지청처 또는 홍콩, 싱가포르와 타이완에서 주로 的士디스라고 한다. 的디는 본래 더로 읽는데, '나의 엄마'라는 뜻의 我的媽媽워더마마에서처럼 수식, 소유 또는 동격 관계를 나타내는 助辭조사다. 과녁 的적으로 쓰일 때 中的중디는 '적중하다', 目的무디는 '목표'라는 뜻이다. 얼은 북경어의 특징을 잘 나타내는 음이다.

4. 이독사

한 글자에 두 개의 발음이 있는 것을 가리킨다. 예를 들면, 勝성을 4성으로 읽으면 이길 승이 되지만, 1성으로 읽으면 '능히 감당하다' 혹은 '다하다'의 뜻이 된다. 不可勝數부커성수는 이루 다 헤아릴 수 없다는 뜻이다. 呆매는 어리석다는 뜻일 때는 다이 1성으로 읽고 呆傻다이사라고 한다. 그런데 아이 2성으로 읽으면 융통성이 없다는 뜻의 呆板아이반이 된다.

5. 다음다의자

한 글자가 여러 개의 발음으로 읽히고 뜻도 서로 달라 여러 뜻을 지닌 것을 말한다. 현행 한자 중의 다음다의자는 많다. 《신화자전》(1971)에는 734개가 있어 전체 수록 글자의 10퍼센트, 《현대한어상용자표》(1988)에는 405개로 12퍼센트, 《辭海사해》(1979)에는 11,834개로 22퍼센트를 차지한다.

'長'은 **창**과 **장**으로 읽는다. **창** 2성으로 읽힐 때는 길다, 뛰어나다, 키가 크다 등을 뜻한다. 冬天夜長둥톈야창은 "겨울은 밤이 길다", 他長于寫作타창위셰쭤는 "그는 글을 잘 쓴다", 他人長타런창은 "그는 키가 크다"이다. **장** 3성으로 읽을 때는 생기다, 자라다, 연상이다, 촌수가 높다 등을 뜻한다. 楊樹長得快양수장더콰이는 "버드나무는 빨리 자란다", 這小姐長得很漂亮저샤오제장더흔퍄오량은 "이 아가씨는 아름답게 생겼다", 他比我長得兩歲타비워장더량쑤이는 "그는 나보다 두 살 더 많다"이다.

'單'은 **단**, **산**, **찬**으로 읽힌다. **단** 1성은 단일, 혼자, 침대 시트를 뜻한다. 單刀赴會단도부회는 삼국 시대 때 촉의 명장 관우가 칼 한 자루만 가지고 적장의 초대연에 나아갔다는 고사로 대담하고 용감하다는 뜻이다. 單槍匹馬단창필마는 말 한 필로 창을 들고 적진에 뛰어드는 것을 말하는데 남의 도움을 받지 않고 일을 해내는 것을 가리킨다. **산** 4성은 성씨, 지명이다. **산둥**성의 單縣선현이 있다. **찬** 2성으로 읽히는 경우는 한나라 때 흉노의 군주를 單于찬위라고 부를 때뿐이다. 우리나라 한자음으로는 '선우'라고 읽는다.

'行'은 **싱**과 **항**으로 읽힌다. **싱** 2성은 걷다, 이동하다, 유행하다, 실행하다, 전달하다, 좋다, 괜찮다 등을 뜻한다. 마지막 뜻으로 많이 쓰이는데, 行不行싱부싱은 될 수 있는가 없는가? 어떠한가?이다. 긍정어와 이 긍정어의 부정어가 합치면 의문문이 된다. **항** 2성은 행렬, 직업, 항렬, 상점, 행 등을 뜻한다. 內行네이항은 전문가, 銀行인항은 은행, 總行쭝항은 본점, 第三行디산항은 세 번째 줄을 말한다.

吉林지린성에는 延邊옌벤 朝鮮차오셴 자치구 중심도시 延吉옌지가 있다. 이곳에서 중국인들이 長白山창바이산이라고 하는 백두산에 갈 수 있다. 鮮셴은 1성으로 읽으면 '신선하다'는 新鮮신선, '분명하다'는 鮮明선명, '대단히 맛이 있다'는 鮮美선미, 생선 또는 몽골 퉁구스 계통의 고대 유목민족인 鮮卑선비족을 가리키고, 3성으로 읽으면 '드물다'는 뜻이다. 鮮見셴젠은 '드물게 보이다',

鮮有센요우는 '희귀하다' 혹은 '진귀하다'는 뜻이다.

친구 朋友 / 朋友 펑요우

가오리는 짱꼴라 친구를 사귀었다. 朋붕은 두 개의 달 月월이 서로를 비추는 형상이다. 友우는 왼쪽이 손 手수 자로 또 又우 자를 써서 두 개의 손이 서로 도와주는 형상이다. 두 개의 달이 서로 비추고, 두 개의 손이 서로 도와주어야 친구가 된다. 달은 상대에 대한 나의 마음이고, 손은 당신에게 내미는 악수다. 친구가 되기 위해서는 먼저 상대방을 위해 스스로가 무엇을 할 수 있는지를 생각해야 한다. 이기적인 사람도 동료와 합작할 수 있지만 친구는 가질 수 없다. 왜냐하면 마음이 다른 곳에 가 있기 때문이다. 손을 먼저 내밀고 "친구로 지내자"고 交朋友쟈오펑요우라고 말하자. 원수는 외나무다리에서 만난다. 이것도 인연이 있기 때문이다. 악연이긴 하지만.

짱꼴라 친구는 가오리의 家教쟈쟈오가 되었다. 家庭教師가정교사다. 가오리는 자형이 비슷하여 헷갈리는 글자가 많아서 일주일에 세 번, 하루에 두 시간 동안 친구에게 한자 수업을 받았다. 이번엔 바른 한자 사용과 혼동되거나 잘못 쓰는 경우를 바로잡기 위해 錯字착자에 대해 공부했다. 친구가 돌아가면 배운 것을 정리하고 복습했다. 배우다는 學習쉬에시, 복습한다는 練習롄시라고 한다. 我學習漢字워쉬에시한쯔.

깨달을 覺각 자는 배울 學학 밑에 볼 見견이 밑에 있는 글자이다. 배우지 않으면 세상의 이치를 알 수 없고, 직접 보지 못하면 사리를 알지 못한다. 배우는 것은 지식을 얻는 것이지만 지식만으로는 세상의 진리를 이해할 수 없다. 본다는 것은 현장에서 직접 체험하는 것이다. 학습과 실행은 하나가 되어야 하지만 우선 배움부터 시작해야 한다.

한자 공부를 시작하자마자 헷갈리는 글자가 눈에 띄었다. 어미 母모(무)와 없을 毋무(우), 일천 千천(첸)과 방패 干간(간), 밤나무 栗률(리)과 조 粟속(쑤), 대들보 梁량(량)과 기장 粱량(량), 곡식 穀곡(구)과 바퀴통 轂곡(구), 의로울 義의(이)와 사람 이름 羲희(시). 무리 徒도(투)와 옮길 徙사(시) 등이 혼동됐다.

문법상 틀렸거나 잘못 쓰는 글자가 많다. 틀린 글자인데도 계속 쓰는 한자가 많다. 간판이나 신문 심지어 공문서에서도 발견할 수 있는데, 중국인들 상당수도 무심코 이런 글자들을 계속 잘못 쓰고 있다.

牟모와 謀모는 음은 같지만 뜻이 다르다. 전자는 이익을 얻은 것이 많다는 뜻이다. 牟利모리는 이익만 꾀한다는 것을 의미한다. 謀모는 계략을 꾸미다의 뜻이다. 謀士모사는 책략에 뛰어난 사람을 말한다. '謀事在人모사재인, 成事在天성사재천'이라고 했다. 이 말의 뜻은 일은 사람이 계획을 세우지만, 그 성공과 실패는 하늘에 달려 있다는 것이다. 盡人事待天命진인사대천명과 같은 뜻이다.

痲痹마비를 '痲痺'로 잘못 사용하는 경우가 많다. 痹비는 비로 읽고 저리다, 마비를 뜻한다. 痺는 베이로 읽는데, 새의 이름이다. 굴뚝새나 메추라기 종류의 새를 말한다.

麻마와 痲마는 서로 자형이 비슷하지만 뜻과 음이 다르다. 첫 번째 마는 삼이란 식물로 새끼줄을 만드는 大麻대마를 가리킨다.

참깨는 원래 중국에 없었다. 중앙아시아에서 전래된 식물이다. 참깨를 胡麻후마 또는 芝麻즈마라고 한다. 胡麻餅후마빙은 한나라 때 개통한 실크로드를 통해 서역 지방에서 중국에 전래되어 유행한 음식이다. 가오리는 아침에 중국 식당에 가서 아침식사로 속에 계란을 넣어 蛋餅단빙이라고도 하며 소혓바닥처럼 생겼고 깨가 점점이 박힌 燒餅샤오빙과 콩을 갈아서 국처럼 만든 豆醬더우쟝, 그리고 손가락 길이만큼 작은 밀가루 반죽을 기름에 튀겨 요술방망이처럼 긴 응원방망이 정도로 부푼 油條요우탸오를 먹는다. 어떤 때는 전날 먹다 남긴 쌀밥을 물에 불렸다가 다음 날 끓인 후에 그 위에 고기나 생선을 말려 간장과 향료를 넣고 보송보송하게 솜처럼 잘게 찢어 만든 肉鬆러우숭을 얹힌 鬻저우를 먹기도 했다. 이 샤오빙이 바로 후마빙이다.

芝麻油즈마요우는 참기름인데 香油샹요우라고도 한다. 중국 요리는 대부분

기름에 볶거나 튀긴 것들이 많지만, 보통 중국인은 참기름을 요리에 사용하지 않는다. 아무튼 기름 油유 자는 미끌미끌하다, 매끄럽다는 뜻의 형용사로 쓰이는데, 이런 특성이 사람의 성격을 묘사하는 데 전용되어 교활하거나 빤질빤질하다는 뜻을 가진다. 앞에서 언급한 油條요우탸오가 바로 이런 뜻으로도 쓰여서 빤질빤질한 사람, 교활한 사람을 의미한다.

두 번째의 마는 전염병인 홍역이란 뜻의 痲疹마진, 문둥병이란 뜻의 痲瘋마펑, 痲痹마비에 쓰인다. 그런데 현대중국어에서는 저릴 痲마 자 대신 麻마 자를 사용하기도 한다. 麻마는 쑥 가운데에서 자라는데 기생하지 않고도 홀로 곧게 자라는 식물이다. 기슭 厂엄 안에 있는 것은 수풀 林림이 아니라 한 줄기씩의 마를 걸어놓고 햇볕에 말리는 모양이다.

戊무, 戌술, 戍수는 혼동하기 쉽고 잘못 쓰기 십상인 글자들이다. '무'는 우라고 읽는데, 만물의 무성한 모습을 나타낸다. 天干천간의 다섯 번째로 시각으로는 오전 세 시에서 다섯 시 사이이다. '술'은 쉬라고 읽고, 地支지지의 열한 번째로 오후 일곱 시에서 아홉 시 사이이다. 띠 가운데 개에 속한다. '수'는 수라고 읽는데, 수자리, 변방을 지키는 일이나 군사를 말한다.

己기, 已이, 巳사는 구별해야 한다. '기'는 지로 읽고, 몸 · 자기 · 자신이란 뜻이다. 舍己爲人사기위인이란 자신을 희생하고 남을 위한다는 뜻이다. 델포이 신전에 적혀 있던 글귀로, 소크라테스가 인용한 "자기 자신을 알라"는 말은 중국어로는 知己지기다. 《손자병법》에 '知彼知己지피지기, 百戰不殆백전불태'라고 했다. 상대방을 알고 자기 자신을 알면 백 번 싸워도 위태롭게 되지 않는다는 뜻이다. 또 기는 天干천간의 여섯 번째다.

'이'는 이로 읽고, 과거를 표시한다. 동사일 때는 그치다, 끝나다는 뜻이다. 鷄鳴不已계명불이는 닭울음소리가 그치지 않다는 뜻이다. 부사로 쓰일 때는 '이미'라는 뜻으로 已經이징이라고 한다.

'사'는 쓰로 읽고, 十二支십이지 가운데 여섯 번째 地支지지로 뱀에 해당된다. 巳時사시는 오전 아홉 시에서 열한 시 사이의 시간을 말한다. 그런데 기와 이는 乙을 자처럼 글자의 꼬리가 삐치고, 사는 匸혜 자처럼 삐치지 않는다.

丏면과 丐개는 쉽게 구별이 가지 않는다. 면은 멘으로 읽고, 토담이란 뜻이다. 또한 가려서 보이지 않다는 뜻도 있다. 이 글자 앞에 눈 目목 자를 붙이면 곁눈질하거나 흘겨본다는 뜻의 眄면이 된다. 개는 가이로 읽고, 거지를 뜻한다. 거지를 乞丐치가이 또는 花子화쯔라고 한다.

丏면과 丐개는 언뜻 보기에는 같은 글자 같다. 분명 다르다.

佘사와 余여 또한 다르다. 사는 스로 읽고, 성씨다. 당현종 때 大學士대학사 佘欽사흠이라는 사람이 있었다. 통속소설《楊家將양가장》의 등장인물 佘太君사태군이 있다. 북송 때 명장 楊繼業양계업의 처다. 아들이 모두 순국한 후 그녀는 백 세의 고령에도 불구하고 출정하여 西夏서하의 침략을 막아냈다. 후에 늙은 여자 영웅을 비유하는 데 늘 인용된다.

여는 위로 읽고, 일인칭 나라는 뜻이다. 또한 음력 4월의 별칭이다. 4월에 만물이 모두 가지와 잎이 생겨나므로 여라고 했다. 여는 또한 나머지 餘여의 俗字속자이자 간체자이다. 여는 또 성씨이기도 하는데, 余且여저는 고대 신화 중의 어부다.《장자》〈外物외물〉편에 신령스런 거북이 꿈에 元君원군을 뵈올 수는 있었지만 여저의 그물을 피할 수는 없었다고 했다. 아무리 신령하다 해도 미치지 못하는 것이 있게 마련이라는 것이다. 이것은 노자가 공자에게 시비선악을 버리고 인의를 자랑하지 말아야 참된 성인이 될 수 있다고 한 말을 인용하면서 장자가 자신의 철학을 나타낸 이야기다. 유가에서 지혜를 존중하거나 인의를 강조하는 가치관은 무위자연의 도를 체득한 노자의 입장에서 보면 아무런 가치도 없는 재앙의 불씨가 된다고 비판하였다고 장자는 주장했다.

肓황과 盲맹 또한 틀리기 쉽다. 황은 명치를 말한다. 病入膏肓병입고황이란 병이 고황에 들었다는 뜻으로 병세가 악화되어 치료할 수 없는 지경에까지 이르렀다는 뜻이다. 또 사태가 악화되어 구제할 수 없게 되었다는 뜻으로도 쓰인다. 맹은 장님이란 뜻이다. 盲人摸象맹인모상이란 장님 코끼리 만지기다. 瞎子摸象하자모상이라고도 한다. 瞎할은 애꾸눈 또는 눈을 실명하다란 뜻이다. 부사로 쓰일 때는 되는대로, 함부로, 마구, 근거 없다는 뜻이고, 동사로는 두서없다거나 혼란하다 또는 썩었다거나 일을 망친다는 의미다. 瞎話사화는 거짓말, 瞎奶사나이는 함몰유두라고 한다. 장님을 瞎子사쯔라고 하는데, 눈 뜬 장님은睜眼瞎子정엔사쯔다. 瞎子吃餛飩사쯔츠훈툰은 장님이 만두를 말하지 않아도 마음속으로 알고 있다는 뜻인데, 이 문구 뒤에 보통 뱃속에 속셈이 있다는 뜻의 肚子裏有數두쯔리요우수가 뒤따라온다. 瞎子戴眼鏡사쯔다이옌징이란 장님 안경 쓰기다. 쓸데없는 짓을 하다, 군더더기를 뜻한다. 瞎子上山看景致사쯔상산칸징즈는 소경 담 너머 보기다.

炙자와 灸구는 다르다. 炙자는 불에 고기 따위를 굽는다는 뜻이다. 膾炙人口콰이즈런커우는 인구에 회자하다, 좋은 시문이나 사물이 널리 사람의 입에 오르내리다의 뜻이다. 炙手可熱즈서우커러는 손을 델 만큼 뜨겁다는 뜻으로 권세가 대단하다를 말한다. 灸구는 뜸이다. 약쑥의 살을 떠서 병을 치료하는 방법이다. 침구는鍼灸전쥬이다.

券권과 卷권은 쓰임이 다르다. 전자는 취안으로 읽는다. 증권, 표, 지폐 또는 계약서를 가리킨다. 證券정취안, 入場券루창취안, 彩券차이취안 등이 있다. 이 倦권자의 칼 刀도 대신에 힘 力력이 있는 글자가 있는데 쥐안으로 읽는다. 싫증나거나 피곤하다는 의미의 倦권 자의 옛 글자이다. 피곤하다는 疲倦피쥐안, 권태롭다는 倦怠쥐안타이이다. 후자는 쥐안으로 읽는다. 책, 두루마리, 또는 책을 셀 때 권수를 말하고 시험 답안지나 문서, 서류를 뜻하기도 한다. 그리고 말다, 감다는 뜻의 捲권 자의 간체자로도 쓰인다. 捲土重來쥐안투충라이는 한 번 패했다가 세력을 회복하고 다시 공격하다는 뜻으로 실패를 한 후에 재기를 다짐하는 것을 말한다.

음은 같은데 글자가 비슷하거나 다르고 뜻도 비슷한데 쓰임이 다른 글자를 발견했다.

依의와 倚의는 어떻게 다를까? 둘 다 의지하다는 뜻이고 음도 같지만 성조는 전자가 1성이고 후자는 3성이다. 전자는 의지하다는 의미의 依靠이카오, 여전히 옛날과 같다는 의미의 依舊이쥬에 사용된다. 후자는 한쪽으로 치우쳐서 편파적일 때 쓰인다. 倚老賣老이라오마이라오는 늙은 티를 내며 거만하게 행세하다, 倚門賣笑이먼마이샤오는 기녀의 삶을 뜻한다.

度도와 渡도는 쓰임이 다르다. 전자가 동사로 쓰일 때는 크게 두 가지가 있다. 하나는 시간을 보내다는 뜻이다. 度假두자는 휴가를 보내다, 度假村두자춘은 바캉스촌, 度蜜月두미위에는 허니문을 보내다는 뜻이다. 다른 하나는 헤아리다, 고려한다는 뜻이 있는데, 이럴 때는 '도'라고 읽지 않고 '탁'이라고 하고 두오라고 읽는다. 후자는 강을 건너다는 뜻이다. 난관을 헤쳐 나가다는 渡過難關두궈난관, 과도기는 渡過時期두궈스치, 渡口두커우는 나루터란 뜻이다.

奕혁과 弈혁은 음은 같은데 글자가 다르다. 혼동하기 쉽다. 전자의 글자를 겹쳐 쓴 奕奕이이는 표정이 활기차고 정력이 왕성하여 풍채가 늠름한 모습을 말한다. 赫赫허허는 戰功전공이 크고 뚜렷하거나 명성이 극히 높을 때 쓴다. 후자는 바둑이다. 對弈두이이는 바둑을 두다, 대국하다는 뜻이다. 下棋샤치와 같다.

대지약우 大智若愚

大智若愚 다즈루오위

중국인은 한국인을 '高麗棒子가오리방쯔'라고 비하한다. 원래 '고려몽둥이'란 뜻이지만 변방에 살던 형편없는 사람들을 의미한다. 중국인은 일본인을 귀신이라는 뜻으로 '鬼子꾸이쯔', 러시아인을 털 많은 사람이란 뜻으로 '老毛子라오마오쯔'라고 부른다. 가오리는 요즘 인터넷 블로그에서 한·중·일 누리꾼들 사이에 인터넷+내셔널리즘의 합성어인 'net- nationalism'이 횡행하고 있다는 보도를 들었다. 한 일본인은 최근 만두 파동과 티베트 사태와 관련하여 "베이징에서 폭동이 일어나 다 같이 죽어라" 같은 막말도 했다고 한다.

한국인은 일본인을 쪽바리, 중국인은 한국인을 가오리방쯔, 일본인과 한국인은 중국인을 짱꼴라라고 폄훼한다. 물론 이런 말들은 비속어이다. 속좁은 애국주의의 산물이다. 그렇다면 한국인은 중국인을 얼마나 알고 이런 말을 쓸까? 이러한 서로 간의 비방이 단순히 감정적인 배설에 불과하다면 동아시아의 평화와 교류에 악영향을 끼칠 것이다.

한국인은 중국인을 잘 모른다. 한국인의 인상에 중국인은 촌스럽다, 더럽다, 예의 없다, 돈만 안다 등으로 축약할 수 있다. 그러나 겉으로만 드러난 중국인의 모습으로 판단하기에 중국인의 성격과 습관은 복잡하다. '대지약우'란《老子노자》에 나오는 말이다. "많은 것을 알고 있는 사람은 바보처럼 보인다"라는 뜻이다. 큰 지혜를 가지고 있는 사람은 자신의 재능을 뽐내지 않기 때문에 얼른 보기에 어리석은 사람같이 보인다는 말이다. 중국인의 차림새는 형편없어 보인다. 꾸미지 않기 때문이다. 추리닝을 입고 거리를 활보하는 사람이 있고 심지어는 중요한 자리에도 그런 차림으로 나타난다. 중국인은 남의 일에 무관심하다. 남이 자신을 어떻게 보든 개의치 않는다. 그러나 여기에도 최소한의 예의라는 것은 있다. 사회적 공중의식은 중국인에게도 필요하다.

한국인은 중국인에 비해 성격이 급하다. 사실이다. 자기주장이 강하다. 남의 얘기를 잘 듣지 않는 약점이 한국인에게 있다. 한국인이 자기주장을 내세우면 중국인은 침묵한다. 확실하지 않으면 중국인은 확정적으로 말하지 않는다. 그래서 언제나 考慮一下카오뤼이샤라고 말한다. 중국인은 일에 신중하다. 당연히 한국인은 기분이 상한다. 중국인은 속으로 한국은 중국에 비해 아주 쪼그만 나라다, 옛날에 자기 나라에 조공을 바친 나라다, 별거 없다, 언젠가는 한국인을 따라잡을 것이라고 생각한다.

중국인은 한국인이 표정 관리할 줄 모른다고 말한다. 돈 좀 있다고 중국인을 함부로 대하고 다그치며 이것 내놔라, 저것 보여 달라, 이렇게 하라, 저렇게 왜 못하니라고 막무가내식으로 상대하면 중국인으로부터 신뢰를 얻지 못한다. 중국인은 자존심이 다른 나라 사람보다 강하다. 체면을 중시하기 때문이다. 그래서 돈을 많이 주면 일을 하지만 나중에 더 많은 돈을 요구한다. 중국인은 이것을 당연하게 여기지만 한국인은 중국인이 버릇없다고 화를 낸다. 한국의 모 대학 총장이 중국의 어느 대학을 방문했다. 약속 시간에 맞춰 중국 대학 정문을 들어서는데 정문 수위가 길을 가로막고 문을 열어 주지 않는다. 한국 대학 총장이 한국식으로 그 수위에게 버럭 화를 냈다. 수위는 결코 문을 열지 않는다. 내가 총장인데 왜 문을 안 열어! 아무리 백 번 소리쳐도 문은 결코 열리지 않았다. 통역을 시켜 중국어로 這位是大學校長저웨이스다쉐샤오장해 봤자 문을 열어 주지 않는다. 경비 일을 맡은 사람은 국가의 主席주시가 아니라 자신이기 때문이다. 중국인의 체면과 자존심을 세워 주어야 한다.

糊裏糊塗후리후투란 흐리멍덩하다는 뜻인데 중국인의 성격을 상징한다. 이 말은 鄭板橋정판교가 중국인의 처세술로 승화시켰다. 그가 말하길 "똑똑하기는 어렵지만 멍청하기는 더 어렵다. 그러나 똑똑한 사람이 멍청해지기란 더욱 어렵다. 붙들고 있는 것을 한 번 놓고 한 발짝 뒤로 물러나면 마음이 안정되고, 무언가 일을 도모한 후가 아니더라도 복이 되돌아올 것이다"라고 했다. 그런데 이런 처세는 정판교의 삶과 같다. 정판교는 청대 화가로 원명이 鄭燮정섭이다. 흔히 揚州八怪양주팔괴의 으뜸으로 친다. 건륭 황제 때 진사 급제하였고, 50세 때 출사하여 현령이라는 낮은 벼슬을 하였다. 그러나 상급관리에게 잘못하여 관직을 버리고 양주에서 그림을 팔아 생계를 꾸렸다. 詩書畵시서화 三絶삼절로 알려졌고 특히 竹죽 그림에 능했다. 대나무는 君子군자의 지조, 절개를 상징한다. 그의 墨竹畵묵죽화는 눈앞에 보이는 대나무(眼中之竹)에서 마음속의 대나무(胸中之竹)을 거쳐 손안의 대나무(手中之竹)에 도달하는 예술적 변화를 성취했다. 속세에서는 재빠르게 행동하지 못하고 어리석게도 현실에 비타협적으로 살았지만 티끌로 가득한 속세를 벗어나 자연과 더불어 살면서 터득한 예술은 아름답다.

聖성의 간체자는 圣이다. 마음 心심은 忄과 같다.

마음(心)이 없는 怪괴는 聖성이 되고, 마음(心)이 있는 聖성은 怪괴가 된다.

성인과 괴인은 별 차이가 없다. 성인과 괴인은 모두 보통 사람이 아니므로 구별하기가 쉽지 않다. 제왕은 성인을 싫어한다. 세상에 태양이 둘이 있을 수 없기 때문이다. 그래서 성인은 박해를 받는 것이다. 반면 괴인은 헛된 욕망에 목을 매는 보통 사람과 같다. 영혼이 맹목적으로 믿는 미신에 빠져들기 때문이다. 그래서 괴인은 사람들의 환영을 받는다.

한자의 자형을 보면 聖성과 怪괴의 차이는 단지 마음의 유무에 있다.

성인은 마음이 없는 사람이다. 성인은 시비를 가려서 다른 사람을 지배하고 조종하지 않는다. 보통 사람이 모르는 것을 알고 있기 때문에 중생을 구제할 뿐이다.

그러나 괴인은 성인과는 다르다. 괴인은 종종 천하를 얻으려는 과대망상에 빠져 세상 사람을 마음대로 조종하려는 욕심이 있다. 괴인은 괴상한 짓으로 대중에 영합한다. 뜻을 얻지 못하다가 일단 세력을 얻으면 사람의 마음과 정신을 혼란하게 하고 사회를 어지럽히며 억지와 그릇된 주장을 내세우는데 심지어는 대중을 현혹하여 패거리를 만들기까지 한다.

괴인은 스스로 깊이 반성하여 앞서 저지른 과오를 뉘우치고 갑자기 깨달음을 얻고 마음을 맑고 깨끗하게 하여 자기의 본성을 되찾고 도리에 맞지 않은 마음과 바르지 못한 마음을 완전히 떨쳐버리고 더 나아가서는 성인이 될 수도 있는 것이다.

출사와 은일. 뜻을 얻지 못하면 은일을 한다. 그러나 출사는 동전의 양면이다. 세상을 바로잡는 치국평천하의 꿈을 실현하기 위한 첩경이지만 권세욕을 위한 헛된 욕망의 먼지 구덩이일 수도 있는 것이다. 어리석은 자와 괴인은 다르다. 어리석은 자는 은일을 택하지만, 괴인은 혁명을 꿈꾼다.

어리석음의 경지에 도달하려면 포기하는 것을 배워야 한다. 탐욕, 집착, 분별을 버리면 포기하는 것조차 포기하게 된다. 아무런 속박이 없어지니 마음에 부담이 없다. 어리석은 사람은 정말로 자유로운 사람이다.

소유하려는 자여, 욕심을 버려라! 가진 자여, 땀 흘려 얻지 않은 것은 버려라! 깨달은 자여, 속세를 떠나라! 어리석은 자여, 그대는 아름답구나!

중국은 점점 커지고 한자는 자꾸 줄어들고 있다.

똑같다 差不多
差不多 차부두오

차부두오란 큰 차이가 없다, 거의 비슷하다, 대강 같다, 대충 그럭저럭 되어 간다는 것을 의미한다. 인간관계에서도 이 말이 적용된다. 너와 나는 친척, 친구, 회사 동료 사이가 아니면 아무 상관없기 때문에 별로 신경을 쓰지 않는다. 너와 나는 차부두오다. 너나 나는 비슷하거나 같기 때문에 대충 대하면 된다고 생각한다.

대부분의 중국인은 모든 일에 대충대충이다. 정교한 맛이 없다. 그래서 겉으로 보기에 깔끔하거나 깨끗하고 똑똑해 보이지가 않는다. 중국인은 남에 대해 잘 알려고 하지 않을 뿐만 아니라 남에게 좋은 인상을 주려고도 하지 않는다. 나는 너와 상관없다고 생각한다. 식당에서 시끄럽게 왁자지껄 떠들어도 오히려 화기애애하다고 여긴다. 공공장소에서도 한 손으로 饅頭만터우를 먹으면서 다른 한 손으로는 우유를 들고 마신다. 담배꽁초를 아무 데나 버리거나 가래와 침을 뱉을 때 보면 다른 사람을 배려하는 마음이 없다. 너나 나는 차부두오이기 때문이다. 그렇게 남에게 신경을 쓰지 않다 보니 옷을 아무렇게나 입고 다녀도 상관없다고 생각한다. 줄을 서는 법이 없다. 먼저 돈 내고 물건 가져가면 그만이다. 그러나 개인의 이익과 관련된 일을 만나게 되면 갑자기 돌변한다. 아주 똑똑해진다.

공적인 일에 대해서는 일반적으로 대충 괜찮다는 식이지만 자신에 관련된 아주 사소한 것이라도 돈과 관계되는 일이면 눈을 크게 뜨고 손이 빨라진다. 이것을 錙銖必較쯔주비쟈오라고 한다. 錙銖치수는 고대 중량의 단위로 兩양의 4분의 1정도로 아주 적은 양으로 극히 미세한 것을 의미하여 아주 사소한 일이나 돈을 가리킨다. '치수필교'란 매우 적은 돈이나 하찮은 일까지도 꼼꼼하게 따진다는 뜻이다.

근대 중국의 역사학자, 문학가, 철학가이며 교육자였던 胡適후스(1891-1962)는 중국인의 국민성에 대해 우매, 공금 횡령, 창조성 결핍, 수치를 모르는 뻔뻔함, 도덕심의 결여 그리고 이 차부두오 정신이라고 말했다.

중국에서 가장 유명하고 누구나 다 아는 인물로 성은 차이고 이름은 부두오인데 중국을 대표하는 사람이다. 그는 모든 일은 대충하면 되지 왜 정확하게 해야 하는지 투덜댔다. 그가 학교에서 공부할 때 선생님이 베이징을 둘러싸고 있는 직예성은 허베이인데 그렇다면 이 직예성 바로 옆에 있는 성은 무엇이냐고 물으면, 그는 陝西산시라고 대답했다. 선생님이 틀렸다고 하면서 山西산시라고 말하자, 그는 둘 다 산시인데 다르다니, 같지 않느냐고 반문했다.

학교를 졸업하고 그는 전당포에서 일하게 되었다. 그는 쓸 줄도 계산할 줄도 알았지만 정확하지는 않았다. 열 十십 자는 항상 千천 자로 쓰고 千 자는 항상 十 자로 썼다. 주인이 화가 나서 항상 그를 욕했다. 그러면 그는 희희 웃으면서 千 자는 十 자에 ノ별자 하나 더 보태면 같지 않느냐고 말했다.

어느 날 그는 급한 일이 있어 기차를 타고 상하이에 가야 했다. 그가 기차역에 도착했을 때 제시간보다 2분이 늦었다. 기차는 이미 떠나 버렸다. 그는 멀리 사라져 가는 기차의 연기만 바라볼 뿐이었다. 그는 머리를 흔들면서 "할 수 없지, 내일 다시 오면 되지 뭐. 오늘 기차나 내일 기차나 같은걸 뭐. 그런데 기차가 왜 이렇게 정확하지. 8시 30분에 출발하나 8시 32분에 출발하나 같지 않나?"라고 중얼거렸다. 그는 집에 돌아오는 도중에 아무리 생각해도 도무지 이해할 수가 없었다. 왜 기차는 나를 2분 더 기다려 주지 않았을까?

어느 날 그는 갑자기 병에 걸렸다. 급히 집안사람을 불러 동네 의사 汪氏왕씨를 불러오도록 했다. 급히 그를 찾아 나섰으나 찾을 수가 없었다. 그래서 옆 동네에 소의 병을 전문으로 고치는 수의사 王氏왕씨를 불렀다. 수의사라 걱정했지만 병이 하도 급해서 할 수 없이 진찰을 받았다. 그리고 그는 마음속으로 "의사 왕씨나 수의사 왕씨나 둘 다 의사고 또 성씨도 둘 다 왕이니까 같지 않나?"라고 생각했다. 그래서 수의사 왕씨가 소를 치료하는 방법으로 그를 치료했고 1분도 되지 않아 그는 죽고 말았다.

차부두오가 죽어갈 때 숨을 헐떡거리면서 "산 사람이나 죽은 사람이나 차(차이)… 차(차이)… 차차이(차이)… 부두오(거의 없다), 모든 일도 차(차이)… 차

(차이)… 차(차이)… 부두오(거의 없다), …허비(왜)… 런전(정확해야 하나?)"라는 '격언'을 완성하고는 숨을 거두었다.

그가 죽은 후에 모두들 그를 칭찬했다. 모든 것을 간파하고 세상사에 통달하였기 때문에 모든 사람이 그가 평생 정확하게 일을 하지 않아 남과 싸우지도 않았고 계산적이지 않았기 때문에 정말로 덕행을 쌓은 사람이라고 했다. 그래서 그에게 圓通大師원통대사라는 법호를 지어 주었다.

그의 명성은 멀리까지 전해졌고 갈수록 더 커져서 많은 사람들이 그를 모방하였다. 그래서 사람들이 모두 차우부두오가 되었고 중국은 이때부터 게으른 사람들의 나라가 되었다.

많은 중국 전문가들은 하나같이 중국에 투자하려는 한국인은 우선 최소한의 중국 무역법과 노동법을 읽고 가야 한다고 조언한다. 중국 각 지역을 省성별로 분석해서 그 지역의 역사와 문화, 지역인의 성격과 습관 등을 알아야 하고, 중국인의 비즈니스 스타일도 알면 금상첨화다. 비즈니스 담판 수법에는 어떤 것이 있으며 어떤 수단으로 상대를 지치게 하는지 알아야 한다. 당연한 것인데도 한국인은 현지 정보 하나도 없이 무작정 중국행 비행기를 타고 떡하니 중국 땅에 내려서 호텔에 투숙하고 조선족 통역관을 대동하여 이곳저곳을 헤매면서 돈을 물 쓰듯 한다. 환율 탓도 있지만 돈만을 믿고 중국인을 너무 깔보는 경향이 있다. 이제는 한국 돈 가치가 예전 같지 않아서 돈을 마구 뿌리지도 못한다. 베이징과 상하이 물가는 직접 가본 사람만이 피부로 느낄 수 있다.

겉으로 보기에 중국인이 옷을 아무렇게나 입고 다닌다고 깔보지 말라. 타이완 유학 시절 들었던 얘기 한 토막. 다 쓰러져 가는 집에 고급승용차가 한 대가 오더니 양복을 말끔하게 차려입은 은행장이 내렸다. 이 은행장은 수수한 차림의 노인의 손을 잡고 수중의 황금을 제발 자기 은행에 맡겨 달라고 통사정을 했다. 한참 후에야 겨우 승낙을 받아냈다. 실은 며칠 전 노인이 자신의 금 일부를 도난당했다는 것이다. 돈을 아껴 쓰고 남은 것은 몽땅 금으로 바꿔 집 어디엔가 숨겨 놓았다는 소문은 있었지만 어느 누구도 이 집 노인이 부자라는 사실조차 믿지 않았고 금을 숨길 곳도 없다고 생각했다. 그런데 실제 노인이 금을 숨긴 곳은 다름 아닌 집 담벼락에 세워 놓은 수레바퀴 속이었다. 낡고 낡아서 아무도 주의를 기울이지 않는 이런 수레가 다섯 대나 있었다. 그중 두 대를 도난당한 것이다. 그래서 노인은 이제는 금을 은행에 맡기기로 한 것이다. 이 얘기를 듣고 나서 길가의 허름한 중국인조차 저 사람은 부자일지 모른다는 생각을 하게 되었다. 중국인은 차림새와 상관없는 민족이다. 실리주의자들이다. 그래서 먹는 것이 남는 것이라는 것은 중국인을 두고 하는 말처럼 느껴진다. 중국인은 옷보다 먹는 것을 더 중시한다. 우리도 웰빙 음식이 어떻다고 떠들면서 이제야 잘 먹게 되었고 먹는 것을 중시하지만 중국인에 비하면 별 거 아니다. 중국인의 음식 문화는 말로 표현이 불가능하다. 겉치레를 중시하지 않는 중국인을 피상적으로 판단하고 상대하지 말라. 튀지 않고 묵묵히 때를 기다리는 중국인의 태도를 잘 알아야 한다. 그렇지 않으면 언제 중국이 우리나라를 추월할지 모른다. 중국에 조공을 다시 바치기 싫고, 그렇게 무시하는 중국인들과 함께 공부하기 위해 유학가기 싫으면, 내부 권력 싸움으로 나라를 잃고 우리네 여자가 중국으로 팔려간 고구려 멸망의 전철을 밟지 않으려면 정신 바짝 차려야 한다. 유명한 고사 愚公移山 위궁이산은 가로막고 있는 산을 다니기가 불편하다고 산을 한 삽씩 퍼내 다른 쪽으로 옮기는 내용이다. 우공이란 사람은 자신이 이 일을 끝내지 못하고 죽게 되면 자신의 아들이 있고 아들은 또 아이를 낳을 것이니, 자자손손 끊임없이 이 일을 하여 언젠가는 산을 다른 곳으로 옮기고 길이 평평하게 날 것이라고 했다. 우공은 중국인의 상징이자 화신이다.

恐韓症쿵한정에 걸린 중국 축구 국가대표팀이 언젠가 臥薪嘗膽워신창단하여 한국 축구 국가대표팀을 이기는 날이 올 것이다. 과연 그 누가 한국팀이 중국팀에게 결코 지지 않는다고 장담할 것이며 중국팀이 한국팀을 결코 이기지 못한다고 장담할 수 있겠는가? 그날을 위해 중국은 침묵하고 이를 갈 것이다. 중국인은 급하지 않다고 생각한다. 언젠가는 산을 옮기는 것처럼 한국팀을 이길 것이다. 우리는 중국팀에게 지지 않기 위해 노력해야 한다.

그래서 우선 중국팀이 어떤 선수로 구성되고 어떤 전술을 가지고 있는지를 알아야 한다.

일시적인 감정의 노예가 되어 남을 비방하기 전에 우선 중국을 철저하게 분석하고 이해하여야 한다. 중국의 언어와 역사 공부가 그 시작이 아닐까?

한어 漢語 / 汉语 한위

가오리는 한자 해독 능력을 높이기 위해 집에서만 공부한 것은 아니다. 길거리를 지나다가 모르는 글자가 있으면 즉시 자전을 찾거나 학식이 높은 대학의 중문과 교수님을 찾아가 자문을 구하기도 했다. 그런 경우가 饀도와 餡함 자이다. 중국 북방 지방에서나 맛볼 수 있는 饀兒餅타오얼빙을 판다는 간판을 보고 즉시 자전을 찾아봤더니 둘 다 떡소라고 적혀 있었다. 그러면 어느 것이 맞을까? 둘 다 써도 되는 것일까? 餡兒餅셴얼빙이 맞다. 饀도와 餡함은 글자가 비슷하지만 음을 나타내는 우측이 다르다. 전자는 손톱 爫조 밑에 절구 臼구이고, 후자는 칼 刀도 밑에 절구 臼구 자로 이루어졌다. 쌀이나 밀가루 음식 속에 고기나 채소 혹은 단것을 넣고 굽거나 튀긴 떡을 가리킬 때는 소라는 뜻의 餡셴 자를 써야 한다는 것이다.

剌랄과 刺자는 자형이 비슷하지만 뜻이 다른 글자다. 전자 剌랄은 인정이나 도리에 어긋나다, 위배되다를 뜻한다. 후자 刺자는 바늘이나 침으로 찌르다, 가시를 뜻한다. 장미는 가시가 많다는 玫瑰多刺메이꾸이두오츠이다. 헐뜯거나 비웃을 때는 諷刺펑츠, 빛이나 치장이 눈부실 때는刺眼츠옌이라고 한다. 전자는 좌측 가운데 입 口구 자를 쓰고, 후자는 입구로 닫혀 있지 않는 冂경을 쓴다.

逈형과 迴회는 자형이 비슷하지만 글자가 다르다. 전자는 멀다는 뜻이다. 당대 초기 시인인 王勃왕발의 〈滕王閣序등왕각서〉에 보면, 하늘은 높고 땅은 넓으니, 우주가 무궁하다는 것을 깨달았다고 했다. 여기에서 땅이 넓다는 것을 地迥지형이라고 했다. 후자는 回회 자와 같다. 迴轉회전, 迴廊회랑, 迴避회피에 쓰인다.

記기와 紀기는 헷갈린다. 둘 다 기록하다의 뜻이다. 언제 어느 것을 써야 할지 잘 모르겠다. 日記일기는 하루의 일을 기록하는 것이고, 같은 一紀일기는 12년을 말한다. 후자는 명사로 쓰일 때는 법의 뜻으로 紀綱기강, 軍紀군기, 紀律기율 등이 있다. 또한 과거의 일을 기록하는 것을 말하기도 한다. 예를 들면 중국 역사 서술의 체계 중의 하나인 紀事本末體기사본말체, 紀元기원, 紀念기념, 紀年기년, 紀傳기전 등에 사용한다. 결국 전자는 현재의 일을, 후자는 과거의 일을 기록하는 것이 서로 다른데 단 會議記錄회의기록은 현재의 일이지만 습관적으로 會議紀錄회의기록으로 쓴다.

眈탐과 耽탐은 눈 目목과 귀 耳이 자의 차이가 있다. 전자는 노려본다는 뜻으로 虎視眈眈호시탐탐에 쓰인다. 그런데 흔히 虎視耽耽호시탐탐으로 쓴다. 잘못이다. 후자는 즐길 탐 자로 배움, 환상이나 주색과 같은 것에 탐닉하다, 빠지다, 현혹되다와 지체하다의 뜻이 있다. 耽于酒色단위쥬서는 주색에 빠지다, 耽誤단우는 시간을 지체하다가 일을 그르친다는 뜻이다.

崇숭과 嵩숭은 둘 다 높다는 뜻이지만 음이 다르다. 전자는 동사로 쓰일 때는 중시하다 또는 존경하다, 숭배하다의 뜻이다. 崇拜충바이, 崇尙충상, 崇高충가오에 쓰인다. 후자는 산이 크고 높다는 뜻도 있지만 주로 五嶽오악 가운데 中嶽중악에 속하는 嵩山쑹산에 많이 쓰인다.

毫호와 亳박은 자형이 비슷해 보이지만 다른 글자다. 전자는 하오로 읽고 가늘고 길며 끝이 뾰족한 털을 말한다. 秋毫츄하오는 가을철에 털갈이를 하고 난 짐승의 가는 털을 말한다. 털끝만큼 극히 적은 것을 뜻한다. 또한 붓을 의미한다. 狼毫筆랑하오비는 족제비 털로 만든 붓을 말한다. 부사로 쓰이면 부정문에서 전혀, 조금도의 뜻이다. 絲毫不錯스하오부추오는 '조금도 틀림이 없다'를 뜻한다. 豪호도 하오로 읽지만 뛰어나다는 뜻으로 뛰어난 재능을 갖춘 사람을 가리킨다. 文豪원하오, 豪傑하오제에 쓰인다. 또한 호방하다, 기백이 있다는 형용사로도 쓰인다. 豪放하오방, 豪氣하오치 등에 쓰인다. 그러나 나쁜 뜻으로도 쓰여서 豪強하오챵처럼 '횡포하다, 난폭하다'의 뜻도 있다. 土豪투하오는 지방 호족을 말한다.

후자는 옛날 지명이다. 商상나라의 도성이었다. 지금의 허난성 商丘상구다. 亳縣박현은 현재 안후이성에 있다.

須수와 需수는 품사가 다르다. 전자는 부사일 경우는 반드시란 뜻으로 必須비쉬에 사용된다. 명사일 경우는 수염 鬚수의 간체자이다. 후자는 동사로 필요로 하는 것을 얻어 만족하다의 뜻이다. 必需品비쉬핀, 需要쉬야오에 쓰인다.

壺호와 壼곤은 자세히 살펴보면 자형이 다르다. 후자는 선비 士사 자 밑에 덮을 冖멱 그리고 그 아래에 亞아 자로 구성되어 있다. 전자는 亞가 冖에 붙어 버렸다. 전자는 병, 항아리를 뜻한다. 茶壺차후는 찻주전자, 酒壺쥬후는 술 주전자이다. 投壺터우하오는 병 속에 화살 던져 넣기를 하여 진 쪽이 벌주를 마시는 놀이다. 후자는 대궐 안길을 뜻한다. 조롱박, 표주박 葫蘆후루도 壺후라고 불렀다. 후자는 궁중의 통로를 말한다. 壼政쿤정은 궁중의 內政내정을 뜻한다. 왕후나 妃비가 거주하는 궁을 壼闈쿤웨이라고 한다.

睢휴와 雎저는 자형이 비슷하지만 다른 글자다. 전자는 부수가 눈 目목으로 눈을 부릅떠 보다, 우러러보다 또는 비방하다는 뜻이다. 또한 강 이름으로 지명이다. 춘추시대 송 땅으로 민국 초에 睢縣수현으로 바뀌었다. 睢陽수양은 옛 성이 지금의 허난성 商邱상구 남쪽에 있었는데 당나라 때 張巡장순과 許遠허원이 협력해서 안녹산의 공격에 저항하다가, 성이 함락되었어도 적에게 항복하지 않고 전사했던 곳이기도 하다. 후자는 새 隹추이다. 추는 꽁지가 짧은 비둘기, 뻐꾸기 종류 같은 새를 총칭한다. 물수리를 말하는데 雎鳩저구라고 하며 암수의 애정이 한결같아서 군자의 배필에 비유된다. 주나라 때 주로 민가를 수집한 《詩經시경》 첫 수 〈關雎물수리〉에 보인다.

關關雎鳩
河在之洲

窈窕淑女
君子好逑
구안 구안 물수리,
강의 모래섬에서 우네.
곱고 아리따운 아가씨,
군자의 좋은 배필이네.

인명에도 쓰여 옛날에 范睢범저라는 인물이 있었는데 范睢범수라고도 했다. 사마천의《사기》〈범저채택열전〉에 그 의 행적이 기록되어 있다.

범저 范睢
范睢 판쥐

범저는 위나라 사람이다. 각국을 돌아다니며 제후들에게 유세를 하다가 위나라의 中大夫중대부 須賈수고를 섬기게 되었다. 수고가 제나라에 사신으로 갈 때 범저도 동행했다. 제나라 양왕이 범저가 언변이 뛰어나고 재주가 있다는 말을 듣고 사람을 시켜 황금과 술과 고기를 보냈으나 범저는 거절했다. 이 사실을 안 수고는 범저를 의심하고 크게 노했다. 그러나 수고는 범저에게 술과 고기는 받고 황금은 되돌려 보내도록 했다. 귀국한 후에 수고가 위나라 재상 魏齊위제에게 이 사실을 보고하자 위제는 화가 나서 범저를 고문하여 갈비뼈와 이를 부러뜨렸다. 범저가 죽은 척하자 대자리로 말아서 변소에 버렸다. 술에 취한 빈객들이 그의 몸에 소변을 누었다. 범저는 간수에게 자신을 살려 주면 후에 후한 사례를 하겠다고 하여 간신히 목숨을 건졌다. 위나라 사람 鄭安平정안평이 범저를 데리고 도망하여 숨어 살며 범저의 이름을 張祿장록이라고 했다.

秦진나라 昭王소왕은 임금의 공문이나 명령을 전달하는 謁者알자 王稽왕계를 위나라 사신으로 보냈다. 정안평이 왕계의 시중을 들었다. 정안평이 장록을 왕계에게 소개하자 왕계는 범저가 재능이 있다고 여기고 범저를 데리고 진나라로 갔다. 진왕은 범저를 믿지 못하고 단지 거처와 하찮은 식사만을 제공했다. 범저는 이런 상태로 1년을 기다린 뒤에 진왕에게 다음과 같이 상소했다. 현명한 군주는 공이 있는 사람은 반드시 상을 받게 하고, 능력이 있는 사람은 반드시 관직을 얻게 한다. 재능이 없는 사람은 감히 관직에 오르지 못하고, 재능이 있는 사람은 그가 가진 재능을 덮어 숨길 수가 없다. 귀한 옥은 모두 흙 속에서 나왔으나 옥을 다듬는 뛰어난 장인들도 처음에는 알아보지 못하고 버렸다. 그러나 후에 모두 천하의 이름난 보물이 되었다. 마음의 절실한 속뜻은 글로 나타낼 수는 없다. 어리석은 자신이 왕을 감동시키지 못한 것인지 아니면 자신을 소개한 사람의 지위가 비천하여 믿을 수 없는 것인지 모르겠다. 자신의 이런 말이 아무 쓸모가 없다면 사형이라도 달게 받겠다고 했다.

진왕이 크게 기뻐하며 범저를 불렀다. 진왕은 무릎을 꿇고 가르침을 청했다. 그러나 범저는 예, 예라고만 대답했다. 이렇게 세 번을 했다. 범저는 오로지 왕에게 충성을 다 바치고 싶지만 아직 진왕의 속마음을 잘 모르겠다고 했다. 그리고는 자신이 두려워하는 것은 자신이 죽은 후에 선비들이 충성을 바치고도 죽임을 당했다는 것을 보고 아무도 진나라로 오지 않으려 하지 않을까 하는 것이다. 또한 진왕이 위로는 대신들을 두려워하고 아래로는 간신들의 아첨에 미혹되고, 깊은 궁궐에 살면서 시종들의 보호에서 벗어나지 못하고, 평생 미혹에 사로잡혀 간악한 신하를 가려내지 못한다면, 결과적으로 크게는 나라가 망하고 작게는 왕이 홀로 고립되어 위험한 처지에 놓이게 되는 것이다. 자신이 죽어 진나라가 안정되고 태평해진다면 죽는 것이 살아가는 것보다 더 낫다고 말했다.

진왕이 무릎을 꿇고 사죄하며 가르침을 청하자, 범저도 진왕에게 절을 했다. 범저는 좌우 신하들 가운데 몰래 엿듣는 자가 많다면서 왕의 신임을 얻고자 먼저 외교 업무부터 진언을 하였다. 진왕에게 중원의 국가들과 가깝게 지내어 천하의 중추를 장악하고 그런 후에 초나라와 조나라를 제압해야 한다. 초나라가 강대해지면 조나라를 내 편으로 끌어들이고, 조나라가 강대해지면 초나라를 내 편을 만들어야 한다. 조나라와 초나라가 모두 내 편이 되면 제나라는 반드시 진나라를 두려워할 것이다. 제나라가 내 편이 되면 한나라와 위나라도 손에 넣을 수 있다고 말했다.

진왕이 위나라와 친하게 지내는 방법을 범저에게 물었다. 범저가 대답하길, 겸손한 말과 예물로 그들을 섬겨라. 그래도 안 되면 땅을 떼어서 그들에게 뇌물로 줘라. 그래도 안 되면 군사를 일으켜 공격하라고 했다. 진왕은 범저의 계책을 받아들여 위나라를 공격하여 땅을 빼앗고 한나라에 사신을 보내 진나라 편으로 만들었다.

범저는 날이 갈수록 진왕과 가까워졌다. 전횡을 일삼는 귀족과 외척을 축출하여 중앙집권을 강화하는 책략을 쓸 때가 됐다고 판단하여 기회를 보아 진왕에게 진언하였다. 진나라에는 太后태후, 穰侯양후, 華陽君화양군, 高陵君고릉군, 涇陽君경양군이 있을 뿐이지 왕이 존재하지 않는다. 태후는 왕을 돌보지 않고 아무 거리낌 없이 제멋대로 행동하고, 양후는 외국에 사신으로 다녀와도 대왕께 여쭙거나 보고하지 않는다. 화양군과 경양군도 자기들 마음대로 백성들을 벌주고 살육하는 행동을 자행한다. 고릉군은 정책의 개정과 관리 임용에 관한 문제를 대왕께 묻지도 않고 제멋대로 한다. 특히 양후는 국사를 독점하고 있고 전쟁에 이기면 그 이익을 자기 봉읍으로 만들어 다른 제후들에게 피해를 입히고, 싸움에서 지면 백성들을 원망하고 그 화를 다른 나라에 돌린다. 나무 열매가 너무 많으면 가지가 부러지고, 가지가 부러지면 나라의 정기를 해친다. 수도가 너무 크면 나라가 위태롭고, 신하가 높으면 임금은 낮아진다. 이들이 서로 결탁하여 정권을 잡으면 종국에는 진왕을 제거할 수 있다. 하 · 은 · 주 삼대가 차례로 망한 까닭은 군주가 국가의 대권을 신임하는 신하에게 주어 버리고, 자신은 술과 사냥에 몰두했기 때문이다. 군주가 신임하는 사람은 덕이 있고 유능한 사람을 시기하고 개인의 사사로운 목적만 달성하며, 군주를 위해서는 충성하지 않는데도 군주는 이런 사실을 모르기 때문에 나라가 망하게 된 것이다. 대왕의 좌우 시종들 가운데 양후의 측근이 아닌 자가 없다. 군주는 지금 조정에서 고립되어 있다.

진왕은 그렇다고 시인했다. 그래서 진왕은 태후를 폐출시키고, 양후를 비롯한 나머지들을 모두 함곡관 밖으로 내쫓았다. 함곡관에 도착한 관리가 양후의 짐 가운데 귀중품을 조사하는데, 보물 그릇과 진귀한 물건들이 왕실보다 많았다. 진왕은 범저를 재상에 앉히고, 應侯응후에 봉했다.

위나라에서는 범저가 이미 죽은 지 오래인 것으로 생각하고 있었다. 진나라가 동으로 한나라를 공격한다는 소식을 들은 위나라 왕은 수고를 진나라에 사신으로 파견했다. 범저는 이 소식을 듣고 자신의 신분을 감추고 허름한 옷을 입고 수고를 만났다. 그를 불쌍하게 여긴 수고는 그 자리에서 술과 밥을 대접하고 한 벌의 두터운 명주 솜옷을 주면서 진나라 재상 장록 선생을 아느냐고 물었다. 그가 진왕의 총애를 받아 천하의 모든 일이 그에게서 결정된다고 들었는데 혹시 재상과 친한 사람을 알고 있으면 소개시켜 달라고 부탁했다. 나중에야 그가 범저라는 것을 안 수고는 머리를 조아리며 사죄했다. 지난날 원수였던 수고지만 솜옷을 준 사실을 들어 죽이지 않고 옛정을 생각해 그를 석방했다.

수고가 범저에게 이별을 고하자, 범저가 크게 잔치를 베풀고 각국의 사신들을 초대했다. 범저는 수고를 대청 아래에 앉히고 마소의 사료인 여물을 구유에 담아 간수를 시켜 그에게 먹이게 하면서 꾸짖길, 위나라 왕에게 전해 위제의 머리를 가져오도록 해라. 만약 그렇게 하지 않으면 도성 大梁대량을 허물고 대량으로 사람들을 몰살시키겠다고 했다. 위제는 두려워하여 조나라로 도망쳐서 平原君평원군의 집에 숨었다.

범저가 정안평을 추천하자 소왕은 그를 장군에 임명했다. 그런 후에 범저는 집의 재물을 나누어 가난하게 살 때 신세를 진 사람들에게 일일이 보답했다. 단지 한 끼의 식사에 대한 은혜에도 반드시 보답했고, 한번 노려본 원한에 대해서도 반드시 보복했다.

진나라 소왕은 위제가 평원군 집에 숨어 있다는 사실을 알고 범저의 원수를 갚아 주려고 했다. 진왕이 평원군에게 "나는 당신이 정의감을 지니고 있다고 들었소. 당신과 평등하고 구속 없는 친구 사이로 지내고 싶으니 열흘 동안 술을 함께 마시자"고 하는 거짓편지를 보냈다. 평원군은 진나라가 두려웠고 또 편지의 말들이 정말인 줄 알고 곧 진나라로 가서 진왕을 만났다. 진왕은 평원군과 며칠 술을 마신 다음 그에게 말하길, "주문왕은 呂尙여상을 얻어 그를 太公태공으로 받들었고, 제환공은 관중을 얻어 그를 仲父중부로 삼았소. 나는 범 선생을 숙부로 여기고 있소. 범 선생의 원수가 당신 집에 숨어 있으니 그의 목을 베어 오도록 하시오"라고 하자, 평원군은 "높은 자리에 있으면서 사람과 사귀는 것은 천한 몸으로 떨어졌을 때 도움을 받고 싶은 생각 때문입니다. 부유한 몸으로 사람과 사귀는 것은 가난하게 되었을 때 도움을 받기 위해서입니다. 위제는 나의 친구입니다. 설령 그가 제집에 있다 하더라도 내어줄 수 없습니다"라고 대답했다. 그러자 진왕은 조나라 왕에게 "지금 대왕의 동생이 진나라에 있고, 범 선생의 원수 위제가 평원군 집에 있소. 대왕께서 위제의 목을 베어 보내시오. 만약 그렇게 하지 않으면 조나라를 공격하겠소"라는 편지를 보냈다. 조나라 왕은 즉시 병사를 파견하여 평원군의 집을 포위했다. 위제는 밤을 틈타 도주하여 조나라의 재상 虞卿우경에게 의탁할 것을 청했다. 우경은 위제와 함께 몰래 도망쳤다. 대량으로 도망하여 信陵君신릉군의 주선으로 초나라로 달아나려고 했다. 신릉군은 진나라를 두려워하여 주저하면서 신하들에게 우경이 어떤 사람이냐고 물었다. 侯嬴후영이 신릉군에게 "사람은 원래 자기를 알기 힘든 것이지만, 남을 아는 것도 쉬운 일이 아닙니다. 우경은 높은 관직과 많은 봉록을 버리고 남의 곤궁을 중요하게 여기고 공을 찾아온 것인데 공께서는 그가 어떤 사람이냐고 물으시니 도리가 아닙니다"라고 했다. 신릉군이 부끄러워하며 손수 마차를 몰고 그들을 영접하러 갔다. 그러나 위제는 신릉군이 난색을 표시하며 자기를 만나 주지 않는다고 여겨 스스로 목숨을 끊었다.

진왕은 범저의 계책을 받아들이고 간첩을 역이용하여 조나라를 속이니 조왕은 염파 대신 다른 사람을 장군에 임명했다. 진나라는 조나라를 長平장평에서 대파하고 수도 한단을 포위했다. 범저는 白起백기와 원수지간이 되자 그를 모함하여 죽였다. 범저는 정안평을 추천하여 조나라를 공격하도록 했다. 정안평이 조나라 군사에게 포위당하자 조나라에 투항했다. 이 때문에 범저는 멍석 위에 앉아 진왕의 처벌을 기다렸다. 당시 진나라 법률 규정에 사람을 추천했을 경우, 추천받은 사람이 죄를 지으면, 추천한 사람도 처벌을 받았다. 진왕이 범저가 이로 인해 마음이 불안해질 것을 염려하여 전국에 포고령을 내려 정안평 사건을 입 밖에 내면 벌로 다스리겠다고 하였다. 또한 재상 범저에게는 상을 하사하여 그의 마음을 위로했다.

이번에는 왕계가 군수로 있을 때 제후들과 내통하다가 법에 저촉되어 사형을 당했다. 이 일로 범저는 날로 마음이 불안하기만 했다. 그러던 어느 날 진왕이 한숨을 쉬자, 범저가 나아가 "국왕이 근심하면 신하는 욕을 당하게 되고, 국왕이 치욕을 당하면 신하는 응당 죽어야 한다고 들었습니다. 국왕께서 근심스러운 모습을 보이셨으니 이것은 신이 부족한 탓이니 제게 벌을 내리십시오"라고 말했다. 그러자 진왕은 강한 초나라의 공격을 받을까 두렵고, 국내엔 뛰어난 장군이 없어 나라가 걱정될 뿐이라고 하자, 범저는 도리어 송구스러워 몸 둘 바를 몰랐다. 이때 蔡澤채택이란 연나라 사람이 찾아왔던 것이다.

채택
蔡澤

蔡泽
차이저

채택은 사방의 제후국 왕들에게 유세하였으나 재능을 인정받지 못했다. 위나라 사람으로 당시에 유명한 관상가인 唐擧당거를 찾아가서 李兌이태의 관상을 봐 주고 그에게 100일 이내에 국가의 정권을 장악한다고 했는데 사실이냐고 물었다. 당거가 그렇다고 대답했다. 당거가 채택의 관상을 보고는 웃으면서 "선생의 코는 매부리코이고 어깨는 목보다도 높이 솟았으며, 툭 불거진 이마에 얼굴은 복상투처럼 생겼고, 쭈그러든 콧대에 다리마저 활처럼 휘었소. 성인의 상은 보아도 모른다고 들었는데, 아마도 선생을 두고 하는 말인 것 같소이다"라고 했다. 채택은 당거가 자기를 비웃는 줄로 알고서 "부귀는 내가 원래 가지고 태어난 것이지만, 내가 알지 못하는 것은 수명이오"라고 하자, 당거는 "선생의 수명은 지금부터 43년은 더 살 수 있소"라고 말했다. 채택은 떠나면서 마부에게 "나라의 봉록을 받아 부귀로운 생활을 할 수 있다면 43년만으로도 충분하다"라고 말했다.

채택은 조나라에 갔으나 쫓겨났고, 한나라와 위나라로 갔으나 도중에 강도를 만나 취사도구마저 빼앗겼다. 그러나 범저가 천거한 정안평, 왕계가 모두 진나라에 큰 죄를 지어 마음속으로 죄스러워하고 있다는 말을 듣고 진나라로 향했다.

채택은 진왕을 만나기 위해 자신을 자랑하고 범저를 화나게 만들기로 작정했다. 소문을 퍼뜨려 채택은 세상에 뛰어난 변론가로 진왕을 만나기만 하면 진왕이 자신을 좋아하여 범저를 멀리할 것이라고 했다. 범저가 채택을 불렀다. 채택은 가볍게 고개만 숙였다. 범저는 기분이 상했다. 범저는 채택의 설법을 일단 듣기로 했다. 사계절은 저마다 각 계절의 임무가 있다. 仁인을 근본으로 삼고 정의를 바탕으로 원칙대로 법을 집행하고 덕을 베푼다면 천하에 자신의 뜻을 실현시키는 것이고, 천하의 백성들이 즐거워하고 그를 존경하게 되는 것이다. 진나라의 商君상군, 초나라의 吳起오기, 월왕 구천의 謀臣모신이자 大夫대부 種종 같은 사람은 선비들이 바라고 원하는 인물이라고 말했다.

범저는 채택이 자기를 곤궁에 빠뜨리고 설득하려고 한다는 것을 알아차리고, 마음에도 없는 반대 논리를 내세워 말했다. 상군은 진나라 효공을 섬기면서 끝까지 한마음으로 국가에 충성을 다하고 자신의 몸을 돌보지 않았다. 그는 법령을 만들어 간사한 자들을 처형했고, 남의 원한을 사더라도 진실한 마음과 일편단심으로 충성을 바치는 걸 마다하지 않았으며, 친구를 속여 위나라의 공자를 사로잡고, 진나라의 사직을 안정시켜 백성들에게 이익을 가져다주었으며, 끝까지 진나라를 위해 적을 공격하여 땅을 빼앗아 진나라의 영토를 넓혔다. 오기는 초나라 왕을 섬기면서 사사로운 이익이 공익을 해치지 못하게 하고, 도리에 맞는 행동을 했으며, 의를 행하고 모시는 임금을 천하의 패자로 만들었으며, 나라를 강하게 만들기 위해 화와 재난을 당하는 것도 두려워하지 않았다. 대부 종은 월왕을 섬기면서 군주가 곤경에 처하여 능욕을 당해도 충성을 다하고, 나라가 망해도 자신의 능력을 다 바치고 떠났다. 공을 세운 후에도 자신을 내세우지 않고, 재물과 관직을 탐내지 않았으며, 교만하거나 게으름을 피우지 않았다. 이 세 사람의 행위는 절의의 본보기이자 충절의 모범이다. 군자는 절의를 지키기 위해 몸이 위험에 처해도 정의를 위해 죽음을 두려워하지 않는다. 차라리 살아서 치욕을 당하느니 죽어서 영광을 택한다. 선비는 본래 자기 몸을 죽여 이름을 남기는 것이다. 정의를 위해 죽음도 마다하지 않는다. 이 세 사람이 우리가 바라는 대상이다.

채택이 다음과 같이 반박했다. 比干비간이 충성을 다해 직언을 했지만 주왕에게 죽임을 당해 은나라를 보존하지 못했고, 오자서가 지혜로웠지만 晉진나라를 보전하지 못했으며, 申生신생은 효자였는데 진헌공의 여희에게 모함을 받아 자살하여 왕자들이 일으킨 왕위 쟁탈전으로 나라가 크게 어지러웠다. 이들 모두 충신이고 효자였다. 그러나 국가가 혼란에 빠지고 멸망한 이유는 현명한 군주와 어진 부친이 그들의 의견을 듣지 않았기 때문이다. 상군, 오기, 대부 종은 신하로서는 훌륭했지만 그들의 군주는 그렇지 못했다. 그러므로 세상 사람들은 그 세 사람이 공을 세우고도 자랑하지 않은 점을 칭찬하기는 하지만, 세상을 만나지 못하고 죽고 만 것을 부러워하지는 않는다. 만약 죽은 뒤에 입신출세하고 공명을 얻었다면, 공자도 성인일 수 없고 관중도 위대한 인물이라고 불리지 않았을 것이다. 名聲명성과 功名공명 모두를 얻는 것이 가장 훌륭하고, 공명은 후대에 모범이 될 만하지만 명성을 보전하지 못한 것이 그 다음이며, 공명은 치욕을 당했으나 명성을 보전한 것은 가장 아래다. 범저는 채택의 의견을 칭찬했다.

주문왕의 모신으로 문왕이 상나라 주왕에게 사로잡혀 옥에 갇혔을 때 주왕에게 미녀와 준마를 보내 문왕을 풀려나게 한 閎夭굉요와 주무왕의 동생으로 어린 조카 成王성왕을 보좌한 周公주공 두 사람을 군주와 신하의 관계로

논한다면 상군 · 오기 · 대부 종 세 사람과 비교해서 어느 쪽이 선비가 바라는 바인지를 채택이 범저에게 물었다. 범저는 이 세 사람이 굉요와 주공 두 사람에게 비교할 바가 못 된다고 대답했다. 채택은 범저가 모시는 진왕이 인자하여 충신을 신임하고 어질고 지혜로운 선비들과 사귀며 의를 지켜 공신들을 배반하지 않았다는 점에서 상군 · 오기 · 대부 종이 각각 모신 세 군주와 비교하면 어느 쪽이 낫느냐고 물었다. 범저가 어떻게 다른지 모르겠다고 대답했다. 채택이 말했다. 범저가 모시는 진왕이 이 세 군주 이상은 되지 못한다. 또 범저가 진왕을 보좌한 것이 세 사람에 비교하면 어떠하냐고 물었다. 범저는 세 사람보다 못하다고 대답했다.

채택이 이때 다그쳐 말했다. 범저의 봉록과 높은 지위, 부유한 가산은 이 세 사람보다 월등하다. 만약 범저가 물러나지 않으면 앞으로 닥칠 화와 근심이 이 세 사람보다 심할 것이다. 태양이 높이 솟았다가는 곧 서쪽으로 기울고, 달도 차면 곧 기운다고 했다. 나아가고 물러나는 것이 때와 더불어 변화하여 마땅해야 하는 것은 성인의 떳떳한 도리이다. 나라가 바로 다스려지면 나아가 벼슬을 하고, 도가 행해지지 않으면 물러나 숨는 것이 당연한 이치다. 군주가 현명하면 재주가 뛰어난 인재가 벼슬을 하고, 부당한 방법으로 얻은 부귀는 뜬구름과 같다고 했다. 범저는 원수도 이미 갚았고, 은혜도 이미 다 보답했다. 마음먹은 바도 이미 다 실현했다. 그런데 시세의 변화에 적응할 수 있는 대책은 세우지 못하고 있었다. 욕심을 부리면 천수를 누리지 못한다. 소진과 지백이 치욕과 죽임을 당하지 않는 지혜는 있었지만 결국 죽은 이유는 과욕을 부려 물러날 시기를 놓쳤기 때문이다. 제환공이 천하를 평정했으나 자만과 교만 때문에 제후국들이 배반했고, 오왕 부차의 군대는 천하무적이었으나 가국을 멸시하고 속였기 때문에 나라가 패망한 것이다. 공명이 정점에 달했는데도 자신을 되돌아보고 처세의 도리에 합당한지를 따져 보지 않고 겸손과 검약을 지키지 않아 화를 자초한 것이다.

상군은 진나라를 천하무적으로 만들어 큰 공을 세웠지만 결국 그는 능지처참의 형을 당했다. 백기는 조나라를 공격하여 장평성의 40만 대군을 몰살하였는데, 흐르는 피가 강을 이루고 울부짖는 소리가 천지에 진동했다. 강국 초나라와 조나라가 감히 진나라를 공격하지 못한 것은 백기의 공이 컸기 때문이다. 그러나 끝내 어명에 의해 백기는 자살했다. 오기는 초나라 왕을 도와 부국강병책으로 나라를 안정시키고 천하에 용맹을 떨쳐 각 제후국들을 복종시키는 큰 공을 세웠으나 끝내 능지처참의 형을 당했다. 대부 종은 월왕 구천을 보좌하여 부차에게 받은 원수를 갚고 오나라를 멸망시켰다. 그러나 구천은 끝내 은혜를 저버리고 그를 죽였다. 이 네 사람 상군, 백기, 오기, 대부 종은 큰 공을 세운 뒤 자리에서 물러나지 않았기 때문에 이 같은 큰 화를 당한 것이다. 이런 사람들을 '펴고 굽힐 줄 모르며, 가서 돌아올 줄을 모르는 사람'이라고 한다. 范蠡범려는 이런 도리를 알았다.

채택은 진나라의 재상 범저에게 말했다. "범려는 공을 이룬 뒤 관직을 버리고 초연히 속세를 떠났습니다. 범저 당신은 재상 자리에 있으면서 계책을 세워 각국을 장악하여 천하의 각국들이 모두 진나라를 두려워하게 만들었습니다. 진나라가 바라는 일은 성취되었고, 당신의 공로는 이미 절정에 달했습니다. 이런 상황에서 당신이 물러나지 않는다면, 곧 상군, 백기, 오기, 대부 종과 같은 처지가 될 것입니다. 물을 거울로 삼는 사람은 자신의 얼굴 생김새를 알 수 있고, 사람을 거울로 삼는 사람은 자신의 길흉을 추측하여 알 수 있다고 들었습니다. 또 옛날 책에 공을 이룬 곳에 너무 오래 머물지 말라고 했습니다. 네 사람이 받은 재앙을 당신은 왜 이어받으려고 하십니까? 당신은 이 기회에 재상에서 물러나 그 자리를 다른 어진 사람에게 물려준 다음 조정에서 물러나 산속으로 들어가 사십시오. 그렇게 한다면 백이와 숙제와 같이 고결한 명성을 얻을 것이고, 허유와 같이 사양하는 마음을 지녔다고 칭송될 것이며, 왕자 喬교와 赤松子적송자와 같이 장수할 것입니다. 지금 지위를 떠나는 것을 아까워한다면 반드시 네 사람과 같은 화를 당할 것입니다. 《주역》 건괘에 '정상까지 올라간 용은 뉘우칠 날이 있게 된다'라고 하였습니다." 이는 오르기만 하고 내릴 줄은 모르고, 뻗을 줄만 알고 굽힐 줄을 모르며, 나아가는 것만 알고 돌아설 줄은 모르는 사람을 비유한 것이다.

범저가 대답했다. "욕심을 부리며 그칠 줄 모르면 욕심 부린 것을 잃게 되고, 가지기만 하고 만족할 줄 모르면 가진 것을 다 잃는다는 것을 잘 알고 있다. 선생의 가르침을 받아들이겠다."

며칠 후 범저가 진왕에게 채택을 추천하자, 진왕은 채택을 客卿객경에 임명했고, 범저는 이 기회를 틈타 병을 핑계로 재상의 인신을 반납했다. 진왕이 범저에게 계속 국사를 맡아보도록 했으나 범저는 사양했다. 진왕은 새로운 채택의 계획을 듣고 기뻐하며 그를 재상에 임명했다.

채택이 재상이 된 지 얼마 후 어떤 사람이 그를 모함했다. 채택이 살해당할까 두려워하여 병을 핑계로 재상의 인신을 반납하자, 진왕은 그를 綱成君강성군에 봉했다. 채택은 진나라에 10여 년 동안 머물렀으며 최후에는 진시황을 섬겼다. 진나라의 사신으로 연나라에 가서 연나라의 태자 丹단을 인질로 진나라에 보내는 공을 세웠다.

이에 대해 사마천은 다음과 같이 평했다. 이 두 유세가가 각국을 돌면서 머리가 백발이 되도록 기회를 잡지 못한 것은 계략과 전술이 졸렬했기 때문이 아니라, 유세한 나라들이 약하고 작았기 때문이다. 두 사람이 진나라에 와서 연이어 재상의 높은 벼슬을 하여 천하에 공명을 떨치게 된 것은 그들의 능력이 다른 사람보다 훌륭했고 상대적으로 다른 사람들이 그들보다 떨어졌기 때문이다. 그러나 어떤 선비는 우연한 기회를 잡았을 수도 있는 것이다. 이 두 사람 못지않은 어진 선비들도 뜻을 이루지 못한 경우가 비일비재했을 것이다.

이 열전에 등장하는 인물과 내용은 중국인의 성격 가운데 선비의 바른 자세와 정치 문화의 정수만을 모아 놓은 거울과도 같다. 중국인 가운데 선비의 진짜 모습을 볼 수 있다. 자신을 알아주는 군주를 위해서는 목숨을 버리는 것을 마다하지 않고 충성을 다하지만 외면하는 사람에게는 철저하게 보복하는 냉혹한 성격의 소유자 범저, 어려운 처지에 있을 때 후하게 대접받은 경험을 같은 처지에 몰린 친구에게 베푼 우정, 친구를 배반하지 않는 신릉군, 자신을 충심으로 보좌하는 신하를 마음 깊이 이해하고 그가 곤궁에 처하면

넓은 도량으로 감싸주는 군주 진소왕, 진정한 마음으로 충고를 아끼지 않는 유세가 채택, 그런 충고를 받아들이고 과감하게 자리에서 물러나 천수를 누린 범저의 모습은 비록 과거의 인물이지만 이런 유전자는 필시 중국인의 핏줄에 흐를 것이고 시대를 초월하는 절대정신의 대표적인 본보기이자 세계인이 본받아야 할 바른 모습이라고 말할 수 있다.

삼협 三峽
三峡 산샤

匯회는 강물이 모이는 것을 말한다. 네모반듯한 상자 匚방 자 안에 淮회 자는 음을 나타내어 후이로 읽고 육서 가운데 形聲字형성자 겸 會意字회의자이다. 본래의 뜻은 둘러쌀 圍위이고 강가에 둑을 쌓아 강물이 범람하는 것을 방지하는 것을 가리킨다. 이 匯를 滙로 쓰는 경우가 많은데 잘못이다. 圍위 자의 뜻이 없어 본래의 의미를 상실했다. 그러나 지금은 같은 자로 쓰며 둘 다 간체자는 汇회이고 彙휘 자도 이 간체자로 쓴다. 彙휘 자는 彙編휘편의 경우 자료 따위를 한데 모아 놓은 것을 뜻하는 集成집성, 集大成집대성과 같다. 전자는 화폐라는 뜻도 있는데 외국환은 外汇와이후이, 換汇환후이는 외환을 벌거나 외환으로 바꾼다는 뜻이다. 중국인은 외화를 벌어들이기 위해 복잡한 절차를 과감히 무시하고 글자도 한데 모아 간편하게 만들었다. 만만디한 중국인은 돈과 관련이 되면 영 딴판이 된다. 너무나 재빠르다. 짝퉁 만들듯이 신속하게 탈바꿈한다. 짝퉁 골키퍼도 만들 수 있다는데 뭐인들 못 만들랴!

陝섬과 陜협 자를 사람들은 주의하지 않는다. 판별하기가 그리 쉽지는 않다. 陝섬 자를 陜협 자로 쓰는 사람이 많다. 차이점은 우측의 큰 大대 자 사이에 두 개의 글자인데, 陝섬은 들어갈 入입 자이고, 陜협은 사람 人인 자이다. 전자는 陝西산시성을 줄여서 부르는 명칭이다. 또 河南허난성 陝縣섬현을 제외하고는 다른 별다른 뜻이 없다. 陜협 자는 狹협과 같은 글자로 샤로 읽는다. 지금은 狹협을 사용하고 陜협은 폐기되었다. 狹협은 좁다는 뜻으로 廣광의 반대말이다. 峽협은 골짜기, 협곡을 말한다. 장강 중류의 三峽삼협이 유명하고 장관이라는 말을 들은 가오리는 하얼빈에서 기차를 타고 重慶충칭에 갔다.

장강 중류의 삼협은 띠 모양으로 좁고 긴 세 군데의 협곡을 말한다. 瞿塘峽구당협, 巫峽무협과 西陵峽서릉협이다. 충칭에서부터 우한까지는 중국 역사와 문화의 보고다. 웅장하고 장관인 삼협의 경치는 물론이고, 오나라 손권과 연합하여 赤壁츠비 싸움에서 승리한 후 조조가 크게 패한 당시의 모습을 고스란히 재현한 현재 산샤댐이 있는 宜昌이칭 바로 턱밑인 猇亭효정, 조조에게 크게 패하고 뒤로 물러난 유비가 유언으로 자신의 아들 유선을 제갈량에게 맡기고 세상을 떠난 白帝城바이디청, 수많은 문인들이 올랐던 岳陽樓악양루 등 명승고적이 많다.

무협에는 또 小三峽소삼협이 있다. 이곳은 삼협보다 강폭이 훨씬 좁고 강도 깊지 않다. 그러나 기묘하고 변화무쌍한 경치는 삼협의 웅장한 스케일과 대비된다. 이곳도 협곡 양쪽이 높이 솟은 산들로 둘러싸여 사람이 통행할 수 없는 곳이다. 삼국 시대에 절벽에 구멍을 내고 그 구멍에 나무를 박은 다음 그 위에 널빤지를 깔아서 길을 만들었다. 지금은 그 구멍의 흔적만 남아 있다. 이곳에는 실제로 원숭이가 살고 있다. 唐詩당시에 등장하는 원숭이 울음소리는 슬픔을 상징한다. 협곡 사이를 지나가는 외로운 배에서 듣는 원숭이 울음소리는 고향 떠난 나그네의 고독과 우수를 자극한다.

산샤는 장강이 협곡을 흘러가는 곳인데 큰 大 자 안의 두 사람처럼 지나갈 수 없을 정도로 좁다. 하늘을 날아다니는 새를 제외하고는 사람이 지나갈 길은 없고 오직 배로만 통행이 가능하다. 重慶충칭에서 배를 타면 3박 4일 코스로 洞庭湖둥팅후를 지나 武漢우한까지 간다.

두보는 초여름 어느 날 쓰촨의 成都청두 서쪽 교외에 초라하지만 아담한 오두막집 한 채를 지었다. 동쪽으로는 맑은 완화계가 흐르고 남쪽에는 분홍 연꽃이 향기로운 백화담이 있으며 서쪽 멀리는 준령의 만년설이 바라보였다. 안녹산의 난을 피해 장안 근교를 떠돌던 두보는 끼니를 잇기가 어려웠다. 그래서 가족을 이끌고 친척과 친구가 있는 쓰촨으로 가기로 결정했던 것이다. 가족과 헤어져 여러 해 동안 타향을 떠돌았던 두보는 이곳 草堂처당에서 가족과 함께 안락하고 평화로운 삶을 살았다. 〈江村강촌〉이란 시에서 두보는 다음과 같이 읊었다.

맑은 강이 굽이쳐 마을을 돌고,
긴 여름 강마을 모든 게 한가롭다.
처마 끝 제비는 날아서 오가며,
물속의 오리는 떼 지어 노닌다.
늙은 아내 종이 위에 바둑판 그리고,
어린 아들은 바늘 구부려 낚시 만드네.
내 병이 잦아 약이나 먹었으면,
이 밖에 아무것도 바랄 것 없네.

8월 어느 날 밤 강풍이 강촌을 휩쓸었다. 오두막집 지붕의 짚이 날아가 버렸다. 이윽고 바람이 잦아지며 먹구름이 하늘을 뒤덮었다. 빗방울이 지붕을 때리는 소리가 더욱 마음을 산란하게 했다. 등잔불을 밝혀 보니 비가 새어 이불이 흥건히 젖어 있었다. 비는 멎지 않고 계속 내렸고 밤은 깊어만 갔다.

이튿날 아무것도 없는 텅 빈 벽을 바라보던 두보의 마음속에서 슬픔이 솟구쳐 자신도 모르게 눈물이 두 볼을 적시며 흘러내렸다. 배고프다고 외쳐대는 아들의 목소리가 두보 귓전에 메아리쳤다. 딸들은 나물 캐러 산에 들어갔다. 청두 근교에 자사로 근무하던 친척이 가끔 돈과 쌀을 보내 주었지만 반란이 일어난 뒤로 다른 곳으로 전근을 가게 되어 두보의 생활은 더욱 어려워졌다.

오두막집에도 봄은 다시 찾아왔다. 절친한 친구 嚴武엄무가 청두에 절도사라는 높은 자리로 부임하게 된 것이다. 그리고 8년에 걸친 안녹산과 사사명의 반란이 평정되었다는 소식을 접했다. 두보는 이제야 고향으로 돌아갈 수 있게 되었다고 생각하며 즉석에서 〈聞官軍收河南河北〉(하남과 하북을 회복했다는 소식을 듣고)이라는 시를 지었다.

계북 땅 회복했단 소식 날아와,
감격의 눈물이 옷깃을 적시네.
처자식 바라봐도 근심 걱정 없고,
책 모아 짐 꾸리니 미칠 듯 기쁘네.
머리는 희지만 대낮에 술을 마시고,
젊은이와 함께 고향으로 돌아가세.
파협으로 곧장 가서 무협 지나고,
양양을 지나 낙양을 향해 가자.

巴峽파협과 巫峽무협이 바로 삼협이다.

꿈에도 그리던 장안에 입성하여 천자를 보좌하고 치국평천하를 이룩하려던 이백은 황제를 곁에서 모실 수 있는 기회는 얻었으나 명분뿐인 한림학사 직으로는 자신의 뜻을 이루지 못했고 자신의 포부를 실현하지 못했다. 재능이 출중했던 이백은 자신의 국정 참여를 원치 않았던 조정대신들로부터 모함을 받고 정치적 시련을 겪게 되었다. 결국 이백은 조정을 떠나기로 결심한다. "紫闕落日浮雲生"(지는 해를 뜬구름이 뒤덮고 있다)고 읊조리면서 쓸쓸히 장안성을 뒤로하고 산둥으로 길을 재촉했다.

이백은 떠돌이 생활을 하면서 장안에 미련을 버리지 못해 "벼슬하지 않은 나는 나라를 구할 마음을 품었고, 經國濟民경국제민의 뜻을 두었다"라고 읊조렸다. 낙양에서 이백은 두보를 만났다. 이백의 나이는 44세로 당시 33세의 두보보다 열한 살 위였다. 이백은 당시 시단의 으뜸이었고, 두보는 신인에 불과했다. 1년 동안 함께 지냈지만 평생을 두고 시를 주고받으며 돈독한 우정을 나눴다.

서로 헤어진 후 두보는 〈春日憶李白〉(봄날 이백을 생각하며)이란 시에서

이백의 시는 천하무적이고,
자유분방하여 속세를 초월했다.

라고 노래했다. 이백의 시는 속세를 초월하여 누구도 흉내 낼 수 없고 소인배를 벗 삼지 않았다고 했다. 또 두보는 이백에게 시를 부쳐

붓을 들면 비바람이 놀라고,
시가 되면 귀신을 울린다.

라고 이백의 시를 극찬했다.

안녹산이 반란을 일으키고 한 달 만에 장안 가까이까지 압박해 오자 현종은 양귀비와 함께 장안을 버리고 쓰촨의 청두로 도망을 쳤다. 양귀비는 장안 근교 마외파에서 현종 근위군사들에게 목이 졸려 죽었다. 현종의 태자 李亨이형은 장안 북쪽 靈武영무에서 숙종으로 즉위했고, 현종의 열여섯 번째 아들 永王영왕 李璘이린은 수군을 이끌고 廣陵광릉, 지금의 난징으로 내려갔다. 영왕 이린은 이백을 자신의 막부로 불러들였다. 고민 끝에 다시 자신의 정치 포부를 실현하고자 영왕 이린의 막부에 들어갔다. 그러나 이복형인 숙종에 반기를 든 영왕 이린은 숙종과의 싸움에서 참패하고 말았다. 이백은 체포되고 감옥에 갇히는 신세가 되었다. 이백은 이런 반역사건에 연루되어 반역죄를 쓰고 아랑으로 유배를 갔다. 도중에 병을 얻어 자리에 눕게 되었다.

일생을 황제에 보답하고자 공을 세워,
집안 대대로 영광을 누리고자 했다.
끝내 나의 포부는 실현되지 못하여,
슬프구나! 뜻을 펼치지 못했으니,
병들어 숙송의 산에 누우니,
나 홀로 외로이 주위는 조용하네.

마음에 품었던 풍운의 웅대한 뜻,
사라져 버려 사람들 놀라게 했네.

자신의 뜻을 실현하지 못한 좌절을 나타냈다. 유배지로 향하는 외로운 이백의 심정은 어떠했을까?

찬 강가의 원숭이는 벌써 울고,
솔숲은 어두워져 달을 토해내네.
달빛이 먼 곳까지 비추는데,
맑은 원숭이 울음소리 처량하여,
차마 듣지 못해 산을 작별하고,
재촉하여 외로운 배로 돌아간다.

관중에 큰 가뭄이 발생하자 조정에서 전국에 대사면을 선포했다. 각지에 수감되어 있던 죄수들을 모두 면죄한다고 공포한 것이다. 외로운 돛단배를 타고 奉節봉절을 지나고 있던 이백은 이 소식을 듣자 자유의 몸이 된 기쁨을 〈早發白帝城조발백제성〉(아침 일찍 백제성을 떠나며)이란 시에서

아침에 구름 낀 백제성을 작별하고,
천 리 길 강릉을 하루에 돌아간다.
강 양쪽엔 원숭이 울음소리 끝없고,
가벼운 배는 이미 첩첩산중을 지났다.

라고 노래했다. 물론 목적지까지의 뱃길은 하루 만에는 도저히 갈 수 없다. 그러나 너무나도 기뻐서 빨리 가고 싶고, 가벼운 배는 자유를 얻은 홀가분한 마음을 상징한다. 바로 이 봉절에 두보가 도착했다.

당나라 때 봉절은 지금의 夔州기주다. 두보의 나이 벌써 55세였다. 기주에

서 두보는 밭뙈기를 조금 얻어 직접 일구며 생계를 이어갔다. 오랜 지병에 시달리며 아름다운 경치를 읊기보다는 험준한 협곡의 위험을 느끼면서 산샤를 빠져나온 두보는 후난을 떠돌며 배를 한 척 얻어 배에서 먹고 자며 살았다. 지방 관리가 보내 준 돼지고기와 술을 먹고 식중독에 걸리기도 했다. 병환으로 배 위에 누워 정처 없이 떠돌다 홍수를 만나기도 했다. 두보는 결국 둥팅후로 흘러드는 湘江상강의 배 위에서 지병이 악화되어 쓸쓸하고 외롭게 세상을 떠났다.

댐 壩
坝 바

방죽 파 혹은 패는 댐(Dam)이다. 산샤에 건설된 葛洲壩갈주파는 자연에 대한 인간의 힘의 상징이다. 과학과 기술의 기념비인 동시에 환경 파괴의 주범이다. 1994년부터 시작된 공사는 2003년에 완공되었고, 2009년까지 저수지에 물을 가두는 작업이 끝난다. 이 공사를 위해 사용된 다이너마이트 사용 총량은 히로시마에 떨어진 원자탄의 열 배에 달한다. 총 비용은 250억 달러나 된다. 댐이 완성된 후에 충칭에서부터 댐까지 저수지 주변 거주민 1,500만 명이 이주를 했다. 원래 살던 곳보다 150미터나 높은 지역으로 옮겨 간 주민도 있다. 거주민들은 농경지를 잃고 독특한 삶의 방식에 큰 변화가 일어났으며 지역의 문화와 역사가 사라졌다.

산샤댐의 건설 목적은 크게 홍수 방지, 전력 생산과 지역 주민의 삶의 질 향상이라고 한다. 역대로 장강은 10년에 한 번꼴로 홍수가 나서 지역에 막대한 피해를 주었다. 삼협의 좁은 협곡을 가파르게 쏟아져 흘러온 장강의 물은 둥팅후에 이르러 갑자기 느려지고 평야지대를 천천히 흐른다. 여름 장마철에 태풍이 불거나 비가 내리면 홍수가 져 수많은 이재민이 발생하는 일이 다반사였다. 댐의 건설로 홍수를 조절할 수 있게 되고, 중국 전체 전력량의 10분의 1을 생산하게 된다. 이 전력은 상하이나 충칭 등 대도시의 공장을 가동하는 데 사용되어 경제 발전에 일조를 하게 된다. 또한 전기가 각 지역과 가정에 공급되어 주민들의 삶의 질을 향상시킬 수 있다고 선전했다. 중국은 사용 에너지원 가운데 석탄이 차지하는 비율이 70퍼센트나 된다. 중국인 사망 원인 가운데 심장병이 1위인데, 이것은 석탄에서 발생되는 오염물질 때문이라고 한다.

豐都평두에 세상의 모든 귀신들을 모아 놓고 죄를 진 사람들에게 벌을 주고 환생을 허락한 鬼城구이청이 있다. 2009년 이 도시 전체가 물에 잠기지만 사찰만은 남게 되어 귀신은 살아남을 것이다. 필자도 이곳을 2000년에 찾은 적이 있다. 귀신이 보고 있는 길가 식당에서 맛있는 국수를 그것도 두 그릇이나 먹었던 기억이 난다. 중국의 면 음식은 지역 특성을 살려서 제각기 맛이 다르다. 특히 시골의 국수 맛은 일품이다. 값도 무척 싸다. 한 그릇에 우리 돈 100원 정도다.

黎場리창은 명대에 건설된 마을로 계속 불어나는 강물을 막기 위해 185미터의 벽을 쌓았다. 涪陵페이링 시는 침수에 대비하여 8킬로미터 인공 벽을 건설하고 있다. 이는 홍수 피해를 줄이고 개발을 촉진시키기 위해서란다. 이 시 근교에는 8세기에 만들어진 물고기 모양이 새겨진 사암 白鶴梁백학량 石魚題刻석어제각이 있다. 우기 때는 물속에 잠기지만 건기 때는 밖으로 드러난다. 몇 년 후면 영원히 볼 수 없게 된다. 그러나 역사 유적보다 돈이 우선이다. 홍수 피해에서 벗어난 것에 만족해야 한다. 백제성의 張飛祠장비사를 11킬로미터 떨어진 고지대로 옮긴 뒤 2003년 일반에 공개했다.

반면에 상하이와 충칭은 댐의 혜택을 받게 되었다. 1990년대부터 발전을 거듭한 상하이가 중국 경제의 엔진이라면, 충칭은 21세기 10년대부터 중국 서남부 지역의 경제 성장을 이끌 용이다. 충칭에는 자동차 산업이 발달하여 중국의 디트로이트를 꿈꾸고 있고, 공장들이 여기저기에 세워지고 있다. 특히 오토바이 공장에서 연 2백만 대를 생산하는데, 42초당 1대를 생산한다고 한다.

삼협댐이 건설되면서 고고학 발굴이 시작됐다. 모두 1,800곳에서 양쯔 문명 고고학 발굴 조사가 진행되고 있다. 정바섬에서도 자기가 발견되었는데 표면에는 특수 문자 혹은 기호들이 새겨져 있다. 巴族파족의 문물은 새로 지어지고 있는 충칭시박물관 옆 삼협박물관 뒤뜰로 옮겨졌지만 수많은 유물들이 도굴되어 해외로 불법 반출되고 있다. 장비사의 유물이 약탈당한 적도 있고, 도굴된 청동기가 1998년 뉴욕 경매장에서 250만 달러에 팔린 적도 있다.

잠자던 용의 야심작이 바로 산샤댐이다. 중국 과학의 승리다. 현대판 피라미드에 비유되는 공학 업적의 완성이자 중국 과학의 기념비인 동시에 경제번영의 발판이 되었지만 그 대가를 치르고 있다. 앞으로 생태 파괴로 인한 자연의 불균형으로 갖가지 자연 이상 현상이 나타날 것이다. 수천 년 계속된 홍수로 인한 막대한 피해를 막고 경제개발을 위한 전력을 얻는 대신 다른 어떤 엄청난 대가를 치러야 할 것인가? 산샤 프로젝트는 성공이자 큰 도박인 것이다. 경제 성장이 우선이냐, 환경보호가 우선이냐, 이것이 문제로다.

방점 傍點 / 傍点 팡뎬

가오리의 아들이 대학에서 중문학과를 졸업하고 타이완의 대학원에서 석사학위 공부를 하기 위해 타이완행 비행기를 탔다. 난생 처음 비행기를 탔다. 온 가족과 일가친척, 친구, 대학 후배들까지 공항에 나와 전송했다.

가오리는 타이완에서 여름을 처음 맞았다. 습기가 많은 타이완의 기후 때문에 너무나 후텁지근했다. 학점은 없지만 필수이수 과목은 졸업을 위해 학과고사 직전에 반드시 학과장인 主任주런에게 확인을 받는 절차가 있었다. 《十三經注疏십삼경주소》 가운데 가장 쉽다는 《論語논어》부터 방점을 찍기 시작했다. "學而時習之, 不亦說乎학이시습지, 불역열호"

한참을 빨간 볼펜으로 단락을 끊고 있는데 등에서 땀이 흐르더니 이내 빗물처럼 주르르 흘렀다. 빨래하기 귀찮아 숙소에서는 대개 웃옷을 벗고 있다. 팬티 한 장만 입고 열심히 방점을 계속 찍는다. 보는 사람의 주의를 끌기 위해 낱말이나 문장의 옆이나 위 또는 아래에 찍는 점을 傍點방점이라고 한다. 〈학이〉편을 거의 끝내고 있는데 "子曰, 君子, 食無求飽, 居無求安"(공자 왈, 군자는 먹는 데 배부르기를 구하지 아니하고, 거처하는 데 편안한 것을 구하지 않으며)에서 뜨거운 열기가 콧구멍에 가득하고 엉덩이가 축축하며 온몸이 끈적거려 더 이상 더위를 참지 못해 샤워실로 달려가 찬물을 온몸에 부었다.

여름밤은 시원했다. 바람이 제법 불기도 했다. 대학 동창생이 샤오예를 먹으러 가자고 연락이 왔다. 이건 뭐야? 샤워하러 가는 것도 아니고. 밤참을 샤오예라고 한다. 그런데 한자로 어떻게 쓰는지 몰라 사전을 찾아보았다. 밤 宵소를 쓸 것이라고 생각했다. 그런데 송나라 사람들은 선달 그믐날 밤에 과일 같은 간단한 음식 먹는 것을 消夜소야라고 했다. 선달 그믐날 밤을 除夜추예라고 한다. 일반적으로 송대 문인들은 消夜소야로 강남에서 나는 계절 과일을 먹으면서 그림을 감상했다. 吳自牧오자목의 《夢粱錄몽량록》〈除夜제야〉(선달 그믐날 밤)편에 "이날 內司내사의 意思局의사국에서 정교하게 만든 과자상자를 바쳤는데 그 안에는 여러 접시의 과일, 꿀과 설탕에 살짝 지진 부침이 들어있다"고 했다. 消소는 소일하다, 시간을 보내다는 뜻이다. 消夜소야는 밤참 혹은 夜食야식이라는 명사로, 또 밤참 혹은 야식을 먹다의 동사로도 쓰인다. 현대중국어에서는 消夜소야와 宵夜소야 둘 다 같은 뜻으로 사용한다. 그런데 음력 정월 보름날 밤을 위안샤오라고 하는데 이때는 元宵원소라고 쓴다.

타이완에는 한국 것보다 큰 蟑螂장랑, 즉 바퀴벌레가 있다. 엄지손가락만 한데 어떤 것은 날아다닌다. 모기도 많다. 그런데 모기향을 중국어로 뭐라고 하는지 몰랐다. 모기는 蚊子원쯔이고, 향은 香샹이니깐 모기향은 蚊子香원쯔샹이겠지 생각하고 원쯔샹 있냐고 했더니, 什麽선머란다. 뭐? 다시 원쯔샹 했더니 계속 선머라는 말만 되돌아왔다. 미치겠구먼. 아! 聲調성조가 틀렸나? 蚊원은 2성이고, 子쯔는 명사 뒤에 붙었으므로 輕聲경성으로 가볍게 말하면 되고 香샹은 1성. 그래서 2성+경성+1성 순으로 자신 있게 원쯔샹이라고 했다. 선머? 악! 그냥 집으로 돌아왔다. 모기향은 蚊香원샹이다.

시장에 갔다. 돈을 절약하느라 직접 요리를 했다. 가장 만들기 쉬운 반찬이 계란 프라이인데 계란은 鷄蛋지단이다. 열 개를 샀더니 스스콰이란다. 14는 스쓰이고 40은 쓰스다. 스스이라면 44? 아니다. 44는 쓰스쓰이니 권설음이 강하지 않아도 분명 스스스라고 발음했을 것이다. 塊콰이는 돈을 세는 화폐 단위다. 그러면 얼마지? 아니 도대체 얼마야? 갑자기 주인이 왼손 집게손가락과 오른손 집게손가락을 엇갈려서 열 십 자를 만든 후에 다시 엄지를 손바닥에 붙이고 나머지 손가락 네 개를 쫙 펼친다. 十四스쓰란 뜻이다. 14元위안이다. 六육은 새끼와 엄지손가락을 세우고 나머지 세 손가락은 모두 접어 한자 육의 두 삐침 모양을 나타낸 것이다. 14, 40을 구분 못하면 손해가 막심하다. 둘 다 권설음에 주의하지 않으면 스스다. 중국을 이해하려면 숫자부터 익혀야 한다. 우선 一이부터 十스까지 정확히 익히자.

쓰첸쓰바이쓰스쓰완쓰첸링쓰스쓰. 사천사백사십사만사천사십사. 44, 444, 044. 간장공장공장장과과자공장과장이간장과과자와사과를사서가지고 간다.

일
一

一
이

중국어로 1은 이이고 2는 얼이다.

一일은 하나라는 숫자인데 보통은 물건을 셀 때 한 개는 중국어로 一个이거라고 말한다. 이거는 우리나라 말과 비슷하지만 '이것'은 중국어로 這个저거다. "이거 얼마입니까?"라고 묻고 싶으면 這个多少錢저거뚜어사오첸이라고 하면 된다. "당신은 몇 개를 원합니까?"라고 물을 때 한 개를 원하면 이거라고 하면 된다.

一일은 여러 가지 뜻을 지니고 있다. 一說일설의 一일은 '다른'의 뜻이다. 一生일생과 一身일신 그리고 전송하는 사람이 먼 길을 떠나는 사람에게 작별 인사를 할 때 '평안하게 잘 가시오'라는 뜻으로 자주 쓰는 一路平安일루핑안의 一일은 '모든'의 뜻이다. 一心同體일심동체는 중국어로 一心一德이신이더라고 말하는데, 이때의 一일은 ' 한결같은'의 뜻이다.

숫자는 중국 문화 가운데 중요한 의미를 지녔고 풍부한 의미를 지닌 문화 상징어이다. 원시 시대 때부터 숫자는 기본적으로는 사물의 수량을 표시하였지만 영물 숭배 사상이 싹트기 시작하면서 숫자가 사람에게 행복과 재물 또는 재난과 불행을 줄 수 있다고 여겼다. 숫자는 길흉과 좋고 나쁨의 신비로운 의미를 지니게 되었다. 이런 관념은 고대 중국의 음양오행 이론의 영향을 받은 것이다. 고대 중국인들은 10 이내의 숫자를 둘로 나누었는데, 홀수 1, 3, 5, 7, 9는 陽양으로 하늘 · 강함 · 남편을 상징하고, 짝수 2, 4, 6, 8, 10은 陰음으로 땅 · 부드러움 · 아내를 상징한다.

一일은 숫자의 시작이고 만물의 근원이다. 一일은 元원, 始시, 初초와 같은 뜻이다. 《說文解字설문해자》에 보면, 우주는 최초에 하늘과 땅이 나누어지지 않은 혼돈의 세계였고, 세상만물은 모두 一일에서부터 생겨났다고 했다. 《노자》 42장에 "道生一, 一生二, 二生三, 三生萬物"(도는 하나를 낳고, 하나는 둘을 낳고, 둘은 셋을 낳고, 셋은 만물을 낳는다)이라고 했고, 《장자》 〈天地천지〉편에 "태초에는 無무만이 있었고 有유는 없었기 때문에 名명도 없었다. 이 무에서 一일이 생겨났다. 이 일이 나타났지만 아직 형태는 나타나지 않았고 만물은 一일을 얻어 생겨났으니 이를 德덕이라 한다"라고 했다. 무위자연의 철학의 기본개념을 설명하면서 큰 덕을 가진 자를 찬미했다. 그래서 장자는 "천지가 비록 크나 그 조화는 균등하고, 만물이 비록 많으나 그 다스림은 한결같으며, 백성이 비록 많으나 그 주인은 임금이다. 임금은 무위의 덕을 근원으로 하늘의 이치를 이룬다. 그러므로 '옛날에 천하에 임금이 된 사람은 인위적인 통치가 없는 오직 하늘의 덕을 실천했을 뿐이다'라고 했다". 노자와 장자의 말은 천지에 통하는 것이 道도이고 만물에 행해지는 것이 德덕이라는 것이다. 그리고 이 도에서 一일이 생겨나고 여기에서 만물이 탄생했다고 보았다.

一일은 통일을 의미한다. 《맹자》 〈양혜왕〉편에 "'천하는 어떻게 정해질까요?'라고 하기에, 내가 대답하길 '하나로 통일될 것입니다'라고 했습니다"라고 했다.

一일은 서수의 첫 번째 수이다. 그래서 一일을 첫째 또는 첫 번째라고 해석한다. 예를 들면,《書經서경》〈周書주서〉의 세상을 바로잡는 하늘의 큰 규범이 담겨 있는 〈洪範홍범〉편에 "오행은 첫째는 물이고, 둘째는 불이며, 셋째는 나무이고, 넷째는 쇠이며, 다섯째는 흙이다"라고 했다.

'一鳴驚人일명경인'이라는 성어는 한 번 울어 사람을 놀라게 한다는 뜻으로 예상 밖으로 큰일을 해내어 사람들을 놀라게 한 경우에 쓰인다. 이 성어는 《사기》〈골계열전〉과 〈초세가〉에 보이는데, 전자에는 전국 시대 때 제나라의 난쟁이 익살꾼이 주색에 빠져 정사를 돌보지 않는 제나라의 왕을 찾아가 묻기를 "왕궁에 3년 동안 날지도 않고 울지도 않는 큰 새가 있다는데 무슨 새인지 아십니까?"라고 하자 왕이 "이 새는 한 번 날면 하늘에 치솟아 오르고 한 번 울면 사람들을 놀라게 할 수 있다"고 대답하고는 크게 깨달은 바가 있어 이때부터 국사에 전념했다는 고사가 실려 있다. 후자에는 춘추 시대 초나라 왕이 3년 동안 전혀 나라를 돌보지 않자 대신 伍擧오거가 왕에게 간하길 "3년 동안 날지도 않고 울지도 않는 새가 무슨 새인지 아십니까?"라고 하자, 왕이 "3년 동안 날지 않았으나 이제 하늘로 날아오를 것이고, 3년 동안 울지 않았으나 이제 남들이 놀라도록 울 것이다"라고 대답했다는 것이다.

'一江春水向東流일강춘수향동류'는 유명한 시구이다. 근심이 그치지 않는다는 뜻이다. 당나라가 망하고 南唐남당의 後主후주 李煜이욱은 임금이면서 시문과 서화, 그리고 음악에도 능통하는 등 예술과 문학에 남달리 재주가 뛰어났고 호화로운 생활을 일삼다가 송나라에 멸망당한 후에 포로가 되어 비극적으로 일생을 마쳤다. 생전의 사치스러운 생활과 만년의 비참한 포로 생활과의 극단적인 대조는 그의 詞사 문학 작품에 잘 나타나 있다. 그의 작품〈虞美人우미인〉을 읽어 보자.

> 봄꽃과 가을 달 언제나 끝나고,
> 지난 일들이 자꾸만 생각나네.
> 작은 누각엔 어젯밤에도 봄바람 불었고,
> 달 밝아 고국을 차마 돌아보질 못했네.

아름다운 난간 옥섬돌 그대로이건만,
단지 고운 얼굴은 주름졌겠지.
묻노니 그대의 슬픔이 얼마나 되는가?
마치 동쪽으로 흘러가는 봄 강물 같네.

봄에 피는 꽃과 가을에 뜨는 밝은 달을 왜 원망할까? 또한 봄바람이 불어오자 왜 고국을 차마 되돌아볼 수 없다고 읊었나? '봄꽃'과 '가을 달', '봄바람'과 '강물'은 시간을 상징한다. '아름다운 난간'과 '옥섬돌'은 과거의 화려했던 삶을, '작은 누각'과 '주름진 얼굴'은 포로로 잡힌 현재의 비참한 신세를 상징한다. 이 둘은 현격한 대조를 이루며 긴장 관계에 놓여 있다. 이런 대비는 '又우' 자 사용으로 과거에 대한 회한이 끊임없음을 나타내는 동시에 과거의 임금의 생활과는 사뭇 다른 현재의 포로 생활에 대한 슬픔을 가중시키는 시적 효과를 얻고 있다.

한 번 흘러가면 다시는 돌아오지 않는 특성을 지닌 강물은 이미 지나가 버린 화려했던 과거는 다시는 돌아오지 않는다는 의미를 내포하고 있다. 절망과 슬픔을 강물에 비유하여 망국의 한을 나타내었다. 마지막 행 "恰似一江春水向東流"(마치 동쪽으로 흘러가는 봄 강물 같다)가 반역의 음모를 담고 있다고 죽임을 당했다.

시문이나 문장이 매우 훌륭할 때 一字千金일자천금이라고 한다. 이욱의 사 〈우미인〉에서의 '又우' 자처럼 시어 한 글자에 깊은 뜻이나 참신하고 독특한 비유의 미묘한 표현을 가리켜 一字師일자사라고 한다. 이런 예가 宋祁송기의 〈木蘭花목란화〉와 張先장선의 〈天先子천선자〉이다.

전자를 읽어 보면,

동쪽 성에 봄이 오니 경치 더욱 아름답고,
잔잔한 강물 파도에 배를 띄우려 하네.
연기 깔린 버드나무 끝에 새벽 구름 걸렸고,

살구나무 가지 위엔 붉은 꽃이 만발했네.

후자 詞사를 보면,

모래톱의 새 한 쌍 연못에 어스름 드니,
구름 헤치고 달 나오자 꽃이 그림자 희롱하네.
겹겹이 친 발과 장막 등불을 가리고,
바람은 멈추지 않는데,
사람만 조용해졌으니,
내일은 떨어진 꽃잎이 길에 가득 메웠으리라.

라고 읊었다. 전자의 4행의 "紅杏枝頭春意鬧"(살구나무 가지 위엔 붉은 꽃이 만발했다)에서 살구나무 가지 위에 핀 꽃들이 만발한 모습을 사람들이 많이 모여 '시끄럽다', '떠들썩하다', '번화하다'라는 뜻의 '鬧료' 자로 묘사했다. 후자의 2행의 "雲破月來花弄影"(구름 헤치고 달 나오자 꽃이 그림자 희롱하다)에서 달그림자가 꽃 위를 비추어 어른거리는 모습을 '가지고 놀다', '희롱하다'는 뜻의 '弄농' 자로 표현하였다. 둘 다 기막힌 비유이다.

칠
七

七
치

七칠 자는 본래 상형자이다 갑골문에서는 칼로 옆이나 수직으로 절단한 모습이다. 후세의 '十십' 자와 비슷하다. 七 자의 본래의 뜻은 끊을 '切절'이었는데 후에 숫자로 사용되었다.

고대에는 七이 문체의 일종으로도 사용되었다. 이를 '七體칠체'라고 하는데 한대에 유행한 賦부의 일종이었다. '부'라는 문학 장르는 운문의 일종으로 나중에는 점차 산문에 가까워졌는데, 서정적 표현에서 서사적 묘사 혹은 논설문 형태로 바뀌었다.

후에는 사물을 과장하여 묘사하고 수식적 표현에 치중하였다. 한대의 부를 대표하는 작품 가운데 枚乘매승의 〈七發칠발〉이 있는데, 제목의 七 자가 바로 문체를 말한다.

모두 여덟 단락으로 구성되어 있다. 첫 단락은 초나라 태자의 병의 원인을 지적하는 서곡이고, 나머지 일곱 단락은 각기 다른 일곱 가지 분야로 태자의 마음을 '發'(움직이기) 때문에 〈칠발〉은 일곱 차례의 움직임이란 뜻이다.

〈칠발〉은 초나라의 태자가 병이 들었는데 오나라의 나그네가 그의 병을 진찰하고 대화를 통해 병을 치료하는 과정을 그린 풍자적 작품이다. 처음에는 감미로운 음악을 듣게 하고 맛있는 음식을 먹게 했다. 아무 반응이 없자 다음엔 확 트인 들판을 자유롭게 말을 달리며 사냥하는 과정을 상상하게 했다. 조금 마음이 움직여 병이 약간 호전됐다. 파도치고 폭포를 이루며 물보라가 일고 세차게 흘러가는 강물을 묘사하자 병에서 완전히 나았다. 마지막으로 오나라의 나그네가 태자에게 천하의 오묘하고 지극한 이치를 토론하고 만물의 옳고 그른 것을 헤아려 보라고 조언했다는 내용이다.

문학적 재능을 잘 나타낸 것은 七步詩칠보시이다. 권력 다툼에서 曹丕조비가 동생 曹植조식을 제거하기 위해 그에게 일곱 발자국 걷는 동안에 시 한 수를 짓지 못하면 죽이겠다고 협박했다. 결국 조식은 시를 단숨에 지어 형에게 창피를 주었다.

> 콩을 삶는데 콩깍지로 불을 때니,
> 콩은 솥 안에서 우네.
> 본래 같은 뿌리에서 나온 것인데,
> 어찌하여 그리 급하게 볶아댑니까?

콩의 뿌리는 부친 曹操조조를, 콩깍지는 형 조비, 콩은 조식 자신을 가리킨다. 일곱 발자국 걷는 동안에 시를 지을 정도이니 보통 수준의 문학적 재능을 갖춘 것이 아니다. 이런 뛰어난 시적 재능을 지닌 사람을 가리켜 '七步材칠보재'라고 부른다. 詩才시재가 뛰어나다는 의미로 七步成詩칠보성시라고 하는데, 五步成詩오보성시라고도 한다.

문학적 재능이 뛰어나 목숨을 건진 것과는 달리 음악에 정통한 천재가 자신의 음악을 알아줄 知音지음을 만나지 못해 더 이상 연주하지 않은 예도 있다. 七弦琴칠현금이란 중국 전통 악기가 있다. 연주하기가 어렵기로 유명한 악기다. 춘추 시대 때 초나라의 兪伯牙유백아는 成連성련을 스승으로 모시고 칠현금 연주를 배웠다. 유백아는 3년 간 각고의 노력 끝에 칠현금 연주 기법을 마스터했다. 그러나 유백아의 연주는 기교는 뛰어났으나 감정 표현이 부족했고, 유백아는 독특한 자기만의 색깔이 없어 고민에 빠졌다. 이때 성련이 그에게 말하길, "나의 스승 方子春방자춘이 동해 바다 봉래산에 계신데 그분이 너에게 부족한 점을 가르쳐 주실 것이다"라고 했다. 그래서 두 사람은 배를 타고 봉래도로 갔다. 성련은 곧 자기가 가서 스승을 모시고 오겠다고 하고는 혼자 배에 올랐으나 10여 일이 지난 후에도 돌아오지 않았다.

유백아는 섬에서 매일 바다에서 불어오는 바람소리를 듣고 파도치는 소리도 들었으며 기러기가 우는 소리도 들었다. 망망대해를 바라보며 섬의 숲속을 거닐기도 하는 등 이런 모든 것들이 마음속에서 점차 아름다운 칠현금 곡인 〈水仙操수선조〉로 표현되었다. 그는 칠현금을 연주하면서 노래를 불렀다. 바다가 그의 악기 소리에 응하는 듯했다. 곡을 끝낼 즈음에 스승 성련이 돌아왔다. 이때 유백아는 비로소 그의 스승이 왜 자신을 이런 외딴 섬에 데리고 왔는지를 깨달았다. 이후로 유백아는 칠현금 연주의 으뜸이 되었다.

후에 유백아는 晉진나라의 관리가 되었다. 한번은 초나라에 사신으로 가게 되었다. 그가 탄 배가 漢陽한양 강가에 정박하고 있을 때였다. 마침 추석날 밤인지라 백아는 칠현금을 타며 마음의 회포를 풀고 있었다. 갑자기 칠현금 줄 하나가 끊어졌다. 누군가가 자기의 연주를 엿듣고 있다고 여기고 주위를 살펴보니 나무꾼이 강가에 앉아 있었다. 鍾子期종자기라고 하는 노인이었다. 그래서 그를 배로 불러 묻기를, "당신은 칠현금을 아시오? 내가 한 곡 연주할 것이니 내가 무엇을 생각하고 있는지 맞춰 보시오"라고 했다. 백아는 악곡 〈高山고산〉을 연주했다. 종자기가 말하길 "정말 곡이 아름답습니다. 대인은 마음이 높은 산에 있습니다"라고 했다. 이어서 또 백아는 〈流水유수〉를 연주했다. 종자기가 말하길 "칠현금 소리가 청산유수 같습니다. 마음이 흐르는 물에 계시군요"라고 했다.

유백아는 기뻤다. 진정으로 자신의 칠현금 연주 소리를 알아주는 지음을 만났기 때문이다. 두 사람은 이듬해 같은 날, 같은 장소에서 만나기로 하고 헤어졌다. 이듬해 유백아는 약속을 지키기 위해 서둘러 제시간에 갔다. 그러나 종자기는 보이지 않았다. 수소문을 했더니 종자기는 유백아와 헤어진 후 얼마 뒤에 병으로 세상을 떠났다는 것이다. 유백아는 슬픔에 잠겨 지음이 죽었으니 자신이 누구를 위해 연주하겠는가라고 하면서 칠현금 줄을 끊어 버리고 끝내 다시는 칠현금을 연주하지 않았다.

七音칠음은 宮궁, 商상, 角각, 徵치, 變宮변궁, 變徵변징을 말한다. 그런데 고대 중국인은 음악과 정치가 서로 깊은 관계가 있다고 여겼다. 《한비자》〈十過십과〉(열 가지 잘못)에 나오는 고사다. 음악을 좋아하는 晉진나라 平公평공이 주연을 베풀었다. 모두들 술기운이 돌았을 때 靈公영공이 일어나 새로운 악곡을 들려주겠다고 말했다. 곧 왕실 음악을 담당하는 師涓사연을 불러 師曠사광의 옆에 앉아 칠현금을 뜯게 했다. 곡의 연주가 아직 끝나지도 않았는데, 사광이 사연의 손을 잡아 연주를 못하게 하며 말했다.

"이 곡은 나라를 망치는 음악입니다."

평공이 물었다.

"이 음악은 어디서 온 것이오?"

사광이 대답했다.

"이것은 師延사연이 지어서 은나라 마지막 왕인 주왕에게 바친 퇴폐적인 음악입니다. 주나라의 무왕이 주왕을 정벌할 때 사연은 濮水복수 강가에 이르러 강물에 투신자살했습니다. 그러므로 이 음악은 틀림없이 복수 근처에서 들은 것입니다. 예전에 이 음악을 들은 자는 반드시 나라를 잃었습니다."

그러나 평공은 자신은 좋다고 하면서 곡을 끝까지 연주하게 했다.

사연이 연주를 마치자 평공이 무슨 곡조냐고 사광에게 물었다.

"淸商청상입니다."

"청상의 곡조가 정말 가장 슬픈 곡이오?"

"淸徵청치만은 못합니다."

"청치의 곡조를 들어 볼 수 있소?"

"안 됩니다. 예로부터 청치의 곡은 덕과 의를 갖춘 왕만이 들었습니다. 지금 공께서는 덕이 부족하니 들으실 수 없습니다."

"과인이 좋아하는 것은 음악이오. 들어보고 싶소."

사광은 할 수 없어 칠현금을 연주했다. 한 번 연주하자 검은 학이 남쪽에서 여덟 마리씩 두 줄로 열을 지어 날아와 대궐 지붕 등마루에 모여들었고, 거듭 연주하자 학들은 가지런히 줄을 지었으며, 세 번 연주하니 목을 길게 세우고 울음소리를 내면서 날개를 펼치고는 춤을 추기 시작했다.

평공은 기뻐서 술잔을 들고 일어나 사광을 위해서 건배하고는 말했다.

"청치보다 더 슬픈 곡조는 없소?"

"淸角청각만 못합니다."

"청각의 가락을 들을 수 있소?"

"안 됩니다. 귀신들이 모여든 다음에야 청각의 곡을 지었습니다. 그렇지만 지금의 군주께서는 덕이 없으시니 들으실 수 없습니다. 만일 들으셨다가는 화가 미칠까 두렵습니다."

"과인은 늙었소. 좋아하는 것이라곤 음악뿐이니 꼭 들었으면 하오."

사광은 마지못해 청각의 곡조를 연주했다. 한 번 연주하자 검은 구름이 서북쪽에서 일어났고, 거듭 연주하자 큰바람이 불고 큰비가 쏟아져 휘장이 찢겨지고 제사 그릇이 깨어지며 기와가 떨어져 박살났다. 그러자 앉아 있던 사람들이 혼비백산하여 달아났고, 평공도 두려워 궁정의 내실로 가서 숨었다.

그 뒤로 진나라는 오래도록 가물어 3년 동안 밭에 작물이 나지 않았다.

평공도 심한 병에 걸려 나라를 다스릴 수 없게 되었다. 그래서 나라를 다스리는 데 힘쓰지 않고 음악만 즐긴다면 큰 화를 입어 나라를 망칠 수 있다고 한 것이다.

인간이 나타낼 수 있는 감정에는 일곱 가지가 있다. 그것을 七情칠정이라고 한다. 기쁠 喜희, 화낼 怒노, 슬플 哀애, 두려울 懼구, 사랑할 愛애, 악할 惡악, 욕심낼 欲욕을 말한다. 여기에 또한 여섯 가지 욕심이 있는데, 그것을 六欲육욕이라고 한다. 살고 싶을 生생, 죽고 싶을 死사, 듣기 좋을 耳이, 보기 좋을 目목, 입에 즐거울 口구, 냄새 좋을 鼻비을 말한다. 이러한 인간의 감정과 욕심을 합쳐서 七情六欲칠정육욕라고 한다.

칠정 가운데 화낼 때의 모습은 눈, 코, 입, 귀를 합한 일곱 구멍에서 불이 뿜어 나오는 것처럼 잔뜩 성이 나서 노발대발하는데, 이를 七竅生烟칠규생연이라고 한다. 聖人성인이나 賢者현자는 가슴에 七竅칠규가 있고 한다. 주색에 빠진 은나라의 폭군 紂王주왕은 자신에게 자주 간언하는 比干비간이 진짜로 가슴에 구멍이 일곱 개 있는지 보고 싶어 그의 가슴을 칼로 베고 들여다보았다고 한다. 고대 중국에는 사람을 죽이는 방법에 일곱 가지가 있었다. 이를 七殺칠살이라고 한다. 습격하여 죽이기, 모략을 세워 죽이기, 사고로 위장하여 죽이기, 구타하여 죽이기, 오인해서 죽이기, 장난삼아 죽이기, 과실로 죽이기이다.

보통 황제는 자신을 귀찮게 따라다니면서 곧은 소리만 하는 충신을 싫어한다. 당태종은 자신에게 자주 간언한 魏徵위징을 미워하여 "언젠가는 저 늙은이를 죽여 버리겠다"고 말하면서 크게 화를 냈지만 후에 깨달은 바가 있어 그를 믿고 의지했다. 결국 당태종은 '貞觀之治정관지치'라는 전대미문의 치적을 쌓아 후세에 큰 명성을 얻었다. 화를 내면 화병으로 죽을 수도 있다. 감정을 앞세워 무력으로 공격하여 남을 굴복시키는 것보다 교화를 통해 마음의 복종을 얻어내는 것이 더 오래 지배할 수 있다. 七縱七擒칠종칠금이 바로 그런 경우다. 제갈량은 남쪽의 이민족을 정벌할 때 일곱 번 사로잡았다가 일곱 번 놓아줘 우두머리 孟獲맹획으로부터 마음의 복종을 얻어냈다.

七十二變칠십이변은 손오공이 자유자재로 부릴 수 있는 72가지 변신술을 말하는데, 온갖 형태의 변신을 말하며 끊임없이 변화하는 전술을 말하기도 한다. 인간의 마음은 손오공의 72가지 변신술보다 더 자주 바뀐다.

七去칠거란 아내를 내쫓을 일곱 가지 이유를 말한다. 七出칠출 또는 七棄칠기라고도 한다. 시부모에게 순종하지 않는 것, 무자식, 음탕, 수다, 절도, 질투, 악질 행위를 말한다. 七去之惡칠거지악이라고도 하는데, 남편에 대한 복종 조항이 없다. 옛날이 지금보다 더 선진적이고 민주적이었는지 아니면 당연한 것이어서 아예 빠져 있는 것인지 모를 일이다. 이 가운데 수다를 七嘴八舌칠취팔설이라고 한다. 주둥이가 일곱 개, 혀가 여덟 개나 되니 얼마나 말이 많고 시끄러울까?

종교와 7은 밀접한 관계가 있다. 불교의 전설에 석가모니는 7일 동안 面壁면벽하고 正果정과를 얻었다. 정과란 수행을 통해 바른 것과 사악한 것을 구분하고 바른 것을 깨닫는 것을 말한다. 《法華經법화경》에 인생의 재난에는 일곱 가지가 있다고 했다. 물, 불, 귀신, 羅刹나찰, 刀杖도장, 枷鎖가쇄, 怨賊원적을 말한다. 나찰은 하늘을 날거나 땅을 걸으면서 사람의 피와 살을 먹는 악귀이고, 도장은 사람이 쥐는 활, 창, 봉 등의 무기를 말한다. 가쇄는 칼과 족쇄로 멍에를 말하고, 원적은 남에게 원한을 품게 하는 행동을 말한다.

기독교에서 7은 완벽한 숫자다. 성모 마리아와 요셉이 겪은 일곱 가지 고난을 七苦칠고라고 한다. 고행을 견딘 사람만이 성인이 될 수 있다. 예수도 석가모니도 그랬다. 完璧완벽한 인간이었다. 완벽은 벽옥을 온전히 티 하나 없이 되돌린다는 뜻이다. 티 하나 없는 옥이 있을까? 그래서 옥의 일종인 벽옥은 귀한 보석으로 권력의 상징이었다. 권력이 높은 사람만이 옥을 목에 걸었다. 完璧歸趙완벽귀조란 고사에서 완벽의 의미를 찾을 수 있다.

옥 玉
玉 위

옥은 보석이다. 서양인은 돌이나 유리 정도로만 여기지만 중국인을 포함한 동양인에게는 귀한 물건이다. 지금도 중국인에게는 결혼 예물이자 장식품이다. 색이 희어서 여자의 순결을 상징하고, 피부가 흰 여자를 미인으로 여겼기 때문에 미인의 상징이다. 또한 고대 중국에서 옥은 제사용 禮器예기로 사용되면서 권력의 상징이자 나라의 상징이 되었다. 중앙에 구멍이 있는 원반형의 옥이 璧玉벽옥이다. 중앙의 구멍을 好호, 고리를 肉육이라고 한다. 현재 베이징의 자금성에는 레코드판보다 더 큰 벽옥이 있다. 화씨벽은 춘추 시대 초나라의 卞和변화가 발견한 보옥을 말한다. 희대의 귀한 보석의 상징이었다. 完璧완벽이란 말은 이런 벽옥에서 유래했다.

조나라의 혜문왕이 초나라의 和氏璧화씨벽을 얻었다. 秦진나라 소왕이 그 소문을 듣고 진나라의 열세 개 성과 화씨벽을 바꾸자고 조왕에게 제의했다. 화씨벽을 진나라에 주었다가 진나라가 성을 주지 않으면 사기를 당할 것이고, 진나라에 주지 않으면 진나라 군대의 침공이 걱정되었다. 조왕의 신하 하나가 藺相如인상여를 추천했다. 조왕이 그에게 물었다. 진나라는 강하고 조나라는 약하므로 수락하지 않을 수 없다. 차라리 진왕의 말을 들어주고 잘못하면 책임을 진나라가 지도록 하는 것이 낫다고 대답하자 조왕은 인상여를 진나라에 보냈다.

진왕은 인상여를 접견하였고, 인상여는 화씨벽을 받들어 진왕에게 바쳤다. 진왕이 기뻐하며 비빈들과 좌우 신하들에게 차례로 보여 주자 모두들 만세를 외쳤다. 인상여는 진왕이 조나라에 열세 개 성을 줄 마음이 없음을 간파하고 앞으로 나아가 아뢰었다.

"이 화씨벽에 흠이 하나 있습니다. 지금 대왕께 보여드리겠습니다."

진왕이 화씨벽을 내주자 인상여는 화씨벽을 받아 쥐고는 얼른 기둥에 기대어 섰다.

"진나라는 대국입니다. 구슬 하나 때문에 강한 진나라의 비위를 거스를 수 없는 일이어서 조왕은 닷새간 목욕재계를 하신 후, 신에게 화씨벽을 받들게 하였습니다. 이는 대국의 위엄을 존중하고 경의를 표하신 것입니다. 그런데 진왕께서는 신을 일반 궁에서 접견하시며 오만한 예절로 대하셨습니다. 또한 화씨벽을 받으시자 비빈들에게 돌려보게 하여 고의로 신을 조롱하셨습니다. 만일 대왕께서 신을 핍박하신다면, 신의 머리를 이 화씨벽과 함께 기둥에 부딪쳐 깨뜨려 버릴 것입니다."

진왕은 화씨벽이 깨질까 겁이 나서 거듭 잘못을 사과했다. 이어서 진왕은 지도를 가져오게 하고 손가락으로 지도를 가리키며 여기서부터 저기까지의 성 열세 개를 조나라에 넘겨주라고 명했다. 그러나 인상여는 이를 믿지 않았다.

"대왕께서 닷새간 목욕재계하시고 대궐 뜰에서 성대한 예를 행하시면 신이 화씨벽을 바치겠습니다."

인상여는 수행원에게 허름한 옷을 입게 하고 화씨벽을 품에 안고 샛길로 도망쳐 조나라로 가져가게 하였다.

진왕은 닷새 동안 재계를 한 후, 대궐 뜰에 융숭한 예를 행하고 인상여를 접견했다. 인상여가 진왕에게 아뢰었다.

"진왕 가운데 지금까지 약속을 지킨 임금은 없습니다. 신은 대왕께 사기를 당할까 봐 두려워 사람을 시켜 화씨벽을 가지고 조나라로 돌아가게 했습니다. 신이 대왕을 속인 죄를 지어 죽어 마땅하므로 저를 끓는 물속에 삶아 죽여 주시길 바랍니다."

신하 가운데 인상여를 죽이려고 하는 자가 있었지만 진왕이 만류했다.

"지금 인상여를 죽인다 해도 화씨벽은 절대로 손에 넣지 못할 것이다. 조나라와의 우호만 끊게 될 뿐이니, 차라리 인상여를 후하게 대접하고 조나라로 돌려보내는 것이 낫다. 조왕이 어찌 구슬 하나 때문에 우리 진나라를 속이겠소?"

인상여를 빈객으로 대우하여 조정에서 접견하고 예를 마치자 조나라로 돌려보냈다.

인상여가 돌아오자, 조왕은 진나라에 모욕을 당하지 않고 화씨벽을 티 하나 없이 온전하게 되가져 온 그의 공을 치하하여 上大夫상대부에 임명했다. 진나라는 물론 성을 내주지 않았고, 조나라 역시 화씨벽을 끝내 진나라에 주지 않았다.

강대국 사이에 낀 우리나라와 같은 소국이 어떻게 이들 강대국들과 외교를 펼쳐야 살아남을 수 있는지 잘 보여 주는 예가 된다. 명분과 실리는 외교의 양대 기둥이다. 인상여는 이런 점에서 뛰어난 외교가였다.

화씨벽을 손에 넣지 못한 진왕은 조나라를 공격하여 성을 함락하고 조왕에게 사신을 보내 평화적인 회견을 갖자고 전하게 했다. 인상여가 말했다.

"대왕께서 가시지 않으시면, 조나라가 약하고 비겁하다는 것을 보이게 됩니다."

인상여는 왕을 수행하고 회합 장소로 갔다. 진왕은 술자리가 무르익자,

"과인은 조왕께서 음악을 좋아한다는 말을 들었습니다. 칠현금을 연주해 보시지요."

조왕이 칠현금을 타자, 진나라 어사가 앞으로 나와 기록했다.

"모년 모월 모일에, 진왕은 조왕을 만나 술을 마시며 조왕에게 거문고를 타게 했다."

그러자 인상여가 한걸음 나와 말했다.

"우리 조왕께서도 대왕께서 진나라 음악에 능하다고 들으셨습니다. 대왕께 항아리로 만든 缶부를 올릴 테니 함께 즐길 수 있도록 연주해 주십시오."

부란 장군으로 된 악기를 말한다. 진나라 사람은 이를 두드려 장단을 맞추었는데, 술이나 장을 담는 질그릇으로, 당시 진나라는 중원 지역에 비해 문화적으로 낙후한 상태였다. 이 악기를 연주하라는 것은 진나라를 멸시하는 뜻을 내포하고 있다.

진왕은 노여워하며 승낙하지 않았다. 그러자 인상여는 앞으로 나와 부를 바치며 무릎을 꿇고 진왕에게 청했다. 그래도 진왕이 거부하자 인상여가 진왕을 협박했다.

"대왕과 신의 거리는 다섯 걸음밖에 되지 않습니다. 끝까지 안 하시겠다면 제 목의 피로 대왕을 물들이겠습니다."

진왕의 좌우 신하들이 인상여를 죽이려고 하였으나, 인상여가 눈을 부릅뜨고 호령하자 모두들 놀라 뒤로 물러났다.

진왕은 마지못해 부를 한 번 두드렸다. 그러자 인상여는 뒤를 돌아보며 조왕의 어사를 불러 다음과 같이 기록하게 했다.

"모년 모월 모일, 진왕이 조왕을 위해 부를 쳤다."

또한 진나라 신하가 제의했다.

"조나라의 성 열다섯 개를 바쳐 진왕의 장수를 빌어 주었으면 좋겠다."

그러자 인상여가 응수했다.

"진나라의 함양을 바쳐서 조왕을 축수해 주기 바란다."

진왕은 연회가 파할 때까지 끝내 조왕을 제어할 수 없었다. 조나라 역시 많은 병사를 배치하여 진나라에 대비하고 있었으므로, 진나라는 함부로 손을 쓸 수 없었다.

소국이 대국을 어떻게 대응해야 명분을 얻고 실리를 챙길 수 있는지, 외교는 어떻게 해야 나라의 위신을 세울 수 있는지를 잘 보여 주었다.

문경지교
刎頸之交
刎颈之交
원징즈쟈오

목 자를 刎문, 목 頸경, 문경이란 목을 찌른다는 뜻으로 죽음을 상징한다. 문경지교란 생사고락을 같이 할 수 있는 친구를 뜻한다.

조왕은 진왕과의 회합에서 인상여의 공이 크다고 하여 그를 上卿상경에 임명했다. 조나라의 장수 廉頗염파보다 윗자리였다. 염파가 불만을 터뜨렸다.

"나는 조나라를 위해 전쟁에서 큰 공을 세웠다. 인상여는 겨우 입과 혀를 놀렸을 뿐인데 지위는 나보다 높다. 게다가 그는 본래 천한 출신이니, 나는 부끄러워 도저히 그의 밑에 있을 수 없다. 내 인상여를 만나기만 하면, 기어코 모욕을 주리라."

이 말을 들은 인상여는 될 수 있으면 그와 마주치지 않으려고 애썼다. 조회 때도 언제나 병을 핑계로 나가지 않았다. 염파와 자리 순서를 놓고 다투기 싫었기 때문이다. 인상여는 외출했다가 멀리서 염파가 보이면 숨어 버리곤 했다. 그러자 인상여의 가신들이 모두 그에게 말했다.

"지금 상공께서는 염파 장군과 서열이 같으신데, 염장군이 상공을 욕하는데도 그가 두려워서 피해 숨으십니다. 이는 부끄러운 일입니다. 저희들은 이만 하직하고 물러나고자 합니다."

그러나 인상여는 그들을 만류했다.

"그대들은 염장군과 진왕 중 누가 더 무섭소?"

"염장군은 진왕을 당할 수 없지요."

"나는 진왕의 위세에도 불구하고 조정에서 그를 질타하고 그의 신하들을 모욕하였소. 내가 어찌 염장군을 두려워하겠소? 강한 진나라가 우리 조나라를 공격하지 못하는 것은 오직 우리 두 사람이 있기 때문이오. 만일 지금 우리 두 호랑이가 다투게 되면, 둘 다 무사할 수 없는 상황이오. 내가 이렇게 염장군을 피하는 것은 나라의 위급함을 먼저 생각하고 개인적인 원한은 뒤로 돌리기 때문이오."

이 말을 전해들은 염파는 어깨를 드러내고 가시나무 채찍을 등에 지고서, 인상여의 집 문 앞에 이르러 사죄했다.

"더럽고 천한 인간이 상공께서 이토록 너그러우신지 미처 몰랐소."

이리하여 두 사람은 마침내 화해를 하고 문경지교를 맺었다.

십 十
十 스

고대에는 하나의 손바닥은 십을 대표했다. 갑골문에서 十십 자는 수직선과 같은데, 손바닥을 옆에서 바라본 모양이다. 청동기에 새겨진 金文금문은 손바닥을 정면에서 바라본 모양으로 가운데가 넓다. 소전과 해서에는 수직선 하나가 있고, 중간에 횡으로 선이 하나 그어져 있다. 지금의 十 자와 같다.

《설문해자》는 "十, 數之具也"(열은 모든 숫자를 갖추었다)라고 했다. 열이란 숫자는 완벽한 숫자라는 뜻이다. 여기에서 완벽한 준비란 수직선은 남북을, 수평선은 동서를 나타내어 사방의 중앙이 완전히 준비되었다는 것을 뜻한다. 그래서 十足스쭈는 충분하다, 완전무결하다의 뜻이다. 十分스펀은 매우, 대단히, 충분히 극도에 달하다의 뜻이다. 十全十美스취안 스메이는 완전무결하여 나무랄 데가 없다는 뜻이다.

고문에서 十 자는 什스로도 쓰였다. 서로 다른 물건이나 양식으로 뒤섞어 하나로 만드는 것을 뜻한다. 什物스우는 집물, 일상가구 집기를 뜻한다. 什錦스진은 여러 가지 원료로 만든, 다양한 모양의, 갖가지라는 뜻으로 요리 이름에 보인다. 그런데 이 什스는 甚선 자의 간체자로 쓰인다. 현대 중국어에서 아주 많이 사용되는, '무엇'이란 뜻의 甚麽심마는 什麽선머로 쓴다. '너는 지금 무엇을 하고 있냐?'라는 표현은 중국어로 你做什麽니 쭤 선머?라고 한다.

상 上
上 상

갑골문에서는 현재 사용하는 한자의 二이 자와 같다. 밑의 선은 지면을 가리키는데 직선이 아니라 활 모양으로 약간 굽은 모양이다. 그 위에 이보다 짧은 직선은 지상 위에 있음을 뜻한다. 금문은 지면을 나타내는 활 모양의 선을 곧게 끄는 모양이고, 짧은 직선은 지상 위에 있음을 뜻한다. 그래서 上상 자는 指事字지사자다.

당시 가운데 王之渙왕지환의 〈登鸛雀樓등관작루〉(관작루에 올라)란 유명한 시를 읽어보자.

해는 산을 따라 지는데,
황하는 바다로 흐르네.
천 리 밖 멀리 보고파,
더 한 층을 올라간다.

나그네의 설움이란 서산으로 지는 태양을 바라볼 때 불현듯 솟구치는 고향 생각 때문이리라. 그래도 고향이 더 가까이에서 잘 보일까 싶어 누각 위로 올라가 본다. "更上一層樓경상일층루" 여기에서의 上상 자는 동사로 쓰여서 올라간다는 뜻이다. 이런 문법적 사용은 현대 중국어에서도 많이 사용된다. 차를 타다는 上車상처, 출근하다는 上班상반, 배우가 출연하거나 선수가 출장하다는 上場상창, 무대나 연단에 오르거나 정권을 잡다는 上臺상타이, 요리를 내놓다는 上菜상차이라고 한다.

중국어 문법에서 전치사를 介辭개사라고 하는데, 上상이 전치사로도 쓰인다. 흔히 많이 사용하는 문장, "너 어디에 가느냐?"는 你上哪兒去니상나알취?라고 하는데, 이때 이 문장의 동사는 上상이 아니라 去취이다.

上 자는 숭상할 '尙상' 자와 음이 같다. 그래서 上 자의 假借가차자를 만들 수 있다. 崇尙숭상 혹은 尊重존중의 뜻이다. 《史記사기》〈秦始皇本紀진시황본기〉에 보면, "上農除末, 黔首是富"(농업을 숭상하고 상업과 같은 말단을 없애면 백성들이 부유해진다)라고 했다. 여기에서 上 자는 숭상하다의 뜻이다.

하 下
下 샤

上상 자와 정반대이다. 갑골문에 아래 下하 자는 활 모양으로 가운데가 굽은 선 하나가 횡으로 놓여있는데 지면을 대표한다. 그 아래에 이보다 짧은 선 하나가 횡으로 있는데 이 획은 지사 부호이다. 지면의 아래를 나타낸다.

고전문학에서 下 자는 의미가 많다. 보통은 위치가 낮은 것을 하라고 하지만, 내려간다는 동사로 쓰였다. 이백의 시 〈黃鶴樓送孟浩然之廣陵황학루송맹호연지광릉〉(황학루에서 광릉으로 가는 맹호연을 전송하며)을 감상해 보자.

옛 친구 서쪽으로 가며 황학루와 작별하고,
꽃에 안개 자욱한 삼월 양주로 내려가네.
외로운 돛단배 푸른 하늘 저편으로 사라져,
오직 하늘 끝으로 흘러가는 강물만 보이네.

2행의 煙花三月下揚州연화삼월하양주에서 下揚州하양주는 양주로 내려간다는 뜻이다. 행마다 동사 작별할 辭사, 내려갈 下하, 사라져 다할 盡진과 흐를 流류을 사용하여 떠남의 동적 이미지를 통해 이별의 무한한 슬픔을 나타냈다.

또한 下에는 공격하여 점령하다의 뜻도 있다. 당대의 저명한 시인 李白이백의 〈梁甫吟양보음〉에 "東下齊城七十二"(동쪽으로 제나라의 성 일흔두 개를 점령하다)라고 했다.

下山샤산은 높은 곳에서 낮은 곳으로 내려가다, 下車샤처는 차에서 내리다, 下雪샤쉐에는 눈이 내리다, 下雨샤위는 비가 내리다, 下蛋샤단은 알을 낳다, 下班샤반은 일이 끝나다, 下課샤커는 학교수업이 끝나다라는 뜻이다.

上帝상디는 하느님, 하늘, 옥황상제를 뜻하고, 또한 기독교의 하나님, 천주, 고대 중국의 제왕을 뜻하기도 한다. 눈과 비를 내리게 하는 주체는 하늘이기 때문에 '비가 내리다'는 원래 上帝下雨상디사위이다.

下海사하이는 원래 바다에 나가다라는 뜻이다. 장사와는 무관하던 사람이 장사에 뛰어들다, 장삿길에 나서다라는 의미로 변했다. 오리가 바다로 나갔다. 허풍을 치며 졸지에 부자가 되었다. 개구리가 바다로 나갔다. 개굴개굴 하며 흥을 돋을 수 있어 하룻밤 사이에 출세를 하였다. 돼지 역시 바다로 나갔다. 풍덩풍덩 심하게 퍼덕거리며 파도를 타더니 조금 지나 곧 풍선처럼 부푼 배로 파도 위를 떠다녔다. 토끼가 멀리서 파도 위의 죽은 돼지를 바라보곤 눈이 빨개졌다. "저것 봐! 금방 저렇게 뚱뚱해졌어! 분명 큰돈을 모은 거야!" 쥐 또한 "부자가 되려면 바다에 나가야 해, 뭘 망설여?"라고 말하며 물에 뛰어들었다. 닭, 개, 소, 말도 서로 다투며 서둘러 풍덩풍덩 물을 튀기며 바다로 뛰어들었다. 그런데 멀리서 이를 바라보던 양이 말했다. "바다는 무서워. 우리는 그냥 착실하게 풀이나 뜯어먹자고."

무
无

无
우

无무 자는 部首부수 一일의 3획 글자다. 无 자는 본래 없을 無무 자의 異體字이체자의 일종인 或體字혹체자로 현대 중국어로는 없다는 뜻의 沒有메이요우이다. 혹체자의 다른 예는 壻서의 혹체자인 사위 婿서가 있다. 한자를 간체자로 만들 때 고대의 無무 자의 혹체자를 차용하여 간체자로 사용했다.

《설문해자》에는 이 글자가 없고 無무 자 밑에 "무는 잃을 亡망이다"라고 하면서 갑골문 无무는 奇字기자 無무라고 했다. 奇字기자는 한나라 王莽왕망 때 여섯 가지 글자체 중의 하나로 대개 古文고문에 의거하여 글자체를 변형시킨 글자다. 이 여섯 가지 글자체란 古文고문, 奇字기자, 篆書전서, 隸書예서, 繆篆무전, 蟲鳥충조를 말한다. 段玉裁단옥재의 주석에 "잃는다는 것은 가지고 있지 않다는 것이고 달아나서 잃는 것과 같다"고 설명했다. 그래서 无무 자의 원래 뜻은 '잃다' 혹은 '없다'의 뜻이다.

《春秋左傳춘추좌전》〈宣公선공〉 2년에 "人誰无過. 過而能改, 善莫大焉"(사람으로서 어느 누가 잘못이 없겠습니까? 잘못을 하고 그것을 고칠 수 있다면, 그처럼 더 좋은 일은 없습니다)이라고 했고, 〈成公성공〉 3년에는 "无怨无德, 不知所報"(원망할 것도 없고 은덕을 입은 것도 없는데 무엇에 보답해야 할 것인지 모르겠습니다)라고 했다.

无 자는 부사로도 쓰인다. 《맹자》〈梁惠王양혜왕〉 편에 "鷄豚狗彘之畜, 无失其時, 七十者可以食肉矣"(닭, 돼지, 개 등의 가축을 함부로 도살하지 않고 번식할 때를 놓치지 말아야 일흔 살 노인이 고기를 먹을 수 있다)라고 했다. 여기에서 无 자는 말 毋무, 勿물과 같은 뜻이다. 현재 중국어로는 不可부커와 같다.

空空如也쿵쿵루예는 텅 비어 아무것도 없다는 뜻이다.

이 성어는 아무것도 없다는 뜻이 아니다. 道도가 무엇인지 알 수 없어서 그저 검고 검은 玄현이라고 했다. 알 수 없는 도를 명명할 수 없듯이 진정한 의미의 '없다'는 '가득하다'는 말이 없어져야 존재한다. 누구나 가득 채우기를 원한다. 있는 사람이 더 욕심이 많다. 돈 버는 재미를 맛봤기 때문이다. 부동산 투기를 해서 집값이 쑥쑥 올라가니 살맛이 난 것이다. 가만히 앉아 있어도 땅값이 치솟으니 입이 찢어진다. 왜 나는 이런 곳으로 이사하지 못했나? 이런 곳에 가지 못하는 자는 비현실적인, 바보천치가 되었다.

마음을 비워야 마음이 가득 차게 된다. 욕심은 공허함을 경계하기 때문에 생긴다. 공허함에 대한 두려움을 비워 버려야만 비로소 빈 것이 없게 된다. 진정한 의미의 空공이란 공허함을 비울 때 정말 비었다는 것을 깨달을 수 있다.

아
亞
亚
야

亞아 자는 상형자다. 고대 火塘화당의 형태이다. 화당이란 방바닥을 十십 자 형태로 파서 둘레를 벽돌로 쌓고 그 안에 불을 피워 따뜻하게 하는 구덩이를 말한다. 이것은 고대사회에 불에 제사를 지내는 습속과 관계가 있는데, 후에 이런 풍속이 완전히 소실되었다. 亞 자를 假借가차한 뜻은 버금가다, 제2이다.

고대 유가를 대표하는 孔子공자는 至聖지성, 孟子맹자는 공자 다음가는 성인이므로 亞聖아성이라고 한다.

《사기》에서 묘사가 뛰어난 부분 가운데 하나로 〈鴻門宴홍문연〉 장면을 손에 꼽을 수 있다. 項羽항우는 沛公패공 劉邦유방과 함께 술을 마셨다. 항우와 항우의 작은아버지이며 張良장량과 친해 여러 차례 유방을 도와 공을 세운 項伯항백은 동쪽을 향해 앉고, 亞父아부는 남쪽을 향해서 앉았다. 아부는 范增범증이었다. '아부'란 부친에 버금가는 사람에 대한 존칭으로 쓰인 것이다. 그만큼 항우가 범증을 총애하였다는 뜻이다.

한편 유방은 북쪽을 향해서 앉고 장량은 서쪽을 향해서 배석했다. 범증이 항우에게 여러 차례 눈짓을 하며 차고 있던 玉玦옥결을 들어서 세 차례나 암시하였으나 항우는 묵묵히 응답하지 않았다. 옥결은 허리에 차는 玉器옥기의 일종으로 고리 모양이고 한쪽이 트여 있다. 범증이 옥결을 든 것은 항우와 유방의 결렬을 암시하는 것으로 유방을 죽이라는 표시였다.

유방의 부하 樊噲범쾌와 장량의 계략으로 무사히 유방을 위기에서 구했다. 아부는 선물로 받은 옥을 땅에 놓고는 검을 뽑아 그것을 깨뜨리며 말하길 "에이! 어린아이와는 더불어 대사를 도모할 수 없도다. 항우의 천하를 빼앗을 자는 반드시 유방일 것이다! 우리들은 이제 그의 포로가 될 것이다"라고 했다.

현대 중국어에서 일등은 冠軍관쥔, 2등 혹은 준우승은 亞軍야쥔이라고 한다. 아시아는 亞細亞야시야, 아시아주는 亞洲야저우, 아시아올림픽은 亞運會야윈후이, 아시아와 태평양은 亞太야타이라고 한다. 외래어 표기에서 알렉산더

대왕은 亞力山大야리산다, 성경에 등장하는 이브는 夏娃샤와, 아담은 亞當야당이라고 한다.

서 西 | 西 시

西서 자의 갑골문과 금문은 새둥지를 닮았다. 소전의 아랫부분은 새둥지이고 윗부분은 새의 형상을 한 굽은 곡선이다. 새가 둥지에 앉아 휴식하는 형태로 棲息서식의 의미다. 西 자의 본래 뜻은 棲서이다. 棲서의 간체자는 栖서이다. 간체자 가운데 西서는 방향을 가리킨다.

고대 사회에서 주인은 손님이나 노인을 서쪽 자리에 앉게 한다. 동쪽을 바라보는 자리가 된다. 이것은 존경의 표시다. 유방은 한때 항우의 부하였다. 그래서 홍문연에서 항우를 동쪽을 바라보는 서쪽 자리에 앉게 한 것이다. 손님이나 스승에 대한 존칭으로 '西席서석' 혹은 '西賓서빈'이라고 한다.

상하이와 같은 중국의 동부 해안 지역에 비해 상대적으로 낙후되어 있던, 최근 붐이 일어난 서부 대개발의 기점은 陝西산시성의 西安시안이다. 시안은 진·한 때는 咸陽셴양, 수·당 때는 長安창안이었다. 진시황 병마용, 양귀비의 華淸池화칭지 등 고대 중국 역사와 관계 깊은 곳이 많다.

서안 사변이란 1936년 12월 12일 시안에서 張學良장쉐량의 東北軍동북군과 楊虎城양후청의 西北軍서북군이 공산당 토벌을 독려하러 온 蔣介石장제스를 감금한 사건이다.

서양 음식을 西餐시찬, 서양 음식점은 西餐廳시찬팅, 수박을 西瓜시과, 토마토는 西紅柿시훙스 혹은 番茄판체, 춘추 시대 월나라의 미인 西施시스, 崑崙山곤륜산의 瑤池요지에 살며 불로장생하는 영약을 가졌다고 하는 고대 신화의 여신은 西王母시왕무라고 한다. 玉門關옥문관 서쪽을 이르는 말이지만 넓은 의미에서는 소아시아, 중앙아시아 및 인도 지방의 여러 나라를 일컫는 말로 西域시위라고 한다.

이 二 얼

《설문해자》에 "二, 地之數也"(이는 땅의 숫자이다)라고 했다. 하늘은 一일이고 땅은 二이이다. 《漢書한서》〈律曆志율력지〉에 "땅의 숫자는 2에서 시작하여 30에서 끝난다"고 했다.

二八이팔은 여자 나이 16세를 말한다. 여기에서 二八青春이팔청춘이란 말이 생겼다. 二百五얼바이우란 방언이 있는데 멍청이, 바보라는 욕이다. 二二八이이팔 사건은 1947년 2월 28일 대만에서 일어난 국민당 정권에 대한 대만 출신 대만인들의 무장 봉기를 가리킨다. 무자비하게 학살했다고 하여 지금까지도 대륙에서 넘어온 중국인에 대한 대만인의 불만과 배타심이 잠재되어 있다.

二鍋頭얼궈터우는 白酒백주로 증류할 때 맨 처음과 맨 마지막에 나온 술을 제거한 나머지 술을 말하는데, 酒精주정의 함량이 대부분 50퍼센트 이상 높으며 60퍼센트를 넘는 것도 있다. 값이 무척 싸고 도수가 높아 중국에서 손쉽게 맛볼 수 있는 대중 술이라고 할 수 있다. 우리나라 중국집에서도 구입할 수 있고 값도 싸다. 옛날 부채표 활명수 병보다 작은 것도 있고, 소주병만 한 용량이 큰 것도 있다. '二虎相爭, 必有一傷이호상쟁, 필유일상'이란 말이 있다. 두 마리 호랑이가 싸우면 반드시 한 마리는 다친다는 뜻으로 세상에 두 영웅이 쌍립할 수 없다는 말이다.

二月二이월이는 중국 전통 민간의 명절이다. 속칭 용이 머리를 쳐든다고 하여 '龍擡頭용대두', 또는 '春龍節춘용절', '青龍節청룡절', '花朝節화조절', '踏青節답청절'이라고 한다. 음력 2월 2일, 사람들은 서로 가위와 자, 여러 곡식 종자를 선물로 주고 교외로 나가 산보하기도 한다.

二郎神이랑신은 중국 고대신화 중의 인물로 중국인 대부분이 그를 水神수신으로 여기고 있다. 수나라 때 趙昱조욱이란 사람이 嘉州가주의 자사로 있을 때 교룡이 우환을 일으킨다고 여겨 물속에 들어가 교룡을 베었고 조욱이 죽은 후에는 이랑신이 되었다고 한다. 송나라 이후부터 중국 각지에서 사당을 세워 모시기 시작했다. 《서유기》 제6회와 《봉신연의》에 이랑신의 고사가 나온다.

二桃殺三士이도살삼사라는 유명한 고사가 있다. 《晏子春秋안자춘추》〈諫下간하〉 편에 나오는 얘기로 두 개의 복숭아로 세 명의 장사를 죽인다는 뜻이다. 용맹한 장사 公孫接공손접, 田開疆전개강, 古冶子고야자 세 사람은 齊景公제경공의 신하인데, 용맹스럽고 힘이 장사였고 나라에 큰 공도 세웠으나 모두 예의가 없어 제경공에게 불손하였다. 그래서 이들을 제거할 묘책이 떠오르지 않아 晏嬰안영을 불러 의논하였다. 안영은 복숭아 두 개를 세 사람에게 선물로 주고 그들 사이에 싸움이 일도록 하는 방법을 건의했다.

먼저 세 사람에게 각자의 공적을 말하게 하고 공이 제일 큰 사람에게 복숭아를 나누어 주어 세 사람 사이를 이간시키고 불화를 일으킨다는 계략이었다. 과연 공손접과 전개강이 자신의 공적을 말한 뒤에 복숭아를 가지려고 하였다. 이에 고야자가 화를 내며 제경공에게 경공이 강을 건널 때 큰 자라 때문에 배가 뒤집히려는 순간 자신이 물속에 들어가 자라의 목을 베어 죽여 경공의 목숨을 구해 주었다는 말을 했다. 그러자 경공은 두 사람에게 복숭아 하나를 고야자에게 주라고 했다. 그러자 성질이 급한 두 사람은 이를 승복하지 못하고 분한 김에 그만 자결하고 말았다. 두 사람이 죽자 그때서야 고야자는 정신을 차리고 오랜 친구 둘이 죽고 혼자만 살아남은 것은 도리에 어긋나는 짓이라고 탄식하고 자신도 자결했다고 한다. 이 고사가 우리에게 주는 교훈은 강직한 사람은 일의 앞뒤를 잘 살피지 않고 성급하게 일처리를 하기 때문에 자칫 남에게 이용당할 수 있다는 것이다. 또한 윗사람이 공이 너무 커서 자기에게 위협이 되는 부하를 계략을 이용하여 제거한다는 뜻도 담겨 있다. 그래서 선비는 자기를 알아주는 사람을 위해 목숨도 바친다고 하지만, 동시에 공을 세운 뒤에는 토사구팽이 될 것을 미리 알고 자리에서 물러나는 지혜도 있어야 한다.

삼 三 三 산

중국인은 三삼을 숭상한다. 하늘은 一일이고 땅은 二이이기 때문에 三삼은 天地人천지인의 道도로 우주를 형성하는 하늘, 땅과 인간 세 부분을 모두 포함한다. 노자는 "道도가 하나를 낳고, 하나가 둘을 낳고, 셋이 만물을 낳았다"고 말했다. 一일은 혼돈의 초기 상태이고 二이는 陰음과 陽양을 말하며, 三삼은 서로 관계를 맺고 통일을 이루며 협조하여 만물을 탄생시킨다는 것이다. 그러므로 三삼은 세계를 구축하는 기반이 된다. 그래서 옛날부터 '天地人천지인', '眞善美진선미'라는 말이 생겼고, 공간의 형성도 길이, 높이와 넓이 세 부분으로 구성되었다. 역사적으로는 위 · 촉 · 오 삼국 시대가 '三足鼎立삼족정립'의 안정적인 구조를 구축하고 서로 천하를 다투었다. 입법, 행정, 사법이라는 '三權分立삼권분립'의 구조를 갖춘 국가가 가장 보편적이고 이상적이라는 학설이 생겨났다.

三 자는《周易주역》에서 가장 많이 사용된 숫자이다. 八卦팔괘 중에서 乾건과 坤곤은 가장 기본적인 괘이다. 건괘는 하늘을 상징하고 하늘은 陽양이며 양은 홀수로 三삼으로 나타낸다. 이 가운데 아래의 一일은 양의 시작, 가운데 二이는 번창, 가장 위의 三삼은 최극단을 표시한다. 건괘는 땅을 상징하고 땅은 陰음이며 음은 짝수로 三삼으로 나타낸다. 이 가운데 一일은 음의 시작, 二이는 번창, 三삼은 최극단을 표시한다.

三昧境삼매경의 삼은 셋이라는 숫자가 아니다. 梵文범문(samadhi)의 음역으로 正定정정 혹은 正心行處정심행처로 번역한다. 산란한 마음을 한곳에 모아 동요하지 않게 하여 마음을 바르게 하고 망념에서 벗어나는 것을 말한다. 불교에서 수행을 하여 얻어진 절대적 경지를 뜻하지만 중생이 이 경지에는 못 미치므로 우선 '독서삼매경'에나 빠져보아야 한다.

三保삼보는 명대 成祖성조 朱棣주체 때 항해가 鄭和정허의 어렸을 때의 이름이다.

《논어》에 三 자와 연관된 유명한 경구가 적지 않다. "日三省吾身"(하루에 세 번 내 몸을 반성한다)이라는 말이 있다. 첫째, 남을 위해 일을 하면서 충실하게 했는지에 대한 반성이다. 둘째는 친구와 사귀면서 믿음이 있었는지에 대한 반성이다. 셋째는 옛 성인들의 훌륭한 말씀을 실천하여 마음속에 깊이 새겼는지에 대한 반성이다. "三思而後行"(세 번 생각한 후에 행동한다)이라는 말은 행동에 앞서 심사숙고해야 하지만 너무 지나치게 생각만 하면 사사로운 이해관계에 얽매어 우유부단해진다는 것을 뜻한다. "군자는 세 가지를 두려워해야 한다. 그것은 天命천명, 大人대인과 聖人성인의 말씀이다"라고 하였다. 천명이란 人心인심이다. 백성이 원하는 것을 잘 알려면 그들의 말을 경청할 줄 알아야 한다. "三人行, 必有我師焉"(세 사람이 길을 가는데 반드시 이 가운데 나의 스승이 있다)이라는 말은 남의 좋은 점은 가려서 그런 장점을 자신이 배우고, 좋지 못한 점은 살펴서 자신에게도 그런 나쁜 점이 있다면 즉시 고쳐야 한다는 뜻이다.

《맹자》에 나오는 三遷之敎삼천지교 혹은 孟母三遷맹모삼천 또한 유명한 얘기다. 맹자의 어머니가 맹자가 어렸을 적에 그를 잘 가르치기 위해 세 번 이사를 했다는 고사다. 공동묘지, 장터, 서당 근처로 이사했다는데, 오늘날로 치면 술집, 오락실, 영어 학원이 아닐까?

三삼은 정확한 3이라는 수의 개념보다 수가 많다는 뜻으로도 쓰였다. 주나라 때는 사람이 셋이면 무리 衆중이고, 짐승이 세 마리면 무리 群군이라고 했다. 《논어》〈述而술이〉편에 "한 귀퉁이를 일러주어도 나머지 세 귀퉁이를 알지 못하는 사람에게는 반복해서 설명해 주지 않는다"라는 말이 있다. 배우는 사람이 하나를 깨우친 다음 그것으로 동일한 문제 세 개를 깨우치지 못하게 되면 굳이 애를 써서 다시 반복하여 가르쳐 줄 필요가 없다는 말이다. 이것을 '擧一反三거일반삼'이라고 한다. 하나를 들어 셋을 반복한다는 뜻으로, 잘 아는 사실 하나를 예를 들어 설명해 주고 나서 그와 비슷한 다른 여러 가지 일을 터득할 수 있게 하는 것을 말한다.

두보의 유명한 시 〈春望춘망〉을 읽어보면, 평범한 숫자에 불과하지만 三자 한 글자에 담긴 의미심장함과 격렬한 감정의 외침을 느낄 수 있다.

나라는 망했으나 산천은 의구한데,
도성에 봄이 찾아와 초목만 무성하네.
때를 느껴 꽃을 보니 눈물이 흐르고,
이별의 슬픔 새소리에도 놀라네.
봉홧불 연이어 석 달이나 피어올라,
가족의 편지만큼이나 귀하다.
흰머리 긁어내리면 더욱 짧아져,
아예 비녀도 꽂지 못하겠구나.

꽃과 새는 생명을, 봉화는 전쟁을 상징한다. 전쟁과 평화.

외적의 침입을 방어하는 변방의 절도사 안녹산이 황제 현종의 총애를 저버리고 변란을 일으켰다. 파죽지세로 남하하여 한 달 만에 도성 창안 가까이까지 압박했다. 놀란 황제가 도성을 버렸다. 경국지색 양귀비를 데리고 피난을 떠났으니 백성들의 원성은 하늘을 찔렀을 것이다. 폐허가 된 도성을 다시 찾은 시인은 나라 걱정에 앞서 헤어진 가족으로부터의 소식을 간절하게 기다렸으리라.

5행 "烽火連三月"(봉홧불 연이어 석 달이나 피어올랐다)에서 3월은 3개월을 말한다. 여기에서 三 자는 많다는 뜻이다. 도성이 오랫동안 불에 탔다는 말이다. 이것은 三 자를 사용하여 통치자의 부패로 인한 정치 실패와 도탄에 빠진 백성들의 고통을 상징한다.

당나라 때는 도성 장안 서북쪽 변방에 관한 시를 많이 지은 시인 高適고적의 〈燕歌行연가행〉이라는 시를 보자.

갑옷 입은 장수 변방 지키느라 오래도록 고생 많고,
부인은 이별 후 옥 젓가락 같은 굵은 눈물 흘리네.

전쟁에 나간 남편과 이별한 부인의 슬픔을 노래했다. 잦은 전쟁으로 변방에 끌려간 사병들의 고통을 느낄 수 있다.

> 죽음의 기운이 온종일 진중에 깔려오고,
> 한밤중에 조두의 차가운 소리만 들리네.

첫 행은 '殺氣三時作陣雲살기삼시작진운'이다. 삼시는 아침, 점심과 저녁으로 하루 종일을 말한다. 이 三 자는 다음 행의 일야와 대구를 이루면서 적과 대치하고 있는 병사들의 긴장과 공포를 나타낸다.

이와는 반대로 三 자가 적다는 뜻으로도 쓰였다. 三寸金蓮삼촌금련이라 하면 옛날 여자의 발이 작다는 뜻이다. 三分姿色삼분자색은 보통의 미모를 말한다. 三言兩語삼언양어는 말이 적다는 뜻이고, 三三兩兩삼삼양양은 三三五五삼삼오오라는 뜻이다. 삼촌금련의 三寸삼촌은 세 치라는 뜻이다. 이와 관련된 三寸之舌삼촌지설의 고사를 소개한다. 유방의 참모 가운데 장량은 키가 작은 서생이었다. 그러나 그는 지모가 뛰어날 뿐만 아니라 구변도 좋았다고 한다. 유방은 한나라를 세운 뒤 장량의 공로가 컸기에 후작에 봉했다. 그러나 장량은 "제가 세 치의 혀를 놀려 이런 영예로운 지위를 받는 것은 과분합니다"라고 하면서 받지 않으려고 했다.

《사기》〈平原君列傳평원군열전〉에 조나라의 공자 평원군이 구원병을 얻으려고 초나라에 갔을 때 수하 중 毛遂모수란 사람이 청산유수와 같은 구변으로 초왕을 설득하자, "그대의 삼촌지설은 백만 대군보다 낫다"고 찬양했다. 또한 〈淮陰侯列傳회음후열전〉에 보면, 範陽범양의 유세객 蒯通괴통이 韓信한신을 설득하면서 유방이 酈食其역이기를 시켜서 제나라를 달래어 항복을 받게 했는데 그는 수레 앞에 엎드려서 세 치 혀를 놀려 제나라를 설득하여 70여 개 성의 항복을 받아냈다고 했다. 삼촌지설이란 세 치의 짧은 혀란 뜻이지만 구변이 좋은 것을 말한다.

중국어로 삼각팬티는 三角褲산자오쿠라고 하고, 비키니 수영복은 三點式산덴스 또는 三點式遊泳裝산덴스요우융좡이라고 하는데 영어를 중국식 발음으로 고쳐 比基尼비지니라고도 한다. 샌드위치는 三明治산밍즈라고 한다. 우리나라 중국집 요리 가운데 삼선 자장면의 삼선이란 三鮮삼선 혹은 三仙삼선으로 해삼, 새우, 죽순, 버섯, 닭고기 가운데 임의로 세 가지 재료를 써서 조리한 것을 말한다. 우리나라의 경우는 주로 해삼, 새우, 오징어를 많이 넣는다.

朝三暮四조삼모사는《장자》〈제물론〉에 나온다. 송나라 때 원숭이를 기르는 狙公저공이란 늙은이가 있었다. 저공은 원숭이가 밤을 잘 먹는다는 것을 알고 있었지만 살림이 넉넉지 못해 밤의 수량을 줄이기 위해 꾀를 냈다. 저공이 원숭이들에게 이제부터 밤을 아침에는 세 개를 저녁에는 네 개를 주겠다고 하자 원숭이들이 소리치며 불평을 했다. 그러자 저공이 아침에 네 개, 저녁에는 세 개를 주겠다고 하자 원숭이들이 기뻐했다고 한다. 교묘한 술수를 일컫거나 소견 좁고 눈앞의 이익만 추구하는 자를 경계하는 말이지만 오늘날에는 이랬다저랬다 변덕스럽게 자주 마음을 바꾸는 것에 비유하는 말로 많이 쓰인다.

원래 三教九流삼교구류에서 삼교는 유교, 불교, 도교를 말하고, 구류는 儒家유가, 道家도가, 陰陽家음양가, 法家법가, 名家명가, 墨家묵가, 縱橫家종횡가, 雜家잡가, 農家농가 등 九家구가를 가리킨다. 그러나 현재는 종교, 학술 가운데 각종 유파 혹은 기생, 환관, 도둑, 거지, 도박꾼, 소리꾼, 점쟁이 등 사회의 각종 직업에 종사하는 주로 하류층 사람들을 가리킨다.

삼과 연결된 중국 문화와 관련된 고사는 많다. 그 대표적인 예가 '三顧茅廬삼고모려'이다. 우리에게는 '三顧草廬삼고초려'로 잘 알려져 있다. 동한 말경에 유비가 융중에 은거하고 있는 제갈량의 초가집을 세 번 찾아가 천하통일에 도움을 청했다. 결국 제갈량은 유비를 도와 조조, 손권과 천하의 패권을 다투고 사천 성도에 수도를 정한 후에 천하를 셋으로 나눌 수 있었다. 진심으로 가르침을 바라거나 일을 부탁할 때 쓰지만, 방금 일을 시작하여 경험이 없다는 겸손의 말로도 사용한다.

'三過家而不入삼과가이불입'은 전설에 하나라의 우임금이 치수를 다스린 고사와 관계가 있다.《사기》〈은본기〉에 보인다. 요임금은 鯀곤이 치수에 능하다는 말을 듣고 그를 등용했다. 9년 동안 홍수가 그치지 않아 치수는 실패했다. 곤을 산으로 추방하여 거기서 죽게 했다. 요임금은 천하를 다스릴 인물을 구하여 舜순에게 왕위를 물려주었다. 순임금은 禹우에게 치수를 맡겼다. 우는 홍수 막는 일을 부지런히 하느라 밖에서 13년 동안 지내면서 세 번씩이나 자기 집 대문 앞을 지나가도 감히 들어갈 수 없었다. 그는 누추한 집에 살면서 입고 먹는 것을 절약한 비용으로 치수사업에 사용했다. 왼손에는 먹줄을, 오른손에는 자를 들고 九州구주를 개척하고 길을 소통시켜 우의 공적이 천하에 두루 미쳤다. 순임금은 우의 치수사업 성공을 천하에 알렸다. 이때 천하는 태평하고 잘 다스려졌다. 우는 결혼한 지 나흘 만에 집을 떠나 치수에 힘썼고 아들 啓계가 태어나도 돌보지 못했기 때문에 치수 사업에 성공할 수 있었다고 말했다고 한다. 공무에 충실하다 보니 집을 돌볼 겨를이 없었다는 것인데, 과연 오늘날 집을 돌볼 수 없을 정도로 나라 걱정할 공무원은 얼마나 될까?

'三拜삼배'는 중국 고대의 禮拜예배로 주인이 손님들에게 석 잔의 술을 올리는 예절이다. 답례로 손님들은 각자 한 잔씩 주인에게 예를 올린다. 필자도 대만에서 석사학위를 끝내고 과에서 주최하는 학위 축하연에 참석한 적이 있었다. 연세가 제일 많은, 80세를 앞둔 노 교수가 높은 단상 가운데에 앉고 오른쪽에 그보다 연배가 아래인 교수가 앉았으며 좌측에 대학원 주임이 앉았다. 다음 단상에는 학과장이 가운데 앉고 좌우로 나머지 교수들이 앉았다. 박사학위 취득한 대학원생이 그 다음 자리에 앉고 석사학위 취득 학생이 뒷자리에 앉았다. 대학원 주임 교수의 인사말이 있고 삼배를 제창하면 연거푸 축하주 석 잔을 마셨다. 그 이후에는 각자 술을 권하되 너무 강요하지 않는 범위에서 서로 학위 취득을 축하해 주었다.

중국에서는 잔을 돌리는 예법은 없다. 주나라 때 잔을 돌리는 방식이 있었다고 한다. 보통 때 중국인은 독주를 마시지 않고 주로 맥주를 마시는 편인데, 술잔이 약간 비면 첨잔은 한다. 이 점은 일본인들과 같다. 석사반 한국인 학생은 모두 네 명이었고 나머지 중국인 학생은 열한 명이었다. 한 학기 공부가 끝나면 몇 명의 중국인 학생들과 함께 한국식으로 맥주를 두 박스 정도는 쌓아 놓고, 당나라 시인 이백이 〈將進酒장진주〉에서 읊은 대로 "會須一飮三百杯"(한 번 마시면 의당 삼백 잔을 들어야지) 하면서 잔을 돌리며 노래 한 곡씩 부르곤 어깨동무하고 "與爾同鎖萬古愁"(그대와 더불어 만고의 시름을 없애버리세)"라고 읊조렸다. 우리들의 만고의 시름이란 이수학점도 없는 중국학의 기본이자 필수인 《十三經십삼경》에 방점을 찍느라 고생한 정도지만.

'三從四德삼종사덕'이란 고대 부녀자들의 언행에 대한 규정으로 삼종은 시집가기 전엔 아버지를 따르고, 시집가서는 남편을 따르며, 남편이 죽으면 아들을 따른다는 것이다. 사덕은 부녀자의 덕, 관용, 바른 말씨와 功공을 가리킨다. 오늘날엔 과연 이런 미덕을 그대로 실행에 옮길까? 의지할 아버지가 없다면, 남편의 월급으로 자식 공부를 충분히 시킬 수 없으면, 남편이 죽으면 하나밖에 낳지 못하는 산아제한 정책 때문에 혹 딸을 낳는다면, 어찌하면 좋을까? 아내에게만 덕, 관용, 어진 말씨, 가정을 잘살게 할 의무가 있을까? 중국도 이제 사유재산을 유산으로 자식에게 상속할 수 있게 되는 등 급속히 사회가 변하고 있다.

봉건 가족제도하에서의 중국 여자들의 삶은 운명적으로 비참했다. 삼종사덕과 같은 무조건적인 순종을 강요했던 과거의 악덕 유산은 없어져야 한다. 여자를 잔혹하게 구속했던 풍습으로 '三寸金蓮삼촌금련'이란 것이 있다. 纏足전족을 가리키는 것으로 발을 싸맨다는 뜻이다(전족 참조).

三 자와 관련된 많은 고사 가운데 으뜸은 '三不朽삼불후'일 것이다. 세 가지의 영원히 썩지 않을 일이란 뜻이다. 《춘추좌전》〈襄公양공〉 24년에 "최고의 것은 덕을 세우는 일이고, 그 다음은 공을 세우는 일이며, 다음은 비록 오래되더라도 없어지지 않는 일이니, 이 세 가지를 불후라고 한다"라고 했다. 《新語신어》〈輔政보정〉편에 "이름은 썩지 않고 전해진다"고 했고, 曹丕조비는 〈典論論文전론논문〉에서 "문장은 나라를 경영하는 데 꼭 있어야 할 대업이고, 영원히 썩지 않을 성대한 사업이다"라고 했다.

짐승은 죽어서 가죽을 남기고 사람은 죽어서 이름을 남긴다고 했다. 불후의 대표적인 것은 명저일 것이다. 중국을 이해하는 데 반드시 읽어야 할 불후의 명저를 손꼽으라면《논어》,《맹자》,《중용》,《대학》,《노자》,《장자》, 사마천의《사기》《삼국지연의》,《唐詩三百首당시삼백수》,《紅樓夢홍루몽》,《모택동선집》, 魯迅노신의 소설과 雜文잡문이 있다.

정화 鄭和
郑和 정허

정허(1371-1435)는 한족이 아니다. 당시에 回族회족으로 불리던 아라비아 사람이다. 원래 성이 馬氏마씨였다. 雲南윈난성, 지금의 昆明쿤밍시 晉寧진닝현 寶山바오산향 출신이다. 부친 馬哈마허는 관리로 아랍의 이슬람교 성지인 메카를 방문하고 참배한 적도 있었다.

명나라를 건립한 朱元璋주원장이 윈난을 통일하고, 정허는 명나라 군대의 포로가 되었다. 포로가 살아남을 수 있는 유일한 방법으로 궁형을 당하고 입궐하였다. 태감이 된 것이다. 그래서 정허를 三保太監삼보태감 혹은 三寶太監삼보태감이라고도 부른다. 훗날 成祖성조가 된 燕王연왕 朱棣주체를 모시고 '靖難之變정난지변'의 공을 세웠기 때문에 鄭氏정씨 성을 하사받았다.

명태조 주원장은 당나라 종실의 권력이 약하여 군주가 고립되었던 역사를 교훈 삼아 자제 스물네 명과 종손 한 명 등 모두 스물다섯 명을 왕으로 나누어 봉했다. 제왕의 봉지는 전국에 분포되었는데, 특히 북방이 가장 많았다. 이들은 지방행정에 대해서는 간섭하지 못하도록 했으나 호위하는 군대를 가지고 있어서 군사력이 상당했다. 북방의 제왕들은 변방 방어의 임무를 맡아 권세가 컸다. 이 가운데 가장 큰 세력이 바로 연왕 주체였다.

주원장 말년에 조신들 가운데는 뛰어난 인재와 장수들이 많았다. 자신이 죽은 후에 유약한 태자 朱標주표가 군신들을 통제하지 못할 것을 두려워하여 생전에 이들을 제거하고 후환을 없애려고 했다. 胡惟庸호유용의 모반을 빌미로 이 사건에 연루된 자들을 모두 죽였는데, 그 수가 3만 명이나 되었고 공신도 20여 명이나 포함되었다. 주표가 죽자, 그의 아들 朱允炆주윤문이 황태손이 되었으나 나이가 겨우 10세였으므로 주원장은 더욱 근심이 컸다.

명태조 주원장이 죽고, 손자 주윤문이 惠帝혜제에 등극했다. 그는 성격이 어질고 착했으나 결단력이 부족했다. 제왕의 발호가 일어나자, 혜제는 그의 측근 齊泰제태, 黃子澄황자징과 모의하여 제왕들은 약화시키기로 하고 개봉에 봉한 周王주왕 朱橚주숙을 먼저 폐립시켰다. 나머지 제왕들을 서인으로 폐립시켰다. 이와 같은 제왕의 폐립은 연왕 주체에게 반란을 일으킬 수 있는 구실을 주어 혜제와 주체 간 3년에 걸친 전쟁이 일어나게 되었다.

명태조의 넷째 아들 연왕 주체는 조카가 왕위에 오른 것에 불만이 컸다. 혜제가 번왕을 하나둘씩 제거하자 위기를 느낀 그는 승려 道衍도연의 권고를 받아들이고 1399년 7월, 제태와 황자징을 제거한다는 명분으로 군사를 일으켰는데 이를 '정난지변'이라고 한다.

남경을 공격하여 함락시킨 주체는 혜제의 행방을 알 수 없었다. 연왕 주체는 1403년, 제위에 올라 성조가 되었다. 혜제의 측근 제태, 황자징과 方孝孺방효유를 죽였고, 그와 연관되어 죽은 사람이 수백 명에 달했으며, 조정 대신들 가운데 자살한 사람도 많았다.

주원장은 혜제를 불러 만약의 경우에 대비하여 혜제에게 은상자 하나를 주었다. 그 안에는 남경의 도성 지하 비밀통로가 상세히 그려져 있는 지도 한 장과 승려 의복 한 벌이 들어 있었다. 혜제는 연왕 주체가 남경 성을 함락하자 곧바로 승려 옷으로 갈아입고 지도에 그려져 있는 비밀통로를 통해 남경 성을 빠져나갔다.

영락 황제 때 남방 해상교통은 송대와 원대보다 더 활발했다. 몽골족이 남송을 멸망시키고 중국을 점령하자 남송의 유민들이 해외로 도망하여 동남아시아에 화교 사회를 형성했다. 명나라 건국 이후로 동남아시아로 가서 해외 상업을 경영하는 사람이 점점 많아졌다.

한편 조정에서 영락 황제는 환관들을 외국에 사절로 보냈는데 이 가운데 정허가 포함되어 있었다. 왜 영락 황제가 함대를 먼 지역까지 보냈나? 첫째, 혜제가 죽지 않고 바다로 숨지 않았나 의심하여 그를 파견하여 찾도록 하기 위해서였다. 당시에 혜제가 남양으로 도망쳤다는 소문이 나돌았다. 둘째, 원나라 멸망 후에도 티무르제국이 강성하여 명나라의 서북 지역에 큰 위협이 되었다. 사신을 여러 나라에 보내 해상연맹을 조직하여 티무르제국의 침공을 막기 위해서였다. 셋째, 중국의 국력을 과시하기 위해서였다. 넷째, 부분적으로는 국제 무역을 통해 중국의 비단, 도자기 등과 남양의 향료와 보화를 맞바꾸기 위해서였다.

정허는 永樂영락 3년(1405)부터 宣德선덕 8년(1433)까지 28년간 일곱 차례 인도양까지 항해하여 중국 고대의 대항해가가 되었다. 세상 사람들은 이를 '三保太監下西洋삼보태감하서양'이라고 부른다.

제1차 항해는 영락 3년 6월부터 영락 5년 9월까지다. 정허는 317척의 배, 사병 27,870여 명을 이끌고, 쑤저우 劉家河류자허 지금의 장쑤 太倉타이창 瀏河鎭류허전에서 출발했다. 푸젠성 閩江민장 하구의 長樂창러 太平港타이핑강에 입항했다. 이 항구에서 물자와 선원을 보충하고 배를 수리했다. 계절풍이 불기 시작하는 10월에 서남쪽으로 항해하여 지금의 베트남 퀴논(Qui Nhon)인 참파(Champa)의 新州港신저우강에 도착했다. 함대는 그 후 20여 일 만에 인도네시아 보르네오 서쪽 바다를 지나 자바 섬의 투반(Tuban)항에 정박했다.

당시 자바는 중국의 동전이 통용되고 있을 정도로 명나라와의 긴밀한 관계를 맺고 있었다. 그러나 東王동왕이 西王서왕 군대의 공격을 받아 타도되는 과정에서 정허의 함대까지 서왕 군대의 공격을 받아 170여 명의 명나라 병사가 살해당했다. 서왕은 정허 함대에 사신을 파견하여 사죄하였는데, 나중에 서왕이 금 1만 냥을 명나라에 바치는 것으로 이 사건은 일단락되었다. 정허는 수라바야(Surabaya)왕에게 비단, 도자기, 사향 등을 선물로 보냈다. 당시 자바 섬 곳곳에 화교들이 거주하였는데 도합 1천여 가구나 되었다고 한다.

정허 함대는 말라카(Malacca)에 닿았다. 중국인은 말라카를 馬六甲마류자라고 부른다. 말라카는 이후 중요 무역항이 된다. 이어서 수마트라 섬의 팔렘방(Palembang)에 도착했다. 팔렘방은 명나라 초기의 해금정책 이후 밀무역을 하는 중국인들의 거점이었다. 광둥 출신의 화교들 사이가 나빠 잦은 충돌이 있었다. 梁道明양도명과 그의 후계자 施進卿시진경은 陳祖義진조의와 대립하고 있었다. 시진경의 지원 요청을 받은 정허는 진조의에게 황제의 조서를 전하면서 명령에 따르도록 했다. 진조의가 정허 함대를 공격하자 정허 함대는 진조의 소속 배 열 척을 불태우고 500여 명을 죽였다. 시진경은 명나라의 宣慰使선위사 지위를 하사받고 팔렘방의 화교를 통괄하면서 팔렘방의 지배권을 확립했다. 후에 명나라와 동남아 해역의 항구들과의 교역을 방해해온 화교 세력을 복속시켜 팔렘방 화교를 명나라 지배에 편입시켰고 말라카 해협에 거점을 확보했다.

정허 함대는 수마트라(Sumatra)섬의 세무데라(Semudera)에 닿았다가 벵골만을 가로질러 스리랑카의 콜롬보(Colombo)에 도착했다. 지금의 스리랑카(Sri Lanka)를 옛날엔 실론(Celyon)이라고 했는데, 고대 중국인은 '錫蘭시란'이라고 했다. 마르코 폴로에 의해 알려진 후추 수출항인 코친(Cochin)을 경과해 아랍 인도 사이의 향신료 무역의 주요 무역항인 남인도의 캘리컷(Calicut)에 도착했다. 캘리컷 정부는 여러 차례 사절단을 명나라에 보냈고, 통치자도 중국에 간 적이 있었다. 정허는 자신의 항해를 기념하는 비석을 세웠다. 이 비석은 현재 남아 있지 않다. 정허 함대는 캘리컷, 수마트라, 아제, 말라카 등 각국의 사절과 함께 귀국하는 도중, 수마트라 섬의 팔렘방에서 진조의가 거짓 항복하고 배를 강탈하려 하자 그를 생포하여 수도 南京난징으로 연행하였는데 결국 그는 영락 황제의 명으로 참수되었다.

제2차 항해는 영락 5년(1407)에서 영락 7년(1409) 7, 8월까지다. 1차 항해에서 돌아온 그 달 13일에 다시 명을 받고 정허는 48척을 이끌고 출항했다. 정허 함대는 겨울 계절풍을 타고 1차 항해 때와 같은 루트를 거쳤다. 다만 자바섬을 거치지 않고 참파에서 지금의 태국인 샴을 거쳐서 말라카 해협으로 항해했다는 점이 다를 뿐이다.

샴(Siam)의 아유타야(Ayuttaya) 왕조가 말라카 해협에 세력을 확대하여 패권을 확립하려고 했기 때문에 샴에 압력을 가하기 위해서 이곳에 갔던 것이다. 정허는 수도 아유타에 도착하여 샴의 왕에게 관인을 주고 명나라의 책봉

체제에 편입시켰다. 결국 아유타야 왕조는 말라카 해협에서의 샴의 패권 장악에는 실패했다.

캘리컷에 갔다가 돌아오는 도중 스리랑카의 갈레(Galle)항에 들른 정허는 갈레사원에서 안전한 항해에 감사하는 불사를 개최하고 기념비를 세웠다. 이 비문은 정허의 제3, 4, 7차 원정에 참가한 체험을 서술하고, 동남아시아·인도·서남아시아 등 40여 개국의 상황을 기록한 費信비신의 《星搓勝覽성차승람》에 기록되어 있다. 비문은 오른쪽은 한자, 왼쪽은 타밀어, 왼쪽 아래에는 페르시아어가 새겨져 있다. 한문으로 적힌 부분은 정허가 항해자들이 기원하던 사원에서 공양했다는 것과 불교 행사에서 바쳐진 품목들이 열거되어 있다. 타밀어 부분은 명나라 황제가 현지 신을 찬양해 비석을 세우게 했다는 사실이 기록되어 있고, 페르시아어 부분은 이슬람교의 알라신과 성인의 영광을 찬양하여 비석을 세웠다는 것이 기록되어 있다. 현재는 이 비석은 콜롬보박물관에 보존되어 있다.

정허가 귀국할 때는 각국의 사절, 상인, 공물을 가지고 돌아왔다. 정허는 귀국하여 이들을 모두 난징의 長安路장안로의 會同館회동관에 거주하도록 했고 숙식을 무료로 제공했다. 매일 100여 명의 光祿寺광록사 관원들이 관리했다. 그들의 동물, 말, 새 등은 兵部병부에서 관원이 사육했고, 사절이 병이 나면 太醫院태의원에서 의원이 돌봐주었다. 지금의 브루나이(Brunei) 국왕이 1408년 여름에 왕비, 형제, 자식, 신하 등 150여 명의 사절단을 이끌고 푸젠성에 닿은 후에 육로로 난징에 도착하여 영락 황제를 알현하고 조공을 바쳤다. 불행하게도 브루나이 국왕은 그 해 11월 회동관에서 병사했다. 영락 황제는 애도의 표시로 이슬람교 장례 의식에 따라 그를 난징 근교에 안장하고 영락 황제가 친필로 비문을 썼다. 현재 난징 安德門안덕문 밖에는 石子岡석자강의 渤泥國王墓발니국왕묘와 묘 앞에 있던 말, 양, 사자, 사람 등의 석조상이 남아 있다. 브루나이를 고대 중국인은 '渤泥보니'라고 했다.

제3차 항해는 영락 7년(1409) 10월부터 영락 9년(1411)까지다. 정허는 마흔여덟 척의 배와 2만 7천여 명의 선원을 이끌고 참파에 도착했다. 여기에서 자바의 마자파히트 왕조와 샴의 아유타야 왕조를 향해 두 방향으로 나누어 항해했다. 자바와 샴 사이에 말라카가 존재하였고 두 왕조의 압력을 받았다. 그래서 말라카는 명나라에 의지하여 독립을 유지할 수 있었다. 정허는 말라카에 관청을 설치하는 등 말라카를 명나라의 지배권에 두어 명나라 함대의 중요한 거점으로 삼았다. 정허 함대의 중계항이 되면서 말라카는 동남아시아에서 급속한 성장을 거듭할 수 있게 되었다. 명나라의 물자와 정허가 가져온 서남아시아의 물산을 얻은 말라카는 국제 교역 네트워크를 구축하여 동남아시아의 중심 항구도시가 되었다.

이때 지금의 크메르(Khmer)를 방문하기도 했다. 크메르는 옛날엔 캄보디아(Cambodia)라고 했는데, 고대 중국인은 캄보디아를 '眞臘진라'라고 불렀다. 캘리컷에서 돌아온 정허는 스리랑카의 왕과 전쟁을 벌이게 되었다. 스리랑카의 왕이 정허에게 금 · 은을 바치겠다고 위장하고 5만 병사를 동원하여 정허 함대를 공격했다. 이에 맞서 정허는 2천여 명의 군사를 이끌고 왕궁을 공격하여 왕을 생포하고 명나라의 수도 베이징으로 연행했다. 후에 영락 황제는 스리랑카 왕에게 귀국을 허락했다. 그 뒤 스리랑카는 명나라와 밀접한 외교관계를 맺게 된다. 마르코 폴로(Marco Polo)의 《동방견문록》에 보면 스리랑카에는 루비, 사파이어 등 귀한 보석들이 많다고 기록하고 있다. 이런 스리랑카는 3차 항해 이후 정허 함대의 중요한 거점이 되었다.

제4차 항해는 영락 11년(1413) 겨울부터 영락 13년(1415)까지다. 영락 황제는 정허에게 페르시아(Persia)의 호르무즈(Hormuz) 해협 등 아랍 상인들이 활동하는 항구를 방문하도록 명했다. 이번 항해에는 아랍 사람으로 시안의 이슬람사원의 하산을 이슬람교도인 馬歡마환, 郭崇禮곽숭례와 함께 페르시아어 통역관으로 고용하여 승선시켰다. 마환은 항해의 경험을 바탕으로 《瀛涯勝覽영애승람》이란 훌륭한 저서를 남겼다.

정허는 63척의 배, 선원 27,670명을 이끌고 출항했다. 팔렘방, 말라카를 지나 수마트라 섬의 세무데라에 정박했다. 그러나 뜻밖에도 그곳에서 왕위 쟁탈전에 휩싸이게 되었다. 세무데라에서 이웃나라 나크르와 전쟁을 벌여 선왕이 전사하고, 그 보복전에서 공을 세운 어부가 왕위에 올라 노왕이라 자칭했다. 선왕의 아들이 노왕을 죽이고 왕위에 올라 노왕의 동생 스칸다르와 싸웠다. 정허 함대는 선왕의 아들을 정통 왕으로 옹호하고, 스칸다르를 수마트라 섬 서북단의 람부리까지 추격하여 생포한 뒤 명나라로 연행했다. 정허의 도움을 받은 세무데라의 왕은 명나라에 감사하면서 충성을 맹세하고 사절을 파견하였다.

수마트라 섬에서 정허는 스리랑카 섬과 몰디브 제도(Maldive Islands) 방향으로 나뉘었다. 본대는 종전의 항로대로 캘리컷으로 갔다가 25일 동안 서쪽으로 항해하여 페르시아 만 입구인 호르무즈에 닿았다. 정허는 호르무즈 황제에게 영락 황제의 칙서를 전하고 비단을 선물했다. 그 뒤 본대는 귀국했다.

분견대는 몰디브 제도에 닿았다. 이곳에서 특산물인 향유고래의 내분비물로 만든 고급향료인 龍涎香용연향을 구했다. 아라비아 해를 횡단하여 아프리카 동해안의 모가디슈(Mogadishu), 브라와(Baraawe), 말린디(Malindi) 등을 순방했다. 다시 아라비아반도의 아덴(Aden), 도파르(Dhofar)를 경유하여 호르무즈에 도착한 뒤 본대보다 조금 늦게 귀국했다.

당대 이후로 대중국 무역의 거점 항이었던 이란의 시라프(Shiraf)가 지진으로 붕괴된 뒤 호르무즈는 국제 무역항이 되어 있었다. 아프리카 동해안에는 상아와 금 등을 찾는 이슬람 상인들이 일찍부터 거주하고 있었다. 그들은 아라비아어와 현지의 반투어가 혼합된 스와힐리(Swahill)어를 사용하였다. 정허가 이곳에 온 후로 여러 항구의 지배자는 명나라에 사절을 파견했다. 그때 정허와 함께 명나라를 찾아온 말린디 사절은 기린을 공물로 가져왔다. 기린은 목이 긴 초식동물을 일컫는 소말리어이다. 고대 중국에서 기린이 나타나면 태평성세를 상징하는 상서로운 동물로 여겼다. 7월경에 난징에 도착한 말린디 사절단과 기린은 중국 각지를 여행한 후에 11월에 베이징에 도착했다. 기린을 본 영락 황제는 크게 기뻐했다. 당시 중국에 들여온 기린의 모습을 궁정화가 陳廷璧진정벽이 그렸는데, 현재 이 〈瑞應麒麟頌서응기린송〉은 대만 타이페이 고궁박물원에 소장되어 있다.

아랍의 호르무즈와 인도의 캘리컷을 잇는 항로는 말 무역이 중심이었다. 후추 등의 향신료와 면포 같은 인도 산물이 아랍의 말과 교환되어 호르무즈를 통해 서아시아 각지로 흘러들어갔다. 호르무즈 항에서는 진주, 산호, 호박 등의 각종 보석과 융단 등의 직물이 중국의 견직물, 도자기 등과 대량으로 교환되었다.

제5차 항해는 영락 14년(1416)에서부터 영락 17년(1419)까지이다. 이전처럼 참파, 자바, 팔렘방, 말라카, 수마트라를 거쳐 벵골 만으로 들어가 스리랑카 섬을 지나 인도의 코친, 캘리컷에 닿았다. 정허는 코친에 비석을 세웠다. 스리랑카에서 분견대를 파견하여 몰디브 제도를 거쳐 아프리카 동해안 모가디슈, 브라와, 말린디를 항해했다. 본대는 캘리컷에서 호르무즈로 향하는 선단과 아라비아 반도의 도파르, 아덴으로 향하는 선단으로 나뉘었다.

정허 함대는 진기한 공물을 영락 황제에게 가져왔다. 호르무즈에서 사자 · 표범 · 아라비아 말, 아덴에서는 기린과 알려지지 않은 진기한 동물, 모가디슈에서는 얼룩말과 사자, 브라와에서는 낙타와 타조가 들어왔다. 사절단도 함께 명나라에 왔는데, 영락 19년(1421) 1월 30일 영락 황제는 정허에게 16개국 사절단을 무사히 귀국시키라는 명을 내렸다. 당시 정허는 51세였으므로 수마트라 섬까지 가고 나머지 항해는 부하에게 맡겼다.

제6차 항해는 영락 19년(1421)부터 영락 20년(1422) 9월 3일까지다. 종래의 항해가 1년 반에서 2년 정도 걸렸는데 이번 항해는 불과 9개월의 짧은 기간이었다. 항해의 주목적은 각국 사절단을 무사히 귀국시키는 일이었다. 정허는 샴, 수마트라, 아덴 등의 사절단과 함께 귀국하여 천도된 세 수도 베이징에 도달하여 항해 보고를 했다.

1421년 4월, 정허의 제6차 항해가 진행되던 중에 베이징의 황궁 三宮殿삼궁전이 불타는 사건이 발생했다. 한림원 侍讀시독 李時勉이시면이 서양에 함대를 파견한 데 원인이 있다고 하면서 함대 파견을 중지하라고 강력하게 주장하자, 영락 황제가 그의 건의를 받아들여 원양 항해와 북방민족과의 茶馬차마 무역을 중지시켰다. 1423년 여름, 영락 황제는 친히 30만 대군을 이끌고 만리장성 이북의 몽골을 소탕하기 위해 출전했다. 이때 禮部左侍郎예부좌시랑 胡濙호영이 강남 연해의 각 성을 순찰할 때 建文帝건문제 朱允炆주윤문이 이미 바다로 출국했다는 정보를 들었다고 황제에게 알렸다.

영락 황제가 정허에게 원양 항해를 명한 이유는 두 가지였다. 첫째는 난징의 황궁을 공격하였을 때 건문제가 도망쳤기 때문에 동남아시아로 도주했다는 소문을 듣고 그를 추격하여 생포하기 위함이었다. 두 번째는 명나라의 국위를 세계에 알기 위해서였다. 그래서 영락 황제는 정허에게 명하여 1424년 가을에 다시 항해하도록 했으나, 북방민족 정벌을 나섰다가 향년 65세를 일기로 생을 마감했다.

태자 朱高熾주고치가 왕위에 올라 洪熙홍희 황제가 되었다. 그는 영락 황제와는 달리 원양 항해를 금지했다. 그는 재위를 1년도 채우지 못하고 1425년 6월, 48세로 서거했다. 그의 장자 朱瞻基주첨기가 왕위에 올라 宣德선덕 황제가 되었다. 1430년 6월 29일, 선덕 황제는 정허에게 원양 항해를 명했다.

제7차 항해는 선덕 6년(1431)에서 선덕 8년(1433)까지다. 정허는 함대를 이끌고 참파, 자바, 팔렘방, 말라카, 수마트라, 스리랑카, 캘리컷, 호르무즈 등 17개국을 방문하였다. 동아프리카 케냐의 몸바사(Mombasa)에서 탄자니아(Tanzania)의 잔지바르(Zanzibar) 섬과 다르 에스 살렘(Dar es Salem) 부근까지 항해했다. 이 일대에는 아프리카 토착민뿐만 아니라 아랍, 인도, 이란 심지어는 동남아시아의 혼혈아들이 많이 거주하고 있었다.

정허는 중풍에 걸려 급히 인도의 캘리컷으로 후송되었다. 이때 동아프리카에 남아 있던 중국인 후예들은 아프리카 동부의 섬 마다가스카르(Madagascar)에까지 이주하였다. 1935년 4월, 정허는 귀국 도중 서거해 수장되었다. 향년 65세였다.

정허의 7차에 걸친 원양 항해는 세계 역사에 커다란 사건임이 틀림없다. 1405년부터 1433년까지 7차에 걸친 지역을 하나로 묶어서 노선을 만들면, 다음과 같다. 南京난징, 福建푸젠성의 長樂창러, 베트남의 퀴논(Qui Nhon), 인도네시아 자바(Java) 섬의 수라바야(Surabaya), 수마트라(Sumatra) 섬의 팔렘방

(Palembang), 말레이시아의 말라카(Malaca), 수마트라 섬의 세무데라(Semudera) · 반다 아체(Banda Ace), 스리랑카(Sri Lanka)의 갈레(Galle), 인도(India)의 퀼론(Quilon) · 코친(Cochin) · 캘리컷(Calicut), 이란(Iran)의 호르무즈(Hormuz), 오만(Oman)의 다포르(Dhofar), 예멘(Yemen)의 무칼라(Mukalla) · 아덴(Aden), 소말리아(Somalia)의 모가디슈(Mogadishu) · 브라와(Baraawe), 케냐(Kenya)의 말린디(Malindi) · 몸바사(Mombasa) 등지였다.

정허 함대의 '寶船바오추안'은 길이가 122미터, 폭이 52미터인데 반해 바스코 다 가마(Vasco Da Gama)의 배는 길이가 23미터, 폭이 5미터에 불과했다. 정허의 배가 당시 서양의 배보다 엄청나게 컸다는 것을 알 수 있다. 뿐만 아니라 수행 선원도 엄청나게 많았고 선단을 이루는 배의 수효도 어마어마하게 많았다. 또한 남중국해 연안의 동남아시아, 벵골 만 · 안다만 해와 인도양의 서남아시아, 아프리카 동부 해안까지 항해한 것에 비해 콜럼버스(Columbus)는 단 두 척을 배를 타고 1492년 대서양을 건너 아메리카를 발견했고, 바스코 다 가마는 1498년에 이르러서야 인도의 캘리컷에 닻을 내렸다. 이후 1514년 포르투갈 배가 중국의 해안에 닿았고, 1519년부터 1522년까지 마젤란(Magellan)이 세계를 일주했다.

정허가 당시 세계 최대의 함대를 거느리고 원양 항해를 했음에도 불구하고 이후 왜구의 잦은 침입으로 피해가 커지고 밀무역도 성행하자 명나라 정부가 해금정책을 실시하여 중국의 원양 항해는 더 발전하지 못했다. 19세기 초 아편전쟁에서 함대를 이끌고 쳐들어온 영국에게 패하여 홍콩을 할양했고, 서구 열강의 함대들이 속속 중국을 침략하여 중국은 국난의 위기를 맞게 된다. 21세기 중국은 개혁 개방 정책으로 문호를 세계에 활짝 열고 급속한 경제성장을 거듭하고 있다. 자원전쟁에서 유리한 고지를 점령하기 위해 다시 아프리카, 남미 각국을 돌며 정치 및 자원 외교를 활발하게 추진하고 있다. 역사는 돌고 돈다.

아편 阿片
阿片 아펜

아편은 鴉片야펜이라고도 부른다. 아편은 독약이지만 값이 비싸 큰돈을 벌 수 있다. 국가가 아편 장사꾼이 되면 나라도 아편에 의해 무너질 수 있다. 중국이 그랬다.

세계의 중심이자 세상의 모든 것을 갖춘 중국은 자만에 빠졌다. 통상을 요구하는 서구 열강에 대해서 중국 황제는 콧방귀를 꼈다. 부모님이 물려주신 머리카락을 짧게 자른 서양 사람을 洋鬼神양귀이선이라고 멸시했다.

중화사상에 푹 빠져 중국 이외는 미개한 오랑캐라고 여겼던 종이호랑이와는 달리 유럽 각국은 15세기 말 명대 중기부터 항해술이 점차 발달하여 항해 사업을 적극 장려하게 된다. 포르투갈이 가장 적극적으로 원양 항해에 뛰어들었다. 중국과 밀접한 관계를 맺고 있던 인도와 동남아시아를 세력권으로 편입시켰다. 正德정덕 연간에는 많은 포르투갈 사람들이 澳門아오먼, 泉州추안저우, 寧波닝보 등지에 거주하였다.

1553년 포르투갈은 아오먼 즉 마카오(Maccao)을 점령하여 지역 관리를 매수하여 그 관리의 이름으로 땅을 사는 방식으로 마카오를 차지했다. 대포를 설치하고 군대를 주둔시켰으며 관청을 설치하여 마카오를 식민지화하였다. 스페인은 1565년 필리핀을 점령한 뒤, 명대 神宗신종 초에 아모이(Amoy) 즉 지금의 厦門샤먼에서 중국과의 통상을 허가받았다. 스페인도 명대 중국이 무역 중심지로 삼았던 자바 섬의 바타비아 즉 지금의 자카르타를 거점으로 동남아시아뿐만 아니라 중국, 일본과 무역을 하였다. 그리고 1623년 타이완을 점령했고, 1641년 네덜란드와 타이완 쟁탈전을 벌여 패전했다. 대만은 40년 동안 네덜란드의 지배를 받았으나 청나라 초에 鄭成功정성공이 대만을 탈환하였다.

영국은 명대 만력 16년(1588)에 스페인의 무적함대를 무찌르고 해상 세력이 증강되었다. 1757년 플래시 싸움에서 승리하여 인도를 식민 통치하였다. 1834년, 영국인 무역 감독관 나피어(Napier)가 두 척의 구축함을 이끌고 와서 청나라에 통상을 계속 요구하다가 포르투갈어의 Boca Tigre가 와전된 Bogue, Boca Tigers라는 虎門후먼, 지금의 광둥 둥완의 珠江주장 입구로 쳐들어가 중국군의 포대를 파괴하자, 양국이 서로 타협을 하여 명나라는 광저우에서의 무역 거래를 허가하였다. 청대 강희 23년(1684)에 해금정책을 폐기하고 광저우, 샤먼, 푸저우, 닝보 등지에 海關하이관을 두어 유럽 열강들과 통상을 하게 되었다. 중국어로 세관을 海關하이관이라고 한다. 건륭 황제 때는 광저우 한 곳에서만 대외 무역거래를 허가하였다.

公行궁항이란 청대 강희 말년 때 중국 상인들이 조직한 단체로 중국 관리와 외국 상인들의 무역 업무를 전문적으로 담당하고, 또 외국 상인을 관리하는 권한을 갖고 있었다. 이런 궁항들이 광저우 국제무역을 독점하였다. 그러나 1836년 광둥 무역체제는 무너졌고 공행은 더 이상 중국의 통상을 독점하지 못했으며 공행 상인들의 파산이 줄줄이 이어졌다. 광둥은 혼란에 빠졌다.

청나라 정부는 조공무역의 원칙을 고수하였기 때문에 영국은 이에 불만스러워했다. 청의 그 원칙이란 조공을 바치고 예를 올리는 것을 말하는데, 이 예를 '三跪九叩頭삼궤구고두'라고 한다. 즉 세 번 무릎을 꿇고 아홉 번 머리가 땅에 닿도록 절하는 것을 말한다. 이는 아주 굴욕적인 예인 것이다. 1793년 영국의 조지 매카트니(George Macartney)가 조지 3세의 친서를 가지고 와서 청나라 황제를 만나려고 했으나 거절당했다.

영국의 인도 차에 대한 수요, 인도에서 생산되는 원면과 아편에 대한 중국의 수요 때문에 인도, 중국과 영국 사이에 삼각 무역이 형성되었다. 영국은 오후 세 시 티 브레이크 타임(Tea Break Time)이 일반화되면서 차에 대한 수요가 크게 증가했다. 그 차는 청나라로부터 수입할 수밖에 없었다. 영국의 차 수입은 영국의 수출품을 초과했다. 영국의 모직물이 인도 시장에 침투하였지만 중국에는 판로를 찾지 못했고, 그 대안으로 아편을 주목하게 된 것이다. 영국은 영국령 인도에서의 세입 중 5-10퍼센트를 아편무역에 의존했다. 벵골 지방에서 동인도회사의 관할하에 아편이 재배되었고 캘커타에서 무역상들에게 공식적으로 경매되었다. 그러나 인도 서부산 아편과 벵골산 아편이 서로 경쟁을 하게 돼 아편 가격은 더욱 싸졌고 더 많이 생산하게 되었다.

중국에서의 아편 흡연의 증가도 아편 무역의 원인이 되었다. 아편중독은 사회악이었다. 아편은 당나라 德宗덕종 때 아랍 상인들에 의해 처음 수입되었다. 처음에는 약용으로 위궤양 치료에 사용되었고, 명나라 신종 때 포르투갈 상인이 인도에서 아편을 수입하였다. 그리고 담배를 피우는 습관이 미국으로부터 필리핀을 거쳐 중국에 전해진 17세기 이후부터 아편을 피우게 되었다. 하급관리와 군인들 사이에 급속도로 퍼져나갔고, 황궁의 환관들도 아편을 흡연하였다. 아편 흡연자는 폭발적으로 늘어났다. 인구 증가로 생활이 어려워진데다 삶의 고통으로부터 도피하는 데 아편은 제격이었던 것이다. 퇴폐풍조에도 원인이 있지만 정부의 부패가 더 컸다. 관료들 사이에도 아편을 엄금하자는 측과 무식하고 직업이 없으며 게으른 사람이면서 아편을 흡연하는 자는 자멸하도록 방치하자고 주장하는 측도 있었다. 또 1년 동안 유예기간을 두어 악습을 고칠 수 있도록 하고, 만약 그래도 고치지 않으면 사형에 처해야 한다고 주장하는 사람도 있었다.

1729년 황제의 칙령으로 아편 판매와 흡연을 금지하였고, 1796년 아편의 수입과 생산을 금지하였으며, 1800년 이후로는 이런 금지 조치가 반복되었다. 아편 밀수업자들은 법망을 피하기 위해 하급관리들에게 뇌물을 주었고, 이들은 얼마간을 고위 관료인 상전들에게 바쳤다. 심지어 조정의 관리들에게도 상납했다.

18세기 말경 연간 약 1천 상자의 아편이 수입되었고, 한 상자당 133파운드의 아편이 들어 있었다. 1838년에는 4만 상자가 수입되었다. 아편은 당시 중국에서 가격이 비쌌다. 그로 인해 아편 값으로 지불되는 금액이 증가하였다. 중국의 白銀백은의 유출이 더욱 증가하여, 선종 道光도광 연간 초에 광둥 항구에서 매년 빠져나가는 은의 양은 수백만 兩냥이나 되었고 도광 중엽에는 매년 3천여 만 냥에 달했다. 중국의 은은 고갈 직전이었다. 드디어 도광 18년(1838) 황제는 湖廣總督호광총독 林則徐임측서를 欽差大臣흠차대신에 임명하고 광둥에 파견하여 아편 무역을 엄금하도록 명을 내렸다.

임측서는 광둥에 도착하자 영국 상인에게 아편 2만여 상자를 내놓도록 명하고 불태워 버렸다. 이때 영국 수병이 중국 농민을 구타하여 살해하는 사건이 발생하자, 영사로 와 있던 엘리어트(Charles Elliot)와 영국 상인들을 아오먼에서 추방했다. 그들은 1839년 8월, 홍콩으로 퇴각했는데, 당시 홍콩 섬에는 주민이 거의 없었다. 이 섬은 九龍쥬룽 반도와 마주하고 앞바다의 수심이 깊고 1,800미터에 달하는 산들이 적도로부터 불어오는 태풍을 막아 주어 항구로서의 좋은 입지조건을 갖추고 있었다. 이곳은 50척의 선박과 수천 명의 영국 상인, 관리와 선원들로 구성된 영국인 공동체의 거점이 되었다.

본격적인 전투는 1839년 11월에 일어났다. 중국 농민을 살해한 영국 선원의 인도를 요구하는 중국 함대와 영국 전함이 산발적으로 전투를 벌였다. 1840년 여름, 영국 원정군이 닝보 앞바다의 舟山저우산 열도를 점령하자, 중국은 영국과 협상을 하지 않을 수 없게 되었다. 아편의 폐단을 막고, 광둥 무역체제를 회복하려던 임측서의 노력은 수포로 돌아가고 말았다. 황제는 그해 9월 임측서를 불신하고 그를 소환하였다.

청나라의 실패는 군대 장비의 후진성과 군사행정의 부패에 그 원인이 있었다. 만주인들로 구성된 八旗軍팔기군은 무능했고 대신 한족 중심으로 구성된 경비대인 綠營녹영이 주력군이었다. 그런데 이 녹영군은 전국에 분산되어 있으면서 상인이나 평민들과 구분이 되지 않았고, 이들 역시 전투 의지를 상실해 무력할 수밖에 없는데다 군 기강도 문란했다. 영국군은 최신식 무기로 무장한 소규모 기동부대로 편성된 반면 중국군은 궁수, 낡은 포대와 악취가 나는 가스폭탄을 실은 정크는 비효율적이었다.

영국 정부는 엘리어트에게 육군 2,400명과 함선 수십 척을 통솔하여 광둥을 공격하라는 명령을 내렸다. 공격에 나섰던 영국은 배상금을 받고 곧 철수했다. 1841년 영국 함대는 아모이, 저우산 열도와 닝보의 해안에 걸친 진지를 점령하고 수비대를 남겨 두었다. 이어 1842년 항저우만을 점령한 영국군은 함대를 이끌고 샤먼, 닝보 등을 점령하고 청나라 정부를 위협했다. 다음 해에는 장강을 거슬러 올라가 대운하와 장강이 만나는 요충지 鎭江전장을 함락하고 난징을 위협하자, 청나라 조정은 크게 놀라 흠차대신 耆英기영은 1842년 8월 29일 영국 측 대표 헨리 포팅거(Henry Pottinger)과 남경조약을 체결했다. 전장에는 당시 영국의 영사관이 남아 있다. 아름다운 전장박물관에서 멀지 않은, 장강을 내려다볼 수 있는 산언덕에 자리 잡고 있다.

남경조약은 모두 13개 조인데, 중요 사항으로는 광둥에서의 공행의 무역 독점권을 폐지할 것, 홍콩을 할양할 것, 광저우 · 샤먼 · 푸저우 · 닝보 · 상하이의 다섯 개 항구를 통상 항구로 개방할 것, 영국인의 자유로운 거주와 무역 활동을 허가할 것, 배상금을 지불할 것 등이 골자였다. 이후에도 남경조약을 완결하기 위해 또 다른 세 개의 조약 체결이 필요했다. 영국뿐만 아니라 다른 서구의 열강들도 동참하게 되어 중국은 외적에게 점령당하는 수모를 겪는다. 특히 조약 조항 중에 아편 금수에 대한 언급이 없어 영국인은 마음대로 아편을 수입, 판매하여 중국인의 아편 흡연 풍조가 더욱 만연하였다.

중국어로 미얀마는 '緬甸몐뎬', 라오스는 '老撾라오궈', 베트남은 '越南위에난', 태국은 '泰國타이궈'라고 한다. 윈난성 남부의 '西雙版納시쐉반나'라고 하는 지역이 있다. 이 지역은 傣다이족 자치구이다. 景洪징훙이란 도시는 현재 국경무역의 중심지이다. 정부의 지원 아래 공식적인 상품 거래가 이루어지고 있지만 이곳이 아편 생산으로 유명한 '골든트라이앵글'이다. 윈난성은 이들 국가들과 국경을 접하고 있다. 그래서 이 지역의 아편은 일단 위난성의 성도인 쿤밍에 모여들고 다시 중국 각지로 퍼져나간다.

중국은 현재 아편 중독자와 에이즈 환자가 엄청나게 많다. 8년 전 베이징에 있을 때 TV에서 중국 경찰 활동을 찍은 다큐멘터리를 본 적이 있다. 우리나라의 '형사반장', '형사24시'와 유사한 프로그램이다. 쿤밍에서 베이징으로 향하는 밤 열차에는 경찰과 형사들이 마약 단속을 위해 특별히 설치한 칸이 따로 있다. 열차가 출발한다. 한밤중이다. 첩보를 받은 형사가 수사에 착수한다. 인상착의와 신분증 대조로 마약 소지자를 탐문하여 확인한다. 두 사람을 연행하여 특별 칸으로 데려온다. 일단 두 사람에게 강제로 도시락을 다 먹도록 한다. 차도 한 잔 마신다. 순순히 자백하라고 달랜다. 마약이 없다며 버틴다. 거의 세 시간이 지났다. 밥도 먹었으니 아랫배가 살살 아파오기 시작한다. 땀이 나기 시작한다. 만약 몸에서 빼내지 않으면 죽는다고 겁박한다. 화장실로 데려간다. 대변을 보라고 시킨다. 달걀보다 약간 작은 흰 공들이 쏟아져 나온다. 하나를 집어 즉시 까서 테스트한 결과 마약이다.

계란도 오리알도 가짜를 만든다고 하던데, 마약 계란은 진짜보다 가짜가 낫다.

에이즈 愛滋病
爱滋病 아이쯔빙

지금 세상은 온통 사랑으로 가득하다. '愛애'라는 글자의 가치가 떨어졌다. 사람들은 걸핏하면 사랑에 죽고 사랑에 산다고 하지만 결국에는 이혼하고 재혼하기를 반복한다. 사랑을 더 편하고 더 효율적으로 하기 위해 결혼이나 이혼절차까지도 생략한다.

이런 현상이 생겨난 것은 사람들이 '愛애'라는 글자를 잘못 이해하는 데에서 비롯되었다. 사랑 愛애는 가운데에 마음 心심으로 결합되어 있는 글자다. 나에게 마음이 있으니 남을 사랑할 수는 있으나 다른 사람이 사랑하면 情敵정적이 된다. 남이 나를 사랑할 수도 있지만 다른 사람을 사랑하면 뺨을 맞게 될 것이니 小心소심해야 한다. 소심은 조심의 뜻이다. 사랑에는 가짜사랑도 있는 것이다.

사랑 愛애 자의 간체자는 '爱'이다. 心심 자가 빠졌다. 한자를 개혁한 이 사람은 정말 대단하다. 선견지명이 있다. 사랑의 의미를 정말 잘 알고 있는 총명한 사람이다. 세상을 내다볼 줄 아는 사회학자이자 미래학자이다. 心 자를 없애 버리고 친구 友 자만 남겨 놓았다. 그러나 우정의 기초 위에 새로 세워진 爱 자는 사랑에 대해 현대인에게 되묻고 있는 것이다. 동시에 간체자 애에서는 사랑의 범위가 더 넓어졌다. 둘만의 사랑에서 더 큰 사랑을 요구하게 되었다. 부처님, 하느님과 알라의 사랑은 박애의 사랑으로 어떠한 보답도 요구하지 않는다.

에이즈(AIDS)는 후천성면역결핍증이다. 艾滋病아이쯔빙이라고도 한다. '경제성장의 장막에 가려진 중국'이란 부제를 단 기 소르망의《중국이라는 거짓말》은 프랑스의 문병비판가인 저자가 실제로 1년 동안 중국에 체류하면서 중국인들의 말에 귀를 기울이고 신랄하게 현대 중국의 실상을 파헤친 명저다. 중국 사회에 대한 비판서라기보다는 중국의 지도자와 공산당의 실체를 비판한 책이다. 이 책에 기막힌 에이즈 발생과 이를 무책임하게 처리하는 중국 정부의 태도를 엿볼 수 있는 실화가 나온다.

에이즈가 1980년대 초 미국에서, 그 후 유럽에서 처음 발병했을 때, 중국의 위생부장관은 에이즈가 자본주의 사회의 퇴폐하고 방탕한 생활습관의 결과라고 발표했다. 그러면서 중국은 에이즈 같은 병에는 감염될 수 없는 곳이라고 장담했다. 高耀杰가오야오지에는 허난성의 수도 鄭州정저우의 한 병원 의사였다. 1994년 上蔡상차이현에서 농촌 여자 두 명이 그녀에게 진찰을 받으러 왔다. 가오는 무척 놀랐다. 허난성은 중국에서 가장 가난한 성들 중 하나이다. 그래서 허난성의 농촌사람들이 의사를 보러 오는 일이 드물었기 때문이다. 게다가 상차이는 정저우에서 200킬로미터나 떨어진 곳이다. 이 마을 출신의 두 여자 환자는 흔히 볼 수 없는 열에 시달리다가 마을에는 병원도 보건소도 없었기 때문에 대도시 정저우 병원에 가서 진찰을 받기로 결심했던 것이다. 보통 간염이나 이질, 결핵 같은 병은 허난성 시골사람들이 살아가면서 흔히 걸리는 익숙한 병이었다. 그러나 이런 종류의 열과 피로감은 그들이 알던 병과는 다르다는 것을 알아차렸다. 가오 박사는 금방 진단을 내렸다. 두 여자는 에이즈에 감염된 것이다. 특히 가오 박사는 도저히 이해가 되질 않았다. 에이즈가 무슨 병인지는 알고 있었지만 한 번도 진짜 환자를 본 적은 없었다. 더군다나 허난성 같은 곳에는 에이즈가 존재할 수 없는 병이라고 생각했다.

가오 박사는 두 여자를 진찰하다가 이들의 양 팔에 주사 바늘 자국이 수없이 많은 것을 발견했다. 이들은 십 년 전부터 생계수단으로 일주일에 두 번씩 정기적으로 피를 팔았던 것이다. 매혈은 이들의 주요 수입원이었다. 가오 박사는 그제서야 이해가 되었다. 혈액을 판 수많은 사람들이 에이즈에 감염되었다. 가오 박사는 허난성 보건 당국에 이 사태를 신고했다. 그들은 의사에게 입을 다물 것을 명했다. 에이즈는 당시까지만 해도 국가기밀에 속했다. 그래서 이 병을 발견한 의사들과 이 사실을 감히 언급했던 기자들은 모두 투옥되었다. 가오 박사도 경찰의 감시를 받았다. 허난성 당 간부는 그녀에게 중국에 에이즈가 존재한다는 사실이 밝혀진다면 허난성은 체면을 잃게 될 것이라고 말했다.

1980년대 초부터 혈액 매매는 수익성이 높은 사업으로, 개인 사업가들과 '血頭혈두'(피의 우두머리), 즉 불법 이민 조직자들을 부자로 만들어 주었다. 그리고 이들 가운데 일부는 허난성의 공산주의 지도자들과 밀착되어 있었다. 그들 가운데 부자가 된 여러 사람들은 미국으로 망명하기도 했다. 상차이 주민들이 피를 팔고 받은 돈은 생활비로 충당하기에 충분한 금액이었다.

가오 박사는 몰래 상차이에 갔다. 도착하자마자 그녀는 깜짝 놀라고 말았다. 매혈을 원하는 마을 사람들의 혈액은 단 하나의 주사기로 채혈되고 있다는 사실을 확인했다. 그리고 그 자리에서 혈장만 모두 보관하고, 혈구와 혈소판은 제공자들에게 다시 수혈된다. 이런 작업을 해서 매혈자들에게 돈을 덜 지불했다. 이렇게 하면 다시 기운이 회복되고, 일주일에 두 번 또는 자주 팔 수 있다고 설명해 주었기 때문이다.

서양에서 에이즈는 1986년부터 이미 알려진 병이다. 허난성 지도자들은 적어도 1990년대에는 이 사실을 알았을 것이다. 가오 박사의 캠페인 덕분에 혈액 매매는 1996년에서야 금지되었다. 가오 박사가 국제적인 신문에 이 사실을 제보했던 것이다. 그러자 《뉴욕 타임스》와 《리베라시옹》이 현장 조사에 착수했다. 이들 기사를 읽은 베이징의 지도자들은 마침내 혈액 매매를 금지시켰다.

당은 상차이 마을을 격리시켰다. 그리고 환자들이 죽을 때까지 기다리기로 결정했다. 경찰이 그곳의 출입을 막았다. 그러나 에이즈는 중국 도처로 점점 더 퍼져만 갔다. 2000년에 중국 정부는 마침내 이 병을 인정했다. 2005년

총리가 에이즈에 감염된 상차이 마을을 방문하고 텔레비전 카메라 앞에서 여러 환자들과 악수를 나눴다. 이곳이 에이즈 예방과 치료의 모범을 보여줄 중국식의 본보기 마을이 될 것이라고 선전했다.

가오 박사와 함께 상차이로 갔다. 맨 처음 들른 곳은 원루였다. 에이즈 환자는 정말로 정상적인 환자 대우를 받지 못했다. 난다우 마을로 갔다. 경찰들은 에이즈를 너무나 무서워한 나머지 위험을 무릅쓰면서까지 마을 안을 돌아다니지 않았다. 이곳 3,500명 주민 중 300명은 이미 사망했고, 600명은 에이즈에 감염되었다. 80퍼센트의 가정이 에이즈에 감염되어 있었다. 정부의 보상도 모두 행정직원과 당 간부들의 호주머니 속으로 들어가 버렸다.

허난성 정부는 감염된 마을은 37개뿐이고 더 이상은 없다고 결론을 내렸다. 베이징 중앙정부는 중국 전체 환자의 수를 백만 명 정도로 고정시켜 버렸다. 그런데 매년 백만 명씩 환자가 늘어났다. 허난성에서 팔려간 혈액을 수혈받은 사람들이었다. 가오 박사는 법적 시효 기간을 2년이나 넘긴 후인 1998년에 에이즈에 감염된 혈액 재고들을 찾아내기도 했다. 상하이의 어느 병원에 헐값으로 팔려 사용되고 있었다. 언론매체는 이미 밝혀진 이런 사실을 기사화하려고 하지 않았다. 그래서 가오 박사는 이 사실을 웹사이트에 전부 올렸다. 생명을 구하기 위해서였다고 가오 박사는 말했다.

에이즈는 사라지지 않을 것이다. 이 병은 시골 사람들이 매혈로 제공되는 혈액과 함께 중국 전역으로 퍼져 나갈 것이다. 중국에 가는 사람들은 이 점에 유의하여야 한다. 수혈을 받지 않도록 하고 중국인의 체액을 공유하지 말아야 한다.

過猶不及과유불급이란 말이 있다. 지나쳐서는 아니 된다는 말이다. 너무 지나치게 사랑을 쫓다가 죽음에 이르는 愛死病아이쓰빙에 걸릴 수도 있다. 넉 四사 자를 죽을 死사 자로 여기는 미신이 생겨났다. 그래서 무분별하고 과도한 사랑에 탐닉하면 愛四病아이쓰빙에 걸린다. 이제는 愛思病아이쓰빙에 걸려야 할 때이다. 사랑에 대해 다시 생각해야 한다.

사랑이란 단순한 쾌락에 머물지 않고 종족보존의 가치를 초월한 그 이상의 넓고 높은 고부가가치의 우정을 바탕에 깔고 있는 것이다.

탁자 拆字 拆字 차이쯔

心심이 중심에 멈추면 忠충이고, 두 가지 중심을 지니면 患환이 된다.

충신은 마음의 중심을 잡고 일편단심으로 온몸을 다하여 한 사람만을 받들지만, 양다리를 걸치고 이쪽저쪽에 기웃거리면서 기회를 엿보는 간신은 결국 환란의 원인이 된다.

拆字탁자란 한자의 자형을 분해한다는 뜻으로 송대에는 相字상자라고 했고, 탁자의 목적이 미래를 예측하기 위한 것이었기 때문에 測字측자라고도 했다. 한대에는 別字별자라고 했는데 당시에는 讖緯術참위술이 성행하였고 篆書전서가 楷書해서로 바뀌는 전환기로 이때에 탁자가 형성되었다.

한대 유학자들이 도참을 배워 요사스러운 말들을 지어냈는데, 圖讖도참이 유행한 이유는 해가 되는 것은 피하고 이익을 취하기 위해서였다. 한나라의 건국 황제 劉邦유방의 성이 劉유씨였기 때문에 卯묘, 金금, 刀도로 결합됐다고 여겨 전한을 찬탈한 王莽왕망은 유씨를 혐오하여 金刀금도가 적힌 동전의 문자를 白水眞人백수진인이 합쳐진 貨泉화천으로 바꿨다. 白백과 水수를 위아래로 합치면 泉천이 되고, 眞진 앞의 위에 人인을 놓고 합치면 貨화가 된다. 왜냐하면 한나라는 火德화덕을 중시했고 오행학설에 의하면 水수가 火화를 극복할 수 있기 때문에 물과 관계된 샘물 泉천 자를 사용하여 貨泉화천으로 바꾼 것이다.

과학적인 방법으로 자형을 분석하고 글자의 본래 뜻을 연구하는 학문을 文字學문자학이라고 한다면, 탁자는 자신의 관점대로 자형을 분해하여 글자를 해석하는 것을 말한다.

탁자의 남상은 武무 자이다. 《춘추좌전》 宣公선공 12년의 기록에 止지와 戈과를 합친 글자라고 해석한다. 戈 자는 창이란 뜻으로 전쟁을 상징한다. 그러므로 武 자는 전쟁을 멈추는 것을 가리킨다. 무의 진정한 의미는 전쟁을 삼가는 것이다.《손자병법》에 최상의 전법은 싸우지 않고 이기는 것이라고 했다.

어느 농부가 소 한 마리를 키웠는데 그 소를 애지중지했다. 하루는 농부가 꿈을 꿨는데 꼬리가 두 개나 있었다. 다음 날 농부가 점쟁이에게 가서 점을 쳤다. 그 점쟁이 말이 소 牛우 자에 꼬리가 두 개면 失실 자가 되므로 며칠 후에 소를 잃을 것이라고 했다.

《삼국지》에 破字파자와 관련된 것이 있다. 司徒사도 王允왕윤은 미인계로 잔인무도한 董卓동탁을 제거하기 위해 자신의 歌妓가기 貂蟬초선을 이용하여 여포와 동탁 사이를 이간질시켰다. 동탁은 위로는 황제를 속이고, 멋대로 반역을 했다. 그는 아무 공도 세우지 않았는데 낙양의 궁정을 출입하는 데 거리낌이 없었다. 그는 자신을 따르는 자는 살 것이고 자신에게 반역하는 자는 죽을 것이라고 협박을 했다. 용상 앞으로 올라가 황제의 용포에 찬 옥새를 강제로 푼 후에 황제를 용상에서 끌어내리고 전 아래에 꿇어 앉혔다. 또 태후를 끌어내려 예복을 벗겼다. 궁에 들어간 동탁은 더욱 교만해져서 황제처럼 제멋대로 행동했다. 동탁이 장안으로 가는데 길에 아이들의 동요 부르는 소리가 들렸다.

千里草, 何靑靑
十日上, 不得生
천리초는 어쩌면 그리 푸른데,
열흘이 지나면 살지를 못하네.

千里草천리초에서 풀 草초의 부수 艹초, 千천과 里리를 합치면 동탁의 董동 자가 된다. 十日上십일상의 上상, 日일과 十십을 차례로 위에서 아래로 붙이면 卓탁이 된다. 그러므로 동탁은 죽는다는 뜻이 된다.

이튿날 동탁이 입궐하는데 한 도사가 청포에 흰 두건을 쓰고 손에 긴 장대를 들고 가는 모습이 보였다. 그런데 높이 든 장대 끝 양편에 입 口구 자를 한 자씩 써넣은 한 길이나 되는 베가 달려 있었다. 입구가 둘이면 呂여 자이고, 베로 旗기를 만들었으니 布포 자의 뜻이다. 동탁이 여포한테 죽는다는 뜻이다. 결국 동탁은 여포의 칼에 쓰러지고 말았다.

苻堅부견은 氐族저족 사람으로 前秦전진 왕의 조카였다. 자립하여 大秦天王대진천왕이 되어 중원을 통일하고 국력을 증강시킨 뒤에 양자강 이남의 晉진을 공격하여 여러 지역을 점령했다. 383년 다시 보병 60만 대군과 기병 27만을 이끌고 진나라를 공격하였으나 淝水비수에서 크게 패했다. 당시 동요에 "魚羊田斗어양전두가 秦진을 멸망시킬 것이다"라고 했다. 魚羊어양은 鮮선이고, 田斗전두는 卑비를 뜻한다. 鮮卑族선비족이 부견의 진나라를 멸망시킬 것이라는 말이다. 군신들이 부견에게 간언을 올려 선비족들을 주살해야 한다고 말했으나 부견은 이를 듣지 않았다. 북방의 선비족 慕容沖모용충의 공격을 받고 자신은 죽고 나라는 멸망했다.

조용헌의 《사주명리학 이야기》에 나오는 한국 명리학계의 세 거두 가운데 한 사람인 霽山제산 朴宰顯박재현에 관한 얘기를 하나 소개할까 한다. 경남 함양군 서상면의 극락산 자락에 맺혀 있는 을해명당의 기운을 받고 태어난 제산은 비범했다. 거창농고 시절, 기말고사를 앞둔 어느 날, 하숙방에서 친구가 시험공부를 할 때 제산은 방에 누워 친구가 책 읽는 소리를 듣고 있었다. 시험 결과는 열심히 공부한 친구는 70점을 받았는데, 제산은 만점을 받았다. 제산은 기억력이 비상했다. 군을 제대하고 가야산 지리산에서 공부하던 제산은 너무 오랫동안 머문다 하여 천대를 받았다. 어느 날 살인 사건이 발생했다. 20대 중반의 처녀가 해인사 경내에서 시체로 발견된 것이다. 한 달이 넘도록 사건이 해결되지 않았다. 제산이 나서서 자신이 범인을 안다고 큰소리를 쳤다. 총무 스님이 자신에게 큰 절을 세 번 해야 범인을 알려주겠다는 조건을 내걸었다.

제산이 총무 스님의 삼배를 정식으로 받고 난 후에 붓으로 써 준 글씨가 '一木撐天일목탱천, 木子之行목자지행'이었다. 해석하면 "하나의 나무로 하늘을 지탱하는데, 木子목자 즉 李이씨의 소행이다"라는 뜻이다. 하나의 나무로 하늘을 지탱한다는 것은 목수를 지칭하는 것이었다. 목수 중에서 이씨 성을 가진 사람이 범인이라는 뜻이었다. 목수를 찾아보니 사건 한 달 전에 대웅전 보수 공사를 하느라고 목수들이 해인사에 머물렀던 적이 있었다. 공사가 끝난 후 목수들은 모두 흩어졌는데, 그 목수들 가운데서 이씨 성을 가진 사람을 수소문해 본 결과 한 사람이 서울에 거주하고 있었다. 합천경찰서에서는 서울로 형사대를 파견하여 그 이씨 성을 가진 목수를 체포해서 심문을 하였다. 결국 그는 살인을 자백했다. 죽은 처녀는 목수와 사귀던 여자였고 해인사를 찾아온 애인이 변심할 기미를 보이자 그만 충동적으로 살해했던 것이다.

해인사에 하늘이 내린 귀신같은 인물이 있다는 소문이 경상도 일대에 널리 퍼졌다. 어느 날 50대 중반의 남자가 제산을 만나러 왔다. 부산 자갈치 시장의 갈치 장수라고 소개한 남루한 행색의 그 남자는 제산에게 다른 사람의 사주팔자를 물었다. 자신은 권 아무개 사람의 심부름을 왔다고 했다. 권 아무개의 생년월일시를 들여다보고 있던 제산은 갑자기 벽력같은 소리를 질렀다. "권 아무개는 바로 너야! 너는 대구 검찰청에 있는 검사장이지? 네 놈이 나를 속여! 네 이놈, 여기가 감히 어디라고 나를 떠봐!" 하면서 내리 호통을 쳤다.

저자 조용헌이 함양군 서상면 옥산자락에 있는 德雲精舍덕운정사를 방문한 얘기도 나온다. 제산을 만나 세속적인 질문을 던졌다.

"사주팔자를 한 번 보러 왔습니다. 돈을 좀 벌 수 있겠는지 그걸 알아보러 왔습니다."

"벌 한 마리가 날아 들어와 요란스럽게 날아다니다가 문창에 탁탁 부딪친다. 이 벌이 어떻게 해야 밖으로 나갈 수 있겠는가?"

"창문에 부딪쳐서 죽어버리죠!"

제산은 웃으면서

"일급은 아니지만 이급은 되는구먼!"

"이급이라도 돼서 다행입니다."

열어 놓은 창으로는 나가지 않고,
창에 머리를 부딪치니 어리석구나.
평생을 책이 뚫어져라 보고만 있으니,
언제 밖으로 나갈 수 있겠는가?

少林寺사오린쓰 36방의 마지막은 下山샤산이다. 하산하기 전에 거쳐야 하는 35단계는 수행이자 고행이다. 고진감래라고는 하지만 소림사 승려들의 하산이란 혼란한 세상의 안녕과 평화를 위한 어쩔 수 없는 결단이다.

말세가 도래하여 스님이 하산하는 날 이 세상은 종말이다.

사 四
四 쓰

우리나라, 일본, 홍콩과 타이완은 모두 넉 四사 자를 죽을 死사 자와 같은 것으로 여겨 싫어한다. 음도 쓰로 같다. 춘추 시대 管仲관중은《管子관자》에서 사방과 상하를 합쳐 '宇合우합'이란 개념을 제출했다. 상하와 사방을 합쳐 宇우라 하고, 가고 오고, 과거와 현재를 宙주라고 했다. 후세 사람이 이 둘을 합쳐 '우주'라고 했다.

중국 신화에 女媧補天여와보천이란 전설이 있다. 옛날 四極사극이 무너지고 九州구주가 쪼개져서 하늘이 무너지고 땅이 불타며 꺼지지 않고 물은 철철 넘쳤다. 여왜가 五色오색의 돌을 다듬어 하늘을 기우고 큰 거북의 다리를 잘라 사극에 기둥을 세우며 흑룡을 죽여 冀州기주를 물속에서 건지고 갈대의 재를 쌓아 홍수를 막았다고 한다. 사극은 동서남북을 가리키니 전 우주를 말한다.

《주역》에 兩儀양의가 四象사상을 낳고, 사상이 八卦팔괘를 낳았다고 했다. 양의는 陰陽음양 혹은 天地천지를 말한다. 사상은 1년의 4계절과 하루의 새벽, 아침, 저녁, 밤을 가리키며 또한 공간을 점유하는 金금, 木목, 水수, 火화를 대표하는 동서남북 四方사방을 말한다. 우주의 운동은 모두 象상의 진화이고 동시에 數수의 변화 발전이다. 만물은 음양으로 이루어졌는데 음양의 조합에 의해 수를 사용하여 개괄할 수 있다. 사물에는 상이 있고 상이 있으면 이에 상응하는 수가 있다. 그러므로 사상, 즉 하늘, 땅, 시간과 공간이 실제 우주인 것이다. 그래서 넉 四 자는 중국인의 우주관을 내포하는 중요한 숫자인 것이다.

四사는 완벽, 대칭, 화해 등을 상징한다. 고대에는 吉길한 숫자였다. 중국 전통 미학에서 대칭과 완벽은 美미를 대표한다. 북송 때의 화가 范寬범관의 〈谿山行旅圖계산행여도〉는 화폭 하단에 시냇가 길을 따라 짐을 실은 나귀를 타고 가는 상대적으로 너무나 작고 초라한 인간에 비해 엄청나게 큰 바위를 화폭 중심에 표현하여 완벽한 좌우 대칭미의 극치를 보여 준다. 황궁의 사방형과 베이징을 대표하는 주거 건축물인 四合院사합원은 대칭미를 나타내는 동시에 구성원의 화해와 조화를 상징한다.

四사를 상형자로 볼 때, 주위가 밀폐된 사각형이고 안에 八팔 자를 넣어 만들어졌다. 그래서 넉 四 자는 평온, 안전, 완전을 상징한다. 그래서 천하태평을 四海升平사해승평, 忠愛충애 · 無私무사 · 用賢용현 · 度量도량을 治國四術치국사술, 변란이 일어났을 때는 烽煙四起봉연사기라고 한다.

4와 8이 조합된 말은 전체, 융통성, 원만함 등의 뜻을 포함한다. 四面八方사면팔방은 四方八面사방팔면이라고도 하는데, 각 방면을 뜻한다. 四平八穩사평팔온은 언행, 일, 문장이 매사를 온당하게 하는 것을 말한다. 四通八達사통팔달은 사방으로 통한다는 뜻이다.

중국 풍속에 결혼예물에 넉 四 자를 중시했다.《금병매》에 서문경은 그의 아들 약혼식에 특별한 음식을 준비하게 했다. 예를 들면, 四盤蒸餅사반증병, 四盤鮮果사반선과, 四盤羹肴사반갱효 등이다.

한자의 문자 형식은 四 자의 아름다움을 재현했다. 한자는 네모진 글자로 필획의 구조는 좌우, 상하, 안과 밖으로 대칭을 이룬다. 독음도 4성으로 구성되어 서로 조화를 이루어 언어에 리듬감이 있게 되고, 平仄평측의 대칭과 동시에 조화를 이루어 唐詩당시와 같은 운문의 리듬을 불어넣는다.

네 개의 글자가 하나로 조합을 이루는 四字格사자격은 수사를 빌려 내용과 형식을 강조하는 미적인 언어 표현이다. 첫째, 사자격은 대칭미가 있다. 사자격은 대개 2+2의 형식을 취한다. 중간에 간극이 있다. 양자가 병렬되는 형식이다. '煙消雲散연소운산'은 '煙消연소+雲散운산'으로 구성되는데, '연'과 '운'은 같은 성격의 명사이자 주어가 되며, '소'와 '산'은 같은 성질의 동사이자 술어가 된다. 직역하면 "연기가 사라지고 구름이 흩어지다"의 뜻으로 어떤 사물이 종적 없이 깨끗이 사라질 때 사용한다. 주어+술어, 동사+목적어, 동사+보어 등으로 구성되어 대칭미를 이룬다. 둘째, 운율의 조화로 음악적 아름다움이 있다. 네 개의 글자가 음절의 균형을 이루어 대구가 엄밀하며 평측이 조화를 이루고 억양이 높고 낮으며 청각적 아름다움이 있다. 風和日暖평허르누안에선 성조의 배합이 1+2+4+3성인데, 風펑은 바람이 불듯 1성의 높고 길게 이어지는 음과 조화를 이루고, 따뜻하다는 暖누안은 3성의 약간 아래로 내려갔다가 다시 위로 길게 올라가는 성조의 특성과 상승하는 따뜻한 온기와 유사하다. 談月淸風단위에칭펑에서는 4+4+1+1이다. 4성의 갑자기 내려가는 성조의 특성은 높은 하늘에 떠 있는 달의 밝고 맑은 빛이 대지 위에 내리비치는 것과 같고 맑은 바람은 1성의 높고 긴 성질처럼 부는 듯하다. 그리고 같은 성조가 반복적으로 이어져서 음성과 의미의 조화가 더욱 효과적이다. 셋째, 네 글자로 이루어져서 풍부한 의미를 내포하는 형식의 아름다움이 있다. '愚公移山우공이산', '完璧歸趙완벽귀조', '四面楚歌사면초가' 등이 여기에 속하는데, 成語성어라고도 한다.

四面楚歌사면초가는 유방과 항우가 천하를 다투는 끝머리에 나온다. 주위 사람들로부터 인심을 잃고 고립된 외톨이를 孤家寡人고가과인이라고 한다. 그런 인물이 항우다. 홍문연에서 유방을 살려준 점에서 항우는 제왕이 될 뜻이 없고 패왕의 자리에만 만족하는 인물이었다. 관중 사람이 유방을 추대한 것을 보고 함양을 불태우며 화풀이를 했고 항복한 진나라 왕 자영을 무참하게 죽였다. 그리고 義帝의제라고 존대했던 楚懷王초회왕을 죽였다. 항우가 잔혹하여 인심을 잃자 한신과 진평이 유방에게로 달아났다. 진평은 항우의 인적관계를 훤히 들여다보고 있었다. 그는 反間計반간계를 이용하여 항우가 범증을 죽이도록 만들었다. 垓下해하로 쫓긴 항우는 배수의 진을 쳤지만 유방이 항우 군사들의 고향인 초나라의 노래를 부르게 하여 사기를 떨어뜨리자 군중이 혼란에 빠지고 결국 총애하던 우미인은 자살하고 자신은 준마추를 타고 적진을 뚫고 도망을 쳤다. 항우는 烏江오강에서 최후를 맞는다. 천하를 얻는 방법은 간단하다. '得人者昌득인자창, 失人者亡실인자망'이다. 인재를 얻으면 천하를 얻고, 충신을 멀리하면 망한다.

四字成語사자성어는 중국인의 특수한 언어 구조 형식인데, 典故전고라고도 한다. 옛날 신화, 전설과 같이 보편적인 역사적 사실이나 유명한 인물과 관련된 고사의 내용을 담고 있다. 그래서 너무나 익숙한 성어를 제외하고는 상당한 수준의 문화교양이 있지 않으면 이해하기 어렵다. 문장을 짓거나 편지를 쓸 때 성어의 활용은 글자 수를 줄이는 데 효과적이며, 물론 무조건 어렵게 쓰는 것이 좋은 문장은 아니지만 작성자의 문화 수준을 가늠하는 잣대이기도 하여 고급 중국어 수준에서는 사자성어에 대한 공부와 활용은 필수적이라고 말할 수 있다. "여자를 보고 한눈에 반해 버렸다"라는 문장을 중국어로 만들어 보라고 하면 마땅한 단어가 생각나지 않아 대개는 "내가 어떤 여자를 보고 마음에 들어서 가슴이 뛰고 정신을 잃을 정도였다"라는 문장 수준에서 멈추고 만다. 물론 이와 관련된 사자성어를 알고 있다면 쉬운 것이지만 그 많은 사자성어 가운데 상황에 맞는 성어 넉 자를 순간적으로 떠올리기는 어렵다. 一見鍾情이젠중칭이다.

사자성어를 포함하고 속어, 격언, 경구로 이루어진 諺語옌위라는 일종의 속담이 중국에도 물론 있다. "소 잃고 외양간 고치다"라는 뜻과 같은 중국의 속담은 亡羊補牢왕양부라오이다. 그러나 우리나라에서는 소이지만 중국에선 양이다. 그래서 중국 속담에서는 "양 잃고 우리를 고치다"라는 뜻이 된다. 우리나라는 소를 중시하고 소고기를 좋아하지만, 중국에서는 양을 중시하고 양고기와 돼지고기를 좋아한다. 진시황 시절 진나라의 법률에 의하면 말을 훔치면 사형이었다. 소를 훔치면 만리장성을 쌓는 부역을 하거나 이마에 묵형을 가하는 벌을 받았다. 소보다 말이 더 귀하고 중요했기 때문이다. 이것은 말을 타고 공격해 오는 유목민족인 흉노의 위협을 받았고, 6국을 정벌하는 데 기동력에서 보병에 앞선 말의 효용성이기 컸기 때문이다. 말은 전쟁과 밀접한 관계가 있어 중시했다. 우리나라와 중국의 속담이 같은 것도 많은데 그중 하나, "콩 심은 데 콩 나고 팥 심은데 팥 난다"라는 속담은 種瓜得瓜, 種豆得豆중과 더과, 중더우 더더우이다.

오
五

五
우

五色오색은 고대 중국 전설과 관계가 있다. 천지가 개벽한 이후에 사람의 머리에 뱀의 몸을 한 女媧여와는 대지가 황량하고 적막하여 너무나 고독했다. 황토를 물과 섞어 인형과 같은 모양을 만들었더니 살아 움직였다. 최초의 인간이다. 계속해서 수많은 남자와 여자를 만들었다. 어느 날 우주에 갑자기 큰 변동이 일어났다. 하늘 한쪽 귀퉁이가 무너져 내려 구멍이 크게 생겼다. 땅도 갈라 터져 어둡고 깊은 틈이 생겼다. 숲에는 불이 났고 땅속에서는 거대한 물줄기가 솟아올라 홍수가 났다. 불에 타는 숲속의 맹수들이 뛰쳐나와 사람들을 습격했다. 그래서 여와는 큰 강에서 오색의 돌을 골라 불을 피워 돌을 녹이고 액체로 만든 후에 이것으로 뚫린 하늘의 구멍을 메웠다. 하늘이 다시 무너져 내릴까 두려워서 여와는 큰 거북이 한 마리를 잡아 네 발을 잘라서 그것을 하늘의 기둥으로 삼았다. 그리고 그것을 대지의 사방에 세워서 천막처럼 하늘을 지탱할 수 있게 하였다. 기둥이 단단하여 다시는 하늘이 무너져 내리지 않게 되었다. 그런 뒤에 여와는 악명 높은 용을 죽였고 사나운 맹수들을 쫓아냈다. 또 갈대를 태운 재를 하늘까지 닿게 쌓아 홍수를 막아 인류를 구해냈다.

5와 7일이 만나 五七오칠이 된다. 사람이 죽은 후에 35일째가 되는 날을 말한다. 사람이 죽고 나서 7일째 되는 날에 제사를 지낸다. 七칠, 三七삼칠, 오칠 등이다.

五刑오형은 고대 중국의 다섯 가지 가혹한 형벌을 말한다. 이마에 刺字자자하는 墨묵, 코를 베는 劓의, 남자의 생식기를 거세하는 宮궁, 발꿈치를 베는 刖월, 사형의 大辟대벽을 말한다. 수대 이후에는 사형 死사, 유형 流유, 징역형 徒도, 곤장 杖장, 태형 笞태가 있었다.

민족의 영웅으로 중국인의 숭상을 받는 중국의 이순신 岳飛악비는 금나라에 중원 땅을 잃고 장강을 넘어 정한 南宋남송의 수도 항저우의 西湖시후 호숫가에 잠들어 있다. 금나라와 결탁하여 사욕을 차린 매국노 秦會진회는 악비가 저승에서도 꾸짖도록 청동으로 주조되어 두 손이 묶여 고개를 숙이고 있다. 중국 관광객들이 뱉은 침이 온몸에 가득하다. 금나라와의 굴욕적인 강화에 반대하며 수차례 금나라 군대를 공격하고 승리를 거둔 악비를 진회가 모함하여 악비는 옥에 갇히고 결국 사형을 당했다. 생전에 악비의 모친은 악비의 등에 '精忠報國정충보국'이라는 네 글자를 새겨 넣었다.

五行오행은 물질을 구성하는 다섯 가지 원소로 수 · 화 · 목 · 금 · 토를 말한다. 오행학설은 주나라 말기에 나타났다. 이 세상의 만물은 수 · 화 · 목 · 금 · 토 다섯 물질에 의해 생성되었다고 여겨졌다. 전국 시대 때 오행이 유행하여 鄒衍추연 등이 오행학설과 음양학설, 일월성신, 사계절, 五色오색, 건곤과 팔괘 등 모두를 하나로 묶어 음양오행설이라고 했다.

오행학설의 최대 특징은 相生相勝상생상승의 이론이다. 상생은 오행의 상호 촉진을 말한다. 즉 木生火목생화, 火生土화생토, 土生金토생금, 金生水금생수, 水生木수생목을 가리킨다. 상승은 또 相克상극을 말한다. 즉 水克火수극화, 火克金화극금, 金克木금극목, 木克土목극토, 土克水토극수를 가리킨다. 오행의 각 사물은 서로 생성하고 서로 억제하며 대립을 통일시키고 상호 의존하여 공동으로 조화로운 세계를 형성한다.

음양가 추연은 다섯 가지의 德性덕성이 상생 상극하면서 순환 반복하는 변화를 五德오덕이라고 하면서 이것을 통해 왕조의 흥성과 패망의 원인을 설명했다. 하 · 은 · 주 세 왕조의 계승은 바로 火화의 덕성을 가진 周주나라가 金금의 덕성을 가진 은나라를 이기고, 은나라는 木목의 덕성을 가진 夏하나라를 이긴 결과라는 것이다.

진시황제는 이런 오덕의 순환과 반복하는 순서를 살펴서, 주나라는 화덕을 얻었는데 자신이 세운 진나라가 주나라를 대신했으므로, 주나라의 화덕이 이기지 못하는 水德수덕을 따라야 한다고 여겼다. 이제 수덕의 차례가 되었으므로 일 년의 시작을 바꾸고 조정의 하례식도 모두 10월 초하루에 거행했다. 정월이 1월이 아니라 10월이었다는 말이다. 의복, 깃발, 부절의 색깔은 모두 검은색을 숭상했다. 그래서 장이모우 감독의《영웅》이란 영화에 보면 진시황과 신하들의 관복, 궁궐이 모두 검은색인 것이다.

점술가와 관상가를 중국에서는 星相家성상가라고 하는데, 이들은 오행의 生克생극으로 사람의 운명을 추산했다. 四柱八字사주팔자의 사주란 네 개의 기둥이란 뜻으로 사람이 태어난 年月日時연월일시를 말한다. 이 사주가 天干천간과 地支지지로 이루어져서 여덟 글자의 점이 나오는 것이다. 이 팔자에 대한 설명에서 오행의 생극이 바로 한 사람의 운명이 결정되는 것이다.

중국 민속 가운데 端午節단오절은 5와 관계가 깊다. 5월 초5일이 바로 단오절이다. 굴원이 멱라강에 투신하여 순국한 날이 바로 공교롭게도 5자가 두 개 있는 날이었기 때문에 端五단오 혹은 重五중오라고 불렀다. 단오절에는 '壁五毒벽오독'이란 풍속이 있다. 五毒오독은 뱀, 지네, 전갈, 도마뱀, 두꺼비 등 다섯 가지 동물 혹은 그 독을 말한다. 그래서 단오절에 사람들은 침대 밑이나 담 모퉁이에 '雄黃酒웅황주'를 뿌려 이런 독충을 몰아내기도 했다. 최근에 중국에서 두꺼비의 독으로 암을 치료하여 상당한 효과가 있었다는 소식에 전 세계 의학계가 큰 관심을 보였다는 외신 보도가 있다. 현재 오독은 뇌물, 탈세, 국가재산 도용, 원자재 사취, 국가 경제기밀 절취 등 다섯 가지 해독을 말한다.

'五十步笑百步오십보소백보'란 말이 있다.《맹자》에 나오는 고사인데, 전쟁에서 오십 보를 도망간 자가 백 보 도망간 자를 보고 비웃는다는 뜻으로 겨

묻은 개가 똥 묻은 개를 나무란다는 것을 가리킨다.

유명한 시인 陶淵明도연명의 별명은 五柳先生오류선생이다. 그가 지은 문장 〈五柳先生傳오류선생전〉을 보면, 집 주위에 다섯 그루의 버드나무가 있어 오류선생이라 불렀다고 한다. 자신을 가리키는 오류선생에 대해 사람됨이 조용하고 평안하며 말수가 적고 영달과 사욕을 부리지 않는다고 하면서, 집이 가난하지만 그것을 부끄러워하지 않았고 천성이 술을 좋아하여 유쾌하게 취할 때까지 마셨다고 하였다. 그래서 오류선생은 지조가 고상한 은사를 가리킨다.

도연명은 '五斗米折腰오두미절요'라는 고사와 관계가 있다. 도연명이 마을 이장과 같은 낮은 벼슬을 하고 있을 때 군수가 파견한 감독관이 그를 찾아왔다. 관을 차려입고 감독관을 마중 나가야 하는데 도연명은 자신은 다섯 되 밖에 되지 않는 봉록 때문에 허리를 굽히고 싶지 않다고 하면서 관직을 버리고 고향으로 떠나 버렸다. 지조를 상징하는 말이 되었다.

五斗米오두미는 다섯 되의 쌀을 말한다. 옛날 巴郡파군의 무당 張脩장수란 자가 병든 사람을 고치는 데 다섯 되의 쌀을 받았다고 한다. 五斗米道오두미도는 민간 도교이다. 동한 順帝순제 원년(142) 張陵장릉이 쓰촨의 鶴鳴山학명산에 창립했다. 신도가 되려는 자는 다섯 되의 쌀을 바치고 입단했다고 한다. 장릉이 죽은 후에 그의 아들 張衡장형에게 전해졌고, 장형이 죽은 후에 다시 그의 아들 張魯장로에게 전해졌다. 장로는 漢中한중 땅에 30년을 웅거하며 오두미도를 중흥시켜 당시에 민간에 크게 유행했다. 西晉서진 때 분화되어 원대에 이르러 正一道정일도로 변했다.

春秋五霸춘추오패는 제환공, 송양공, 진문공, 진목공, 초장왕을 가리킨다. 五常오상은 한대 동중서가 맹자의 인 · 의 · 예 · 지의 四端사단에다가 信신을 보탠 것이다. 五岳오악은 중국 고대의 제왕이 봉선 제사를 올리고 봉호를 내린 산을 말한다. 즉 東岳동악 泰山태산, 西岳서악 華山화산, 南岳남악 衡山형산, 北岳북악 恒山항산, 中岳중악 嵩山숭산이다. 五戒오계는 불교에서 남녀 신도가 평생 신봉하는 교조를 말한다. 즉 살생, 도둑질, 음탕, 망언, 음주하지 말라는 것이다. 또한 도교에도 오계가 있다. 즉 살생, 음주, 시비, 도둑질, 음탕하지 말라는 것이다.

五加오가는 五茄오가라고도 한다. 뿌리와 줄기의 껍질을 五加皮오가피라고 하는데 약으로 쓴다. 잎은 다섯 장인데 갓 싹튼 잎은 식용한다. 北魏북위 때 賈思勰가사협의《齊民要術제민요술》에 느릅나무 열매는 메주처럼 검은데, 오가피와 함께 삶아서 복용하면 신선이 된다고 했다. 오가피주는 류머티즘을 제거해 주고 근육과 뼈를 튼튼하게 해 준다. 톈진의 오가피주가 유명하다. 류머티즘을 風濕펑스, 針灸전주라고 하는 침질과 뜸질은 류머티즘 치료에 효과가 있지만 오가피주를 마시면 더 좋다고 한다.

五香우샹이란 중국 요리에 쓰이는 다섯 가지 향료를 말한다. 山椒산초, 茴香회향, 桂皮계피, 八角팔각, 丁香정향이다.

중국 술 가운데 첫째, 둘째가는 五粮液우량예라는 명주가 있다. 다섯 가지 곡물로 빚은 술로 쓰촨성 宜賓이빈에서 생산되는 白酒백주다. 도수가 50도가 넘는다.

각양각색으로 다양하다를 五花八門우화바먼이라고 하는데, 우리나라 사람들이 즐겨먹는 삼겹살은 고기와 비계가 알록달록 여러 가지 꽃처럼 섞여 있어 五花肉우화러우라고 부른다.

육 六 / 六 리우

진나라는 왕조의 상징으로 五行오행 가운데 水德수덕을 채택했다. 주나라 왕조를 대신하는 정통성을 획득하려는 목적에서였다. 오행설에 의하면 진나라의 수덕은 숫자로는 5에서부터 9까지 6에 속한다. 부절이나 冠관은 6寸촌의 길이로 통일했다. 1촌은 13.8센티미터이다. 수레와 1步보의 길이는 6尺척이다. 1척은 1.38미터이다. 車馬거마는 말이 여섯 마리였다.

사마천의《사기》에 의하면 진시황제가 탄 수레는 '金銀車금은거'로 여섯 마리의 말이 일렬로 서서 끌며, 그 뒤에는 음양오행에 따라서 각각 다섯 색깔의 마부와 탑승자가 모두 서는 형식의 '立車입거'와 다섯 색깔의 마부가 앞에 서고 탑승자가 지붕 · 난간 · 창문 · 문짝이 있는 탑승실에 앉는 형식의 '安車안거'를 거느렸으며, 창문을 열고 닫을 수 있게 하여 온도를 조절할 수 있는 '轀輬車온량거'였다고 한다.

1980년 10월, 진시황 능묘 내부 탐사를 하던 중에 세계를 놀라게 한 고고학 발견을 하였다. 진시황릉 서쪽으로 멀지 않은 곳에서 지하 7미터 부근을 파 내려가고 있을 때 삽으로 퍼낸 진흙 속에서 손가락마디만 한 금방울을 발견했다. 은방울과 금구슬도 발견했다. 바로 銅車馬동거마를 발견한 것이다. 동거마란 구리로 만든 수레와 말을 말하고, 금과 은으로 만든 방울은 말머리의 장식품들이었다. 11월에는 두 대의 동거와 여덟 마리의 동마 및 두 개의 청동으로 만든 마부 銅御者동어자가 8미터 깊이에서 자태를 드러냈다. 이것들은 모두 진시황제의 순행 행렬 속에 있던 수레 두 대를 모방한 것이다. 이 동거마는 말이 네 필로, 진시황제의 수레는 말이 여섯 필이었으므로, 진시황제의 어거는 아니다. 이 두 대의 동거마는 현재 시안에 있는 병마용박물관에 전시되어 있다. 진시황제의 여섯 필 어거는 어디 있을까? 아직도 시안의 어느 곳 지하 속에 잠들어 있는 것이다.

1983년 후베이성 荊門진먼시 郭店村곽섬촌 1호 전국 시내 묘에서 출토된 800매의 죽간을 郭店楚簡곽점초간이라고 한다. 이 죽간 가운데 《大一生水대일생수》라는 책이 있다. 기원전 300년 전후에서 기원전 278년 무렵 사이의 전국시대의 초나라 묘이다. 이때 진나라는 진시황제의 증조부인 소양왕 시대에 해당된다. 이 책에 水수에 대해서 설명하고 있는데, 大一대일이란 太一태일 또는 泰一태일이라고도 쓰고 만물과 우주의 중심이다. 대일이 물을 생성하고 그 물이 대일을 도와 하늘을 생성했다. 하늘이 대일을 도와 땅을 만들어 천지가 창조되었다. 대일은 물을 모아 적시에 활동하고 순환하여 만물을 만들어 내는 어머니가 된다고 한다.

천지 생성의 근원인 물은 1부터 10까지의 숫자 중에 6과 결합한다. 《주역》

〈繫辭傳계사전〉에 의하면, 하늘의 수는 홀수 다섯이고, 땅의 수는 짝수 다섯이다. 또한 1부터 5까지를 生水생수, 1부터 10까지를 成水성수라고 한다. 가장 먼저 오는 생수 1과 성수 6이 모두 물을 만들고, 그 후에 화 · 목 · 금 · 토로 2부터 5, 7부터 10을 배당한다. 땅의 통치자인 진시황제는 天一生水천일생수의 1을 받아 地六成水지육성수의 6을 聖水성수로 생각한 것이다.

1976년 후베이성 운몽 수호지에서 전국 시대 때 진나라 목곽묘 12기가 발굴되었다. 이 가운데 11호 묘에서 다량의 죽간이 출토되었다. 이 중에 진시황제에 관한 귀중한 자료 〈法律答問법률답문〉이 들어 있다. "갑이란 자가 소를 훔쳤을 때는 신장이 6척이었으나 1년 동안 옥살이를 하고 다시 재어 보니 6척 7촌이었다. 어떤 죄로 벌해야 하는가? 完城旦완성단으로 한다"라는 내용이다. 완성단이란 肉刑육형을 가하지 않고 아침 일찍부터 성을 쌓는 공사의 城旦성단 즉 부역 형벌에 해당된다. 6척 이상이어야 법률에 적용되는 나이였음을 알 수 있다. 몇 년 전엔 중국에서 신장이 1미터 이하이면 입장료가 무료였다. 우리나라도 놀이공원에서 신장의 제한을 두고 입장시키는 경우가 있다.

진나라는 천하를 통일한 후에 전국에 서른여섯 개 郡군을 설치했다. 36이란 숫자는 수덕의 숫자 6의 제곱이라는 설과 진나라의 성스러운 수, 12의 세 배라는 설이 있다.

劃拳화취엔이라는 놀이가 있다. 가위바위보를 하다라는 뜻인데, 술자리에서 흥을 돋우기 위해 두 사람이 동시에 손가락을 내밀면서 각기 한 숫자를 말한다. 말하는 숫자와 쌍방에서 내미는 손가락의 총수가 서로 부합되면 이기는 것으로, 여기서 지는 사람이 벌주를 마시는 놀이다. 六六大順류류다순은 이 화취엔에서 '여섯'의 구령소리이다. 그러나 六리우는 "물이 흐르듯이 순조롭다"라는 의미를 가진 流리우와 발음이 같은 관계로 '流류'의 뜻을 담아 "모든 일이 순조롭게 풀리다"란 뜻으로 풀이된다. 즉, 만사형통하라는 의미다. 六六順류류순이라고도 한다.

六書육서는 한자의 여섯 가지 造字조자 방법을 말한다. 즉, 象形상형, 指事지사, 會意회의, 形聲형성, 轉注전주, 假借가차이다.

六親육친은 父부, 母모, 兄형, 弟제, 妻처, 子자를 말한다. 자신을 중심으로 혈육으로 연결된 가족으로 근본이 된다.

六情육정은 喜희, 怒노, 哀애, 樂락, 好호와 惡오로 인간이 나타낼 수 있는 모든 감정을 말한다.

六藝육예는 고대 중국의 학교에서 가르치는 여섯 가지 교육 내용을 말하거나 《詩시》,《書서》,《禮예》,《易역》,《樂악》과 《春秋춘추》 여섯 경전을 가리키기도 한다.

六德육덕은 知지, 仁인, 聖성, 義의, 忠충과 和화를 가리킨다. 이런 인간이 마땅히 도야해야 할 훌륭한 인격과 달리 반드시 버려야 할 것이 있는데, 그것은 바로 불교에서 말하는 六欲육욕이다. 인간의 과욕을 말하는데, 여자, 외모, 달변, 위엄, 교활함, 얼굴에 대한 집착을 말한다.

사람에게 중요한 가축에는 여섯 종류가 있는데 이를 六畜육축이라고 한다. 소, 말, 닭, 양, 돼지와 개를 가리킨다.

계절상 六月유월은 여름이다. 六月的包子류위에더바오쯔라는 말이 있다. 만두소에 들어가는 유월의 채소는 제철의 맛이 아니어서 유월에 먹는 만두는 겉모양은 그럴듯하게 좋아 보이나 실속이 없어 빛 좋은 개살구란 뜻이다. 包子바오쯔가 우리가 말하는 만두이고, 饅頭만터우는 소가 없는 빵이다.

먹다 吃
吃 츠

중국인들은 먹기를 좋아한다. '먹다'라는 吃츠로 농간 부리기도 좋아한다. 먹는 것은 일종의 문화이다.

밥 먹다 : 吃飯츠판

외식하다 : 吃館子츠관쯔

간식을 먹다 : 吃零嘴츠링쭈이

야식을 먹다 : 吃消夜츠샤오예

시험에서 영점을 받다 : 吃鴨蛋츠야단

결혼식을 하다 : 吃酒츠지우, 吃糖츠탕

질투하다 : 吃醋츠추

희롱하다 : 吃豆腐츠더우푸

말을 더듬거리다 : 口吃커우츠

따귀를 맞다 : 吃耳光츠얼광

칼에 맞아 죽다 : 吃刀츠다오

큰솥 밥을 함께 먹다 : 吃大鍋飯츠다궈판

식구 : 吃口츠터우

집세를 받아 생활하다 : 吃瓦片兒츠와피얼

예수를 믿다 : 吃教츠쟈오

빈둥거리며 놀고먹다 : 吃閑飯츠센판, 吃現成飯츠센청판

공짜 밥을 먹다 : 吃白食츠바이스

향응을 받다 : 吃請츠칭

독식하다 : 吃獨食츠두스

공금으로 먹고살다 : 吃喝風츠허펑

기생들과 먹고 마시다 : 吃花酒츠화지우

부잣집 양식을 빼앗아 먹다 : 吃大戶츠다후

정치, 군사, 금융의 정세가 급박해지다 : 吃緊츠진

놀라다 : 吃驚츠징

고소를 당하다 : 吃官司츠관쓰

사기를 당하다 : 吃藥츠야오

손해를 입다 : 吃虧츠쿠이

고생하다 : 吃苦츠쿠

벌을 받다 : 吃罪츠쭈이

총살을 당하다 : 吃黑棗兒츠헤이짜올

후회하다 : 吃後悔藥츠허우후이야오

배가 부르다 : 吃飽츠바오

사람은 생존을 위해 밥을 먹지만 가끔 외식을 하고, 간식, 야식, 오리알도 먹는다. 결혼한 옛 애인과 만나면 질투가 나서, 식초의 신맛을 보면서 정신을 바짝 차린다. 남의 애인을 희롱하다가, 당황하여 말을 더듬거리다가, 그 애인의 남자친구에게 따귀를 맞고, 끝내 칼에 찔려 죽는다.

큰솥 밥을 여럿이 함께 먹었는데, 세상이 바뀌어 비록 먹는 것이 맛이 아닐지라도 그래도 말로 먹을 수는 있다. 식구들을 먹여 살리기 위해 분필 가루를 먹고, 집세로 생활하며, 심지어 예수를 믿으면 똥오줌 가리지 않게 된다.

빈둥거리며 놀고먹으며 공짜 밥을 먹고, 남의 향응이나 대접 받으며, 혼자서만 이익을 독점하며, 공금으로 먹고살고, 룸살롱에서 아가씨들과 먹고 마시며, 부잣집을 약탈한다. 결국 은행이 부도가 나서 금융 상황이 긴박해지면, 크게 놀라 견딜 수가 없게 된다. 또 돈을 빌린 사람한테서 고소를 당하고, 사기까지 당하여, 막대한 손해를 입는다. 마침내 갖은 고생을 다하고, 심지어 벌을 받게 되어, 총살을 당하면, 후회해도 소용이 없다.

공자가 밥을 먹어도 배불리 먹지 말라고 했다.

전족 纏足
缠足 찬주

만두, 빵을 배우다 보니 가오리는 중국요리가 먹고 싶어 東北包了工둥베이바오쓰왕에 갔나. 그런데 旗袍치파오를 입은 할머니가 뒤뚱거리며 식당 안을 오가고 있었다. 전족을 하고 있었다. 치파오는 원래 만주족 여인들이 입던 원피스 형태의 옷으로 후에 대중화되어 중국 전통 옷이 되었다. 旗기는 청나라 창업에 공로가 있는 사람의 자손으로 만주, 몽골, 중국 사람으로 구성된 군대인 八旗팔기를 가리키는데, 나중에는 특히 만주인을 뜻하게 되었다.

전족은 南唐남당의 後主후주가 모든 妃비들에게 전족을 하도록 명을 내린 데서 유래했다고 한다. 발을 석 치 정도로 작게 만들어 金蓮花금련화 위에서 춤을 출 수 있게 하였다. 수양제가 대운하를 건설하고 장안에서 지금의 양저우인 江都강도에 이르는 운하에 40여 개의 이궁을 세웠다. 수양제는 운하의 양옆에 늘어선 버드나무 사이로 뱃놀이를 즐겼다. 순행하는 배는 어마어마했는데, 황제가 탄 龍船용선은 4층에 길이가 600여 미터, 120개의 방을 가지고 있었다.

여름철이면 강남에 연꽃이 만발했다. 강남 민요에 〈採蓮歌채련가〉라는 노래가 있다. 가오리가 고향에서 본 것보다 몇 배는 컸는데 연꽃이 마치 나무처럼 물속에서 자라 연잎 또한 아주 크다. 강남의 아가씨들은 연밥이 익을 때면 배의 노를 저으며 노래를 부르면서 연밥을 딴다. 수양제는 이 연꽃들을 감상하고 향락에 흠뻑 빠졌다. 어느 날 꿈에 요정이 하늘에서 내려와 연잎 위에서 춤을 추는 광경을 보게 되었다. 살결이 눈처럼 희고 고우며 속이 훤히 들여다보일 정도였는데 유독 발이 아주 작았다. 혼이 나간 수양제는 요정의 손을 잡으려고 하다가 그만 강물 속에 빠지고 말았다. 꿈에서 깬 수양제는 꿈에서 본 요정이 머리에서 떠나질 않아 장안으로 돌아온 후에 발이 작은 궁녀들을 찾기 시작했다. 환관들이 황제의 비위를 맞추기 위해 어린 여자아이의 발을 억지로 묶기 시작했던 것이 전족의 유래다. 그 이후로 전족은 민간에도 크게 유행하였지만 일반 서민들은 전족을 하지 않았고 고관대작이나 귀족들의 규수들은 모두 전족을 했다. 그래서 중국 여자가 시집을 가면 얼굴은 빨간 보자기로 씌워 볼 수 없게 했고 발은 발가벗게 한 것이다. 일설에는 발이 작으면 애를 잘 낳는다는 말이 있다. 발이 작으면 엉덩이가 커져서 애를 쑥쑥 잘 낳고 또 많이 낳는다고 한다.

중국인은 왜 전족을 좋아할까? 세계적인 섹시스타 마릴린 먼로는 키가 작고 약간 통통한 편이어서 당시 남자들의 미적 대상은 아니었다. 영화 제작자들은 그녀를 별로 안중에 두지 않았는데 그녀가 일부러 하이힐의 한쪽 굽을 약간 낮게 잘라 걸으면 뒤뚱거리는 모습이 섹시했다고 한다. 이런 성적 매력 때문에 주목을 받기 시작해서 일약 대스타가 된 것이라고 한다. 이와 비슷하게 전족한 여자는 발이 작아 중심을 잡기 힘들어 빨리 걷질 못하고 히프가 좌우로 요동치듯 흔들거리는 뒷모습이 요염하게 보였기 때문이라고 한다. 그리고 중국인은 여자 몸 가운데 세 군데가 작아야 미인이라는 미신을 믿었다. 입, 음부와 발이다.

張藝謨장이모우의 영화《紅燈홍등》에 보면 鞏俐공리가 부호 집안에 시집간 첫날밤 신혼 방에서 남편이 전족한 비단을 풀고 입으로 발을 애무하는 장면이 나온다. 이것은 변태여서가 아니라 옛 전통에 따른 것일 뿐이다. 중국 문화를 제대로 이해하면 차별적 문화 행태에 대해 납득이 간다. 이와 같은 장면은《붉은 수수밭》에도 나온다. 영화《홍등》의 로케이션은 山西산시의 平遙핑야오에서 이루어졌다.

전족은 분명 여자를 잔혹하게 학대했던 과거의 악습이었다. 그러나 요즘 유행하고 있는 하이힐 또한 학대에 속한다. 아니, 자학이라고 할 수 있다. 예뻐 보이기 경쟁을 하는 요즘 여자들은 작은 기둥에 의지해서 잘도 걷는데 실제로 하이힐을 즐겨 신는 여자들에게 물어보면 고생이 이만저만이 아니라고 한다. 우아하게 보이는 호수의 백조가 우리들 눈에 보이지 않지만 물속의 발은 엄청난 속도로 휘젓고 있는 것처럼 아름다워지기 위해 그만큼의 대가를 치르고 있다. 하이힐의 유래는 과거 유럽의 도시들은 하수도 시설이 완비되지 않아 오물을 그냥 길 한가운데에 버렸기 때문에 그 오물을 밟지 않고 걷기 위해 생겼다고 한다. 믿거나 말거나.

제갈량 諸葛亮
诸葛亮 주거량

'六出祁山육출기산'은 삼국 시대 때 촉의 승상 제갈량이 여섯 번 祁連山기연산을 공격한 고사를 말한다. 여섯 번 기산에 출동하여 싸웠으나 한 치의 땅도 얻지 못했다. 정사《삼국지》에 제갈량은 "군대를 통치하는 재능은 뛰어났지만 기묘한 계책을 세우는 데는 약했다"고 기록되어 있다. 처음 기산에 출정했을 때는 魏延위연의 자오곡 계책을 받아들이지 않았고, 街亭가정에서의 싸움에서 그는 馬謖마속을 잘못 기용하여 결국 사마의에게 패했다. 자신

의 명령에 따르지 않은 죄를 물어 눈물을 흘리면서 마속의 목을 베었다. 이를 '泣斬馬謖읍참마속'이라고 한다.

우리가 알고 있는 그의 명성에 걸맞지 않게 제갈량은 전쟁에서 패장이었다. 제갈량은 27세 때부터 54세에 五丈原오장원에서 죽을 때까지 27년 동안 전쟁에 패하면서도 자신의 말처럼 "나라를 위해 죽을 때까지 온 힘을 다하여" 임무를 성실하게 이행했다. 특히 말년에 10년 가까운 세월 동안 하루도 편안하고 한가로운 시간을 가져 보지 못했다. 자신이 일일이 모든 것을 챙겼다. 제갈량은 병으로 죽었다. 여러 해 동안 계속 출정하여 싸우는 동안 건강을 해쳤을 뿐만 아니라 종종 패해서 원한에 사무쳤고 정신적 타격도 컸다. 이런 심리적 압박이 바로 그를 죽게 한 요인 중의 하나로 작용했던 것이다.

제갈량은 부녀자들이 쓰는 머릿수건과 흰 옷을 큰 함 속에 넣고 편지 한 통을 써서 위나라 군대가 주둔하고 있는 영채로 보냈다. 사마의가 사신에게 묻기를 "공명은 침식을 어떻게 하고 계신가? 집무는 바쁘지 않으신가?"라고 했다. 사신이 대답하길 "승상께서는 아침 일찍 일어나시고 밤에는 늦게 주무십니다. 벌로 스무 대를 칠 정도의 가벼운 죄를 지은 사람조차 친히 집행하시며, 잡수시는 양도 아주 적습니다"라고 했다.

맡은바 책무를 다한다고 사소한 일까지 도맡아 처리하게 되니 자신의 말처럼 "절대로 다른 사람에게 맡길 수 없고" 남을 믿지 못하게 되니 정신적 육체적 부담이 가중되어 결국은 일찍 병들어 죽은 것이다.

하늘의 신을 울려 비바람을 불러내는 재주와 대세를 파악하는 능력은 뛰어났지만, 땅에서는 남을 믿지 못해 자질구레한 작은 일까지 도맡아서 일일이 챙기다 보니 피로에 지치고 나만이 할 수 있고 내가 해야 마음이 놓인다는 노심초사하는 마음 때문에 명을 재촉했다.

제갈량도 신은 아니다.

유월설 六月雪
六月雪 류위에쉬에

가오리는 중국의 유명한 희곡을 읽다가 '六月飛霜유월비상'이란 단어에 주의했다. "유월에 서리가 내리다"의 뜻으로 "억울한 죄로 투옥되다"라는 의미를 내포한다는 것이다. 가오리는 갑자기 고향에서 듣던 "여자가 한을 품으면 오뉴월에 서리가 내린다"는 말이 생각났다.

원대 유명한 關漢卿관한경의 〈竇娥寃두아원〉이란 雜劇잡극에서 유래했다. 이 작품은 셰익스피어의 비극에 손색없는 작품이라는 평가를 받는 중국 희곡의 대표작이다. 관한경은 당시 원나라의 수도 大都대도, 지금의 북경에서 활동하면서 60여 종의 희곡 작품을 창작하였고 자신이 직접 무대 연출과 연기를 하기도 했다. 생활의 폭이 넓어 기녀와 하층민의 삶을 솔직하게 작품 속에 반영하였고 특히 시대의 희생물이었던 여자를 주인공으로 창작한 작품이 많다. 지금까지 전해지는 작품은 16종의 희곡 작품이 있다.

가난한 선비 竇天章두천장은 빚 때문에 세 살 때 어머니를 여읜 일곱 살짜리 딸인 竇娥두아를 고리대금업을 하는 蔡老婆채노파에게 팔아 버린다. 두아의 아버지는 서울로 과거를 보러 떠난다. 10여 년이 흐른 뒤, 두아는 정식으로 채노파의 아들과 혼인하였지만 아들이 폐결핵으로 죽는다. 삼년상을 잘 치른 두아는 젊은 나이에 시어머니처럼 과부가 된 것이다. 어느 날 채노파가 빚을 받으러 돌팔이 의사 賽盧醫새로의에게 간다. 그러나 오히려 그에게 목이 졸려 죽게 될 것을 張盧兒장로아와 그의 아버지가 구해 준다. 두아를 차지하려는 부랑아 장로아는 채노파의 목숨을 구해 준 대가로 두아를 자신의 아내로 맞이하려 한다. 절개를 지키려는 두아와 장로아에게 재가하라고 재촉하는 시어머니의 실랑이가 벌어진다.

장로아는 새로의를 찾아가 살인미수의 죄를 지은 그를 협박하여 독약을 얻는다. 두아 몰래 장로아가 독약을 양의 내장을 끓인 탕에 넣는다. 채노파를 독살하면 자연히 두아는 자기 차지라고 생각한 것이다. 그러나 잘못하여 그 국을 자신의 아버지가 마시고 죽는다. 장로아는 두아가 자기 아버지를 독살했다고 모함하고 두아를 관가에 고소한다. 작가는 사또의 인물 됨됨이에 대해 사또 자신이 시를 읊는 것으로 대신하여 다음과 같이 평가한다.

난 벼슬살이 남보다 특출해서
고소한 자에게서 금은을 뜯어내고
상부에서 감찰이라도 나오면
집에서 병 핑계 대고 밖을 안 나가네

관리의 부패상을 드러낸 것이다. 또한 이상하게도 관가의 사또는 무릎을 꿇고 있는 장로아처럼 자신도 무릎을 꿇는다. 그래서 사령이 말리자, 사또가 말하길 "고소하러 온 이가 바로 날 입혀 주고 먹여 주는 부모와 같은 분이라는 것을 모르느냐?"라고 되묻는다.

어리석은 사또는 두아가 억울함을 호소하며 자백하지 않자, 채노파를 고문하려 한다. 두아는 시어머니를 살리기 위해 할 수 없이 자신이 독살했다고 거짓으로 죄를 자백하고 억울한 죽음을 당한다. 두아는 참수당하기 전에 하늘을 우러러보며 호소한다.

지금은 삼복의 날씨지만 만약 내가 정말 억울하다면 죽고 나서 하늘에서 세 척이나 되는 눈이 내려 제 시체를 덮게 될 것입니다.

나는 억울하게 죽습니다! 오늘부터 삼 년 동안 이 땅엔 가뭄이 닥칠 것입니다.

어머니! 유월에 눈발이 날리고 삼 년 동안 가뭄이 들 때까지 기다려 주세요!

망나니가 칼을 휘둘러 두아가 쓰러진다. 그때 정말로 하늘에서 눈이 내린다. 그리고 두아의 피는 몽땅 흰 비단으로 날아들어 한 방울도 땅에 떨어지지 않으니 정말 기이했다.

두아의 아버지 두천장은 3년 후에 兩淮廉訪使양회염방사라는 높은 관직에 올라 부임하게 된다. 꿈속에 두아가 나타나 억울함을 아버지에게 알리자 이에 사건을 다시 심리하고 마침내 장로아의 죄상이 낱낱이 밝혀져 장로아는 참수를 당하고 두아의 원한은 풀리게 된다.

이 작품 곳곳에 사회의 각종 암흑상이 드러나 있다. 고리대금업의 성행으로 인한 살인 미수, 친자 매매, 부랑아의 횡행, 관리의 부패, 불합리한 법 집행 등의 사회모순이 주요 줄거리와 얽히면서 주제 표출의 극적인 효과를 더해준다.

원래의 제목은 〈感天動地竇娥冤감천동지두아원〉이다. 지극한 효성과 절개를 지키는 여주인공의 곧은 마음은 결국 하늘과 땅을 감동시킨다. 한여름인 유월에 눈이 내린다는 것은 억울한 죽음을 당했다는 것을 증명한다. 부랑아의 탐욕과 부패한 탐관오리의 잘못된 법집행으로 인해 억울하게 죽음을 당하는 한 여인의 비극과 남을 위하는 숭고한 희생정신을 묘사한 이 작품은 오래전부터 영국, 프랑스, 독일, 일본 등지와 최근엔 미국에서 번역, 소개되어 호평을 받고 있다. 중국에선 〈六月雪유월설〉이란 京劇경극으로 각색되어 무대에서 상연되고 있다. 정확히 말하면 '상연됐다'이다.

중국 대륙에서는 중화인민공화국 성립 이후 상연되는 연극은 혁명의 승리를 고취시키기 위해 大長征대장정과 같은 시절의 내용이 주를 이루고 문화대혁명의 줄거리가 대부분이어서 이런 고전극은 상연되지 않았다. 최근에는 외국 관광객을 위해 상연이 되지만 대부분 동작만 많은 서커스에 가깝다. 타이완에서는 이보다 사정이 조금 낫지만 서양 문화의 영향으로 '國劇국극'이라고 부르는 고전극은 상연극장도 적고 인기가 없어서 관객도 많지 않다. 타이완 유학 시절 두 번 고전극을 관람한 적이 있다. 한 번은 순전히 전공인 중국문학과 관련 때문에 도대체 경극 혹은 국극이 무엇인지 궁금해서 구경했다.

타이베이 시내 西門町시먼딩 근처 극장에서 상연된 武松打虎우숭다후였다. 《수호전》에 나오는 무송이 호랑이를 맨손으로 때려잡는 장면을 희곡으로 각색한 것이다. 대형 극장에서 상연되는 것으로 보아 예전의 화려함과 인기를 짐작할 수 있지만 관객은 2, 30여 명에 불과했고 또한 대부분은 나이 지긋한 노인뿐이었다. 당시가 1984년이었으니까 그 즈음에 경극을 보러 다니는 사람들은 아마도 1949년 장개석이 중국 대륙에서 타이완으로 넘어올 때 함께 온 사람들로 중국 대륙에서 경극을 감상했던 옛 추억을 아직 간직하고 있는 모양이었다. 그래서인지 감상 태도만은 아주 진지하고 극에 완전 몰입하여 흥이 날 때면 "好하오!", "하오!" 연발이다.

두 번째로 본 극은 바로 〈두아원〉이었다. 孫文순원을 기념하는 中山堂중산탕에서 상연되었다. 두아 역을 맡은 주인공은 당시 최고의 배우 郭小莊궈샤오좡이었다. 4막으로 이루어졌고, 정말 장관이었다. 보통 고전극은 대사가 古代漢語고대한어이기 때문에 의사전달이 쉽지 않다. 그래서 극장 무대 상단이나 옆에 대사의 원문이 적혀 있게 마련이다. 창을 할 때 四聲사성이 무시되기 때문에 중국인도 잘 알아듣기가 어렵다. 그래서 미리 극본을 읽고 극장에 갔고 극장에서도 자막을 읽어 가면서 감상했다.

"六月的日頭, 晩娘的拳頭"(유월의 뙤약볕, 의붓어미의 주먹)이란 말은 이 세상에서 둘도 없이 매정한 것을 비유한다.

평요 平遙 / 平遥 핑야오

1980년대 경제가 발전하기 시작할 무렵 중국 전역의 도시들에서 확장 건설의 열풍도 더불어 일기 시작했다. 평요 古城고성도 도시 계획을 준비하고 있었는데 그 계획에서는 고건축들에 대한 철거도 포함되었다. 건축학의 요람인 상하이의 同濟퉁지대학 건축계획학과 阮儀三완이산 교수가 평요 고성은 국가, 역사, 문화의 고성이므로 보호하여야 한다는 의견을 정부에 제출했다. 1986년 국무원은 평요 고성을 국가 역사 문화의 고성이라고 선포했다. 1997년 유엔은 평요 고성은 명 · 청 시대 때의 중국 성의 본보기가 되며 그

특징들을 간직하고 있고 중국 역사 발전 중에 보기 드문 문화, 사회, 경제와 종교 유산을 남겼다고 하면서 세계문화유산에 등록하였다.

평요는 산시성의 성도인 太原타이위안에서 남쪽으로 90킬로미터 떨어져 있다. 2,700년의 역사를 가진 문화 명승지이다. 평요는 요임금의 봉지였고, 평요 고성은 서주 宣王선왕 때부터 건설되기 시작했다. 기원전 221년 秦진나라가 郡縣制군현제을 실시한 이래로 평요성은 현 관할지가 되었다. 평요 고성은 명나라 洪武홍무 3년(1370)에 성을 확장할 때 성벽의 규모를 확대하고 벽돌을 구워 쌓아 견고하게 건설했다. 워낙 견고하고 군사방어 체계를 잘 갖추어 적의 공격을 여러 차례 성공적으로 방어했고, 전란 때에도 도적들의 소요를 막아냈다고 한다. 1977년 대홍수가 났을 때도 고성은 전혀 피해를 입지 않았다고 한다. 평요성은 명 · 청 이래로 600년 동안 면적과 규모에 큰 변화가 없이 보존 상태가 가장 완벽한 명 · 청대의 고성이다.

성벽의 전장은 6킬로미터, 높이는 10미터이다. 평요성을 '龜城귀성'이라고도 부르는데 이것은 성 전체의 모습이 거북을 닮았기 때문이다. 성 전체에는 여섯 개의 문이 있는데, 저마다 상징적 의미를 지녔다. 남문인 迎薰門영훈문은 거북의 머리에 해당되는데 성 밖에는 원래 두 개의 우물이 있어 거북의 눈을 상징했다. 북문인 拱極門공극문은 거북의 꼬리에 해당된다. 전체 성 가운데 가장 낮은 곳으로 성 안의 오물을 여기에서 배출한다. 동서에 네 개의 문이 있다. 상단의 서문은 永定門영정문, 하단은 鳳儀門봉의문, 상단의 동문은 太和門태화문으로 이 세 문은 남쪽을 향하고 있어 마치 거북의 세 다리와 같다. 오로지 하단의 동문 親翰門친한문만이 동쪽을 향하고 있는데, 옛날 성을 쌓던 사람이 성문이 모두 완성되면 거북이 기어갈까 두려워하여 다리를 끌어다가 탑에 새끼줄로 매어 놓았다고 전한다.

현재 평요성 내에는 북중국의 전형적인 주거 양식인 四合院쓰허위안이 4천 곳이나 보존되어 있다. 이 사합원들은 대부분 100년 이상 되었다. 이 가운데 400곳은 보존 상태가 매우 좋은데, 그중 일부는 중국 내에 얼마 남아 있지 않은 원나라 때의 주거지이다. 평요 고성은 17세기부터 19세기까지의 역사적인 면모를 갖추고 있어 명 · 청 건축예술의 역사박물관으로 불린다. 國家重點文物국가중점문물이 세 곳, 省級文物保護성급문물보호가 여섯 곳, 縣級文物保護현급문물보호가 스물세 곳 있다. 국가중점문물 세 곳은 목조건축 양식의 鎭國寺진국사의 萬佛殿만불전, 중국 고대 조소예술의 보물인 雙林寺쌍림사와 송 · 금 시대 때 文廟문묘로 보기 드문 大成殿대성전이다. 그리고 중국 건축사에 보기 드문 '懸梁吊柱현량조주' 구조의 清虛觀청허관이 있는데, 관내에 있는 스무 개의 木造神像목조신상은 중국 고대 목조불상 예술과 도교 발전 연구에 필요한 진귀한 문화재이다.

평요는 중국에서 금융이 가장 발달한 지역이다. 성 안에 금은이 가득했고 부유한 상인들이 많았지만 견고한 성벽 덕분에 무수한 재앙을 피할 수 있었고 성 안의 주택과 건축물들이 보호를 받을 수 있었다고 한다. 평요성의 중심지인 城南大街성남대가에 明清商業街명청 상업가가 있는데 이곳이 그 유명한 晉商진상의 발상지이자 집결지였다. 옛날 산시성이 춘추전국 시대 때 晉진나라에 속해 이곳에서 경제활동을 한 사람을 진상이라고 부른다. 450미터의 긴 옛 거리에는 크고 작은 옛날 점포들이 78군데나 줄지어 있다. 옛날 이 거리에는 전국에 이름을 날리던 錢莊전장과 票號표호, 老子號라오쯔하오가 있었는데 지금은 대부분 골동품을 파는 점포와 여관들이 들어섰다. 전장이란 환전을 본업으로 하면서 은행 일을 겸했던 개인 금융기관을 말한다. 표호는 주로 환어음을 취급하던 개인 금융기관을 말한다. 노자호란 대대로 내려오는 전통 가게를 말한다.

명 · 청 시대 때는 이 거리에 전장, 표호, 전당포에 해당되는 當鋪당포, 한약방인 中藥店중약점, 비단 가게, 잡화점 등과 부채, 燈등을 파는 점포가 있었다. 평요는 전국적으로 가장 상업이 발달한 지역이었다.

일승창 日升昌
日升昌 르성창

명 · 청 시대 때 금융이 발달한 도시 평요에는 중국 금융사의 비조로 '天下第一號천하제일호'라는 명예를 얻은 '일승창'이 있다. 매일 태양이 떠오르듯이 번창한다는 뜻의 이 일승창은 개인금융기관인 표호다.

晉진나라는 역사상 상업이 매우 발달한 제후국이었다. 이런 상업 문화의 주인공은 晉商진상이었다. 춘추 시대 때 진나라는 주로 상품 운송업을 하였는데 관세를 낮추고 길을 닦아 상인이 서로 통하게 하였다. 명 · 청 시대는 진상의 전성기였다. 건륭 황제 때 揚州양저우의 소금을 파는 진상이 100여 명이나 되었고 자본의 액수도 7, 8천만 냥이었다. 당시 조정의 국고에 7천만 냥이 있었던 것에 비하면 진상이 얼마나 부유했는지 알 수 있다.

명 · 청 시대 평요성에는 셀 수 없이 많은 진상이 있었다. 그들은 전국 각지에서 장사를 했다. 상업이 날로 발달함에 따라 재물이 평요성으로 굴러들어와 평요와 전국 각지의 은전의 왕래가 빈번하고 물품의 품목 수도 방대해져서 전통적인 錢莊전장으로는 이를 효과적으로 처리할 수 없게 되었다. 그래서 오늘날의 은행 업무와 비슷한 저축, 대출, 어음 발행 등을 담당하는 票號표호가 출현했다. 그래서 평요는 山西산서 표호의 발상지가 되었다. 성 안의 표호는 그 수도 많고 경영의 역사도 길어서 중국 금융사에 중요한 위치를 차지한다. 19세기 중 · 후기에 이르러 평요는 중국 금융업이 가장 발달한 도시가 되었고, 이 기간에는 평요가 전국적으로 근대 중국 금융업을 조정하고 통제하였다. 그래서 사람들은 평요와 부근의 祁縣치센, 太谷타이구를 합쳐 '중국의 월가'라고 부른다.

평요성 내 가장 유명한 일승창 표호는 중국 표호의 원조다. 그 전신은 평요 達蒲村달포촌 李氏이씨가 개설한, 물감을 파는 상점 西裕成시위청이다. 청나라 광서 3년(1823) 경영 책임자였던 雷履泰뢰이타이의 건의로 환어음을 취급하는 표호로 바뀌었다. 일승창 표호의 경영은 백 년의 역사를 가졌다. 분점이 전국 서른다섯 도시에 분포되어 있고 멀리는 해외에까지 있어 세상에 큰 명성을 날렸다. 일승창의 번창으로 산서 상인들은 표호에 투자를 하여 수십 년의 발전을 거듭하다가 광서 황제 때 전성기를 맞아 표호는 20여 곳으로 늘어나고 전국에는 80여 개의 표호가 생겨났다. 평요에서 시작되어 치센과 타이구 부근까지 표호가 생겨났고, 남방 浙江저장 상인의 신흥 표호와 각축을 벌이기 위해 전국적인 네트워크를 형성했다. 청나라 말 근대 중국의 상업 무역과 근대 상공업 발전에 커다란 역할을 담당했다.

일승창 표호는 평요 고성 南大街난다제에 있다. 스물한 개 건축물로 이루어졌는데 산서 지방 특유의 건축 양식으로 보존 상태가 가장 좋은 건축의 보고이다. 일승창 건물은 영업, 손님, 보조용의 건물 세 부분으로 구성되어 있다. 오늘날의 일승창 건물은 표호박물관으로 지정되어 당시 표호의 실태를 잘 파악할 수 있도록 하였다.

일승창 표호 외에 유명한 표호가 또 있다. 난다제 109호에 百川通바이촨퉁 표호다. 咸豐함풍 10년(1860) 치센의 渠氏거씨 성을 가진 세 사람이 함께 개설했다. 이 표호의 경영 기간 중에는 산서성의 巡撫순무 曾國筌쩡궈추안과 張之洞장즈퉁과의 관계가 아주 좋아 이 두 官商관상의 지지와 합작으로 크게 발전하였다. 1918년 외국 은행들이 속속 들어오면서 큰 타격을 받고 휴업을 했다. 일승창의 주인이 이곳을 매입하여 은행을 개설했다.

바이촨퉁 표호 건물은 72개 방으로 구성되어 있다. 건축들은 장중하면서도 화려하다. 일승창의 건축과 다른 점은 장식에 중점을 두었다는 것이다. 실내 장식은 화려하고 사치스럽기까지 하다. 지금 이곳은 평요 내에 유일한 사설박물관이 되었다. 목조 가구, 도자기, 골동품, 서예와 그림 등 표호 주인의 사치스런 생활의 일면을 엿볼 수 있다.

하루하루 날로 번창하는 중국 경제를 움직이는 상인은 옛날부터 있었고 이런 상인 정신이 오늘날의 중국 경제를 이끌고 있는 것이다. 중국인은 길가만 있으면 보잘것없는 물건이라도 좌판을 열고 장사를 한다.

양 羊
羊 양

羊양의 갑골문은 정면에서 바라본 양의 머리 모양이다. 글자의 윗부분은 좌우에서 둥글게 굽은 뿔이고 아랫부분은 양의 입 모양을 나타낸 상형자이다.

양이 부수로 쓰인 글자가 많다. 양자에 사람 人인을 합치면 아름다울 美미가 된다. 사람의 머리에 새의 깃털이나 털로 만든 장식물을 쓰고 있는 형상이다. 현재 경극에서 장수 역을 맡은 배우가 머리에 새의 깃털을 꽂아 위엄과 아름다움을 동시에 나타내는 것과 같아 아름답다는 뜻이 되었다.

羔고는 羊羔美酒양고미주의 고자다. 갑골문에서 윗부분은 양羊자이고, 아랫부분은 山산자형의 불 火화이다. 불로 양을 굽는 형상이다. 羌族강족 羌강, 기를 養양, 부끄러울 羞수, 무리 群군 등이 있다.

바른 정치를 양 키우는 것에 비유한 유명한 고사가 있다. 한무제 때 卜式복식은 밭을 일구고 목축을 업으로 삼았던 사람이다. 부모가 돌아가셨을 때 그에게 어린 동생이 하나 있었다. 동생이 성인이 되자, 집을 떠나면서 기르던 양 1천 마리만 남겨두고 나머지는 모두 동생에게 주었다. 복식은 산에 들어가서 수십 년 동안 양을 방목하니 양이 천여 마리나 되었다. 그것으로 집과 밭을 샀다. 그러나 동생이 파산하여 그에게 재산을 나누어주었다.

한나라가 흉노를 공격하고 있을 때였다. 복식은 글을 올려 재산의 반을 조정에 바쳐 변방의 비용으로 쓰고자 했다. 천자가 사자를 보내 복식에게 관리가 되고 싶지 않으냐 묻자 관리 일은 익숙하지 않다고 하면서 거절했다. 그러자 사자가 왜 돈을 바치려고 하느냐고 물었다. 복식은 천자가 흉노를 토벌하실 때 어진 자는 싸움터에서 절개를 지켜 죽어야 하고, 돈 있는 사람은 마땅히 재산을 국가에 헌납하여야 흉노는 소멸될 것이라고 생각했기 때문이라고 대답했다.

복식은 예전처럼 밭을 갈고 양을 키웠다. 빈민들이 속출하자 복식은 하남 태수에게 20만 전을 주어 빈민을 구제하도록 했다. 하남 태수가 빈민을 구제한 부자들의 명부를 천자에게 올리니, 천자는 복식의 이름을 보고 그를 기억하고는 복식에게 400명의 過更錢과경전을 하사했다. 한나라 법규에 의하면 성인 남자는 누구나 일정 기간 국가를 위해 변방을 지키는 부역을 해야 했다. 만약 변방 부역을 원치 않는 자는 1인당 300전의 비용을 내면, 정부에서 사람을 고용하여 대역을 썼다. 이 대역에 필요한 돈을 과경전이라고 한다. 복식에게 매년 400명의 과경전을 하사했다는 것은 총 12만 전이나 되는 많은 돈이다. 그러자 복식은 과경전 전부를 다시 정부에 헌납했다.

천자는 복식이 덕행이 있는 사람이라고 여겨 그에게 郎官낭관이란 벼슬을 하사했다. 복식이 관직을 받지 않자, 천자는 그에게 황실 정원인 上林苑상림원의 양을 키워 달라고 부탁했다. 1년 정도 지나자 양은 살이 쪘고 번식도 왕성했다. 천자가 상림원을 지나다가 복식이 양을 키우는 것을 보고 그를 크게 칭찬했다. 복식은 양 키우는 것은 백성을 다스리는 것과 같아서 시간에 맞추어 일어나게 하고 쉬게도 하여야 하며, 병든 양을 발견하면 재빨리 없애서 다른 양들이 해를 입는 것을 방지해야 한다고 말했다.

천자는 복식이 보통사람이 아니라고 여겨 현령에 임명하여 그를 시험하였다. 그 고을 사람들이 모두 그가 다스리는 방법이 훌륭하다고 하자, 천자는 복식을 충성스럽고 성실한 사람으로 여겨 그를 齊王제왕의 太傅태부으로 삼았다.

팔 八
八 파

8은 중국인에게 아주 중요한 숫자이다. 왜냐하면 중국인은 돈을 중시하기 때문이다. 돈을 생명처럼 여긴다. 돈을 벌다는 發財파차이의 發발과 八팔은 음이 같다. 핸드폰 번호에 팔자가 많으면 많을수록 아주 좋다. 팔은 길한 숫자이니 팔자를 고칠 수 있다.

18은 더욱 좋아한다. 1은 중국어로 이 혹은 要야오로 읽는다. 그래서 18은

要發야오파와 음이 같다. 야오파는 돈을 벌게 될 것이라는 뜻이기 때문이다. 그래서 전화번호에 끝자리 8을 원하면 약간의 돈을 지불해야 한다.

결혼한 중국인 남자는 아내에게 애를 낳을 때도 8월 8일 8시 8분에 아이를 낳기를 강요한다. 중국인뿐만 아니라 서양의 독일 사람도 8을 좋아한다. 아라비아 숫자 8은 0이 두 개 합쳐진 모양으로 안정과 조화를 상징하는 신비로운 부호로 여긴다.

2008년 베이징올림픽 개최 날짜도 8월 8일이었다.

팔이 두 개 합쳐서 八八팔팔이 되면 늙은이라는 뜻이 된다. 巴巴파파라고도 하는데, 이 두 호칭은 중국에서 이슬람교를 지칭하는 回回教회회교에서 유래했다. 늙은이는 표준어로 老人라오런이라고 한다. 후에 사람들이 巴파에다 아비 父부 자를 붙여서 아비 爸파, 중국어로는 바라고 했다. 이 爸바는 아버지의 속칭으로 사용되고 있다. 보통 중국에서는 외자를 사용하거나 겹쳐서 爸爸바바라고 부른다. 아빠를 안후이성의 合肥허페이나 장시성의 南昌난창에서는 伯伯보보, 揚州양저우와 蘇州쑤저우, 長沙창사에서는 阿爹아뎨, 남방에서는 阿爸아바 혹은 阿爹아뎨라고 부른다. 현대 중국어로 부친을 父親푸친, 어머니를 母親무친이라고 부른다.

8의 발음이 파로 읽힌다고 해서 돈과 연관 짓는 것은 미신이다. 罰벌도 같은 음이기 때문이다. 주나라 때 八刑팔형이 있었다. 八刑파싱은 불효, 불화, 미혼, 불손, 신임을 받지 못한 자, 구휼하지 않는 자, 유언비어를 퍼뜨리는 자, 백성의 삶을 어지럽히는 자에 대한 형벌을 말한다. 송대에는 杖刑장형에 八棒팔봉이 있었고, 西晉서진 시대 때 백성들에게 큰 재앙을 끼친 八王팔왕의 난이 있었다. 沈約심약은 시를 짓는 데 피해야 할 여덟 가지를 열거했다. 그것을 '四聲八病說사성팔병설'이라고 하는데, 너무 엄격하게 시 창작을 규정하여 이를 수용하는 사람이 적었지만 당나라 시의 발전에는 큰 영향을 끼쳤다. 과거 시험장에서 선비가 작성하는 답안에 반드시 채택해야 하는 특이한 문체를 八股文팔고문이라고 한다. 팔고문은 명대 태조 朱元璋주원장과 劉基유기에 의해 정해진 것으로 洪武홍무 18년(1385)에 시작하여 청나라 때까지 계속되었다. 송대 성리학의 경전에 한 해석을 모방하고 옛 성인들의 말을 인용하면서 騈麗體변려체의 對句대구를 사용하여 문장을 짓는 8단계를 규정했다. 형식이 너무나 엄격하여 인간의 사상과 감정을 구속하였지만 과거급제를 통해 출세영달을 추구하는 선비들에겐 필수적인 조건이 되었다. 죽은 문장을 쓰도록 강요하는 정부의 지식인 탄압인 동시에 통제수단이었던 것이다.

8이란 길한 숫자이지만 지나치게 맹신하면 패가망신할 수도 있다. 8은 양날의 칼과도 같다. 8이란 숫자에 의지하기보다는 차라리 四柱八字사주팔자에 맡기는 것이 마음 편하다. 四柱사주는 네 기둥이고, 八字팔자는 여덟 글자라는 뜻이다. 사람이 태어난 연, 월, 일, 시를 天干천간과 地支지지에 배합하므로 두 글자씩이 되어 모두 여덟 글자이다. 사주팔자의 구성 원리는 음양오행의 우주관에 바탕을 두고 있다. 만물은 음과 양으로 이루어져 있는데, 이 음과 양에서 수 · 화 · 목 · 금 · 토의 오행으로 나뉘고, 이 오행이 다시 만물을 생성하는 체계이다.

水수가 많은 사주는 정력이 좋고 술을 좋아한다, 火화가 많은 사주는 언변이 좋고 담백하다. 木목이 많은 사주는 고집이 세고, 金금이 많은 사주는 결단력이 있고 냉혹하다. 土토가 많은 사주는 신중하지만 돈에 인색하다.

우리나라의 경우도 조왕조의 법전인 《經國大典경국대전》에 보면, 전문적으로 사주팔자를 보는 사람을 국가에서 과거시험으로 선발하였다는 기록이 있다. 전문기술직을 선발하는 雜科잡과의 陰陽科음양과 가운데 地理學지리학과 命課學명과학에서 선발했다. 지리학은 풍수를 전문으로 보는 사람을, 명과학은 사주팔자에 정통한 자를 관료로 채용하는 과목이다.

8과 관계된 것 가운데 중국 문화의 특징을 가장 잘 나타낸 것은 八卦바과이다. 팔괘는 도가에서 無極무극이 太極태극을 생성하고, 태극에서 兩儀양의가 생성되며, 양의에서 四象사상이 생성되고, 사상에서 팔괘가 생성되며, 팔괘에서 다시 64괘가 생성된다고 여겼다. 음과 양이 양의다. 양은 老陽노양과 少陰소음으로, 음은 少陽소양과 老陰노음으로 나뉜다. 이것이 사상이다. 이것은 음과 양이 고정불변한 것이 아니라 음이 양으로, 양이 음으로 변화하는 원리를 나타낸 것이다. 그래서 양에서 소음이, 음에서 소양이 생성된 것이다. 남자는 여자에 대해서 양이지만 아들은 아버지에 대해서는 음이고 여자는 음이지만 자식에 대해서는 양이다. 같은 하늘이지만 맑은 하늘은 양이고 흐린 하늘은 음이다. 음양은 절대적인 것이 아니라 상대적인 것이다. 양이 음을 생성하기도 음이 양을 생성하기도 한다는 것이다.

8괘는 구체적인 자연현상인 하늘, 땅, 우레, 못, 불, 바람, 물, 산을 상징하는 乾건, 坤곤, 震진, 兌태, 離리, 巽손, 坎감, 艮간이다. 복잡한 자연현상과 인간사를 이 小成卦소성괘로는 설명하기 힘들어 8괘를 조합하여 64괘가 탄생했다. 건괘부터 火水未濟卦화수미제괘까지의 64괘에는 각기 卦辭괘사와 爻辭효사를 붙여 卦象괘상을 설명하고 길흉을 논했는데, 이를 《주역》의 經文경문이라고 한다. 경문의 이해를 돕기 위해 후세 사람들이 보충 설명하였는데, 이를 '十翼십익'이라고 한다. 십익을 '十傳십전'이라고도 하는데, 〈彖傳단전〉·〈象傳상전〉·〈繫辭傳계사전〉·〈文言傳문언전〉·〈說卦傳설괘전〉·〈序卦傳서괘전〉·〈雜卦傳잡괘전〉으로 이루어져 있다. 이 경문과 십익을 합쳐 《주역》이 탄생했다.

음과 양을 나타낸 최소단위의 부호를 爻효라고 한다. 즉 양은 '—', 음은 '--'로 표시한다. 효가 셋 모이면 건괘처럼 ☰☷☵☲ 등의 소성괘가 성립되고, 소성괘가 둘 거듭되면 大成卦대성괘가 성립된다. 효의 순서는 아래에서 위로 올라간다. 맨 아래 효를 初爻초효, 아래에서 둘째 효를 二爻이효, 맨 위의 효를 上爻상효라고 한다.

上爻상효

五爻오효

四爻사효

三爻삼효

二爻이효

初爻초효

또 음양을 구분하여 각 효의 명칭도 달라진다. 그리고 양은 九구, 음은 六육으로 대표하기 때문에 음양에 따라 효의 명칭도 각기 둘이나 있다. 경문의 첫 번째 乾爲天건위천의 설명을 보자.

上陽상양, 上九상구 ▬▬▬

五陽오양, 九五구오 ▬▬▬

四陽사양, 九四구사 ▬▬▬

三陽삼양, 九三구삼 ▬▬▬

二陽이양, 九二구이 ▬▬▬

初陽초양, 初九초구 ▬▬▬

이 괘는 위아래가 모두 乾卦건괘이다. 초구는 '潛龍잠룡, 勿用물용' 즉 "물속에 잠겨 있는 용이니 쓰지 말 것이다"이다. 이 점괘는 장차 벼슬을 꿈꾸는 사람은 아직 세상에 나아가지 말고 집에서 덕과 실력을 쌓아야 할 때임을 일러 준다.

구이는 '見龍在田현룡재전, 利見大人이견대인' 즉 "나타난 용이 밭에 있으니, 대인을 보아야 이롭다"이다. 벼슬에 뜻을 둔 사람은 어진 군주를 만나야 할 때이고, 군주를 꿈꾸는 사람은 자신을 보좌할 현명하고 덕을 갖춘 인재를 구할 때이다.

구삼은 '君子終日乾乾군자종일건건, 夕惕若석척약, 厲无咎려무구' 즉 "군자가 하루 종일 씩씩한 모습으로 저녁까지 근심하면, 위태로우나 허물이 없을 것이다". 군자는 언제나 두려워하는 마음자세로 행동을 조심하여야 한다.

구사는 '或躍在淵혹약재연, 无咎무구' 즉 "연못에서 뛰어놀기도 하니, 허물이 없을 것이다". 수면 위로 올라와 몸을 드러낸 용은 이제 때가 이르렀으므로 약동을 해도 꺼려할 것이 없다. 천하를 얻을 정치행보를 할 때이다.

구오는 '飛龍在天비룡재천, 利見大人이견대인' 즉 "나는 용이 하늘에 있으니, 대인을 만나보는 것이 이롭다". 용이 때를 만나 권력을 손에 쥐었다. 그러나 군주는 독단적 전횡을 일삼지 않도록 자신을 경계하기 위해 자신을 보필하며 간언을 잊지 않는 현명한 인재를 등용하여 천하 경영에 힘써야 한다.

상구는 '亢龍항룡, 有悔유회' 즉 "높이 올라간 용이니 뉘우침이 있으리라"이다. 모든 사물은 극에 달하면 반드시 되돌아오는 법이다. 최고 높은 곳까지 올라갔으므로 쇠퇴하지 않을 수 없다. 이 괘를 얻은 사람은 내리막길에 들어섰다고 할 수 있다. 더 이상 올라갈 곳이 없다. 그러므로 행동에 조심하고 경솔한 짓을 삼가야 한다.

이번엔 坤爲地곤위지를 보자.

上陰상음, 上六상육 ▬ ▬
五陰오음, 六五육오 ▬ ▬
四陰사음, 六四육사 ▬ ▬
三陰삼음, 六三육삼 ▬ ▬
二陰이음, 六二육이 ▬ ▬
初陰초음, 初六초육 ▬ ▬

이 괘는 위아래 모두가 곤괘이다. 초육은 '履霜이상, 堅氷至견빙지' 즉 "서리를 밟고 서면, 굳은 얼음이 얼 것을 안다"이다. 초가을에 서리가 내린 땅을 밟고서 세상인심과 사회현상이 변화하는 모습을 알고 그에 맞는 대책을 마련한다.

육이는 '直方大직방대. 不習无不利불습무불리' 즉 "곧고 모나고 크다. 배우지 않아도 이롭지 않음이 없다". 하늘은 둥글고 땅은 모나다고 했다. 정직하고 공명정대하며 모든 것을 포용할 만큼 마음이 크다면 백성들을 품에 안을 수 있다. 여자라면 여왕이 될 수도 있다.

육삼은 '含章可貞함장가정, 或從王事혹종왕사, 无成有終무성유종' 즉 "밝음을 포함하여 마음이 곧고 바를 수 있다. 때로 왕업에 종사할지라도 좋은 성과로 끝나지는 않을 것이다". 王業왕업을 보필하였는데 공을 이루지 못했다 하더라도 맡은바 직책을 충실히 이행하여 유종의 미를 거둘 수 있을 것이다.

육사는 '括囊괄낭, 无咎无譽무구무예' 즉 "주머니를 여미듯이 하면, 허물도 없고 칭찬도 없을 것이다". 입을 봉하고 아무 말도 하지 말아야 한다. 그러면 잘못을 저지를 일도 없고 또 칭찬받을 일도 없어 무난하게 처신할 수 있는 것이다.

육오는 '黃裳황상, 元結원결' 즉 "누런 치마를 입으면 크게 좋을 것이다". 비록 높은 자리에 있다 하더라도 신하가 된 몸이다. 여자라면 황후가 될 수 있고, 남자라면 임금에게 충성을 다하는 귀한 벼슬까지 할 것이다.

상육은 '龍戰于野용전우야, 其他玄黃기타현황' 즉 "용들이 들판에서 싸우니 그 핏빛이 검붉다". 陰氣음기가 극에 달하여 양이 된다. 그러므로 두 양기가 서로 충돌하여 싸우게 된다.

이번에는 64괘의 맨 마지막 화수미제를 보자.

上陽상양, 上九상구	▬▬▬
五陰오음, 六五육오	▬ ▬
四陽사양, 九四구사	▬▬▬
三陰삼음, 六三육삼	▬ ▬
二陽이양, 九二구이	▬▬▬
初陰초음, 初六초육	▬ ▬

초육은 '濡其尾吝유기미린' 즉 "그 꼬리를 적시니 부끄러우리라". 여우가 꼬리를 적시니 창피를 당하여 부끄러워하는 象상이다.

구이는 '曳其輪예기륜, 貞吉정길' 즉 "그 수레바퀴를 끌어당기니 마음이 바르고 곧아서 좋다". 앞으로 급히 달리려는 수레바퀴를 잡아당기어 천천히 가게 하는 모습으로 마음이 바르고 곧아서 좋다.

육삼은 '未濟미제, 征凶利涉大川정흉이섭대천' 즉 "아직 이루지 못했으니 정벌하면 나쁘지만 큰 냇물을 건너는 것이 좋다". 준비가 끝나지 않은 상태에서 적을 정벌하는 것은 나쁘다.

구사는 '貞吉悔亡정길회망, 震用伐鬼方진용벌귀방, 三年有賞于大國삼년유상우대국' 즉 "마음을 곧고 바르게 가지면 뉘우침이 없으니, 소리를 진동시켜 북쪽 나라를 정벌한 지 3년 만에야 큰 나라에서 상을 주리라".

육오는 '貞吉无悔정길무회, 君子之光有孚吉군자지광유부길' 즉 "마음을 곧고 바르게 가지면 뉘우침이 없으리니, 군자의 덕이 빛나고 포로가 있게 되어 좋다".

상구는 '有孚于飮酒无咎유부우음주무구, 濡其首有孚失是유기수유부실시' 즉 "술을 마시는 포로가 있으나 허물은 없으리라. 그 머리를 적시면 실수하는 포로가 있을 것이다".

이 괘에 대한 십익의 '단사' 설명에는 "미제괘가 형통하다고 하는 것은 부드러운 것이 가운데를 얻었다는 것이다. 어린 여우가 거의 건넜다고 함은 아직 가운데에서 나오지 못함이다. 그 꼬리를 적시니 이로울 것이 없다 함은 계속하여 끝내지 못한다는 것이다. 비록 자리가 적당하지 않지만 강한 것과 부드러운 것이 서로 응한다"라고 했다.

십익의 '상사' 설명에는 "불이 물 위에 있는 것이다. 군자는 그것으로 삼가서 물건을 분별하여 제자리에 놓는다. 그 꼬리를 적신다는 것은 그 極극을 모른다는 것이다. 中道중도의 마음으로 바른 것을 행한다는 것이다. 마음이 곧고 바르면 좋아서 뉘우침이 없다 함은 뜻이 행해진다는 것이다. 군자의 덕이 빛난다는 것은 그 빛남이 좋다는 것이다. 술을 마시는 것과 머리를 적시는 것은 절제를 모른다는 것이다"라고 했다.

《주역》의 64괘는 자연과 인간사회의 관계를 총괄한다. 그래서 숫자는 중국 전통 문화에서 중요한 작용을 하고, 중국 철학사상 중의 중요한 개념이다. '術數술수'는 중국인의 기본적인 우주관인 동시에 세계관이라고 말할 수 있다. 고대 중국인들은 우주만물은 시간과 공간 사이에서 움직이고, 사람 · 하늘 · 땅으로 이루어진 우주만물은 '數수'의 제약을 받지 않을 수 없다고 여겼다. 우주만물과 인간사의 생성과 사멸의 규칙을 해석하기 위해 사회와 인간사의 변화와 발전 추세를 예측한다. 다시 말해서 세상사의 운명을 점칠 수 있다는 것이다.

《주역》의 핵심은 占術점술에 있다. 그렇다면 점술의 핵심은 무엇일까? 64괘 중 첫 번째 괘 乾卦건괘의 九五구오에 있다. 구오에는 용이 하늘에서 여의주를 굴리며 신묘한 변화를 나타낸다는 내용이 포함되어 있다. 그러나 천하를 얻는 순간 자신이 너무 높은 곳에 위치해 있음을 깨닫지 못하고 독선과 자만에 빠지면 용도 땅으로 떨어질 수 있다. 경계해야 할 일이다. 천하를 얻고도 정작 백성을 다스리는 데에 소홀하다가 불명예만 얻고 퇴직 후에도 검찰조사에 시달리거나 산속으로 쫓겨나는 경우를 지난 대통령들에게서 숱하게 보아 오지 않았는가!

이와는 반대로 용의 피를 타고났지만 세상을 피해 스스로 산속에 숨어 지내면서 자연과 더불어 술과 그림으로 여생을 보낸 사람이 있다. 그가 바로 八大山人팔대산인이다. 팔대산인은 청대 초기의 화가 朱耷주탑의 별호이다. 명나라 종실로 장시성 난창 사람이다. 명나라가 멸망하자 산속으로 들어가 승려가 되었다. 미친 척하고 술을 마시고 서예를 즐겼다. 그림에 재주가 뛰어나 주로 山水산수, 花鳥화조, 竹林죽림을 그렸는데 자신만의 독특한 화풍을 이루었다. 고독과 분노의 감정을 간결하지만 함축적이고 자유롭지만 대담한 필묵으로 내용과 형식이 완전 합일되도록 표현하였다. 외롭게 한쪽 다리만으로 곧게 서 있는 학의 모습은 고독의 극치를 나타내고, 물고기의 눈은 커서 순진해 보이지만 눈동자는 고독과 명징함을 드러내어 살아 있는 존재를 증명해 보이려는 의지에 찬 생명의 결정체로 보인다. 그림에 서명을 할 때는 八大팔대과 山人산인을 이어서 썼는데 마치 '哭곡'과 '笑소' 자와 유사하다. 조국 명나라의 멸망으로 인한 종실의 몰락에 대한 슬픔과 청나라에 대한 반발 의식으로 청나라를 비웃는 풍자적 표현으로 해석하기도 한다.

세상사 새옹지마라고 했다. 이래도 한 세상 저래도 한 세상. 오늘 기분 나쁜 일, 속상한 일이 있더라도 내일, 모레 언젠가는 좋은 일도 있겠지. 좋다고 그저 기뻐할 것만도 아니니다. 외아들이 언제나 군대에 끌려갈까 노심초사하는 아버지는 말에서 떨어져 다리가 부러진 아들을 보고 마음속으로 이젠

아들이 군대에 가지 않게 됐다고 기뻐했다. 다리가 부러졌는데 오히려 기뻐하다니.

선거철만 되면 괜한 웃음 짓고 관심 있는 척하며 남 속여 손에 쥔 권력이 백 년 가겠는가? 밥값 아끼느라고 라면만 끓여먹고 자동차 기름 값 아낀다고 집밖으로 한 발자국도 나가지 않고 입고 싶은 옷 한 벌 사서 입어 보지도 못하고 고생만 하다가는 죽기 전에 번 돈 한 푼도 써 보지 못한다. 다 그만두고 경치 좋은 곳에 가서 마음 편하게 먹고 싶은 것 실컷 먹고 사는 것이 제일이다. 먹는 것이 남는 것이다. 그래서 고대 중국인은 八珍바전이란 진수성찬을 고안했다.

《주례》〈天官천관〉에는 왕의 음식과 제사용 음식을 관장하는 膳夫선부라는 관직이 있었다. 왕에게 올리는 여섯 가지 곡식은 벼, 기장, 메기장, 조, 보리, 줄 열매였다. 말, 소, 돼지, 양, 개, 닭이 제사용으로 희생되었다. 珍味진미에는 여덟 가지 동물을 사용하였는데, 왕은 하루에 하나의 희생물로 만든 음식을 먹었으며 솥에는 열두 가지 동물이 있었고 요리 시 모두 도마를 사용했다고 했다. 庖人포인이란 관직은 말·소·양·돼지·개·닭의 六畜육축, 순록·사슴·노루·곰이리·산돼지·토끼의 六獸육수, 기러기·메추라기·세가락메추라기·꿩·비둘기·산비둘기의 六禽육금의 공급하는 일을 맡았다.

八珍味필진미는 淳熬순오, 淳母순모, 炮豚포돈, 炮牂포장, 擣珍도진, 漬지, 熬오, 肝膋간료의 여덟 가지 맛있는 음식이다. 명대 陶宗儀도종의가 편찬한《輟耕錄철경록》에 기록되어 있다. 정제한 우유 醍醐제호, 몽골족 말의 젖으로 만든 술 麆沆조항, 낙타 발 요리 野駝蹄야타제, 사슴의 입술 요리 鹿脣녹순, 낙타의 젖으로 만든 죽 駝乳糜타유미, 백조 구이 요리 天鵝炙천아자, 紫玉漿자옥장, 말 젖과 포도를 발효시켜 만든 술 玄玉漿현옥장이라고 했다. 속설에는 용의 간, 봉황의 골수, 표범의 태반, 잉어의 꼬리, 성성이의 입술, 곰의 발바닥, 구운 올빼미를 가리킨다.

방언 方言
方言 팡옌

"밥을 먹다"는 표준 중국어로는 吃飯츠판이라고 한다. 푸젠성 남부 방언인 민남어로는 **잡붕**이다. 민남어는 전혀 알아들을 수 없다. 그런데 國家국가를 표준어로는 **궈쟈**라고 하지만 민남어는 **곡가**로 들린다. 우리의 한자음과 비슷하다. 新車신차나 舊車구차는 똑같다.

홍콩에 갔다. **홍콩**이 영국에서 중국으로 반환되기 전 돈 많은 **홍콩** 사람은 미국, 캐나다, 호주로 이주했다. 당시 **홍콩** 사람은 영어와 **광둥어**를 썼다. 표준어가 통하지 않았다. 택시를 탔다. 沙田사톈에 있는 中文大學중원다쉐에 가자고 했다. 못 알아듣는다. 그래서 그냥 "중문대학!" 했더니 알아들었다는 듯이 차를 몰아간다. 한참 후에 대학 이름이 크게 적힌 정문 앞을 지나갔다. 급히 표준어로 停車팅처했더니 계속 차를 운전한다. 할 수 없어 "정차!" 했더니 차가 멈춘다.

중국에서 한여름에 가장 무더운 곳은 武漢우한이다. 장마가 지면 쉽게 물에 잠겨 이재민이 많이 발생되는 저지대 분지이기도 하다. 우리나라에서 장마가 계속되면 이재민 수가 많아야 백 단위인데 중국은 수십만 명에서 많게는 수백만 명에 이른다. 평지가 하도 넓어서 물을 피해 도망갈래야 도망갈 수도 없다. 이곳에는 黃鶴樓황허러우라는 유명한 누각이 있다. 역대 시인과 관리들이 이곳을 찾아 광활한 대지 위에 우뚝 솟아오른 황학루의 웅장함과 주변의 장관미를 칭송하는 수많은 시와 문장을 남겼다. 그러나 이 누각은 시대의 흐름에 따라 옛 모습은 사라졌다. 지금은 시내 한복판이 되었고 고층 건물로 둘러싸였다. 이런 속세가 싫어 황학은 승천해 버렸다.

공항까지 가는 택시를 탔다. 그런데 갑자기 지역 방언으로 말을 건다. 아차! 속겠구나! 못 알아들으니 표준말로 다시 말하라고 했다. 내가 우한 방언을 할 줄 아는 현지 사람인지 타 지역 사람인지 테스트를 한 것이다. 꼼짝없이 걸려들었다. 한참을 달렸는데도 택시 요금계기를 꺾지 않는다. 왜 안 꺾느냐고 물었더니 갑자기 태도를 바꾸며 "사장님, 그냥 50元위안만 주세요"

라고 하는 것이다. 바가지를 씌울 셈이다. 흥정하기가 쉽지 않아서 아니다, 여기서 내리겠다고 하자 계속 요금을 강요한다. 어디엔가 택시를 정차하고 잠시 기다리라고 하고는 택시 뒤편으로 가는 것이 아닌가. 왜 그런가 싶어 백미러로 바라보니 다른 택시 운전수로부터 지폐 몇 장을 받는 것이 보였다. 나를 딴 사람에게 팔아 버린 것이다. 되돌아온 운전수는 친절하게도 뒤 트렁크에서 내 짐을 꺼낸다. 자기 차보다 더 좋은 차로 옮겨주겠다면서 돈 받은 운전수의 차에 내 짐을 싣는다. 하도 어이가 없었지만 비행기 시간에 쫓겨 할 수 없이 차를 바꿔 탔다. 공항에 도착하니 요금은 25위안이었다.

동아시아 지도를 펼치면 한반도 서쪽으로 황해를 건너면 사람의 코처럼 생긴 山東산둥반도가 뻗어 나와 있는 것을 볼 수 있다. 그 아래는 왕서방 배처럼 불룩하여 터질 듯하고 막 튀어 나온 단추처럼 생긴 타이완이 태평양에 떠 있다. 떨어져 나간 단추 그 자리가 바로 푸젠성이다. 그 바로 밑에 廣東광둥성이 있다. 표준어를 쓰는 수도 베이징에서 가장 먼 지역들이다. 베이징에서 광둥성의 廣州광저우까지 가장 빠른 기차로 꼬박 하루가 걸린다. 옛날에는 말을 타고 달린다 해도 두 달은 족히 걸렸을 것이다.

어려서 집을 떠나 늙어서 돌아오니,
고향 말은 그대로인데 머리는 희어셨네.
어린애들 날 바라보고 알아보지 못하고,
웃으면서 나는 어디에서 왔냐고 묻는다.

당나라 때의 시인 賀知章하지장의 시다. 어려서 고향을 떠나 외지를 떠돌다가 늙어서 고향으로 돌아왔다. 세상은 변했지만 고향의 말은 여전히 옛날과 같다는 것을 표현했다. '鄕音향음'은 방언이다. 어느 시대든 방언의 차이가 있었다. 《禮記예기》〈王制왕제〉편에 "각 지역 사람들의 말이 서로 통하지 않았고 좋아하는 것도 달랐다"라고 했다. 한나라 때의 철학자 王充왕충도 《論衡논형》〈自紀자기〉편에도 "경전의 문장과 성인의 말씀은 옛날이나 지금이나 말이 달랐고 사방의 말도 달랐다"고 했다. 그래서 한대 문학가 揚雄양웅은 방언을 기록한《方言방언》까지 저술했다.

방언은 지역 방언과 사회 방언으로 나뉜다. 지역 방언이란 고향을 떠난 방언이 오랫동안 변해서 형성된 새로운 방언을 말한다. 사회 방언이란 언어의 사회적 변화로 형성된 방언을 말한다. 예를 들면, 근대 이전의 常州상주의 방언에는 街談가담과 紳談신담의 구별이 있었다고 한다. 가담은 성 안에 사는 대부분의 사람들이 주고받는 말이고, 신담은 소수의 문인 혹은 관리들이 사용하는 말이다. 일반적으로 방언이라고 말할 때는 지역 방언을 가리킨다.

중국인의 민족 공통어는 방언을 기초로 하여 만들어졌다. 普通話푸퉁화는 중화민족의 공통어이지만 대다수 중국인이 말하는 이 푸퉁화는 방언의 특징을 가지고 있다. 즉 표준어인 푸퉁화는 "북경어를 표준음으로, 북방화를 기초로 하는 방언"이다. 북경화와 북방화는 방언이다. 푸퉁화와 현대 중국어와는 일치하지 않는다. 중국의 대다수 언어에는 방언의 차이가 있고 방언 현상은 상당히 복잡하다.

중국에는 얼마나 많은 방언이 있을까? 아마도 7, 80개는 된다고 한다. 학계에서는 대개 漢藏한장, 알타이, 西南서남, 南亞남아, 印歐인구, 말레이 · 폴리네시아어 계통의 다섯 가지 종류로 나눈다. 중국어는 한장어 가운데 중요한 언어로 官話관화, 吳語오어, 贛語공어, 客家語객가어, 湘語상어, 閩語민어, 粵語월어 일곱 종류의 방언이 있다.

관화는 사용 인구가 전체 중국 인구의 70퍼센트를 차지한다. 중국 북부, 장강 이남의 쓰촨, 구이저우, 윈난, 시장과 장강 주변의 장쑤, 안후이, 장시, 후베이, 후난에 분포되어 있다.

오어는 8퍼센트 정도인데, 상하이, 쑤저우, 저장 대부분 지역, 장시와 저장 경계 지역에 분포되어 있다.

공어는 2퍼센트를 차지한다. 장시 북부와 중부에 분포되어 있다.

객가어는 4퍼센트인데 장시 남부, 광둥 북부, 푸젠 서부와 타이완의 新竹신주, 苗栗마오수에 분포되어 있다. 공어와 객가어는 거의 비슷하여 동일한 언어 계통의 분파라고 여겨진다.

상어는 5퍼센트를 차지하며, 新湘語신상어와 老湘語노상어로 나뉜다. 후난 洞庭湖둥팅후 이남 지역에 분포한다. 오어와 노상어는 비슷하다.

민어는 4퍼센트를 차지한다. 閩西민서를 제외한 푸젠, 광둥 동부, 해남도, 雷州뇌주 반도 일부, 타이완 대부분 지역, 저장 남부와 푸젠 경계 지역에 분포하고 있다.

월어는 5퍼센트를 차지하며, 광둥 대부분 지역과 광시 서부 지역에 분포되어 있다.

오어, 민어와 객가어는 홍콩과 화교들의 거주지인 해외에도 분포되어 있다. 전 세계 차이나타운의 중국인의 말은 표준어일까? 아니다. 주로 중국 남부의 방언이다. 서양 사람이 켄토니스(Cantonese)라고 부르는 광둥어이다.

아프리카 마다가스카르 섬 동쪽의 조그만 화산섬 모리셔스의 차이니스 2세들은 표준어를 배우러 타이완으로 간다. 제주도 마라도에 자장면 집이 있고, 아프리카에도 자장면이 있다.

민남어 閩南語

闽南语 민난위

타이완에는 민남 사람이 많은 탓에 타이완 표준어 國語궈위를 못한다. 민남어는 방언이다. 閩민은 타이완과 마주하고 있는 중국 대륙의 푸젠성의 별칭이다. 민은 언어 사용에 따라 閩南민남, 閩北민북, 閩東민동과 閩中민중으로 나뉜다. 민난위는 푸젠성 남부 지역에 사는 사람들의 말을 가리킨다. 서구인들은 혹키엔(Hokkien)이라고 한다. 민남어를 사용하는 지역은 푸젠성 남부, 광둥성 동부의 潮州차오저우와 汕頭산터우, 광둥성 서부 일부 지역, 海南島하이난다오, 저장 남부 지역과 타이완, 싱가포르, 말레이시아, 인도네시아, 필리핀, 태국 등의 동남아 화교 거주 지역이다.

민남어가 표준 중국어의 방언이라는 설과 방언이 아니라 또 다른 언어라고 주장하는 설이 있다. 민남어와 나머지 중국어와 차이가 너무나 커서 민남어 가운데 厦門語하문어와 북경어에서 공통으로 어원이 같은 단어는 49퍼센트라고 한다. 영어와 독일어의 58퍼센트보다 낮다. 그만큼 표준 중국어와 거리가 멀다는 뜻이다. 서구학자들은 閩민, 粵위에, 吳우는 독립된 언어라고 주장한다.

한나라 말 삼국 시대 중원 땅에 전란이 발생하자 난민들이 민에 들어오기 시작했다. 원래 이곳에 살고 있던 토착민인 百越族백월족의 언어에 변화가 발생하여 점차 閩語민어가 형성되기 시작했다. 그 이후 漢族한족이 대규모로 민 땅에 들어온 것은 永嘉영가의 난 이후부터이다. 晉진이 남쪽으로 이동하자 많은 한족이 민에 들어올 때 3세기 북방의 구어체 음을 가지고 왔다. 泉州語천주어가 이때 형성되었다.

당대에 陳政진정 · 陳元光진원광 부자가 군대를 이끌고 민에 들어와 반란을 평정하고 漳州장저우에 주둔했는데 7세기의 북방 中古音중고음을 가지고 왔다. 10세기 때 王潮왕조 · 王審知왕심지 부자가 또 군대를 이끌고 와서 黃巢황소의 난을 평정했을 때도 북방의 중고음을 가지고 왔다. 이상과 같은 두 차례에 걸친 이민으로 북방에서 가지고 온 중고음이 변해서 漳州語장주어가 되었다. 명 · 청 이후에 생겨난 하문어와 대만어는 거의 같은데 둘 다 장저우와 취안저우 이민자의 음이 혼합된 것이다.

차오저우의 말은 민남어와 비슷한 점이 많지만 분명 두 언어는 확연하게 다르다. 문법이나 어휘는 같지만 음은 확실히 다르다. 서로 통할 수는 있어 서로 융합되어 있다. 두 언어의 발음이 뒤섞인 말을 사용하는 곳이 싱가포르이다. 현재 사용하는 차오저우의 말은 본래 지역 외에 태국 방콕의 차이나타운, 캄보디아크메르의 화교, 베트남의 일부 화교들이 사용한다. 전 세계에는 약 3천만 명이 사용하고 있다.

해남어는 민남 지역 사람이 이주한 후에 지역 언어와 섞여서 형성된 방언이다. 해남어는 文昌語문창어가 대표적인 말인데 다른 민남어와는 기본적으로 서로 통하지 않는다.

중국어의 음은 上古상고, 中古중고와 近現代근현대의 음으로 나뉜다. 상고음은 주나라, 중고음은 당 · 송, 근현대음은 명 · 청 시기의 음이다. 민남어는 상고 중국의 자음 체계를 계승했다. 민남어는 중고 중국어의 영향을 받지 않았다. 현재 상고 중국어의 자음은 열아홉 개였던 것으로 알고 있다. 그런데 민남어는 이 가운데 열다섯 개나 가지고 있다.

민남어의 모음과 성조는 중고음의 특징을 가지고 있다. 모음에 관해서는 민남어와 광둥어는 중고음을 여섯 개 가지고 있다. 이 가운데 〔-p〕, 〔-t〕, 〔-k〕는 塞音색음이고, 〔-m〕, 〔-n〕, 〔-n〕은 鼻音비음이다. 중국어의 중고음에는 여덟 개의 성조가 있었다. 平평 · 上상 · 去거 · 入입 각기 陰음과 陽양으로 나뉜다. 오늘날 중국어의 방언은 대부분 중고음의 특징이 보존되어 있다.

중국음의 변천을 간단히 살펴보면, 중국에 불교가 전해지면서 평 · 상 · 거 · 입의 4성을 가진 인도의 산스트리트어로 적힌 불경을 중국어로 옮기는 과정에서 중국어에 4성이 들어왔다. 몽골이 중국을 지배하기 시작하면서 왕조의 수도를 중심으로 표준음이 정해진 전례처럼 함양, 장안, 낙양 등 황하 유역에 자리 잡았던 수도가 처음으로 북방으로 옮겨가게 된 뒤로 지금의 베이징인 대도 말의 영향을 받아 입성인 〔p〕, 〔t〕, 〔k〕가 나머지 평 · 상 · 거성음에 편입되고 사라졌다. 원대 周德淸주덕청의 《中原音韻중원음운》에 나타나 있듯이 평음이 다시 陰平음평과 陽平양평으로 나뉜 뒤 음평은 오늘날의 표준 중국어의 1성, 양평은 2성, 상성은 3성, 거성은 4성이 되었다. 그러므로 당송 때의 중고음에는 〔p〕, 〔t〕, 〔k〕가 남아 있었던 것이다. 그래서 예를 들면 唐詩당시을 읽을 때는 중고음으로 읽어야 한다. 시작의 기본은 운율의 리듬감을 불어넣는 시어의 平仄평측과 한 행 끝 글자에 오는 韻운의 조합이다. 평은 1성과 2성, 측은 3, 4성으로 구성된다. 흰 白백자는 현대 한어음으로 바이로 읽고 2성이다. 그러므로 평성이다. 그러나 중고음에서는 입성 글자였다. 우리나라 한자음의 '백'과 유사했다. 〔p〕, 〔t〕, 〔k〕음의 〔k〕음에 해당된다. 우리가 당시를 읽을 때 우리나라 한자음으로 읽으면 어느 글자가 입성 글자인지 쉽게 분간할 수 있다. 그러나 중국인은 입성 글자를 분간해 낼 수 없다. 입성

음이 사라져 버렸기 때문이다. 그래서 타이완에서 출판된 파란색 겉장이 특징인 삼민서국의 《唐詩三百首당시삼백수》에는 시어 가운데 입성 글자는 글자 옆에 점을 하나 찍어 놓았다. 이 점이 찍힌 글자를 우리나라 한자음으로 읽으면 대개 '각', '백' 등이다.

閩東語민동어는 푸젠성 동부 해안과 저장성 남부 지역의 방언이다. 이 방언을 사용하는 사람은 주로 福州푸저우 지역이다. 이 福州話복주화 방언을 이 지역 사람들은 平話핑화라고 부른다. 일상생활 중에 사용하는 언어라는 뜻이다. 복주화는 민동의 대표적인 방언이다. 최근 미국의 뉴욕에 복주화를 사용하는 이민자들의 수가 증가하면서 뉴욕 맨해튼의 차이나타운 일대에 이미 복주화가 통용되고 있다. 동남아시아의 말레이시아, 브루나이, 싱가포르에서 통행되는데, 이 방언 사용자가 1천만 명이 넘는다.

閩北語민북어는 建甌話건구화를 가리킨다. 사용 인구는 1천만 명이고, 南平난핑시와 싱가포르에서도 통행된다.

閩中語민중화는 민남 중부 산악 지역의 방언이다. 주요 지역은 三明산밍, 永安융안시이다. 사용 인구는 350만 명으로 민 방언 가운데 사용 인구가 가장 적다.

蒲仙語포선화는 푸젠 동부 해안의 방언이다. 蒲田푸톈과 仙遊셴요우 지역의 말로 사용 인구는 500만 명이다.

海南話해남화는 瓊文경문이라고도 하는데, 海南島해남도의 언어로 민남어 계통의 지류이다. 이 방언의 특징은 〔p〕, 〔t〕, 〔k〕음이 없고, 吸氣音흡기음 〔b〈〕, 〔d〈〕, 〔g〈〕가 있다.

푸젠성의 방언 가운데 객가어를 사용하는 지역도 있다. 서북부와 서부 일부 지역이다.

남한과 면적이 비슷한 푸젠성에는 이렇게 많은 방언이 있는 것은 고대 교통 지리와 깊은 관계가 있다. 푸젠성에는 산악 지역이 많고 강들이 바다로 흐른다. 평지나 산악지대도 강을 따라 거주하면서 경제 활동이 이루어졌기 때문에 강을 중심으로 언어가 각기 달랐던 것이다.

최근 언어학자의 연구에 의하면 푸젠 방언을 크게 동남 해안 지역 방언과 서북 지역 방언으로 나눌 수 있다고 한다. 전자는 바닷길을 통해 북방 이민자들이 들어와 晉安진안을 형성했고 다시 강을 따라 내륙으로 확장, 형성된 방언이고, 후자는 육로를 통해 저장과 윈난으로부터 우이산을 넘어 建安젠안에 정착하면서 형성된 방언이다. 이 두 지역 사이에는 오랫동안 교류나 접촉이 없었다. 민동 해안과 민서 서북 지역의 방언이 크게 달라졌다. 서로 고립된 지역은 각자 독특한 사회, 교통, 경제, 문화를 형성하여 언어 또한 타 지역과 현격하게 달랐던 것이다.

푸젠성 사람이 산을 하나 넘으면 말이 통하지 않는다.

관화 官話 / 官话 관화

北方話북방화는 중국어의 방언 중의 하나로 관화라고도 한다. 중국에서 광범위하게 사용된다. 서양에서는 보통 만다린(Mandarin)이라고 한다.

관화는 과거 학계에서는 북방 방언이라고 했는데, 지금의 國語궈위, 普通話푸퉁화도 관화에서 변화된 것이다. 현대 표준 중국어, 즉 타이완의 궈위, 중국 대륙의 푸퉁화는 관화 중의 베이징어를 기본으로 삼는다. 중국 인구의 70퍼센트가 관화를 사용한다.

관화의 특징은 중고음의 〔p〕, 〔t〕, 〔k〕, 〔m〕, 〔n〕, 〔ng〕 가운데 〔n〕, 〔ng〕만이 남아 있다는 점이다. 중국음의 입성이 관화에서 사라졌다는 뜻이다. 그리고 〔sh〕, 〔ch〕, 〔ch〕의 捲舌音권설음, 〔er〕의 兒化아화와 輕聲경성 현상이 두드러진다.

東北官話동북관화 사용자는 9천만 명이다. 세 개 분파가 있다. 랴오닝 · 吉林지린 · 延吉옌지 지역의 吉瀋지선, 黑龍江헤이룽장 · 지린 · 네이멍구 자치구 서부의 哈阜하쿠, 헤이룽장 · 네이멍구 일부 지역의 黑松헤이숭이다.

동북관화의 특징은 〔r〕음이 없다는 점이다. 성조는 베이징어와 같으나 陰

平음평 발음이 베이징어보다 낮다. 예를 들면, 동북관화에서는 如루와 魚위, 柔러우과 油요우, 軟루안과 遠위안은 음이 같다. 동북관화는 허베이와 산둥 지역에서 온 이주민이 동북 만주어와 몽골어의 영향을 받아 형성되었다.

북경관화는 방언으로 화북관화라고도 한다. 관화의 한 분파로 베이징, 허베이 북부, 랴오닝, 네이멍구 일부 지역에서 사용된다. 사용 인구 1,500만 명이다. 비록 베이징이란 명칭이 들어 있지만 실제 분포는 원래 熱河열하성 일대로 承德청더, 赤峰츠펑, 朝陽차오양이 중심지다. 츠펑어나 베이징어와 같지 않고 푸퉁화에 가깝다.

북경관화는 중국 관가에서 사용된 표준어다. 북경관화는 청대 옹정 황제가 正音書館정음서관를 설치하고 북경관화를 표준어로 정하고 전국적으로 보급하기 시작하여 이후에 명대의 표준어였던 남경관화를 대신하여 중국의 표준어가 되었는데, 궈위 혹은 푸퉁화라고 부른다.

이 밖에 中原官話중원관화, 冀魯官話기로관화, 膠遼官話교요관화, 蘭銀官話난은관화, 江淮官話강회관화, 西南官話서남관화가 있다.

중원관화는 허난, 산시 關中관중과 산둥 남부를 중심으로 장쑤, 안후이, 산둥, 허베이, 허난, 산시, 간쑤, 닝샤, 칭하이, 신장 지역에 분포되어 있다.

기로관화는 톈진, 허베이 남부, 산둥 서부에 분포되어 있다.

교요관화는 요동반도, 산둥 교동반도에 분포되어 있다.

난은관화는 간쑤, 닝샤, 신장 일부 지역에 분포되어 있다.

강회관화는 강회어가 중심인데 양저우가 중심지이다. 장강 이북 지방은 江北장베이어, 장쑤 강북 지역은 蘇北쑤베이어라고 한다.

문자통일
文字統一
文字统一
원쯔퉁이

문자와 민족의 존속은 상관관계가 있는 것일까? 흉노는 문자가 없었다. 몽골어를 사용한 원나라와 만주어를 사용한 청나라는 중국을 지배했다. 흉노는 사라졌고, 몽골어와 만주어는 살아남았다. 춘추전국 시대는 각국의 말이나 사용 문자도 서로 달랐다. 문자가 통일되지 않았다면 과연 중국은 통일될 수 있었을까?

진시황제는 문자를 통일했다. 한대 사마천의《사기》〈이사열전〉에 "書서는 문자를 동일하게 한다"라고 했다. 이를 후한 때 언어학자 許愼허신은《說文解字설문해자》에서 "진시황제가 천하를 통일하자 승상 이사는 주청하길 문자를 통일하게 하고 진나라의 문자와 일치하지 않는 문자를 폐기하라"고 해석했다. 진나라와 다른 문자를 폐기하는 것은 진나라에서 사용하는 문자만을 사용하도록 했다는 말로 실질적으로 문자 통일인 셈이다. 문자를 통일한 진나라는 중국 최초의 통일국가가 되었고 이후 통일국가는 계속 이어졌다.

전국 시대 때 한자는 형체에 엄청난 변화가 생겼다. 글자를 쉽게 쓰기 위해 俗子속자가 생겨나고 각국의 문자는 더 간소화되었다. 출토된 청동기나 도자기 위에 새겨진 글자, 옥새 위의 문자, 구리 화폐에 새겨진 글 등을 비교해 보면 각국의 말은 음이 다르고 문지 형체도 달라 당시 문사의 혼란한 양상을 확실히 알 수 있다. 周주나라의 태사 籒주가 만든 문자가 大篆대전인데 이 대전을 간략히 한 문자가 진나라 때의 小篆소전이다. 소전은 진나라가 천하를 통일하기 전부터 사용해 오던 문자였다. 전국 시대 진나라의 문자는 다른 나라 문자와 큰 차이가 있었다. 그러나 진대의 소전은 주나라의 문자 전통을 많이 계승했다. 소전에도 속자가 있었다. 진시황제는 소전을 널리 보급하기 위해 李斯이사, 趙高조고, 胡毋敬호무경에게 소전 서체를 사용하여 字書자서를 집필하도록 했다. 그러나 이들 저서는 지금은 소실되었고, 진대의 비문에 새긴 글에서 소전의 모습이 어떠했는지 알 수 있다. 진시황제가 전국을 통일한 후, 다섯 차례 천하를 순행하면서 자신의 공적을 찬양하고 덕을 칭송하는 글을 새긴 비문을 남겼다. 이 비문들은 이사가 직접 쓴 것이다.

소전을 공식 서체로 정하여 전국에 보급하였지만 민간에서 이미 통용되던 간편한 새로운 형식의 서체인 예서의 사용도 허가했다. 1976년 湖北호북성 雲夢운몽 睡虎地수호지에서 진대의 죽간이 발견되었는데, 이 죽간에 적힌 법률 문서들이 예서로 적힌 것으로 보아 공문서에도 예서가 사용되어 정부와 민간 모두에 폭넓게 사용되었음을 알 수 있다. 진대의 관리는 小篆소전이 아닌 隸書예서로 竹簡죽간에 문자를 기록한 것이다. 그래서 진나라의 행정 문서는 예서체였다.

한나라 때 관리는 9천 자의 문자를 모르면 관리가 될 수 없었다고 한다. 그러므로 진나라 때 관리 역시 상당히 많은 수의 문자 해독 능력을 갖춰야 했을 것이다. 문서 통일은 우선 죽간의 길이와 폭의 규격을 통일시키는 것이다. 楚초나라 죽간은 50-70센티미터이고, 진나라의 죽간은 23-24센티미터이다. 그래서 일단 죽간을 통일시킨 후에 서체를 통일했다.

진대의 문자 규범은 알기 쉽고 쓰기 쉬운 문자로 통일하는 것이었는데, 한자의 글자체가 정형화되는 기초를 세운다는 목적도 있었다. 진나라 이후의 서체는 篆書전서에서 隸書예서, 예서에서 楷書해서로 바뀌었다. 오늘날의 글자체는 해서체이다. 그러나 이들의 서체는 한자의 자형에는 큰 변화가 없었다. 이것은 진시황제의 문자 통일 덕분이다.

말은 달라도 문자가 통일되어 공문서가 통용되니 중앙집권이 가능해졌고 국가 시책의 전달과 시행이 수월해져서 국가 통치가 원활했던 것이다.

요하
遼河
辽河
랴오허

요하는 우리나라 역사에 중요한 지역이다. 수당의 고구려 원정은 모두 실패했다. 두 중국 왕조와의 전쟁의 최전선이 바로 요하였다. 유목 부족으로 東胡동호 鮮卑族선비족의 일파인 거란은 수나라 때 요하 상류 지역에 자리 잡았다. 이 거란의 동북쪽은 고구려이고, 서쪽에는 돌궐이 있었다. 北魏북위 시대 중국 내부가 오랫동안 분열과 전쟁으로 혼란에 빠진 기회를 이용하여 고구려는 세력을 확장하고 영토를 요하 일대로까지 확대하였고, 수나라 초에는 영토를 더 넓혀 만주 대부분을 차지했다. 嬰陽王영양왕 때는 말갈족을 이끌고 요하 서부를 공격하기도 했다. 수문제는 수군과 육군 30만으로 고구려를 정벌했다. 그러나 육군은 수해를 만나 군량미 공급에 차질이 생긴데다가 질병이 발생하여 군사들의 사기마저 떨어졌다. 수군은 강풍을 만나 표류한 배의 수가 많아 결국 고구려 원정은 실패로 돌아갔다. 군사 열 명당 여덟, 아홉이 죽었다. 수문제는 죽을 때까지 다시는 고구려를 공격하지 않았다.

수양제 때 수나라는 전성기였다. 영양왕에게 입조를 요구했으나 거절하고 요하에 방비를 철저히 했다. 수양제는 고구려 정벌을 시도했다. 112만 명의 군사를 이끌고 요하를 건너 遼東城요동성을 포위했다. 요동성은 상당히 견고하여 수나라 군대가 함락시키지 못했고, 6월에 수양제가 친히 선선에 나와 진두지휘를 했으나 결코 함락시키지 못했다. 來護兒내호아가 이끄는 수군이 평양성 밖 60리 떨어진 곳에서 고구려 군대를 격파하고 입성하려는데 복병을 만나 패하고 후퇴했다. 宇文述우문술이 이끄는 수군 30만 명이 압록강을 건너 평양에 도착했으나 성이 견고하여 공격하지 못하고 후퇴하였다. 7월에 수나라 군대가 薩水살수, 지금의 청천강을 반 정도 건넜을 때 고구려 군대가 기습하여 전멸시켰다. 본국으로 돌아간 수나라 군사는 겨우 2,700명에 불과했다.

1차 원정 후 2년 뒤에 수양제는 다시 고구려를 친정했다. 수양제는 4월에 요하를 건너 요동성을 공격했고, 우문술은 평양을 공격했다. 20여 일 동안 요동성을 공격하였으나 함락하지 못하고 쌍방에 사상자가 속출했다. 중국 국내에서 楊玄感양현감이 반란을 일으켰다는 소식을 듣고 수양제는 귀국했다가 이듬해에 다시 고구려 원정에 나섰다. 내호아가 평양으로 들어갔다. 고구려왕이 항복을 청하자, 수양제도 사신을 보내 내호아를 철수시키고 자신도 귀국했다. 고구려왕의 入朝입조를 요구했으나 거절당하자 다시 고구려 원정을 계획했다. 실행에 옮기지는 않았다.

중국의 역사책을 보면 수문제의 네 차례에 걸친 고구려 원정에 대해 이렇게 서술하고 있다. 수양제의 고구려 원정은 그 목적이 고구려왕의 입조에 불과했다. 우연히 충동에 의해 발생된 전쟁이었고 이는 결국 수나라의 멸망만을 촉진시키고 말았다. 요동반도는 음력 6, 7월은 우기이고, 8, 9월부터 이듬해 1, 2월까지는 강추위여서 작전과 군량 수송에 큰 방해가 되었다. 속전속결이 최상의 전술이었던 것이다. 그런데 수나라는 우기에 원정을 하였다. 게다가 전선까지의 거리가 너무 멀어 수나라 군사들의 사기가 크게 저하되었다. 반면에 고구려는 철저한 준비, 굽힐 줄 모르는 항전 의지, 복병과 거짓 항복과 같은 전술 운용으로 수나라의 공격을 물리칠 수 있었다.

당태종도 그의 집정 말기에 고구려를 두 차례 원정했지만 모두 실패했다. 고구려에 내란이 발생하여 권신 연개소문이 국왕을 죽이고 등극하자 당태종이 크게 화를 냈다. 이듬해 신라가 당태종에게 상주하길 백제와 고구려가 결탁하여 신라의 조공 길을 가로막아 구원을 청했다. 고구려를 '동이의 오랑캐 국가'라는 뜻의 '東夷蠻國동이만국'이라고 하면서 당나라 천자의 위엄을 보이기 위해 친정을 선포했다. "보잘것없는 고구려를 정복하지 못한 것을 근심하는" 당태종에게 房玄齡방현령이 수많은 양민들을 동원하여 안으로는 수양제의 망국의 설욕을, 밖으로는 신라를 위해 복수하려는 원정은 출병의 명분이 없고 설령 승리를 한다고 해도 고구려 원정에서 얻는 것은 적고 잃는 것이 많다고 하면서 반대했다. 당태종은 낙양을 출발하여 고구려 원정에 나섰다. 요하를 건너 安市城안시성을 두 달 동안이나 공격했으나 함락시키지 못했다. 당나라 군대의 손실이 막대했다. 겨울철에 접어들자 당태종은 "짐

이 천하의 군사로 작은 오랑캐에게 곤경을 당하다니 어찌하여 이렇게 되었나?"라고 하면서 철수하였다.

당태종은 고구려 원정의 실패를 받아들이지 않았다. 천자의 존엄에 큰 상처를 입었다고 여기고 다시 고구려 원정길에 나섰다. 그러나 모두 승리하지 못했다. 그러자 신하가 당태종을 질책하며 "자신의 공로를 과시하며 자제하지 못하고 덕을 버리면서까지 이웃나라를 업신여겼으며 이익을 도모하느라 위기가 닥칠 것을 잊고 계십니다"라고까지 했다. "군주가 신하의 귀에 거슬리는 말을 듣지 않으면 국가가 멸망한다"고 納諫납간을 중시했던 당태종은 말년에 이르러서는 오히려 "나에게 간언을 하는 자는 당장 죽이지 못하면 후에 반드시 죽일 것이다"라고 호언했던 수양제의 전철을 밟았다.

중국 역사에서는 당태종을 진시황과 한무제에 비견하는데, 이 세 군주의 공통점이 있다. 그것은 세 사람 모두 말년에 이르러 앞서 이룩한 훌륭한 치적과는 달리 정치에 실패했다는 점이다. 진시황과 한무제는 말년에 황제 자리를 연장하고파 불로장생할 수 있는 허망한 미신에 정신이 팔렸고, 진시황과 당태종의 무리한 토목공사로 백성의 부역이 가중되었고 당태종은 여기에 하나를 더 보태어 대외 원정으로 무너지고 말았다. 따옴표 안의 문장은 중국 역사에 기록되어 있는 것을 인용하였다. 고구려가 중국에 엄청난 피해를 입혀 이에 복수하려는 차원도 아니었다. 명분 없는 단순한 국가 간의 외교문제를 전쟁으로 몰아간 군주 한 사람의 잘못에 대한 감정적 대응이자 분노의 표출이었다. 중국의 고구려 원정과 고구려의 중국에 대한 항쟁의 현장이 바로 요하 일대이다.

전쟁이나 수렵을 하러 나가기 전에 길흉을 점쳤던 기록의 甲骨갑골이 중국 문자의 기원이라고 중국 역사서에 기록되어 있었다. 그런데 최근 랴오허 지역에서 세계에서 가장 오래된 신석기 시대 유물 발굴 과정에서 갑골보다 앞선 시기의 卜骨복골이 발견되면서 중국이 뒤흔들렸다. 또한 복골은 중원 땅에서 발견된 것이 아니라 중화민족이 문화적으로 뒤쳐져서 야만인에 가깝다고 비하하며 오랑캐 땅이라고 부르던 지역에서 출토되었다. 지금의 베이징 동북부 랴오허 서부 지역이다.

중국인이 늘 중화 문명의 근원이라고 여겼던 기원전 4000년경의 黃河황허 유역의 仰昭앙소 문화와 기원전 5000년경의 長江창장 즉 양자강 하류의 河母渡하모도 문화보다 2천 년 이상 앞선 小河西소하서 문화가 遼西요서 지역에서 발굴되었다. 이 지역에서 발굴된 문화를 시대 순으로 나열하면, 소하서 문화 → 興隆洼흥륭와 문화 → 査海사해 문화 → 富河부하 문화 → 趙寶溝조보구 문화 → 紅山홍산 문화 → 小河沿소하연 문화 → 夏家店하가점 하층 문화이다. 그런데 기원전 5000년경의 부하 문화에서 가장 오래된 卜骨복골이 발견되었다. 이런 복골의 전통이 요서 지역에서 시작하여 남하한 동이족에 의해 세워진 商상나라의 갑골로 발전한 것이다. 상나라는 기원전 1711-1066년까지 山西산시, 河北허베이, 河南허난 지역의 왕조였는데, 盤庚반경 때 지금의 허난성 安陽안양 小屯村소둔촌인 殷은으로 천도했기 때문에 殷은 또는 商殷상은이라고 부른다. 19세기 말경에 殷墟은허에서 갑골문이 발견되었다. 또한 소하연 문화(기원전 3000-2000년)에서는 갑골문의 전 단계인 陶符도부 문자가 발견되었다. 도부 문자는 갑골문 이전의 원시 상형 문자로 토기에서 일곱 개가 새겨져 있다. 王왕, 田전, 圃포, 桑상 등의 글자다. 중국학자의 해석에 의하면 일곱 가지 도부 문자를 하나의 원시적인 祭文제문으로 보고 해석하길, 베를 짤 줄 알고, 귀신에게 제사를 지낼 줄 알며, 농사도 지을 줄 알고, 도공들이 제사를 지낸다는 내용이라고 한다.

중국은 갑골문을 한자의 기원으로 여기고 있지만, 이보다 앞서 갑골문의 기원이 되는 도부 문자가 요하 문명에서 발견된 것이다.

황하 중심의 문명기원론에서 급선회한 중국은 요하 문명이 중화민족의 근원이고 이곳의 문화가 중원의 각 지역으로 전파되었다고 대폭 수정하였다. 가히 문화의 혁명적 선언이라고 할 수 있다. 정부의 공식 발표는 아니지만 중국 학계가 주도하여 이런 주장을 한다면 이 지역 문명과 밀접한 관계를 맺고 있었던 고조선과 고구려의 단군과 주몽은 당연히 중화민족의 후손이 되는 것이다. 최근 출판된 우실하의 《요하 문명론》에서 저자는 요하 문명을 중화 문명의 시원으로 잡고 고대로부터 요하 일대의 모든 민족과 역사를 중국사로 편입한다면 문명 전쟁이 일어날 것이 우려된다면서, 요하 문명 혹은 동북아 문명을 동북아시아 모든 국가들의 공통의 시원 문화로 삼고, 이를 공동으로 연구하여 21세기 동북아 문화공동체의 근원으로 활용하여야 한다고 주장하였다.

역대로 끊임없는 교류의 역사를 가진 한·중·일 삼국의 상생의 길을 제시한 것으로 앞으로의 동아시아의 공동 번영의 미래를 결정하는 합리적이고 이성적인 방법이라고 생각한다.

체면 體面
体面 티멘

한국인들은 원화의 위력을 마음껏 즐기며 베이징 천안문, 왕푸징, 자금성을 어깨를 으쓱대며 활보했다. 택시를 타면 싸다고 거스름돈도 마다했고 음식점에서 술집에서 관광 상품을 파는 가게에서 팁을 팍팍 주었다. 민족의 영산을 찾는다고 의기양양하게 백두산에 큼지막한 태극기를 쑥쑥 꽂고 소주를 부어가며 넙죽넙죽 절을 했다. 대한민국 만세! 만만세! 그러나 이런 봄날은 이제 끝을 보이기 시작했다.

최근 싼 임금과 각종 혜택의 유혹을 받고 중국에 진출했던 한국 업체들이 야반도주하는 경우가 많다고 한다. 이런 '먹튀'를 막는다며 폭력배까지 동원해 밀린 임금을 받아내는 사례가 급증하고 있다고 전한다. 슬픈 일이다. 전혀 사전준비 없이 무작정 중국에 진출하는 모험 뒤에 도사린 함정을 미리 감지했어야 옳았다. 자신의 속셈을 숨기고 차근차근 실력을 쌓아가는 중국인. 산을 다른 곳에 옮기기 위해 한 삽씩 퍼 나르는 우공이산 정신으로 무장한 무서운 중국 사람을 우직하고 바보스럽다고 깔보던 한국인은 이제 꼬리를 내리고 있다.

타이완 유학 시절 시내 책방에 가기 위해 버스를 탔다. 시내로 통하는 다리를 막 지나는데 홍수로 밀려온 토사를 강바닥에서 퍼 올리는 포클레인이 보인다. 단 한 대다. 그 다음 주에 그 다리를 또 지나가게 되었는데 여전히 한 대만 작업을 하고 있다. 이유야 모르겠지만 우직하게 단 한 대만으로 일하는 모습은 인상적이었다. 타이페이 시내는 복잡하다. 교통사고가 났다. 중국에서는 큰소리친다고 문제가 해결되지는 않는다. 그냥 마냥 기다린다. 버스 안의 승객도 무더운 날씨에도 불구하고 기다려 준다. 경찰이 와서 문제를 해결했다.

중국에 진출한 한국 기업들이 무단 철수하는 이유는 2008년부터 실시되는 신노동법에 따른 인건비 인상, 외자 기업의 경우 15퍼센트에서 25퍼센트로 인상된 세금과 토지 사용세 부과 등 때문이다. 노동 집약적 기업일수록 인건비 부담이 기업 경영에 큰 부담으로 작용하기 마련인데 중국에 진출한 한국 기업의 상당수가 바로 노동집약적 기업이다. 거래업체 대금과 임료 미지급, 건물 임대료 체납으로 감금, 납치, 폭행까지 당하는 한국인이 급증하고 있다.

2000년부터 2007년까지 중국 칭다오 지역에서 무단 철수한 한국 기업은 전체 진출 기업 8,344개 중 2.5퍼센트인 206개인 것으로 나타났다. 2000년부터 2002년까지는 무단 철수한 한국 기업은 없었지만, 2003년 21개를 시작으로 해마다 늘어나 2007년에는 87개로 급증했다.

중국에 투자한 기간이 10년 미만인 외국 기업은 청산할 때 토지 사용과 세제 등에서 받았던 혜택의 일부를 환급해야 하고 또 청산 승인을 받기까지 최소한 6개월 이상이 걸린다.

'빨리빨리' 습관에 젖은 우리네가 모르는 중국인의 성격 중 중요한 것 하나가 있다. 중국인이 현실적이라고 하지만 의를 아주 중시한다. 공자도 군자는 義의에 밝고 소인은 利이에 밝다고 말했다. 중국인은 옛날부터 지금까지도 關羽관우를 숭상한다. 중국 전역에 관우 사당이 세워져 있고, 우리나라에도 관우 사당이 있을 정도다. 우리가 잘 알고 있는 소설《삼국지》에 등장하는 관우는 의를 지킨 인물로 묘사되어 있다.

의리는 중국인과 가까이 지낼 수 있는 자산이다. 인간적인 정을 쌓아야 중국인과 친해질 수 있다. 이런 의리는 중국인이 사회생활에서 가장 중요시하는 체면에서 나온다. 체면을 가볍게 여기는 민족이나 사람은 없겠지만 중국인의 체면을 중시하는 경향은 거의 목숨과 같다.

느리다 慢慢的

慢慢的 만만디

중국인은 만만디하다고 한다. 느리다는 뜻이다. 하지만 실제는 그렇지 않다. 중국인이 얼마나 잽싼지 우리는 잘 모른다. 세계적인 육상선수 류시앙이 장애물을 건너뛰듯이 비디오테이프를 건너뛰어 곧바로 CD로, DVD로 넘어갔다. 빨리빨리는 중국어로 快快콰이콰이다. 짝퉁 만드는 것을 봐라! 얼마나 빠른가. 남의 나라는 수십 년 걸린 것을 하루아침에 뚝딱 해치운다.

아편전쟁에 패한 청나라 정부가 영국 함대에 맞서 두 척의 군함을 구입하기 위해 국민에게 거두어들인 막대한 세금을 중간에 가로채어 서태후가 만든 정원 頤和園이허위안에 들어서면 긴 회랑이 있다. 호수 쪽 난간과 회랑 사이를 유심히 살펴보면 바닥에 작은 자갈로 꽃, 동물 등 갖가지 장식을 한 길이 나 있다. 그 옛날 청나라 때 수많은 사람을 동원하여 일일이 자갈을 땅에 박았으리라. 빨리 할 수 있는 작업이 아니다.

만리장성 또한 벽돌을 한 장 한 장 쌓아 올린 것이리라. 중국인 수만큼이나 많은 벽돌을 등에 짊어지고 산등성이를 올라 쌓았던 것이다. 말이나 소를 이용하기보다는 인간의 노동력에 의존하기가 더 쉬웠을 것이다.

뒤떨어진 경제 수준을 바짝 끌어올리기 위해 중국 정부는 인간의 노동력 대신 과학의 힘을 이용하려 하고 있다. 세계 수준을 따라가기 위해서라도 서구의 과학을 빨리빨리 수입해야 했다. 李鴻章리훙장이 흠차대신에 임명돼 영국을 방문했다. 그는 제철소를 찾아갔다. 어떻게 함대의 대포를 만드는지 학습하러 간 것이다. 빨리빨리 배웠다. 귀국한 후 함대에 자국산 대포를 달고 서구 열강과 싸웠다. 그러나 대포알을 장전하고 포를 발사하는 순간 대포가 터져 버렸다.

일본이 올림픽을 개최한 지 20년이 흐른 뒤에 서울에서 올림픽이 열렸다. 그 뒤 꼭 20년 만에 베이징에서 올림픽이 열렸다. 월드컵은 언제 개최할 수 있을까? 우리와 일본이 개최했으니 중국도 반드시 조만간 개최하려고 할 것이다.

바쁘다는 忙망자는 마음을 잃는다는 뜻이므로 제정신이 아니다. 그래서 "요즘 어때?" 하고 물으면, "정신없이 바쁘다"는 말을 한다. 忘覺망각의 늪은 깊다. 느낌이 없으면 환상이다. 상상력 없이 현실적인 삶에 충실하면 속물이 된다. 동작은 빨라도 생각은 느려야 한다. 그래야 여유가 생긴다. 품위 있는 삶을 영위하려면 느리게 사는 지혜를 터득해야 한다. 머리는 슬로우, 다리는 퀵퀵.

백만장자 大富翁

大富翁 다푸웡

"부자 되세요~."

월가의 투자 귀재이며 로저스 홀딩스 회장인 짐 로저스는 부자가 되기 위해서는 세상을 읽는 법부터 알아야 한다고 말한다. 그 경력이 흥미롭다. 1980년 헤지 펀드 투자가로선 엄청난 수익을 올렸던 서른일곱 살 나이에 돌연 월가를 떠났다. 한곳에 앉아 숫자놀음만 하고 싶지 않다고 선언을 하고는 1990년에 오토바이를 타고 1년 동안 52개국 10만 4천 킬로미터를 달렸다. 지구 둘레 두 바퀴 반에 해당된다. 1999년부터 2001년까지 3년 간 116개국 24만 3천 킬로미터를 자동차로 여행하면서 투자 대상을 눈여겨보았다.

국제자산관리회사인 메를린치그룹이 최근 발표한 '2004년도 전 세계 부유층 보고서'에 의하면, 중국에서 금융자산이 100만 달러가 넘는 백만장자는 23만 6천 명이나 된다고 한다. 이는 한국 6만 5천 명의 네 배에 가까운 규모다.

메를린치그룹에서 정의한 백만장자란 개인주택을 제외한 금융자산이 100만 달러를 넘고 이 돈으로 언제든지 증권이나 채권에 투자할 수 있는 사람을 말한다. 백만장자는 전 세계적으로 830만 명으로 북미가 270만 명, 유럽이 260만 명, 아시아가 230만 명, 중동이 25만 명이다.

아시아에서는 일본이 134만 명으로 가장 많은데, 중국은 GDP(국내총생산)의 급성장과 위안화 환율 안정, 수출 급증 등으로 백만장자가 급격히 늘고 있는 것으로 조사됐다.

1994년 겨울 처음으로 북경에 갔을 때 가장 먼저 눈에 띄는 게 택시였다. 운전수 좌석 주위에 철창 같은 칸막이가 있는 것이 의아스럽게 생각됐다. 많은 현금을 가지고 있다 보니 강도를 당하기 일쑤여서 손님은 칸막이에 난 조그만 구멍으로 돈을 지불해야 했다. 당시는 교수 월급보다 택시 운전수 돈벌이가 더 좋았다.

1999년 중국 최고의 명문대학에 와 있던 노벨물리학상 수상자인 양전닝 교수가 중국 5대 명문대학 총장들과 함께 교수 봉급에 관한 논의를 하고, 중국 명문대학의 교수들이 급속히 발전하고 있는 경제성장의 일등 공신인 인재를 길러냈는데도 교수들 자신의 봉급은 형편없다고 하면서 중국 정부에 봉급 인상을 긴의했다. 내용인즉 현식 교수들의 경력과 연구업적 등을 고려하여 5등급을 중심으로 모두 9등급으로 나누어 연봉 수준을 정한다는 것이다. 이후 다른 대학들도 이 영향을 받아 구조조정이라든지 다른 대학과의 합병을 추진하면서 대학의 개혁 바람이 불어닥쳤고, 이로 인해 교수들의 연봉이 전보다 많아진 것은 사실이다. 교환교수로 왔던 상하이의 명문 푸단 대학의 吳우 교수는 부인도 같은 대학 영어과 교수인데, 한국 자동차를 구입했다고 자랑했다.

재산이 늘고 권세가 커지면 과거에 가난했던 햇병아리 시절은 잊고 겸손해지기보다는 남을 업신여기고 거만해지기 쉽다. 이를 '富貴驕人부귀교인'이라고 한다. 이를 경계하기 위해 공자는 재물이 부유해도 교만하지 않아야 한다고 했는데, 이를 '富而不驕부이불교'라고 한다. 그래서 재물이 부유해도 겸손하며 예의 바라야 한다는 '富而好禮부이호례'라는 말이 생겨났다.

부귀해지면 깊은 산속에 살아도 먼 친척이 찾아와 손을 벌린다. 온갖 유혹에 빠져 재산을 탕진한다. 부귀영화는 한 번 핀 꽃처럼 언젠가는 시들어 버린다. 미국에서 복권에 당첨된 자들의 당첨 후의 삶을 조사한 결과 열의 아홉은 자살했거나 돈을 모두 탕진했다고 한다.

'富貴浮雲부귀부운'이란 말은 부귀는 뜬구름과 같다는 말이다. 동시에 부귀를 하늘에 뜬구름 같이 여겨야 한다는 경구로도 쓰인다. '富貴榮華부귀영화'는 세상에서 가장 아름다운 꽃이다. 왜냐하면 華화와 花화는 서로 통하는 글자이기 때문이다. '富貴榮花부귀영화'인지 부귀는 시들어 버린다는 뜻의 富貴零化부귀영화인지 알 수 없다.

영어 英語
英语 잉위

중국에서는 영어를 배우면 돈을 벌 수 있다. 영어가 돈을 버는 도구다. 李陽리앙은 '미친 영어(Crazy English)'로 우리나라에도 잘 알려진 사람이다. 빠른 속도로 영어를 반복해서 연습하는 학습법으로 중국에 영어 붐을 일으켰다. 전국 각지를 돌아다니며 공개강좌를 300여 회 열었다. 그의 강의를 직접 들은 사람은 3천만 명에 이른다. 도시 공원이나 광장에 가 보면 적게는 두세 명, 많게는 열 명 정도가 모여서 영어로 얘기하는 모습을 볼 수 있다.

베이징시는 2005년 5월부터 시민 영어 교육 계획을 발표했다. 목표는 전 시민의 3분의 1인 500만 명이 간단한 영어 회화를 구사할 수 있게 하는 것이다. 정부는 무료 영어 강좌 개설, 영어 웅변대회 개최, TV 영어 방송 제작 등 다양한 방법을 계획하고 있다. 또한 시 교통위원회는 지하철 승무원 전원에게 영어 수업에 참가하도록 지시했고, 택시 운전사 자격시험에도 영어가 필수과목으로 채택됐다. 2008년에 올림픽 개최로 수많은 외국인이 몰려들

것에 대비한 것이리라.

중국에 영어 붐이 일고 있다. 유치원에서부터 영어 배우기에 열을 올리고 있다. 초등학생은 영어를 일주일에 세 시간 이상 배우고 있다. 대학생 역시 졸업 후 많은 봉급을 보장해 주는 영어 배우기에 열심이다. 어느 대학교나 아침 일찍 가 보면 교정에서 뭔가를 큰소리로 읽고 외우는 모습을 볼 수 있다. 외우는 양도 적지 않다. 영어는 돈이기 때문이다. 영어를 잘하면 졸업 후 일반 중국 회사보다 두세 배 많은 봉급을 받을 수 있는 외국계 회사에 입사할 수 있게 된다.

필자가 한국학술진흥재단 파견 교수로 베이징외국어대학교에서 1년 동안 중국 학생들을 가르칠 때 미국인 영어 강사에게 중국 학생들이 어떻게 해서 영어를 잘하느냐고 물었던 적이 있다. 자신은 중국어를 못하고, 영어 문장과 중국어 문장이 문법적으로 비슷하다는 것을 알고 있지만 그것이 영어를 잘 구사하는 첫째 이유는 아니라고 하면서 그 무엇보다도 중국 학생들이 필사적으로 영어 문장을 몽땅 처음부터 끝까지 외우기 때문이라고 했다. 일정 부분 맞는 말이다. 더 나은 삶을 위한 밥그릇과 영어가 직접적인 관계가 있기 때문이다.

북경외국어대학은 영어 방면에서는 베이징대학과 더불어 국가에서 정한 중점학과이다. 중국은 이미 대학을 특성화하였다. 보통 베이징대학과 淸華칭화대학을 양대 명문대학으로 인정한다. 그러나 창설 초기에는 칭화대학은 인문학과가 유명했다. 칭화대학에 소설 〈背影배영〉(아버지의 뒷그림자)로 유명한 작가이자 학자였던 朱自淸주쯔칭의 유명한 수필 〈荷塘月色하당월색〉(달빛 아래 연꽃)의 실제 무대였던 近春樓근춘루 옆 연못이 있다. 지금은 베이징대학은 인문사회 계열, 칭화대학은 이공계열 중심으로 특성화되었다.

북경외국어대학은 외교학과와 영어를 비롯한 세계 각국의 언어를 가르치는 대학이다. 한국외국어대학과 비슷하다. 그러나 다른 점은 예를 들면 영어과는 2학년까지는 회화 위주의 영어를 마스터하고 3학년 때부터는 외교영어, 정치영어, 경제영어, 영문학 중 하나를 전공으로 선택하여 배운다.

한 분야에 정통한 영어를 가르쳐 그 분야의 인재를 배양하도록 학과를 특성화한 것이다. 그중 영문학을 배우는 학생이 가장 적다. 실용적인 영어를 가르쳐서 국가의 인재로 키우는 것이다.

우리나라의 영어영문학과의 학과목은 대부분 영문학을 아주 세분하여 가르치고 있다. 유명 시인과 소설가의 작품도 가르쳐야 하지만 영문학 이외의 실용적인 영어는 별로 가르치지 않는다. 국가가 필요로 하는 특정 분야에 정통한 영어를 구사할 수 있는 인재는 필요하지만 그런 특정 분야의 영어를 가르칠 교수가 없다. 모두 영문학이나 영어학 학위를 받았기 때문에 그런 실용적인 영어를 가르치려고 하지 않는다. 우리나라 대학도 영문학을 주로 가르치는 대학과 그렇지 않은 실용적인 영어를 가르치는 대학으로 나누든지 학생들의 수요에 맞춰 영문학과 실용영어 과목을 동시에 중시하는 방면으로 나아가야 한다.

북경외국어대학은 졸업에 필수인 영어 점수가 학과마다 다르다. 물론 영어과는 학과 중 영어 졸업점수가 가장 높다. 외교학과는 영어가 필수이고 각국의 외국어를 자신이 선택하여 배운다. 세계 각국 주재 중국대사 가운데 이 대학 졸업생이 85퍼센트를 차지한다. 이 대학은 우리나라 대학이 벤치마킹할 대상이다.

영어를 잘하면 반드시 돈만 잘 버는 것은 아니다. 章含之장한즈는 마오쩌둥의 영어강사를 지냈던 전 외교관으로 1972년 역사적인 리처드 닉슨 미 대통령과의 대담에서 영어 통역을 맡았다. 장한즈의 사망 소식은 관영 통신을 통해 발표됐다. 장씨의 딸 洪晃홍황이 베이징에서 자신의 블로그에 장한즈가 지병을 앓다가 향년 72세를 일기로 사망했다는 소식을 알렸다. 홍황은 유명한 영화감독 陳凱歌천카이거의 전 부인이다.

중국이 유엔에 재가입한 후에 중국 대표단의 일원으로 유엔에 가입한 후 1971년 미국을 방문했다. 2년 후에 중국의 유엔 대표이고 1974년부터 1976년까지 중국 외교부장을 맡았던 喬冠華차오관화와 결혼했다. 두 사람은 국방부장관 헨리 키신저나 미 대통령 이전의 유엔대사이고 미국 연락사무소 소장이었던 조지 부시 등 미국 고위층과 접촉하였다. 장한즈는 우아하고 아름다우며 완벽한 영어를 구사한다는 평을 받았다.

최근까지 장한즈는 중국 고위관리들이 많이 사는 베이징 中南海중난하이 근처에서 살아왔다. 2년 전에는 딸과 함께 영화에 출연하여 배역을 맡기도 했다. 장씨는 1935년 상하이에서 장사를 하는 아버지와 점원인 어머니 사이에 태어났다. 가난했던 부모는 딸을 변호사이자 학자로 교육부 장관을 역임한 章士釗장스자오에게 입양 보냈다. 양아버지의 절친한 친구이자 마오쩌둥이 다녔던 長沙창사의 호남제일사범학교 교수이며 두 번째 부인 楊開慧양카이후이의 부친이 楊昌濟양창지였다. 양카이후이는 1930년 국민당파에게 살해되었다. 양창지는 마오쩌둥에게 큰 영향을 끼친 인물이었다.

양창지는 호남제일사범학교에서 윤리학을 강의했다. 고전철학을 전공하고 10년 가까이 일본, 영국, 독일에서 공부했다. 사무엘 마일즈(Samuel Smiles)의 찬양자이고 칸트와 그린(T. H. Green)의 사상을 신봉했으며 朱熹주희의 주자학에 정통했다. 그는 서구의 사상과 제도, 과학과 기술을 중국에 응용하여야 하는 한편 중국의 민족적 유산을 잊어서는 안 된다고 강조했다. 서구를 배우는 목적은 중국 문화에 동력을 불어넣기 위한 것이라고 했다. 훗날 마오쩌둥은 그에 대해 "사회가 필요로 하는 정의롭고 도덕적이며 덕망 있는 사람이 되도록 감화를 준 높은 도덕적 인격을 갖춘 사람"이라고 극찬했다.

1918년, 장스자오는 양창지를 설득하여 마오쩌둥을 베이징으로 보내 교육을 받도록 했다. 양창지는 당시 베이징대학 교수로 전임되었고, 그의 소개로 도서관장이었고 후에 역사학 교수가 된 李大釗리다자오의 추천으로, 비록 호구지책의 일환이었지만, 베이징대학 도서관에서 일자리를 구할 수 있었다. 리다자오는 陳獨秀천두수와 함께 중국 공산당 창당의 중심인물이었다. 마오쩌둥은 전통 사회에 의해 개인에게 부과된 제약에서 벗어나기 위해 노력했기 때문에 무정부주의자 천두수의 영향을 크게 받았다. 천두수는 베이징대학 문과대학장을 맡았고, 1919년 5·4운동 때 학생 데모를 지지했다는 이유로

6개월간 구금되었다. 한편 마오는 리다자오에 의해 만들어진 '마르크스주의 연구회'에 참가했다. 마오의 정신적 지주였던 양창지는 1919년 11월 세상을 떠났다. 마오는 같은 후난 출신이고 정치인으로서 정치권력과 군사력을 지배할 줄 알았다는 점에서 曾國藩쩡궈판을 찬양했다. 이 시기에 장스자오 집안은 마오쩌둥에게 재정적 지원을 아끼지 않았다. 1949년 중화인민공화국 성립 이후 장스자오 집안은 정부 고위층들과 밀접한 관계를 맺었다.

장한즈는 베이징외국어대학을 졸업했다. 1963년 마오쩌둥의 70세 생일에 그녀는 마오쩌둥을 만났고 그의 개인 영어 강사가 되었다. 당시 장한즈는 28세였다. 그녀의 회고에 의하면 마오쩌둥은 영어 배우기보다는 바깥세계에 대해 알고 싶어 했다고 한다. 얼마 후 문화대혁명이 일어나 영어 강사를 그만두었다. 1970년, 마오쩌둥은 그녀를 다시 불러 외교업무를 맡도록 했다. 그녀는 외교부에서 일을 하면서 1971년 비밀리에 중국을 방문한 헨리 키신저와 1972년 닉슨 미 대통령 중국 방문 때 周恩來저우언라이의 통역을 맡았다. 미국과 중국의 외교 재수립이라는 역사적인 자리에 그녀가 있었던 것이다.

그녀는 베이징대학 교수와 결혼을 했다가 이혼을 했다. 1970년대 중국의 대외개방에 중요한 역할을 담당했던 외교부 부장 차오관화와 재혼했다. 1976년, 마오쩌둥이 죽고 장한즈와 차오관화는 마오쩌둥의 네 번째 부인인 姜青장칭과 문화혁명 기간에 마오쩌둥을 조작하면서 참혹한 살육과 피해를 입힌 '四人幇쓰런방'과의 친분을 의심받아 가택 연금되었다.

문화대혁명 기간에 희생을 당했다고 말하는 장한즈는 1999년《뉴욕타임스》와의 인터뷰에서 紅衛兵홍웨이빙이 자신에게 강요한 일에 대해 말한 적이 있다. 홍위병들이 어느 날 가위를 하나 주었고 그 다음 날은 새끼줄을 주었다고 하면서 자살을 하라는 암시를 주었다고 했다. 장한즈와 남편은 1980년 석방되었고 차오관화는 1983년 70세를 일기로 세상을 떠났다.

영어를 잘하면 돈을 많이 벌 수 있어 좋지만, 높은 사람들 자리에 여기저기로 불려 다니다가 너무 많은 것을 알게 되어 목숨이 위태로울 수도 있다.

부인 愛人
爱人 아이런

베이징 사람은 부인을 爱人아이런이라고 부른다. 이 말은 '여친'이나 '남친'을 가리키는 말이 아니라 부부가 서로를 친근하게 부를 때 쓰는 말이다. 주로 남편이 자기의 아내를 부를 때 쓴다. 여자 친구는 女朋友뉘펑요우, 남자 친구는 男朋友난펑요우라고 부른다.

필자는 1989년 호주 시드니대학 유학 시절, 안식년을 이용하여 와 있던 북경사범대학의 陳천 교수를 알게 되었다. 그는 셰익스피어 전공자였는데 정년을 앞두고 있었다. 동아시아학과에서 한 달에 한 번씩 중국학 전공 중국인을 초대하여 중국 관련 강연회를 개최하는데, 뒤풀이로 저녁에 시내 차이나타운의 중국 음식점에서 저녁식사를 할 때 사모님과 함께 만났었다. 한 달 뒤 천 교수 부부를 집으로 초대하여 함께 한국 음식을 먹으며 이런저런 얘기를 나누었었다. 그리고 그 뒤 1995년, 베이징의 천 교수 집에 저녁식사 초대를 받았다.

천 교수 집은 방 두 칸과 부엌이 전부인 아주 자그마한 아파트였다. 천 교수는 이미 정년퇴직을 한 때였다. 중국 정부는 소수민족을 제외한 모든 한족 가정에 산아제한을 실시하여 자식을 한 명만 낳도록 했는데, 천 교수 부부도 딸 하나만 슬하에 두었다. 대학에 입학하여 기숙사에 숙식을 하게 되었다고 하면서 딸의 빈 방을 물끄러미 바라보는 부부의 텅 빈 마음 한구석을 느낄 수 있었다. 자그마한 식탁 한쪽에 보통 중국인들이 먹는 음식 몇 가지가 이미 준비되어 있었고 먼저 차를 내왔다. 이런저런 얘기를 나누었는데, 가장 놀랐던 점은 가정 내에서 남편과 부인이 담당하는 일이었다. 중국인은 우리가 손님을 초대할 때처럼 상다리 부러지도록 음식을 가득 준비하지 않는다. 준비된 재료를 즉석에서 기름에 볶는 형식이어서 먼저 천 교수와 차를 마시고 있을 때 사모님이 부엌에 들어가 두세 가지 요리를 만들었다. 마지막으로 손님 접대의 하이라이트라고 할 수 있는 생선요리 차례였다. 사모님이 천 교수에게 요리를 하라고 시켰다. 그리고 사모님은 63도짜리 명주 汾酒펀지우를 꺼내와 필자와 함께 마셨다. 가부장적 집안에서 자란 필자는 아버지가 부엌에 들어간 경우를 본 적이 없었기 때문에 그 광경은 상당히 놀라운 것이었다. 설거지도 남편에게 시키는 것을 보고 또 한 번 놀랐다.

필자는 그때까지 가족을 중심으로 부모님에게 효도하고 형제간에 우의를 다지고 밖에 나가서는 웃어른을 공경하며 국가에 충성을 다 바치는 것을 미덕이자 의무인 양 무의식에 가깝도록 소중하게 여겼던지라 타이완에서도 이와 비슷한 문화 충격을 받았던 적이 있다. 결국 나중엔 이런 차이가 朱子學주자학의 영향이라는 것을 알게 되었다. 공자, 맹자의 유가철학이 한나라를 거치면서 송나라에 이르러 주자학으로 변용되었고 이런 주자학이 조선에 수입되었는데 주자학의 근간을 통치철학으로 삼으면서 이론과 형식에 치우쳤고 이는 일상생활에까지 큰 영향을 끼쳤다. 중국인은 이념보다는 현실을 중시한다.

중국어에 존칭어가 없는 것은 아니지만 많지 않다. 너는 你니인데 존칭어 您닌은 거의 쓰지 않는다. 교수한테는 你니를 쓰지 않고 대신 老師라오스라고 부른다. 이 말은 '늙은 스승님'이란 뜻이 아니다. 스승 師사 자는 중국어로 스라고 읽는데, 중국어에는 四聲사성이 있어 스라는 발음은 네 가지로 읽을 수 있다. 제1성의 스에는 주검 尸시, 잃을 失실, 시 詩시 그리고 스승 師사 자가 여기에 속한다. 제2성은 열 十십, 돌 石석, 때 時시, 먹을 食식이 있다. 제3성은 역사 史사, 화살 矢시, 처음 始시이다. 제4성에는 선비 士사, 저자 市시, 시험할 試시, 일 事사, 옳을 是시가 있다. 한 글자만 말하면 몇 성의 글자인지 모르기 때문에 두 글자를 합쳐서 말하면 그 단어를 쉽게 알 수 있다. 특히 서로 모르는 사람이 통성명을 할 때, 예를 들면, 李海元이해원은 木子李무쯔리, 海洋的海하이양더하이, 元宵的元위안샤오더위안으로 읽는다. 사람들이 익히 잘 알고 있는 글자를 조합하거나 단어를 지적하면 된다. 그래서 스승을 스라고 하지 않고 라오스라고 한다. 스라는 음을 가진 글자가 많아 어느 글자를 말하는지 모른다. 왜냐하면 앞에 라오을 붙이고 라오스라고 말하면 이 글자가 무엇인지 누구나 다 알기 때문이다. 호랑이를 그냥 虎후라고 하지 않고 老虎라오후라고 말하는 것처럼.

대학 강의실에서 여학생이 당당하게 자신의 의견을 발표하고, 젊은 교수 어깨에 손을 얹거나 그 앞에서 담배를 피우기도 한다. 오히려 그 교수가 한국 유학생들에게 노란색 곽의 長壽창서우라는 담배를 나누어 주면서 피우라고 하기도 했다. 남자가 부엌에 들어가기 일쑤이며, 맞벌이부부 중 먼저 퇴근하는 사람이 귀가하면 저녁을 준비하고 설거지는 남자 몫이다. 명분보다 실제, 체면보다 현실이 우선이다.

아내를 한국에서는 애인이라고 부르지 말라! 애인을 구하려면 중국에 가든지.

한류 韓流
韩流 리우

2007년 우리나라를 드나드는 내외국인이 처음으로 4천만 명을 돌파했다. 법무부 통계에 의하면 내국인 출국자 수는 1,362만 명, 가장 많이 찾은 나라는 중국으로 350만 명(전체의 약 28퍼센트)이 다녀왔고, 다음은 일본으로 232만 명, 태국 94만 명, 미국 80만 명, 필리핀 60만 명 순이었다고 한다. 한편 국내에 온 외국인은 국적별로 보면 일본인이 221만 명(약 40퍼센트)으로 가장 많았고, 중국인이 92만 명(약 17퍼센트), 미국인이 63만 명, 대만인 37만 명 등이었다고 한다. 그리고 혼인을 통해 국내에 들어온 결혼 이민자 11만 명 가운데, 주로 남성들과 결혼한 여성들인데, 국적별로는 중국(57퍼센트)이 가장 많았다고 한다.

한국인이 가장 많이 찾는 여행지는 중국이고, 한국을 찾는 외국인 중에 중국인이 두 번째로 많음을 알 수 있다. 이런 현상은 한국과 중국이 역사, 문화, 지리적으로 가깝고, 중국인의 한류를 통한 한국에 대한 높은 관심과 한국인의 중국에 대한 막연한 환상적 이미지 때문으로 짐작된다. 두 나라는 같은 유교 국가라는 문화적 동질성 때문에 문화적 차이는 분명 있지만 그렇게 크지 않다는 말이다.

일본 중년여성이 일본 남성에게서 느끼지 못하는, 여자에게 친절하고 순정을 다 바치는 남자 배용준의 모습에 열광하여 한류에 반했듯이, 이순재 주연의 드라마 대발이를 좋아하는 중국인은 어른을 존경하는 가장의 역할에 매료되었던 것이다. 전통 봉건체제를 무너뜨리고 공산주의 혁명을 통해 남녀평등을 주창하며 1949년 중화인민공화국을 건립한 마오쩌둥은 권력을 쥐기 위해 1966년부터 10년 동안 문화대혁명을 일으키고 나이 어린 홍위병을 내세워 수많은 부르주아지 인사 등 반체제 인사들을 숙청하였다. 1999년 필자가 안식년을 이용하여 베이징외국어대학에서 1년 동안 학술진흥재단 파견 교수로 있을 때 CCTV에서 방영한 문화대혁명에 관한 다큐멘터리를 본 적이 있었다. 이제는 정년퇴임한 한 대학 교수가 문화혁명 당시 자신의 아들로부터 구타를 당한 과거를 회상하며 눈물을 흘리는 장면에서 가슴이 뭉클해했던 경험이 있었다. 아들의 친구들이 집에 들이닥쳐 자신의 아들을 부추기며 교수에게 반성을 강요했고 결국 아들로부터 그런 치욕을 당하였는데, 그때를 회상하며 그 교수는 아들의 행동은 이해하지만 어처구니없는 당국의 과오는 결코 잊을 수 없다고 말했다.

10여 국의 언어를 능통하게 구사하는 비교문학의 대가로《管錐編관추편》과 소설〈圍城위성〉의 작가로 유명한 소설가 錢鍾書첸중수의 부인은〈洗澡목욕〉의 저자로 유명한 소설가 楊絳양쟝이다. 두 사람은 슬하에 아들을 하나 두었다. 이 두 인텔리는 문화혁명 당시 시골로 下邦샤팡되어 첸중수는 화장실 똥을 치우는 일을 강요당했고, 양쟝은 시골에서 고된 노동을 했다. 이 일은 양쟝의《干校六記간교육기》라는 소설에 잘 그려져 있다. 결국 아들은 홍위병의 구타로 죽고 말았다.

장이모우 감독의〈인생〉이란 영화에도 이와 비슷한 어처구니없는 병폐와 모순이 날카롭게 묘사됐다. 다리를 저는 홍위병 출신의 젊은이는 아내를 데리고 애를 낳기 위해 병원에 갔다. 부인이 갑자기 하혈을 하게 되었다. 의사를 불렀으나 이미 의사는 반동분자로 몰려 감옥에 갇힌 상태였다. 할 수 없이 남편은 간호원을 불렀다. 이 간호원들도 모두 정식 간호학교를 졸업하지 않은 보조 간호원들로 치료 경험이 없는 홍위병들이었다. 계속 부인이 하혈을 하자, 감옥에 갇힌 의사를 급히 석방하였다. 나흘 동안 아무것도 먹지 못한 의사에게 남편이 소 없는 빵 만터우 다섯 개를 주었다. 의사는 주린 배를 채우기 위해 급히 만터우 다섯 개 모두를 허겁지겁 먹다가 체해서 죽었다. 물론 부인도 아이도 모두 사망했다. 빈곤에 허덕이는 농촌을 잘살게 해 주겠다는 명분으로 시작한 대약진운동과 문화대혁명은 실제와는 사뭇 달랐다. 정치적 목적을 위해 수많은 사람들을 죽음으로 내몰았다. 영화는 이런 대중동원의 병폐를 풍자적으로 표현한 것이다.

1999년, 김대중 대통령이 중국을 공식 방문하여 묵었던 베이징의 카이빈스키 호텔을 어느 날 지나다가 중고등학생들로 보이는 여학생들이 호텔 정문에 모여든 것을 보았다. 그중 한 여학생이 내게 혹시 한국인이 아니냐고 물었다. 그렇다고 하자, 지금 이 호텔에 안짜이시(안재욱)가 묵고 있다며 그 연예인의 사인을 부탁했다. 어처구니없다고 생각했지만 그만큼 한국 연예인에 대한 높은 관심과 한류의 힘을 실감한 적이 있다. 그 후에도 한류는 중국을 강타했고 장나라 같은 연예인은 지금도 정기적으로 공연을 할 정도로 중국 젊은이들 사이에 한류는 크게 유행하고 있는 실정이다. 한류를 한층 더 승화시켜 한국 문화의 정수를 중국에 소개하여야 한다.

2007년 9월 베이징에 〈오페라의 유령〉, 〈캣츠〉, 〈레미제라블〉, 〈미스사이공〉 등 세계 최고의 뮤지컬을 제작한 뮤지컬 프로듀서 카메룬 매킨토시가 베이징에 나타나 이제부터는 대형 뮤지컬의 중국 라이센스 공연을 올리고 세계 최고의 공연자와 중국이 서로 협력, 연대하여 공연하겠다고 말했다. 합작 형식을 취해 중국을 공략하겠다는 것이다. 이런 방식은 한류의 최전선 역할을 하는 한국 공연 기획자들도 구상하고 있다.

최근에 2004년부터 철저하게 준비한 CJ엔터테인먼트의 〈맘마미아〉가 2007년 베이징에서 공연되어 큰 반향을 일으켰다. 베이징 공연은 1,400석의 폴리시어터에서 16회 공연됐다. 최고 티켓 값은 1,300위안(약 15만 원), 대졸 초임이 300위안인 것을 고려하면 엄청난 가격이다. 90퍼센트 유료 공연인데

다가 첫 공연과 마지막 공연은 티켓 값이 두 배로 책정되었지만 판매도 가장 잘 되었고, 마지막 공연 때는 중국 최정상급 영화배우로 우리나라에도 잘 알려진 章子怡장쯔이가 관람하여 눈길을 끌기도 했다고 한다. 그러나 한류가 일방적인 수출이 되어서는 발전할 수 없다. 이런 점에서 CJ엔터테인먼트는 한중 합작 프로젝트로 중국 측과 공동으로 '베이징올림픽 공식 문화 공연'을 했다. 이 공연이 의미가 있는 것은 〈맘마미아〉처럼 단순히 외국 공연을 수입해 무대에 올리는 것이 아니라 한국 창작극이라는 점이다. 출연진은 중국 배우가, 연출과 대본 등 창작과 관련된 작업은 한국 측이 책임지는 방식이다. 한류와 中流중류의 합작품이 되는 셈이다. 이런 방식은 이미 중국에서도 성공적으로 추진되었다.

중국에서 공연된 바 있는 〈난타〉와 〈지하철 1호선〉에 대한 중국 측 공연 관계자들의 평가가 상당히 높았다. 〈난타〉는 지혜 · 유머 · 기발함이 넘치고, 독일 원작을 바탕으로 한 〈지하철 1호선〉은 한국적 요소를 적절히 가미하여 완전히 새로운 작품으로 창조해 냈다는 것이다. 이런 기획은 앞으로의 한류 발전에 대한 좋은 대안으로 떠오르고 있다.

중국에 대한 한류뿐만 아니라 세계를 향한 한류의 붐을 일으켜야 한다. 한국 음식 또한 세계화로 한류의 바람을 일으킬 수 있다. 6, 70년대 일본인을 날생선을 먹는 야만인으로 경멸하더니 80년대에 접어들면서 일식이 건강에 좋다는 인식이 퍼지면서 혐오 음식이 급기야 건강식으로 바뀌었다. 한식 또한 건강식이란 관념이 미국에 퍼져 한식을 찾는 미국인이 점차 늘어나고 있다. 이 틈을 타고 일본인들이 비빔밥, 불고기, 빈대떡 등 한식을 대표하는 음식들을 서양인의 입맛에 맞게 개발하여 돈을 벌고 있다. 이런 음식을 미국인은 일식으로 오인하고 있다. 남의 문화를 포장만 그럴싸하게 만들고 재탕하는 일본인의 상술이 반짝한 것이다. 일본인을 욕하기 전에 한식을 문화로 인식하는 데 인색한 우리들의 반성이 필요하다. 또한 찜질방이나 드라마 같은 또 다른 콘텐츠도 좀더 세련되고 서양인의 기호와 미적 관념에 맞게 세계화하면 한류의 큰 붐을 일으킬 수 있다.

한류스튜디오가 경기도 고양시에 2010년 조성되는 30만 평의 한류관광 문화단지 '한류우드' 내 1만 평 규모로 지어진다고 한다. 할리우드 대신 한류우드를 만들어 한류를 이끌어 온 영화와 드라마들을 한곳에 모아놓는다는 것이다. 한류를 체험할 수 있는 장치도 곳곳에 만들 예정이라고 한다. 예를 들면, 드라마 〈대장금〉 속에 등장하는 수라간 음식을 먹어본다든지, 영화 〈8월의 크리스마스〉의 사진관에서 사진을 찍고, 〈왕의 남자〉의 남사당패 공연을 실제로 구경하는 식이다. 〈태극기 휘날리며〉, 〈웰컴 투 동막골〉 등 일제 강점기나 한국전쟁 등을 배경으로 한 영화나 외국에서 호평을 받은 작품들은 뮤지컬이나 연극 등의 공연으로 제작하여 무대에 올릴 계획이다.

외국 관광객들에게 한류의 성취와 발전상을 한눈에 볼 수 있도록 배려한 점은 높이 살 만하다. 한류의 눈을 중국, 일본 중심의 아시아에서 이제는 세계로 돌려야 한다. 한국 문화 콘텐츠의 개발과 합작 형식이나 세계화를 통한 시장 개척과 글로벌 시장을 공략하는 전략적 마인드가 필요할 때이다. 역으로 상호교류의 차원에서 세계 문화에 대한 올바른 이해와 소개도 활발히 이루어져야 한다. 타국 문화에 대한 이해가 바로 자국의 이익에 도움이 될 수 있는 것이다. 일방통행의 한류가 두 나라 관계를 냉각시키는 차디찬 寒流한류가 될 수도 있다.

상해
上海

上海
상하이

상하이는 작은 어촌에 불과했다. 근대 이후에야 비로소 발전한 역사가 짧은 곳이다.

중국의 파리라고 불리는 이유는 세 가지 이유 때문이다. 오페라극장, 인민광장, 박물관, 미술관 등 문화예술 공연을 위한 인프라를 구축했고, 多倫路두오룬루를 중심으로 좁은 골목 안에 많은 카페, 전시장들이 있으며, 근대에 세워진 黃浦江황푸장의 外灘와이탄에 줄지어 서 있는 석조건축물 때문이다.

사방에 방이 있고 가운데 정원을 둔 四合院스허위안이 베이징의 대표적인 주택이라고 한다면, 상하이에서는 돌로 만든 출입문을 들어서면 양쪽으로 집들이 늘어서 있는데, 집들은 이층인 石門庫스먼쿠가 대표적인 주택이다. 이런 오래된 스먼쿠를 철거하고 일부 철거한 건축자재를 활용하여 새로운 문화공간을 만들었는데, 이곳을 新天地신톈디라고 한다. 카페, 음식점, 찻집, 골동품가게, 화랑 등이 있다. 20세기 초 상하이의 생활 모습을 재연한 전시장도 있다. 이곳에는 중앙공산당 제1차 전국대표대회 會址회지가 있다. 당시에는 프랑스 조계지였다. 1921년 7월, 각지의 공산당 조직은 李達이다, 毛澤東마오쩌둥, 董必武둥비우 등 전국을 대표하는 쉰세 명의 당원을 파견하여 이곳에서 중국 공산당 대표회의를 개최했다.

신톈디 맞은편 馬當路마당루에는 대한민국임시정부 옛 터가 있다.

윤봉길은 충남 예산에서 태어나 농민 계몽운동을 전개하다 1931년 상하이로 망명했다. 1932년 4월 26일 김구의 주선으로 한인애국단에 가입하고 4월 29일 虹口홍구 공원에서 거행된 일왕의 생일 및 상해사변 승전 기념식장에서 폭탄을 던져 일본군 사령관을 사살하는 등 일본에 큰 충격을 주었다. 이 사건은 일본 식민 지배에 자존심을 잃은 중국인과 중국 정부 고위 관료들에게 커다란 자극이 되었다. 이후 중국인의 항일운동에 기폭제가 되었다. 홍구 공원은 현재 魯迅노신 공원으로 바뀌었다. 현대 중국의 위대한 사상가이자 소설가였던 루신의 묘, 동상과 기념관이 이 공원 안에 있기 때문이다. 루신은 그의 나이 53세부터 56세까지 상하이에 살았다. 山陰路산인루 大陸新村다루신춘 9號하오다. 1933년 4월 11일에 이곳으로 이사하고 여기에서 그 유명한 사상성이 강한 수필체 문장인 雜文잡문을 많이 창작했다. 1936년 10월 19일 5시 25분 이곳에서 사망했다. 또한 이 공원 안에는 윤봉길의 의거를 기념하는 사당이 있어 한국 관광객들의 발길이 끊이지 않는다. 초라했던 옛 사당을 최근에 새롭게 단장하였다.

윤봉길 의사의 의거로 임시정부는 상하이에서 항저우, 嘉興자싱, 鎭江전장 등 중국 각지로 전전하게 되었다. 그러나 이 의거는 국제사회에 일본의 한국 지배에 대한 관심을 불러일으켰다. 1940년 임시정부는 重慶충칭으로 옮겨 한국 광복군을 창설하고 조국 재건을 위한 체제를 정비했다. 1940년 9월 17일, 연합국의 일원으로 제2차 세계대전에 참전하기 위해 광복군 총사령부를 창설했다. 1941년 건국 강령을 발표했고 1942년 임시 의정원을 구성하였으며 1944년 헌법을 개정하고 광복 후의 헌법의 기초를 마련했다.

1945년 8월 15일 일제의 항복으로 조국이 해방되자 대한민국 임시정부는 그해 11월과 12월, 독립운동의 임무를 끝내고 환국하여 대한민국 정부 수립을 주도하였다.

상하이는 서구 열강의 조차지가 되어 세계 각국의 금융기관이 설립되면서 일약 중국 금융의 중심지가 되었다. 지금도 19세기 말, 20세기 초에 세운 은행들이 外灘와이탄에 줄지어 서 있고, 야경이 아름다워 젊은이들의 데이트 장소이자 내외국 관광객의 필수 유람지이기도 하다. 중국어로 평화를 和平화평, 호텔을 飯店반점이라고 하는데, 영화 〈상하이〉의 로케이션 장소였고, 중국 최초의 호텔인 和平飯店화평반점이 바로 이 와이탄에 있다. 필자가 몇 년 전 상하이에서 묵었던 호텔도 유태인이 1920년대에 세운 것이다. 중국인이 長江창장으로 부르는 揚子江양쯔장의 한 지류인 황푸장을 경계로 서쪽이 중심지역이었으나 1980년대 鄧少平덩샤오핑이 슬로건으로 내세운 개혁개방을 통해 서구의 시장경제 체제를 도입하면서 外灘와이탄의 동쪽 지역인 浦東푸둥을 개발하였다. 전 세계와 중국을 잇는 교량 역할을 하면서 상하이는 중국 경제의 중심지가 되었다. 30층 이상 고층건물이 100개가 넘는데, 건축물도 초현대식이고 이전의 어두침침하고 회색빛의 천편일률적이었던 것과는 사뭇 다르게 각양각색의 미적 외양도 갖추었다. 2004년도에는 〈오페라의 유령〉이 3개월 동안 상하이대극원 무대에 올려져 20만 명의 관객이 공연을 볼 정도로 문화예술 공연도 자주 열리는 등 서구 문화의 수용에도 적극적이다. 패션의 중심이기도 하고, 카페와 바가 많기로도 유명하다. 대만인이 약 30만 명 살고, 한국인, 일본인도 많이 살고 있다. 물가 또한 다른 중국의 도시보다 더 비싼데 특히 부동산은 한국의 강남 아파트 값과 거의 차이가 없다.

復旦푸단, 上海交通상하이자오퉁, 上海外國語상하이와이궈위와 같은 명문대학들이 있다. 근교에는 명 · 청 시대 때의 건축물을 고스란히 간직한 周莊저우좡과 性성박물관이 있는 同里퉁리를 비롯하여 영화 007의 촬영장으로도 유명한 西塘시탕 등 작지만 특색 있고 오랜 도시들이 분포되어 있다. 그런데 상하이는 20세기 데모의 중심지이기도 하다.

1900년대 초, 상하이의 노동자가 중국에서 처음으로 파업을 일으켰다. 1966년 베이징에서 시작된 문화혁명은 1967년 상하이에서 최고조에 달했다. 1989년 베이징의 천안문 광장에서 학생들이 항의를 주동했지만 이보다 20여 년 전에 벌써 상하이의 인민광장에서 발생했던 것이다. 베이징보다 상하이가 데모의 역사가 이르다는 말이다.

상하이의 국제공항은 원래 서쪽 근교 紅橋훙차오에 있었다. 그런데 푸둥이 개발되면서 푸둥에서 황해 가까운 곳에 신국제공항을 세웠다. 그리고 푸둥 국제공항에서 지하철역과 연결되는 상하이의 도심 중심에서 가장 가까운 곳까지 자기부상열차를 건설했다. 필자도 한 번 타 보았는데 열차 객실 안에 속도계를 설치하여 고속으로 질주하는 자기부상열차가 얼마나 빠른 지 알 수 있게 했다. 시속 최고 380킬로미터까지 나왔던 기억이 있다. 상하이 시 당국은 푸둥 국제공항에서부터 구공항인 훙챠오까지 새로운 자기부상열차를 건설한다고 발표했다. 이런 계획이 발표되자 열차가 지나가는 지역의 주민들이 열차 소음이 재산권 침해라고 하면서 시정부 정책을 반대하며 거리로 뛰쳐나왔다. 집단행동을 주도한 사람은 중산층이다. 중산층을 중국어로 中産階層중찬지청이라고 부른다. 13억 중국인 중 1억 명 가량이 소비를 주도할 구매력 강한 중 · 상류층으로 파악되고 있으며, 주요 도시에 집중돼 있다. 지금껏 경험하지 못했던 문화적 행위를 위해 지갑을 열 수 있는 동시에 자신의 재산권을 침해받는 것을 반대하거나 환경파괴나 세금의 사용에 대한 알 권리를 행사할 수 있는 계층이 되었다. 시민 개인 의사의 이런 당당한 주장은 경제발전에 따른 시민권의 신장으로 정부 주도의 정책 결정이 아닌 자발적으로 표출된 새로운 현상인 것이다.

집단행동이 이전에 없었던 것은 아니지만 이번의 권리 주장은 2005년 세 명의 미국인에 의해 설립되었다가 이듬해에 구글에 합병된 비디오 공유 웹사이트 유튜브(YouTube)에 시가행진 녹화 테이프를 공개하고 그들의 메시지를 전달하는 등 개인 소유 미디어를 통해 적극적인 행동을 보였다는 점이 전과 달랐다.

상하이의 이런 21세기형 시가행진은 다른 중국의 대도시에도 발생했다. 예를 들면 2007년도 福建푸젠성의 수도인 廈門샤먼에서 일어난, 경제발전으로 소득이 늘어나 새로이 등장한 중산층에 의한 집단행동은 성공적으로 화학공장 건립 계획을 사전에 무산시킨 적이 있었다. 이 두 지역에서의 집단행동은 정면으로 정부에 대항하는 것이 아닌 중산층의 삶의 질과 물질적인 행복 향상을 추구하는 데 그 목적이 있었다고 볼 수 있다. 내 뒷마당에서 안 된다는 뜻의 님비(NIMBY) 현상이 지방 대도시 상하이와 샤먼에서 일어난 것이다. 그러나 시 당국은 디지털 카메라로 촬영한 시위 현장 모습을 삭제하는 등 뉴스 매체의 보도를 철저히 차단했다.

경제 성장에 따라 형성된 새로운 중산층의 권리 주장과 집단행동이 중국 정부에 커다란 도전이 되고 있다.

폭동 暴動
暴动 바오둥

2005년 5월 10일 대규모 폭력시위로 수많은 사상자가 발생한 중국 浙江저장성 東陽둥양시 畫溪鎭화시진에서 공무원과 경찰이 모두 달아나고 주민들이 마을을 접수하여 환호성을 질렀다고 홍콩의 유력 영자 신문《사우스차이나모닝포스트》가 13일 현장르포 기사를 전했다. 시위하다, 데모하다를 '示威스웨이' 또는 '游行示威요우싱 스웨이'라고 한다. 이보다 더 강한 폭력 행동을 '바오둥'이라고 한다.

중학교 운동장에 시위대가 넘어뜨린 경찰 차량 열네 대가 뒤집혀 있고 다른 운동장엔 버스 열 대가 타이어가 찢어지고 유리창이 깨진 채 버려져 있었다.

이곳 주민이 불만을 품기 시작한 것은 2001년 지역 일부가 주민들의 의견을 듣지도 않고 몰래 둥양시와 계약을 체결한 13개 화학업체에 넘어가면서였다. 2002년부터 화학공장이 들어섰고 질병이 나타나기 시작했다. 공장 배출 가스로 마을 주민들은 눈이 따가운 고통을 호소했고 심지어 기형아까지 아홉 명이 태어났다고 하면서, 마을을 흘러가는 강이 시커멓게 변했고 식수도 간장 색깔로 변했다고 말했다.

마을 사람들은 지역 공무원에게 항의했으나 반응이 없자 다시 중앙정부에 이를 호소하였지만 소득이 없었다. 급기야 화학공장의 제품 출하를 막기 위해 보도블록으로 바리케이드를 쳤다. 주민 대표 중 한 사람이 정권 타도를 주장했다고 체포되자 주민들이 격분했다. 경찰과 공무원 1천여 명이 바리케이드를 치우려는 순간 주민들이 돌을 던지면서 투석전이 벌어졌다. 주민 대표 대부분이 노인회 소속 늙은 사람들이었는데 할머니 두 명이 죽었다는 소문이 돌면서 주민들이 진압 경찰을 학교 운동장으로 몰아넣었다. 공무원은 모두 달아났고, 주민들이 마을을 통제했다. 운동장엔 주민들이 모은 빈 최루탄 통, 경찰복과 신분증, 진압용 방패, 칼 등 전날 시위의 전리품이 여기저기 널려 있다.

폭동 진압에 노하우를 축적한 우리나라가 중국에 수출할 품목이 하나 더 생긴 셈이다.

주식
股票
股票
구파오

중국은 공산주의 국가인가? 아니면 자본주의 국가인가? 반공을 국시로 정한 박정희 정권은 중화인민공화국을 中共중공이라고 부르면서 중국 대륙의 공산주의 정권을 적대시하는 반면 대만은 자본주의 국가로 여겨 지금의 명동에 위치한 중국대사관 자리에 대만대사관이 들어섰던 시절이 있었다. 당시 중공이 유엔에 가입하면서 세계 각국은 중공과 외교관계를 맺는 반면 타이완과는 외교 관계를 끊는 현상이 급속도로 진행되었다. 미국과 일본 역시 타이완과 외교 관계를 단절하여 결국 타이완은 우리나라, 사우디아라비아, 일부 아프리카 몇 국가와만 외교관계를 유지하게 돼 국제적으로 고립되었다. 우리나라는 1989년 中共중공과 외교관계를 맺게 되었다.

덩샤오핑은 "검은 쥐든 흰 쥐든 쥐만 잡으면 된다"는 구호 아래 1980년대부터 추진했던 정치 · 경제체제 개혁을 통해 서구 자본주의 시장경제를 도입하여 경제발전의 기반을 구축하였다. 이후 중국 경제는 경제성장 두 자리 숫자를 구가하며 급속한 경제 발전을 이룩했다. 평등과 분배를 버리고 성장 위주로 바뀐 것이다. 정치 체제는 중국식 사회주의를 고수하고, 경제체제는 서구의 시장경제를 택한 것이다. 중국 경제 발전의 원동력이 미국 유학 인재들이라고 한다면, 외국 자본의 투자 유치와 증시를 통한 자본 확보로 튼튼한 자금도 한몫을 했다. 이익 배당을 노리고 증시에 투자하는 중국인 개미군단의 주식 열풍 현상은 중국 경제 발전을 가속화시키는 역할을 했다. 국내외의 이런 과열된 증시 투자는 우리나라의 중국 증시 투자로 이어져 많은 이익을 냈다. 이런 증시가 계속적으로 상승할 것인지에 대해 회의적인 시각이 있었지만 미국의 서브 프라임 모기지로 인해 상당한 타격을 받은 것은 사실이다. 2008년도 초, 중국 증시가 대폭 하락했지만, 중국 증시는 여전히 20퍼센트 과대평가되었다고 전문가들은 말한다.

서울에서 개최되는 아시안 리더십 컨퍼런스에 참석한 월가의 전설적인 투자 귀재 짐 로저스(Jim Rogers)는 조선일보 기자와의 대담 중에 세상을 읽는 법부터 알아야 부자가 될 수 있다고 했다. 열광적인 중국 예찬론자인 그는 21세기는 중국의 시대가 열릴 것이라고 전망하면서, 세계화의 흐름을 잘 파악할 수 있다면 중국 항공 관련 주를 주목하라고 조언했다. 최근 중국인들의 생활수준이 급격히 높아져서 전 세계로 여행을 떠나는 중국인이 많아졌고 외국인 투자가들의 관심이 중국에 쏠리게 되면서 항공주가 수혜를 톡톡히 입을 것이라고 전망했다. 중국 국내항공 요금은 보통 기차 요금의 두 배인데, 2000년 이후에는 더 비싸졌다. 그래도 비행기를 타는 중국인이 많아졌다. 제 시간에 이륙하는 예는 드물지만.

짐 로저스는 1999년 한국의 여성 인권 향상을 보고 경구 피임약 업체에 투자하여 수년 만에 열다섯 배의 수익을 올렸고, 2006년 일본의 출산율이 6년 만에 처음으로 증가하자 관련 주에 투자하여 차익을 얻었다고 한다. 그는 1969년 조지 소로스와 함께 퀀텀 펀드를 창업하고 12년 동안 3,365퍼센트라는 경이로운 누적 수익률을 기록했다.

그는 지금 당장 설탕, 면화, 니켈을 사라고 하면서 특히 농산물에 투자하라고 주문했다. 원자재는 수요와 공급이 훤히 보이는 시장이므로 주식보다 예측이 훨씬 쉽다는 것이다. 지금 원유 가격이 너무 비싸므로 설탕에 투자하는 것이다. 치솟는 유가가 대체 에너지인 에탄올 가격을 끌어올리고 에탄올의 주요 원료인 설탕 가격도 올린다는 것이다. 면화도 마찬가지다. 화학 섬유는 석유에서 추출하는데, 석유 가격이 올랐으니 자연 섬유인 목화로 돌아간다는 것이다. 중국 주식이 지나치게 고평가돼 있어 중국 주식에 투자하는 것보다 상품 펀드에 투자하는 것이 낫다면서 위안화를 사라고 조언했다. 또 중국어를 배우는 것도 중국에 투자하는 좋은 방법 중의 하나라고 했다.

중국어 사용 인구가 영어 사용 인구보다 많다.

올림픽
奧運會

奥运会
아오윈후이

2008년 8월 8일 8시에 베이징에서 올림픽이 열렸다. 숫자 8이 네 번 겹치는 것은 중국인이 8자를 가장 좋아하기 때문이다. 8은 중국어로 파로 발음되고, 돈을 벌다는 뜻의 '發財발재'의 '발'의 중국어 발음이 파로 같기 때문이다. 몇 년 전 휴대폰이 폭발적으로 인기가 좋을 때 8자가 모두 들어간 휴대폰 번호 가격이 우리 돈으로 1억에 팔렸다는 신문 보도가 있었다. 물론 자동차 번호도 마찬가지다.

베이징은 남북 중심의 좌우 대칭을 기본으로 도시를 설계, 계획적으로 건설됐다. 네 개의 환형 도로가 있는 사각형 도시이다. 명 · 청 때 황궁이었던 자금성 북쪽에 시간을 알리던 鼓樓고루가 있었고 그 북쪽에 올림픽 주경기장이 건설됐다. 그런데 이 주경기장은 중국 전통 건축과 조화를 이루도록 설계되었다. 이 전통 건축이란 베이징의 특징을 갖춘 胡同후퉁이란 뒷골목 전통 가옥을 말한다. 가운데 북쪽 방은 부모, 동쪽 방은 아들, 왼쪽 방은 딸이 살도록 배치했다. 가운데 나무가 있는 정원을 마련하여 가족 내 지위에 따른 분리 독립이 균형과 조화를 이루도록 했다. 이런 전통 가옥을 四合院쓰허위안이라고 한다.

이런 균형과 조화의 건축 철학을 올림픽 주경기장에도 실현했다. 사각형의 수영장과 원형의 메인 스타디움을 좌우에 배치했다. 사각형은 땅을, 원형은 하늘을 상징한다. 땅과 하늘 사이에 존재하는 인간 존재를 중시하는 중국 전통 철학을 구현한 설계인 것이다. 베이징의 상징이 될 메인 스타디움은 새 둥지 모양이고 하늘로 비상할 태세는 개혁 개방을 통한 중국의 국력을 상징한다. 높이는 27층 건물과 같고 9만 9천 석을 갖췄다. 물 입방체의 수영장은 투명하게 설계되어 햇빛을 자연조명으로 했고 4천 개의 물방울을 맞붙인 신소재의 최첨단 공기주머니 형태다. 극단적인 기후 변화 혹은 황사와 같은 미세한 모래나 흙먼지에도 견딜 수 있도록 설계했다고 한다.

중국 정부는 급속한 경제성장에 따른 국력 과시를 위해 아시안게임, 세계

박람회, 올림픽, 월드컵 등을 차례로 개최한 우리나라의 경우처럼 올림픽 개최를 위해 전력을 다했다. 그러나 2008년 개최를 성공적으로 유치한 베이징시 정부는 8월 8일 개최를 앞두고 커다란 장벽에 부딪쳤다. 이 최대의 적이 둘이 있는데, 그것은 베이징시 정부가 골칫거리로 늘 안고 있는 대기오염과 교통체증이다. 특히 대기오염은 베이징에서 이번 올림픽이 개최되기도 전에 커다란 문제로 등장했다.

베이징 도심에서 16킬로미터 떨어진 首都서우두 강철 공장이 문제다. 이 공장의 근로자는 8만 명이다. 이 공장에서 제조된 강철은 중국 경제의 버팀목이자 굴뚝에서 뿜어대는 연기는 공해의 주범이다. 강철 공장이자 공해 공장인 셈이다. 또한 자동차 수도 하루에 1천 대씩 증가하고 있다. 대기오염원이다. 1,700만 명이 사는 베이징의 자동차 수는 300만 대이다. 베이징시는 노후 택시 3만 대를 퇴출시키고 디젤 버스를 전기 버스로 대체하고 녹지 조성을 위해 올림픽 산림공원을 건설 중이다. 산과 용 모양의 호수, 공원, 정원을 인공으로 조성하여 베이징시의 폐 역할을 하는 동시에 물 부족도 해결한다는 계획이다.

미국 올림픽 위원회 생리학자 랜디 윌버(Randy Wilber)는 베이징올림픽촌을 방문해 세 번 오염 측정을 하고 베이징의 대기오염 정도가 심각한 수준에 이르렀다고 중국 정부에 알렸다고 한다. 그러나 그들은 대기오염이 중국에서 열리는 올림픽 개최에 문제될 게 없고, 올림픽이 시작되는 날부터 공장 문을 닫게 하고 자동차 사용을 제한하면 된다고 일축했다. 1984년 로스앤젤레스와 2004년 아테네 올림픽 때도 대기오염 문제가 거론됐으나 올림픽 기간 내에는 큰 문제가 없었다. 어떤 과학자는 베이징의 오염 정도가 WHO가 정한 안전 기준치에서 거의 다섯 배나 초과된다고 했다. 랜디 윌버는 베이징 올림픽 개최 이전 훈련 장소를 베이징에서 한국, 일본, 싱가포르와 말레이시아로 옮길 것이라고 했다. 마라톤 세계기록 보유자로 꽃가루 알레르기 등 호흡기 질환이 있는 에티오피아의 하일레 게브르셀라시에(Haile Gebrselassie)는 "베이징의 공기 상태가 나쁘다면 레이스를 포기할 수 있다"고 말했다. 여

자테니스 세계 랭킹 1위로 천식을 앓고 있는 벨기에의 쥐스틴 에넹(Justine Henin)은 베이징의 대기오염이 호흡곤란을 일으킬 것이라고 하면서 올림픽 참가를 보류할지도 모른다고 했다. 작년에 베이징을 미리 방문했던 일부 선수들도 대기오염이 호흡곤란과 매스꺼움을 일으킨다고 불평했다. 미국 콜로라도 출신의 사이클 선수 콜비 피어스(Colby Pearce)는 벨드롬 경기장 안에 스모그가 깔리는 것을 보았다고 했다. 목이 따갑고 기관지염에 걸린 것은 베이징의 대기오염 때문이라고 했다. 지난 달 베이징에서 훈련을 마친 미국 복싱팀은 호텔 복도에서 훈련을 실시했다. 팀 매니저 조 스미스(Joe Smith)는 베이징의 공기가 역겨웠다고 말했다.

고지대, 강추위, 폭염, 시차 외에 윈난간 야외에서 시합을 하는 마라톤, 사이클, 육상 경기들의 경우 대기오염이 경기 내용에도 큰 영향을 미친다고 한다. 그래서 미국 올림픽위원회는 예방책으로 탄소를 걸러내는 장치가 장착된 마스크를 고안할 계획이라고 했다. 한 개에 20달러에서 100달러 정도하는 마스크를 750개에서 1천 개 정도를 준비하여 모든 선수들에게 나누어줄 예정이다. 이 마스크는 85퍼센트 정도 대기오염 물질을 걸러낼 수 있다고 한다. 베이징의 미세먼지 농도는 선진국 주요 도시들에 비해 네다섯 배 이상에 달한다는 보고서가 발표된 적도 있다. 그러나 랜디 윌버는 만약 미국 선수들이 마스크를 쓰고 경기에 임한다면 진 세계에 이런 모습이 방영되어 큰 정치 문제를 야기할 수도 있다고 이에 반대했다. 작년 9월 미국 3종 경기 선수들은 마스크를 썼다가 경기 직전에 마스크를 벗었다. 과거에 베이징에서 두 번 경기를 가졌던 미국 3종 경기 선수는 마스크를 쓰면 바보처럼 보인다고 하면서 마스크 착용을 반대했다. 그리고 아직도 이에서 모래가 씹히는 것 같지만 경기 직전까지만 마스크를 쓸 것이라고 말했다.

베이징을 감싸고 있는 河北허베이, 허베이성과 경계를 접하고 있는 山東산둥, 山西산시와 天津톈진은 인구가 밀집되어 있고 산업화되었으며 석탄을 난방용이나 공장의 연료로 사용하는 지역이다. 이 지역들은 베이징의 대기를 오염시키는 주범들이다. 7월에 베이징에 부는 바람은 중국 남쪽에서 이들 지역을 지나 베이징으로 향하고 있다. 바람의 유속이 낮을 때는 주위 산들에 막혀 오염된 공기가 밖으로 빠져나가지 못한다. 바람이나 비에 의해 오염물질이 씻겨나가기 전까지는 오염된 공기가 그대로 베이징에 머물러 있는 것이다.

최근 베이징시 당국은 올림픽 기간에는 330만 대의 자동차를 반으로 줄이고 올림픽 기간 중에는 최대 공기 오염 유발 업체로 지목된 서우두 강철의 가동을 중단할 계획이라고 했다. 지난 올림픽 개최의 최대 실패 요인도 바로 대기오염과 교통 체증이었다. 이후 베이징시 정부는 순환도로를 두 개 더 냈고 지하철 노선도 더 늘려 이번 2008년 올림픽 유치를 성사시켰다. 대기오염을 줄이기 위해 적어도 200일 동안, 올림픽 개최일까지 북중국 공장들의 가동을 중단할 계획도 있다고 했다. 2007년 8월 시험적으로 자동차 번호 끝자리 수를 짝수와 홀수로 나누어 하루 100만 대의 자동차 운행을 중지하기도 했다.

베이징의 대기오염 수준은 국제적 관심의 대상이다. 각국은 자국 선수들을 대기오염으로부터 보호하기 위해 올림픽팀 훈련을 시 교외에서 하겠다고 공식 발표했다. 베이징대학의 한 연구소 관계자는 매년 베이징시에서 2만 5천 명이 대기오염과 관련된 병으로 죽어 가고 있다고 하면서 시 정부 정책을 강하게 비판했다. 미국 환경 단체는 지난 9년 동안 베이징시의 대기오염 정도는 더 나아지지 않았다고 했다.

최근 런던의《선데이 타임스》는 적어도 열 명의 노동자가 올림픽 주경기장 건설 현장에서 죽었다고 보도했다. 아름다운 격자무늬의 비상을 상징하는 새둥지 鳥巢냐오차오를 만들고 있었으나 안전장치가 제대로 설치되지 않았고, 건설 비용 절감을 위해 값싼 노동력을 구하다 보니 사전에 안전 교육이 이루어지지 않아 사고를 당한 것으로 알려졌다. 그러나 베이징 올림픽위원회는 그렇지 않다고 반박하면서 철저히 조사를 하여 원인을 규명하겠다고 했다. 정확한 사고 원인은 두고 숱한 소문만 난무한 실정이다.

정작 올림픽 기간 내에는 마스크를 쓰고 경기하는 일은 벌어지지 않았다. 운이 좋았는지, 성공적인 올림픽이라는 평을 들었다. 중국은 아오윈후이를

好運會하오윈후이라고 한다. 운수대통의 올림픽이라는 말이다.

자원
資源
资源
쯔위안

세계는 지금 자원전쟁 중이다. 이명박 대통령은 새 국무총리의 임무 가운데 첫 번째로 자원외교를 손꼽았다. 에너지 자원의 조달 여부가 미래 경제 성장의 원동력이고 특히 자원이 부족한 우리나라의 경우는 더욱 큰 문제이기 때문이다.

후진타오는 작년 한 해 동안 전 세계를 돌며 석유, 석탄 등 원자재 구입에 총력을 기울였다. 최근 중국 국영기업인 중국 알루미늄은 해외 기업 인수 사상 최대 규모인 140억 달러를 투자하여 세계 3위 광산업체인 '리오 틴토(Rio Tinto)' 주식의 12퍼센트를 매입했다. 이런 투자는 세계 1위의 광산업체인 호주의 BHP빌리튼사를 견제하기 위한 것이었다. 작년 말부터 총 1,190억 달러로 리오 틴토를 합병하겠다는 의사를 밝히고 협상을 진행해 왔다. 만약 이 합병이 성사되면 철광석과 알루미늄 등 국제 광물 가격을 좌지우지할 수 있는 시가 총액 3,500억 달러의 거대 기업이 탄생하여 중국 원자재 수급에 큰 차질을 빚을 것으로 예상했기 때문이다.

급속한 경제 성장으로 공장을 가동할 수 있는 에너지가 절대적으로 필요하다. 그래서 원자재 가격 상승과 중국 경제 성장이 비례하는 등 밀접한 관계가 있다. 이런 현상을 자원 국가들은 잘 알고 있다. 원자재 최대 수요 국가인 중국은 몇 년 전부터 2005년 철광석 수입 가격이 70퍼센트 상승하자, 세계 주요 광산업체들이 담합했기 때문이라고 비판한 적이 있다. 아무튼 중국은 이제 광물 시장의 큰손이 되긴 했지만 지속적인 경제 성장을 위한 공장을 계속 세우는 한 더 많은 에너지원인 원자재를 찾아야 하는 숙제가 남았다.

중국을 세계의 공장이라고 부른다. 이 공장들을 가동하려면 에너지가 필요하다. 중국은 국내에서 부족한 원자재를 외국에서 수입한다. 수요가 많으면 가격은 오르는 법. 지금 중국은 높은 경제 성장의 대가를 톡톡히 치르고 있다.

환경오염
環境汚染
环境污染
환징우란

기원전 259년 정월, 어느 추운 겨울날 趙조나라의 동성 邯鄲한단에 아기 울음이 천지를 뒤흔들었다. 이 아이의 부친 子楚자초는 태어난 아들을 바라보며 기쁜 마음을 감추지 못했다. 한편으로는 인질로 끌려온 이국땅에서 온갖 고초를 겪던 중에 태어난 자식 걱정으로 근심이 되기도 했다. 이 아이가 13년 뒤에 진나라 왕위를 계승하고, 39년 뒤에는 혼란한 중국을 통일하고 중국 역사상 첫 번째 황제의 자리에 오른 진시황이 되리라고는 누구도 예상치 못했다.

중국 통일의 근원지였던 한단에 중국 경제의 원동력인 제철공장이 위치하고 있다. 경제성장의 원동력이자 동시에 환경오염의 상징이 되었다. 중국이 최근에 추진하고 있는 경제성장 위주의 정책은 도시와 농촌의 차별, 빈부의 격차를 심화시키고 환경오염을 유발시켰다. 소홀히 다루었던 환경오염은 경제발전의 그림자이자 사회평등과 적절한 분배의 걸림돌이 되었다.

우리나라도 최근 대기오염 등 일부 환경 지표에서 세계 꼴찌 수준이라고 2008년 1월 스위스 다보스에서 열린 포럼의 보고서 발표가 있었다. 경제 규모는 세계 12위이지만, 우리의 환경 여건과 관리 능력은 후진국 수준을 맴돌고 있음을 말해 준다. 중국 또한 이 점에서는 예외는 아니다. 우리나라와 중국 모두 경제 발전을 최우선으로 하다 보니 정책 수립에 있어 환경적 요인을 소홀하게 취급하는 경우가 여전히 많다. 대표적인 예가 우리나라의 새만금사업과 중국의 삼협댐 건설 사업이다. 우리나라 기업은 환경보호에 소요되는 비용을 걱정하고, 중국은 환경보호에 대한 의식이 부족하다. 상하이에서 蘇州쑤저우, 無錫유시를 지나 南京난징으로 가는 기차를 탄 적이 있는데 이 지역은 강우량이 많고 평야지대여서 도시가 운하로 연결되어 있다. 그런데 도처에 쓰레기가 마구 버려져 환경오염이 극심했던 광경을 본 적이 있다. 창장 역시 마찬가지다. 경제발전과 더불어 친환경 정책을 추진해야 하고, 교육과 홍보를 통한 환경보호를 위한 국민과 기업인의 의식 변화를 주도해야 한다.

13억의 중국인이 오줌을 누면 한반도가 가라앉는다. 양자강에 버린 오물이 황해로 흘러나오면 목포와 제주도 앞바다 일대 물고기는 이것을 섭취하고 이들 생선은 곧바로 우리 식탁에 올라온다. 바다 속 먹이사슬의 마지막 단계인 삼치의 뱃속에 납 성분이 제일 많다고 하는데 한국인이 그 마지막 먹이사슬인 셈이다.

광동 廣東
广东 **광둥**

광둥은 옛날 중국의 변방이었다. 영남이라고 하여 유배지로도 유명하다. 폭염과 풍토병 때문에 사람이 살기 힘든 지역이었다. 송나라 때 유명한 문인 소동파가 유배를 갔던 곳도 바로 廣西광시성, 베트남 국경에 가까운 바닷가 合浦허푸다. 東坡亭동파정이 있다. 그러나 지금은 가장 잘사는 땅이 되었다.

작년 **광둥**성의 경제 규모가 대만을 추월했다고 인민일보와 신화통신 등 중국 언론들이 보도했다. 최근 열린 **광둥**성 제11기 인민대표대회 제1차 전체회의에서 작년 **광둥**성의 GDP(국내총생산) 규모가 3조 600억 위안(약 400조 원)으로 집계되어 사상 처음으로 대만을 넘어섰다고 발표했다.

높은 경제 성장률과 위안화 절상 덕분에 약 353조 원을 기록한 대만을 따돌렸다. **광둥**성의 GDP는 이미 1998년 싱가포르를 추월했고, 2003년에는 **홍콩**을 뛰어넘었다. 아직 한국의 GDP(2006년 기준) 8,874억 달러, 약 847조 원과 비교하면 절반 수준 정도이다. **광둥**성은 작년 말 현재 인구가 9,450만 명이나 되어 1인당 GDP는 4천 달러로 중국 전체 평균 2천 달러와 비교하면 두 배 이상 부유한 지역임에 틀림없지만 선진국 수준에는 훨씬 못 미친다.

광둥성을 제외하고 GDP가 중국에서 가장 높은 지역은 山東산둥과 江蘇장쑤로 지난해 2조 5천억 위안을 기록하였다. 1조 위안이 넘는 곳은 세 지역을 제외하고 浙江저장, 河南허난, 河北허베이, 上海상하이, 遼寧랴오닝, 四川쓰촨 등 모두 아홉 곳이다.

아홉 곳은 전체 행정구역을 모두 합친 지역의 4분의 1을 차지한다. 그러나 중국 지도를 펼쳐놓고 아홉 곳의 위치를 살펴보면 쓰촨성을 제외하고는 대부분 동쪽 해안에 몰려 있어 여전히 지역별 불균형이 심각하다는 것을 알 수 있다. 하여간 광둥성은 중국 전체 성 가운데 가장 부유한 지역임에는 틀림없다.

광둥성이 독립채산제를 실시한다면 광둥성 주민들이 내는 세금을 베이징으로 보내지 않아도 된다. 그러면 경제 통계를 다시 고쳐 써야 한다.

소황제 小皇帝

小皇帝 샤오황디

소황제란 어린 황제란 뜻이다. 실제로 황제는 아니지만 고귀한 신분을 갖게 된 어린아이를 말한다. 한 자녀 낳기 정책으로 태어나 부모에게 과잉보호를 받아 버릇없게 되어 버린 자식을 말한다. 한 가정에 한 명의 자식만 낳도록 한 국가정책은 인구 억제를 위한 강제적 고육책이었지만 이제는 부모뿐만 아니라 할아버지, 할머니의 사랑까지 받다 보니 자연스럽게 응석받이가 되었다. 이런 부작용은 첫째, 외형적으로 중국 어린아이들 가운데 비만아가 많다는 것이다. 부모가 주고 할아버지, 할머니까지 합세하여 오냐오냐 키우다 보니 무의식중에 먹을 것을 주어 과잉 체중이 되어 버렸다. 둘째, 이기적 성격이 형성됐다. 자신에게 집중된 관심과 지나친 보호를 받게 되면서 아이들은 자기 자신만을 생각한다. 셋째 사회 적응이 쉽지 않다. 집안에서

귀하게 성장하다 보니 남을 배려하는 마음이 없거나 다른 사람을 존중하지 않는 폐단이 생겨났다.

중국에는 문제아 캠프가 있다. 쓰촨 懷安후아이안에 徐向洋쉬샹양이 세웠다. 부모의 과잉보호로 응석받이가 된 아이, 부모를 무시하고 자신의 잘못을 뉘우칠 줄 모르는 말썽꾸러기, 각종 도박에 빠졌거나 체질이 허약한 젊은이 등 각종 문제아들에게 신체적 정신적인 훈련을 시켜 스스로를 단련하여 인내심과 협동심을 키우고 남을 존중하는 방법 등 사회 적응을 도와주는 캠프다. 1930년대 마오쩌둥의 대장정에서 아이디어를 내어 만든 군대식 집단 훈련소로 집단 훈련을 통해 신념, 결단력과 용기를 심어 주고 더 나아가서는 사회 구성원들의 결속력을 강화하고 함께 행동하는 습관을 길러 주는 데 그 목적이 있다.

특별히 고용한 교관들에 의해 진행되는데 훈련은 엄격하고 야간 훈련까지 있는 군대식 훈련소다. 훈련기간 중 단체 활동에 익숙하지 않은 사람은 서로 작은 일로 다투거나 충돌을 일삼기도 한다. 고된 훈련을 견디지 못하는 사람은 지시에 불응하고 반항하며 심지어는 탈출을 시도하기도 한다. 실제로 탈출한 아이는 자신의 행동을 후회하거나 다시 붙잡혀 들어오는데 부모에게 연락하여 중도하차하는 경우도 있다. 입교와 탈출을 반복하다가 아예 부모가 자식과의 인연을 끊는 경우도 있다. 입대할 때는 부모의 동의를 받고 예치금을 먼저 낸 뒤에 등록금을 낸다. 중간에 부모의 동의를 받아 그만두면 나머지 기간 동안의 등록금은 환불해 준다.

훈련은 60퍼센트가 행군이고 나머지는 불경 외우기 등의 정신 교육을 한다. 3분 이내에 정해진 불경을 다 외우지 못하면 체벌을 받기도 한다. 하루에 약 40킬로미터씩 행군을 한다. 한 달이면 1천 킬로미터를 걷는데, 몇 대의 트럭에서 숙식을 한다. 기본 훈련기간은 6개월이다.

작은 황제가 성장하여 친정할 나이가 되면 수억 명의 황제가 생겨나니 땅을 여러 나라로 쪼개어서 나누어 주어야 황제끼리 싸우지 않을 것이다. 수산물 시장에 가면 전문가라도 생선이 중국산인지 한국산인지 잘 구별하지 못한다. 중국산 조기가 영광굴비로 둔갑하는 실정이다. 황해 바다 먼 곳에서 잡은 조기는 중국산이고 우리나라 해역에서 잡은 조기는 한국산이 된다. 같은 조기인데 우리나라 해역에서 살아야 할지 중국 해역에서 놀아야 할지 조기들은 요즘 고민이다. 미천한 신분이지만 물을 잘 만나 한국 해역에서 잡히면 비싼 값에 팔리는 귀한 신세가 된다. 그러나 중국 해역에서 잡히면 납을 배 안에 싸안고 들어가다 걸려 다시 한 번 배가 째진 채 TV에 알몸이 통째로 까발려지는 수모를 당한다.

술 酒
酒 지우

중국에도 소주, 양주가 있다. 물론 이 둘은 술이 아니다. 이름만 우리 술과 같을 뿐이다. 그런데 소주는 蘇州쑤저우이고 양주는 揚州양저우다. 상하이에서 쑤저우는 자동차로 두 시간, 쑤저우에서 양저우는 두 시간이다. 중국인은 독주는 특별한 날 마시고 보통은 맥주를 마신다.

중국에서 술을 酒지우라고 한다. 도수가 40도 이상인 白酒바이지우, 우리나라의 백세주와 비슷한 黃酒황지우, 그리고 啤酒피지우 등으로 나뉜다. 독주에 속하는 백주는 종류에 따라 각기 40도, 50도, 60도짜리가 있다. 물론 30도짜리 백주도 있다. 가격은 도수가 높을수록 비싸다. 도수가 낮은 술부터 먼저 마셔라. 도수가 50도 이상인 백주를 먼저 마시고 나서 그보다 낮은 도수의 40도짜리 백주를 마시면 소주 맛이고, 그보다 더 낮은 30도짜리를 마시면 맹물 맛이다.

백주에는 마오타이지우, 펀지우, 루저우 라오자오 다취, 구징궁지우, 우량예가 대표적이다. 이외에 董酒둥지우, 劍南春젠난춘, 天津高粱酒텐진 가오량지우, 수이징방, 타이완의 진먼 가오량지우 등이 유명하다. 황주는 근대 소설가이자 사상가였던 魯迅루신의 고향인 저장성 紹興샤오싱의 명주 샤오싱지우가 대표적이다. 맥주는 산둥성 칭다오 피지우가 유명하다. 각 대도시에도 지방의 맥주가 있는데 맛은 哈啤하피라고 불리는 하얼빈 맥주가 좋다. 이전부터 있었지만 세인의 관심을 끌지 못했던 葡萄酒푸타오지우도 요즈음 인기가 좋아 많이 생산되고 있다.

1. 마오타이지우

茅台酒모태주는 중국과 미국이 국교 정상화를 맺을 때 주은래와 키신저가 마셨다고 해서 유명해진 술이다. 국가연회 때 단골손님으로 등장하는 술이 되었다. 1915년 파나마 국제박람회에서 프랑스의 브랜디에 이어서 2등을 차지했다. 구이저우성 仁懷縣인회현의 毛苔鎮모태진에서 생산된다. 이 마을은 원래 소금을 공급하던 부두였다. 18세기 초, 섬서성의 소금장수가 이곳에 정착하고 술을 제조하면서 유명해졌다. 독특한 주조 방법을 사용하는데 밀로 누룩을 만들고 수수를 원료로 한 달에 모두 여덟 번 발효시켜 만든다. 여러 차례 증류하여 만든 좋은 술을 3년 동안 독에 넣어 보관한다. 술을 출고하기 전에 일정한 비율로 술을 뒤섞는 '勾酒거우지우'라는 방법을 사용하는데 이것이 비법이다.

2. 펀지우

汾酒분주는 산시성 杏花村행화촌에서 생산되는 술이다. 색, 맛, 향 세 가지를 모두 갖춘 명주다. 색은 맑고 투명하며, 향은 짙고 부드러우며 달고 너무 자극적이지 않으며 감칠맛이 나 애주가의 환영을 받았다. 이 술 또한 남북조시대 때 제조되어 1,500여 년의 오랜 역사가 있다. 이 술과 관련된 전설이 전하는데, 이 마을에 술을 만드는 노인이 하나 있었다. 가난하지만 남을 잘 도와주었다. 하루는 두 거지가 구걸을 하니 노인이 술을 주었다. 술을 마시는데 집 뜰에 우물이 하나 있는 것이 눈에 띄었다. 노인의 호의에 답례하려고 노인이 없는 날 마시다 남긴 술 몇 방울을 우물에 부었더니 우물이 모두 맛좋은 술로 변했다. 원래 이 두 거지는 신선이었다고 한다.

당대에는 행화촌에 술 제조 공장이 모두 70여 군데나 있었다고 한다. 당대

시인 杜牧두목은 인구에 회자되는 명시 〈淸明청명절〉에서 분주를 찬양했다.

청명절 날 봄비가 내리는데,
길가 행인은 술 향기에 혼이 빠져.
술집이 어디 있느냐고 물으니,
동자가 멀리 행화촌을 가리키네.

술맛은 물맛이라고 한다. 분주가 명주가 된 것은 우물과 수수 때문이다. 행화촌에는 천 년이나 된 우물이 있다. 古井亭고정정이란 정자가 있는데 명대 때 '得造花香득조화향'이란 네 글자가 새겨진 석각이 남아 있다. 신의 조화로 만들어졌다는 뜻이 아닐까?

분주의 비결은 오래된 우물의 맑은 물과 지역의 특산인 수수에 있다. 밀과 완두콩으로 만든 누룩을 사용하였고 전통의 증류법으로 제조되었다.

3. 루저우 랴오쟈오 다취

瀘州老窖大麯노주노교대국주는 쓰촨성 남부 루저우 瀯泃영구에서 생산된다. 窖교는 움, 구덩이란 뜻으로 술 저장고를 가리킨다. 麯국은 누룩을 말하는데, 이 글자의 간체자는 曲곡이고 취로 읽는다. 그런데 曲곡의 뜻은 굽다, 노래라는 두 가지 뜻이 있다. 굽을 곡과 누룩 곡은 1성, 노래 곡은 3성이다.

명말 때 어떤 사람이 蘇聚源소취원이라는 상호를 내걸고 루저우에 술 저장고를 파고 술을 만들기 시작했다. 술 저장고가 점점 커지면서 양조업이 흥성했고 술맛도 좋아지면서 큰 명성을 얻었다. 1917년 파나마 국제박람회에서 영예의 금상을 받아 세계적인 명주가 되었다.

이 술은 향이 짙은 증류 백주다. 향이 독특하여 순수하고 향기로우며 강하고 맑으며 상큼하고 입안에 맛이 오래가며 감칠맛이 뛰어나다는 특징이 있다.

술지게미를 糟자오라고 하는데, 다취지우의 비결은 여기에 있다. 루저우의 술지게미는 萬年糟만년조라고 부른다. 술을 증류하고 남은 술지게미는 새로 발효시킨 수수와 섞으면 더 좋은 술맛을 얻는다.

4. 구징궁지우

古井貢酒고정공주는 曹操조조의 고향 안후이성 亳縣박현 減店集감점집에서 생산된다. 독특한 향으로 전국적으로 유명해졌다. 이 지역에는 샘이 많은데 그 가운데 오직 한 샘만으로 만들어야 향이 짙은 술을 만들 수 있다고 한다. 이 古井고정은 1,500여 년이나 된 오래된 우물이다. 남북조 시대 때 당시 박현은 北魏북위에 속했는데, 532년 梁武帝양무제가 대장군 元樹원수를 파견하여 準城준성을 공격하도록 하자, 위나라 장수 樊子鵠번자곡이 獨孤독고 장군과 함께 적에 대항했다. 독고 장군은 원수와 싸우다 전사했는데, 죽기 전에 자신의 긴 창을 이 고정에 던졌다고 한다. 후에 사람들이 독고 장군을 기념하여 감점에 독고 장군의 묘를 건립하고 묘 주위에 우물 스무 군데를 팠다. 후에 네 군데만 남았는데, 그중에 한 우물의 물맛이 뛰어났다. 감점은 소금밭이어서 보통 우물의 물맛은 짠데 이 우물만은 맑고 담백하여 이 물을 사용하여 술을 만들었다.

명나라 만력 연간 때 이 술이 황제에게 공물로 바쳐졌기 때문에 貢酒고주라는 이름이 붙었고, 청대까지 황제에게 공물로 진상되어 세상에 이름을 날렸다.

이 술의 맛은 물에서 나오지만 원료와 제조 공법도 중요한 요소다. 박현에서 생산되는 수수는 특히 전국적으로 유명하다. 小麥샤오마이는 밀, 大麥다마이는 보리라고 한다. 이곳의 밀과 보리, 완두콩으로 만든 누룩으로 발효시킨다.

懷후아이씨 성을 가진 사람이 公興漕坊공흥조방이란 상호로 술 공장을 경영하다가 전쟁 중에 생산을 중단하고 문을 닫았다. 1958년에 옛 공흥조방 자리에 새로 공장을 세우고 술을 생산하기 시작하여 규모도 확대되면서 술의 질도 높여 전국 술 품평회에서 금상을 수상하면서 명주로 평가받았다.

5. 우량예

五粮液오량액은 쓰촨성 남부 宜賓이빈에서 생산된다. 이빈은 역사가 오랜 도시다. 옛날에는 戎州융주라고 했다. 송대에는 각종 곡물로 술을 빚었는데 이를 荔枝綠酒여지록주라고 했다. 송대 시인 황정견이 이 술을 戌酒술주 가운데 제일이라고 칭찬하였고 이후로 사람들이 이 곡주를 많이 만들었다. 명대 때 여러 곡물을 섞어 만든 雜粮酒잡량주가 주조되었고, 1952년에 옛 잡량주를 재현하는 실험을 거쳐 정식으로 오량액이 주조되었다.

쌀을 大米다미, 찹쌀을 糯米누오미, 옥수수를 玉米위미라고 한다. 쌀, 찹쌀, 옥수수, 수수, 밀 등 다섯 가지 곡물을 원료로 주조한다. 다섯 가지 곡물로 만들었다고 하여 오량액이라고 했다. 술병을 개봉하면 향이 분사하듯 짙다고 하여 噴香분향이라 하는데 이 말이 이 술의 특징을 잘 나타낸다. 1961년 파나마 국제박람회에서 금상을 수상했다.

60도의 오량액 제조 과정은 질 좋은 곡물의 정선, 밀로 만든 오래된 지게미 色包麯색포국, 岷江민강의 강물, 300년이나 오래된 술 저장고에서의 발효와 증류 기술 등이 어우러져서 정교한 배합을 거친 후에 출시된다. 오량액의 네 가지 특징은 향이 짙고, 순수하며, 달고, 깨끗하다는 점이다.

6. 샤오싱지우

황주의 대표적인 술인 紹興酒소흥주는 저장성 샤오싱에서 생산된다. 이 술은 2천 년의 역사를 지녔다. 춘추 시대 때 샤오싱은 越國월국의 수도였는데, 오나라에 복수하기 위해 월왕 구천은 샤오싱의 좋은 술을 오나라에 바쳤다. 오나라 오자서의 군대가 항주에서 샤오싱의 술맛이 좋아 술에 취했는데, 술독이 산더미처럼 쌓였다. 적군이 술에 취한 사이에 월나라 군대가 오나라를 공격하여 멸망시켰다.

남북조 시대 때 은으로 만든 술병에 담은 샤오싱의 단술인 山陰산음이 당시에 유명했다. 양나라 元帝원제가 지은 《金樓子금루자》에 "은병이 하나 있어, 산음의 단술을 담갔다"고 하였다. 당대에 샤오싱은 주조로 유명했다. 황제에게도 술을 진상했다. 대시인 이백은 샤오싱을 유람하며 많은 음주 시를 지었다. 송대 시인 陸游육유는 샤오싱 사람으로 샤오싱의 술을 마시고 시를 지었다. 청대 강희 연간에 샤오싱에 대규모의 술 제조 공장이 세워져 소흥주의 명성이 높았다. 샤오싱은 루신의 고향이다. 魯迅故居루신구쥐 건너편이 루신박물관인데, 이곳에서 그리 멀지 않은 곳에 그의 소설에 등장하는 咸亨酒店함형주점이 있다. 분점이 상하이에도 있다. 1995년에 이곳을 일부러 찾아간 적이 있다. 근처에 도착하면 술 향기 대신 똥 냄새가 먼저 코를 찌른다. 기름에 살짝 튀긴 臭豆腐처우더우푸다. 스위스의 최고 치즈도 땀에 찌든 발가락 냄새나 인분 냄새가 난다. 태국의 두리안은 어떤 냄새가 나나? 호텔 방에 먹다 남은 두리안 조각 하나만 놔두었다가는 다시는 그 방에 들어가지 못한다. 따끈하게 데운 소흥주 한 사발과 이 처우더우푸 한 그릇이면 그만이다. 필자는 타이완 유학 시절 코를 막고 한번 먹어보았는데, 기가 막히게 맛있어 그 뒤로는 그냥 먹는다. 우리나라 고수와 비슷한 香菜샹차이를 처음 먹었을 때처럼.

소흥주는 증류주가 아니다. 찹쌀로 빚은 술이기 때문이다. 無錫우시, 丹陽단양 등지에서 생산되는 질 좋은 찹쌀과 샤오싱에서 나는 옅은 붉은색의 밀로 매년 겨울에 찌고 봄철이 지난 후 압축시켜 만든 지게미, 鑒湖감호와 겨울 산의 눈을 물로 사용한다. 술은 반드시 도자기에 담는다. 오래될수록 더 좋은 술이 된다. 태평천국의 난 때 담근 술을 지금 꺼내어 마시는 사람도 있다고 한다. 이런 소흥주는 너무 오래되어서 새로 만든 술과 섞어 마신다. 소흥주에는 종류가 많다. 狀元紅장위안훙, 加飯자판, 雪香상쉬에 등이 있다. 장원홍은 송대에 출현한 붉은 지게미로 만든 술이고, 가반은 쌀과 찹쌀을 섞어 만든 술인데 맛이 달고 색이 황색이며 향이 진한 술이며, 설향은 가반 소흥주를 만든 지게미로 발효를 시킬 때 물 대신 燒酒샤오지우를 사용하여 가공한 술이다.

옛날 샤오싱 농촌에서는 女兒紅뉘얼훙이란 소흥주가 있었다. 여자가 아이를 낳고 만 1개월이 지나면 모든 집안에서 술을 담그는데 도자기에 술을 넣고 밀봉한다. 도자기 표면에 아름답게 그림을 그려 넣고 땅에 묻는다. 또한 그

옆에 오동나무를 심는다. 이 아이가 성장하여 시집을 갈 때 이 술 단지를 꺼내 결혼 축하객들에게 대접을 하고 오동나무로는 가구를 짜서 시집가는 날 함께 가져가게 했다. 오직 여자아이만을 위해 담근 술이었으므로 여아홍이란 이름이 붙었다.

현재 중국에서 가장 인기 있는 술은 수이징방인데 값도 가장 비싸다. 마오타이는 무색투명하고 향이 진하고 약간 거친 맛인 반면, 수이징방은 도수가 높으면서 부드러운 맛이 특징이다. 백주 가운데 값도 가장 비싸다. 비싼 만큼 술맛도 최고라고 말할 수 있다.

7. 칭다오 피지우

맥주를 중국어로 啤酒피지우라고 하는데, 이 비주라는 말은 영어의 beer와 술 주를 합친 말이다. 맥주의 쓴맛을 내는 홉을 啤酒花피지우화, 간단히 줄여서 酒花지우화라고 한다. 산둥성 靑島칭다오는 근대 독일 조차지였다. 칭다오에서 맥주를 만들었던 독일인의 기술을 바탕으로 중국 최초의 맥주 공장이 세워졌다.

청도 맥주가 중국을 대표하는 맥주가 된 비결은 질 좋은 보리와 광천수 때문이다. 맥주도 물이 가장 중요한데, 칭다오 부근 암석이 많은 도교의 명산 崂山라오산의 깨끗한 물로 만들었다. 수백 년 전부터 이 산에 살던 도사들의 기운이 담겨 있으니 칭다오 맥주를 마시면 장수하리라. 현재 한국 기업이 가장 많이 진출해 있는 칭다오에 가면 이 칭다오 맥주 공장을 견학할 수 있다. 제조 과정을 견학한 뒤에는 마지막 코스, 시음이다. 공짜니 마음껏 마셔도 된다. 맥주를 마시다 안주가 필요해서 주위를 둘러보면 안주를 파는 상점이 있다. 오징어와 땅콩, 육포까지. 물론 공짜가 아니다. 그래서 중국인은 상술에 밝은 것이다. 취해서 빙글빙글 돌아서 라오산으로 직행하면 어느 날 도복 입은 도사가 되어 드넓은 황해 바다를 바라보면서 세상은 참 넓구나! 너희들은 다 바보다! 세상 사람들은 다 더러운 놈들이라고 욕을 하고 있는 자신을 발견할 것이다.

타이완에서 생산되는 金門高粱酒진먼가오량지우라는 아주 좋은 백주가 있다. 대륙 사람도 이 술을 맛보고 좋은 술로 평가한다. 타이완과 중국 대륙의 푸젠성 사이에 대만해협이 있는데 푸젠성 바로 앞바다에 金門島진먼다오라는 섬이 있다. 미국과 중국이 외교관계를 맺으면서 외교적으로 타이완이 고립되기 시작할 때 중국이 타이완을 국가로 인정하지 않자 타이완은 臺獨타이두를 주장했고 중국 정부는 대만 수복을 외치며 군대와 미사일을 푸젠성에 집결시키면서 중국 대륙과 타이완의 긴장관계가 최고조에 달했다. 중국 군대가 쏜 대포알이 금문도에 떨어졌고 미국의 제7함대가 대만해협에 진출하면서 일촉즉발의 전쟁 분위기로 위기를 맞았다. 이런 금문도에는 아주 질 좋은 수수가 자라고 있다. 이 수수로 만든 백주가 바로 금문고량주다. 맛이 순수하고 깨끗하며 도수가 높아 애주가의 사랑을 받는 술이 되었다. 한때 가짜가 많아 술병 안쪽 상표 뒷면에 황금색으로 금문이라는 글자를 새기고 출시 번호까지 매겨서 진짜임을 나타내기도 했다.

수요가 급증하면 돈벌이가 우선이다. 마구 만들다 보니 가짜는 아니지만 맛이 예전만 못하다. 다른 한구석에서 가짜를 만드는 자도 생겨났다. 중국에 돌아다니는 마오타이는 80퍼센트가 가짜다. 적어도 60퍼센트는 진짜가 아니라고 한다.

중국 술이 싸다고 여러 병을 중국에서 사서 들고 가면 공항에서 뺏긴다. 반드시 공항 면세점에서 사서 가지고 가야 한다. 그러나 여기에도 가짜가 있다고 한다.

만두 餃子
饺子 **쟈오쯔**

만두 만드는 법을 배운 것은 중국에서였다. 중국인들은 가정에서 어떻게 만두를 만드는지 궁금했다. 밀가루 반죽을 오래 주물러야 만두피가 쫀득해진다. 만두소는 내용물의 물기를 빼고 계란 한 개와 약간의 기름을 넣고 한쪽 방향으로 계속 저어야 한다. 만두피는 가장자리를 가운데보다 약간 얇게 정확히는 4분의 1정도로 밀어야 한다. 만두소를 넣은 뒤에 양쪽 끝을

이어 붙일 때 가운데 두께와 같아지고 다시 끝의 모양을 만들 때 겹치면 한쪽 만 두꺼워지지 않고 두께가 거의 똑같아지기 때문이다. 만두가 완성되고 난 뒤 끓는 물속에 넣고 만두가 수면 위로 떠오르면 찬물을 약간 붓고 다시 끓인다. 이런 식으로 두세 번 정도 하면 찬물 때문에 만두소가 수축되어 만두피와 만두소가 분리되지 않는다. 그리고 익은 만두를 먹을 때 찧은 마늘을 넣은 간장에 찍어 먹으면 맛이 더욱 좋다.

최근 일본에서 살충제가 들어 있는 만두를 먹고 구토와 설사 증세를 보인 환자가 400여 명이나 된다는 보도가 있었다. 식품의 20퍼센트를 중국산에 의존하고 있는 일본은 큰 충격에 휩싸였다. 우리도 작년에만 중국 기업 스물네 곳으로부터 2,600여 톤의 만두를 수입했다고 한다. 식품의약품안전청은 일본에서 문제가 된 업체의 만두가 국내로 수입된 적이 없다고 밝혔지만 수입된 만두의 안전검사를 했는지 알 수 없는 일이다. 강 건너 불구경할 일이 아니다.

중국산 농수산물은 이미 우리들 식탁을 차지한 지 오래되었다. 설 차례상도 중국산 없이는 못 차릴 정도가 되었다. 국산의 절반에도 못 미치는 가격 때문에 우리 차례 상에는 중국산을 빼놓을 수 없다. 동아일보는 할인점과 재래시장을 이용해 국산 음식 재료만으로 차례 상을 준비할 수 있는지를 조사했다.

한과나 약과는 100퍼센트 국산은 없었다. 국산 찹쌀은 20퍼센트에 불과했고, 나머지는 중국산 찹쌀과 미국, 호주산 밀가루가 재료로 쓰였다. 생선도 중국산이 많았다. 숙주는 재래시장인 경동시장에서는 모두 중국산만 팔고 있었다. 황태포는 러시아산만 팔고 있었다. 그러나 사과나 배는 수입이 금지되어 있어 중국산은 없었다. 소고기나 돼지고기는 중국산이 없었다.

열 개들이 곶감 한 팩의 값은 국산은 5,800원인 데 비해 중국산은 3,000원이 채 못 되었다. 녹두 500g은 국산이 6,400원, 중국산은 2,200원이었다. 고사리와 도라지는 국산이 중국산보다 네 배나 비쌌다.

우리 식탁을 위협하는 중국산 농수산물에 대해서는 위생검사를 철저하게 실시해야 한다고 정부에 요청하지 않는 반면에 미국산 쇠고기에 대해서는 뼛조각이 나왔다고 문제를 삼는다. 일부 시민단체는 이를 크게 이슈화하여 시위를 벌이면서 미국에 항의를 했다. 최근 외신보도에 미국이 소 도축장에서 병든 소를 무자비하게 도축하는 장면이 카메라에 잡혔다. 축산물은 수입산이든 국산이든 관계없이 철저한 위생검사를 거친 안전한 것만을 시장에 유통시켜야 한다.

일본인은 살충제 만두 파동 이후 중국산 냉동식품을 아예 사 먹지 않으려고 한다. 외국에서 수입한 식품까지도 정치논리가 개입되어 있다. 먹는 것까지도 이념이 좌지우지할 판이다.

철밥통
鐵飯碗

铁饭碗
테판완

인천에서 천진으로 가는 배를 타고 북경에 가게 되었다. 배 안의 식당에서 식사를 하였는데, 식당에서 일하는 사람이 생각보다 너무 많았다. 식판을 건네주는 사람, 밥을 퍼 주는 사람, 국을 떠 주는 사람, 반찬을 담아 주는 사람, 돈 받는 사람, 식탁을 훔치는 사람 그리고 주방에서 일하는 사람들까지. 한국 같으면 카운터에 한 명, 홀에서 일하는 사람 하나면 될 것을. 오히려 일하는 사람이 너무 많아 일의 효율성이 떨어지게 마련인데 중국은 우리와 사뭇 달랐다.

구멍가게와 같은 주택가 부근 가게에서도 마찬가지였다. 가게 입구 카운터에 한 사람이 앉아 있고, 좌판대마다 물건 훔치는 사람을 감시하는 여러 사람들이 눈을 부라리며 서 있다. 사회주의 국가 정책 가운데 완전고용 탓이다. 똑같이 일해서 똑같이 나누어 갖는 공평함이 우선이다. 평등한 사회를 외친 결과 분배를 앞세우게 되고 너와 나의 차이가 없는 공평함을 최우선시하게 된 결과다. 신분의 차이도 없으니 국가 주석부터 농부까지 누런 인민복을 똑같이 입는다.

똑같이 가난해지자 일부 정책을 바꿨다. 잘사는 나라의 시장경제 체제를 도입했다. 노동력에 의존할 때보다 훨씬 효율적으로 일을 끝낼 수 있게 되었다. 남는 시간에 물건을 만들어 외국에 내다 파니 달러가 쌓이기 시작했다. 축적된 부로 여가활동을 하게 되고 새로운 직업이 창출되어 더 많은 사람이 일을 하게 되었고 사회는 활기가 넘쳤다.

영원히 깨어지지 않고 잃지 않는 철밥통이 사라진 것이다. 경쟁이다. 더 많이 일하는 사람이 더 많은 돈맛을 알게 된 것이다.

중국과 외교관계를 맺은 뒤로 한국에 친척이 있는 중국의 朝鮮族차오셴주는 중국어로 工資궁쯔라고 하는, 임금이 많은 한국행을 택했다.

느린 중국인이 사는 중국 내에 빨리빨리 행동하는 한국인 피가 흐르는 사람이 살고 있다.

조선
朝鮮

朝鮮
차오셴

중국에서는 북한을 **차오셴**, 남한은 韓國한궈로 부른다. 중국은 1980년대부터 정치 · 경제 체제 개혁과 대외개방을 내세웠다. 개혁 · 개방 초기에는 이념적 갈등과 충돌이 있었다. 서구의 시장경제 체제를 도입하면서 전국 각 대학의 마르크스주의 경제학자가 자살을 했다는 보도가 있었다. 또한 똑같이 일하고 똑같이 봉급을 받던 과거에 비해 택시 운전수처럼 일반 노동자나 대학 교수보다 훨씬 많은 돈을 버는 사람들이 생겨나면서 빈부의 격차가 생겨나고 이것이 점점 심각해지자 계층 간의 위화감이 팽배해지기 시작했다.

현재 중국은 小康샤오캉 시기다. 소강이란 儒家유가 理想이상 중의 소위 정치와 교육이 맑고 밝으며 백성들의 삶이 부유하고 안락한 사회 국면을 말한다. 이런 사회는 역사적으로 고대 중국의 禹우와 湯王탕왕, 주나라의 문왕, 무왕과 성왕, 주공의 여섯 군주에 의해 이루어진 정치를 가리킨다. 이 여섯 군주들의 정치에 대해서《예기》〈禮運예운〉편에 "禮義예의로 義의을 드러냈고, 信신을 이루어 백성들을 모았으며, 허물을 밝혔고, 仁愛인애와 겸양의 도를 펼치어 백성들에게 떳떳함을 보여 주었다"라고 했다. 이런 세상이 바로 소강이다.

중국 사회주의 경제발전으로 일반 국민들의 경제가 일정 수준까지 도달한 중산층을 가리킨다. 1980년대 1인당 국민소득을 미화 1천 달러를 목표로 삼았었는데 21세기 초에 중국은 이미 이 수준을 넘어섰다. 이런 소강의 사회보다 한 단계 업그레이드된 세계가 大同다퉁의 세상이다. 급속하게 치닫고 있는 경제 성장의 폭과 속도를 적절하게 유지할 필요가 있을 정도로 경제 성장률이 너무 가파르다.

연평균 두 자리 숫자의 경제 성장률을 계속 기록한다면 중국은 분명 중진국 대열에 이를 것이다. 우리의 경제 성장과 민주화의 밀접한 관계를 생각해 본다면 중국도 1인당 GDP가 3천 달러 이상 되면 의식수준의 향상과 더불어 개인적 삶의 질적 향상에 관심을 가지게 되면서 각종 민주화 요구가 거세질 것이다. 2007년 중국의 사치품 소비는 80억 달러로 세계 제2의 사치 소비국가가 되었다. 사람의 질적 삶에 벌써 변화가 일어나고 있는 것이다.

5 · 4운동 때 지식인들이 기치로 내세운 것이 과학과 민주였다. 과학은 이미 상당 부분 선진국 수준에까지 다다랐다. 민주는 사회주의식 민주이지 서구 수준의 민주는 아니다. 일각에서는 서구의 민주주의 정치 체제가 과연 중국에 적합한 것인지에 대한 논란이 있다.

아무튼 개인의 삶의 자유와 평등을 강조하는 민주주의의 입장에서 보면, 중국은 아직도 개인의 인권, 재산의 소유권 등 개인의 권리가 보장되어 있지 않다. 그러나 경제수준이 높아지면서 개인의 권리에 대해 관심이 많아지고 개인의 목소리도 높아지고 있다. 큰 도가 행해진 세상에서는 천하가 온 세상 사람들의 것으로 되어 있어, 어진 사람과 능력이 있는 사람을 가려서 제왕의 지위를 전하고, 믿음과 의리, 친목과 화합을 두텁게 하였다. 재물을 낭비하지 않으면서 사욕을 채우지 않고, 힘은 반드시 자기 자신의 이로움만을 위해서 쓰지 않는다. 간사한 꾀를 부리지 못하고 도둑들이 세상을 어지럽히지 않으며 집 대문을 잠그지 않아도 안심이 되는 사회가 바로 대동 세계이다.

중국은 일당 독재의 사회주의는 아니지만 북한과 같은 사회주의 국가다. 북한은 중국처럼 시장경제 체제를 받아들여서 일반 국민들의 삶의 질을 높여야 한다. 북한의 고위 관리들은 중국의 산업 시설을 여러 차례 시찰하고 중국의 개방화 현장을 직접 보았다. 이런 경험이 북한의 개혁개방으로 이어져야 북한 경제를 살리고 주민들의 삶의 질에 변화가 생길 것이다. 북한이 대외개방을 하지 못하는 이유는 분명 중국처럼 개방 초기에 발생할 내부 갈등이 체제 붕괴로까지 이어질까 하는 두려움과 이런 급격한 변화를 극복할 자신이 없기 때문일 것이다.

한반도 통일의 과정은 일방적인 퍼주기식 지원이 아닌 북한과의 직접적인 대화 및 주변국과의 외교적 채널을 통해 한반도 평화를 위한 상호 신뢰 구축, 개방을 유도하고 주민들의 삶의 질을 향상시키기 위한 기반 시설 확충 등 각종 지원 그리고 공동으로 자원과 관광산업 개발, 시베리아 철도의 공동 참여와 개발 등을 통해 북한이 자립할 수 있는 경제 능력을 갖춘 뒤에는 자연스럽게 이루어지지 않을까?

북한도 중국의 경제 성장을 모델로 삼고 소강에서 대동 세계로 나아가야 한다.

조선족
朝鮮族

朝鮮族
차오셴쭈

중국 길림성 내 조선족 자치구가 있다. 중국인은 이곳에 사는 우리나라 동포를 **차오셴쭈**라고 부른다. 미국에 사는 한국 동포를 재미동포, 일본에 사는 동포를 재일동포라고 부르는 것처럼 이곳의 조선족을 재중동포라고 부르자는 의견이 있다. 찬성이다.

필자가 1999년 겨울방학을 이용하여 延吉옌지시의 延邊옌볜대학을 방문한 적이 있다. 한국에서 온 몇 명의 교수들과 함께 북한과 국경을 맞대고 있는 두만강가의 圖們투먼을 갔었다. 국경 다리가 있는 곳에 도달하기 전에 옌볜대학 동포 교수가 이 근처에 충청도 마을이 있다고 했다. 충북 청원 사람들이 일제 식민지 시대 때 집단 이주한 곳이라고 한다. 최근 보도에 의하면 청원군에서 이 마을에 각종 지원을 하고 있다고 한다. 다리 옆에는 ㄷ자를 엎어 놓은 탑이 서 있다. 탑 위에 올라가 망원경으로 북한 쪽을 보았다. 처음으로 북한 사람을 본 것이다. 날씨가 추운 탓인지 몰라도 듬성듬성 서 있는 4, 5층짜리 건물은 사는 사람이 없어 폐허로 보였고 두만강의 강바닥은 거의 말랐고 그나마 줄어든 강물도 얼어붙었는데 날씨가 추운 탓인지 강 건너 북한 땅을 바라보며 감회가 사뭇 달랐다. 누군가 북한 사람이 마음먹고 몰래 죽기 살기로 북한 쪽에서 뛰어오면 금방이라도 이쪽 중국 땅에 닿을 수 있을 것이라고 했다. 그 옌볜대학 교수는 우리들에게 국경 다리를 오가는 트럭을 잘 보라고 했다. 짐을 잔뜩 실고 들어갔지만 북한에서 중국으로 들어오는 트럭은 텅 비었다. 우리는 옌볜대학 교수의 도움으로 다리 위를 걸어서 빨간 줄이 그어져 있는 곳까지 갔다. 빨간 선에 도달하자 중국 군인이 손을 들어 더 이상 들어가지 못하도록 제지했다. 북한이 고향인 어느 교수는 그 자리에서 눈물을 흘렸다. 그 옌볜대학 교수는 자신의 고향인 나진을 여름에 다녀왔는데 옥수수가 잘 자라지 않았다고 말했다. 비료가 부족하기 때문이라고 했다.

초대를 받은 우리 일행이 옌볜대학 교수들과 함께 지낸 하루를 정리해 보았다. 이것은 물론 초대 형식이기 때문에 과장된 일면도 있지만 겨울이 길고 특별한 일자리가 별로 없는 외진 곳의 중국 동포들의 삶을 어느 정도 엿볼 수 있는 기회였다. 아침식사는 호텔에서 뷔페로 하였고 열 시부터 한 시간 동안 학교를 방문하고 나서는 차를 마시며 간단한 담소를 나누고 곧바로 시내에 위치한 큰 식당으로 가서 점심을 먹었다. 옌볜은 개고기로 유명하다. 한국인도 좋아하지만 중국 동포들도 아주 좋아했다. 나중에 吉林지린대학에 학생들을 데리고 연수를 갔을 때 그곳 중국인들도 개고기를 무척 좋아해서 중국 동포가 경영하는 개고기집에 가서 중국식 개고기 요리를 시식해

본 적도 있었다. 값도 싸고 맛도 일품이었다. 필자는 개고기 예찬론자다. 독자들이 비난할지도 모르지만 분명 개고기는 우리네 전통 음식이다. 식용 개와 애완용 개는 다르다. 비둘기, 고양이, 말고기를 먹는 유럽인은 야만인이 아닌가? 스위스의 어느 마을에서는 고양이 고기를 동네슈퍼에서 냉동으로 판다는 신문 기사를 읽은 적이 있다. 프랑스 거위 간 요리가 어떻게 만들어지는지 알면 개고기 먹는 사람을 맹비난할 수 없을 것이다.

중국인은 개고기를 香肉샹러우 또는 狗肉거우러우라고 부른다. 각양각색의 개고기와 만두를 먹었다. 물론 독한 술은 필수다. 중국인은 보통 때는 맥주를 마시지만 손님을 접대할 때는 비싼 독주를 내놓는다. 오전 열한 시 반부터 시작된 점심은 두 시쯤에 끝났다. 점심 식사 후 다방이란 곳에 갔다. 우리의 시골 역전에나 있는 다방이 고스란히 중국 땅에 있었다. 점심을 소화시키면서 쉬었다가 다시 다섯 시쯤 점심을 먹었던 식당보다 더 호화롭고 큰 식당에 갔다. 점심 때 마시던 독주보다 더 비싼 독주가 나왔다. 아홉 시에 저녁식사를 끝내고 가라오케로 이동했다. 호텔로 돌아오니 거의 열두 시가 다 되었다. 물론 한국 교수들끼리 호텔 바에서 간단히 맥주로 마무리 짓는 것도 잊지 않았다.

세계유산 世界遺産
世界遗产 스제이찬

중국에는 세계 유산이 서른세 군데 있다. 베이징의 시와 현에 모두 일곱 군데 있다.

1. 구궁

베이징의 紫禁城자금성은 지금은 故宮博物院고궁박물원이 되었다. 간단히 故宮고궁이라고 부른다. 명, 청대의 황궁이었다. 명대 영락 4년(1406)에 짓기 시작하여 14년에 걸쳐 완성되었다. 紫微星자미성에서 유래했다. 궁내 방의 수는 모두 9,999칸이다.

수많은 외국 관광객의 필수 코스다. 궁전의 중심인 태화궁 기둥을 잘 보면 모두 금으로 장식했는데 오리 깃털이 가끔 보인다. 강남의 **양저우**가 고향인 왕서방은 새끼 오리를 배에 태웠다. 서너 달 걸리는 뱃길로 烤鴨카오야를 좋아하는 북경 사람의 입맛에 맞춰 북경에 오리를 운반하고 있는 것이다. **양저우**의 西瘦湖시서우후를 지나 대운하를 따라 북상한다. 양귀비가 좋아했다고 하여 너도나도 먹고 싶어 하는 강남의 명물 荔枝리즈도 가득 실었다. **항저우**의 비단은 가는 곳마다 며칠을 묵으며 비싼 가격으로 내다 팔아 큰돈을 벌었다. 徐州쉬저우에 내려서는《금병매》에 나오는 준치 鰣魚스위, 당나귀 고기인 驢肉뤼러우 같은 유명 음식도 맛보았다. **양저우**에서 태운 오리가 **베이징**에 도착하니 무럭무럭 자라서 **카오야**가 된다면 먹음직스러울 것 같았다. 西單시단 시장에 내다 팔아 큰돈을 손에 쥐었다. 한가한 날 자금성을 구경했다. 새끼오리들하고 여러 달을 함께 지내다 보니 몸에 묻은 오리털이 태화궁 기둥에 끼게 된 것이었다.

2. 톈탄

天壇천단은 황제가 하늘과 땅에 제사를 지내던 제단이었다. 명대 영락 18년(1420)에 건설하였다. 원래 명칭은 天地壇천지단이었으나 嘉靖가정 황제 때 천단으로 개명했다. 명 · 청 시대 때 천자가 하늘에 제사를 지내고 풍년을 기원하던 곳이다. 내외 이중의 벽으로 '回회'자형으로 건축되었다. 원형은 하늘을, 직사각형은 땅을 상징한다. 매년 동짓날에 황제는 圓丘壇원구단에서 하늘에 제사를 올렸다. 祈年殿기년전은 음력 정월에 황제는 풍년을 기원하는 제사를 올렸다.

3. 이허위안

頤和園이화원은 청대 황실 정원이다. 건륭 황제 때 건설되었고 清漪園청의원이라고 명명했다. 함풍 황제 때 영국과 프랑스 연합군에 의해 훼손되었고, 광서 황제 때 서태후가 거액의 해군 경비를 도용하여 중건하고 이화원이라고 하고 개인의 피서 유람지로 삼았다. 인공 정원으로 땅을 파서 산을 만들었는데 이 산을 萬壽山만수산이라 하고 산꼭대기에 佛香閣불향각을 세웠다. 서태후는 불교를 신봉했다. 그런데 땅을 파다 보니 지하수가 솟아나 공사를 중단하고 겨울이 될 때까지 기다렸다가 물이 얼면 얼음을 쪼개서 호수를 만들었다.

서구 열강의 침입에 대비하기 위한, 군함 살 돈으로 서태후는 자신의 정원을 만들었다. 결국 서구 열강의 침입을 받아 서안으로 도망을 치고 나라는 큰 혼란에 빠졌다. 치욕적인 과거를 만든 장본인들의 후손들은 관광객의 신분으로 이화원을 구경하기 위해 입장료를 낸다. 굴욕적인 과거가 오늘날의 중국을 먹여 살리고 있는 것이다.

4. 바다링 창청

八達嶺팔달령 長城장성은 명대 장성이다. 만리장성을 중국인은 그냥 창청이라고 한다. 춘추전국 시대 때도 일부 제후국들이 장성을 쌓았다. 진시황 때는 이를 서로 연결하여 장성을 지었고 한대에는 흉노의 침입을 막기 위해 장성을 쌓았는데 이 시기에는 대부분 흙으로 쌓은 토성이었는데 이후에는, 특히 명대에는 벽돌을 구워서 장성을 쌓았다.

5. 무텐위 창청

慕田峪모전욕 장성은 베이징시 동북쪽 懷柔후아이러우 부근에 있다.

6. 스싼링

十三陵십삼릉은 昌平창핑의 天壽山천수산 기슭에 명대 열세 황제의 무덤이다. 명대 영락 황제 때부터 짓기 시작하여 청대 순치 황제 초에 완성했다. 이 가운데 長陵장릉과 定陵정릉만 일반에 공개하고 있다. 황제의 시신을 모신 석곽을 구경하려면 백 미터 지하에 내려가서 엄청나게 두터운 문을 열어야 한다.

7. 저우커우덴

周口店주구점 北京遠人북경원인은 1929년에 발견됐다. 40여 구의 직립 유원인

화석, 10만여 점의 석기, 118종의 동물 화석과 불을 사용한 흔적이 있다.

허베이성에는 세 군데 있다.

8. 청더 피수산좡

承德승덕의 避暑山莊피서산장은 熱河열하의 行宮행궁과 승덕의 離宮이궁이라고 칭한다. 청대 황제들이 피서 중 정치 활동을 하던 중심지이다. 강희 황제 때 짓기 시작하여 48년간에 걸쳐서 완공했다.

9. 칭둥링

淸東陵청동릉은 遵化쭌화에 위치하고 있는 청대 황실 무덤이다. 순치, 강희, 건륭, 함풍, 동치 황제의 무덤이다.

10. 칭시링

淸西陵청서릉은 易縣이센에 있다. 옹정, 가경, 도광, 광서 황제의 무덤이다.

산시성에는 두 군데 있다.

11. 윈강스쿠

雲岡石窟운강석굴은 大同다퉁에 있다. 북위 때부터 저명한 스님 曇曜담요가 주도하여 53개의 굴을 파고 불상을 조각하였다. 그 가운데 제20석굴 앞의 大佛대불이 가장 대표적인 불상이다. 제5, 6과 五華洞오화동 내의 불상이 내용이 풍부하고 가장 화려하다. 그런데 현재 다퉁은 석탄 채굴지로도 유명하다. 불상이 시커먼 석탄가루를 뒤집어쓰고 있다.

12. 핑야오 구청

平遙평요 古城고성은 산시성 수도 太原타이위안 남쪽의 핑야오시에 있다. 고성은 주나라 宣王선왕 때 군대가 주둔하기 위해 쌓은 성을 바탕으로 명대 때 성을 보수하여 중건하였다. 명·청대의 많은 고건축을 비교적 완벽하게 보존하고 있다. 성내에는 4천 개의 전통 집인 四合院사합원이 있다. 또한 중국 금융사의 효시가 되는 '天下第一號천하제일호'라고 하는 日升昌일승창 票號표호가 있다. 중국 경제의 원류와 옛 상인의 전모를 엿볼 수 있는 곳이다.

장쑤성에는 두 군데 있다.

13. 밍샤오링

明孝陵명효릉은 난징 근교의 용이 누워 있는 형상의 鍾山종산 기슭에 있다. 명 태조 주원장의 능묘다. 馬皇后마황후가 먼저 죽어 묻었는데, 그녀의 익호가 孝慈효자였으므로 효릉이라고 했다. 뒤에 주원장이 묻혔다. 800미터에 달하는 神道신도의 석각이 장관이다.

14. 줘정위안

조경 풍치림을 園林위안린이라고 한다. 蘇州쑤저우에는 拙政園졸정원, 留園유원, 網師園망사원, 滄浪亭창랑정과 退思園퇴사원 등의 古典園林고전원림과 寒山寺한산사라는 유명한 사찰이 있다. 북경의 이화원, 승덕의 피서산장, 소주의 유원과 더불어 중국 4대 정원의 하나이다. 최초로는 당대 시인 陸龜蒙육구몽의 저택이었으나 원대에는 大宏寺대굉사였고, 명대 가정 연간 때 御史어사 王獻臣왕헌신이 말년에 관직을 그만두고 이 절을 매입하여 정원으로 만들었다. 정원의 이름은 晉진나라 潘岳반악의 〈閑居賦한거부〉의 "어리석어 보이는 자만이 정치를 할 수 있다"는 뜻의 '拙者之爲政졸자지위정'에서 유래했다. 건축물은 물을 따라 세워졌고 조경은 땅을 따라 조성되었으므로 길을 걸으면 풍경이 다양하게 바뀌는 중국 강남 제일의 정원이다.

안후이성에 두 군데가 있다.

15. 황산

黃山황산은 옛날에는 黟山이산이라고 했다. '黟이'는 검다는 뜻이다. 멀리서 황산을 봤을 때 검게 보이기 때문이다. 그런데 黃帝황제가 이곳에서 수신하고 연단을 만들었다고 하여 그의 이름을 따서 황산으로 바뀌었다. 중국 제일의 기이한 산이라고 칭송을 받는데 기암괴석, 우뚝 솟은 수많은 봉우리와 깊은 계곡이 많다. 泰山타이산의 웅장함, 華山화산의 험준함, 恒山헝산의 구름, 廬山뤼산의 폭포, 雁蕩山안탕산의 괴석, 蛾眉山어메이산의 아름다움을 모두 겸비하여 奇松기송, 怪石괴석, 雲海운해, 溫泉온천 네 가지가 천하제일이다. 해발 1,873미터이다. 이곳에서도 "두 개 천 원!" 하며 외치는 호객 소리를 들을 수 있다.

16. 시디, 훙춘

安徽古村落안휘고촌락은 西遞시디와 宏村훙춘의 明淸民居村落명청민거촌락이 중심지다. 명 · 청대 때의 역사, 예술, 문화적 가치가 높은 사당, 서원, 열녀문에 해당되는 牌坊패방, 누각 등의 건축물들이 현재 황산시 주변의 歙縣시셴, 黟縣이셴, 休寧슈닝, 祁門치먼, 績溪지시, 婺源우위안 등에 즐비하다. 이 지역은 인구는 많고 농경지가 적어 외지로 나가 장사를 하여 큰돈을 번 상인들이 많았다. 명 · 청 때 이 지역의 상인을 徽州휘주 상인이라고 했다. 이 가운데 가장 유명한 상인이 바로 그 유명한 청나라 때의 胡雪岩후셴옌이다. 고향을 떠난 그는 항저우에서 약방을 차려 중국 최고의 부자가 되었다. 그가 살던 집과 약방을 최근 항저우 시내에 복원하여 기념관으로 만들었다.

남편은 장사하러 외지로 나가 집안에 없으니 아내는 남편 없는 집을 혼자 지키며 자식들을 돌보며 정조를 지켜야 했으니, 열녀문을 만들어 주고 사람들의 칭송을 받게 할 필요가 있었던 것이다.

푸젠성에는 한 곳이 있다.

17. 우이산

武夷山무이산은 九曲구곡의 계곡 일대 경치가 아름답기로 유명하다. 또한 송대 理學이학의 집대성자인 朱熹주희가 강학하던 紫陽書院자양서원이 있고, 大紅袍다홍파오라는 차 산지로 유명하다. 대홍포는 烏龍우룽차에 속한다. 오룡차는 일종의 반 발효차로 녹차의 맑은 향, 홍차의 달고 순수한 맛을 겸비했다. 오룡차의 주요 산지는 우이산과 安溪안시이다. 차 생산에 적합한 기후 덕분에 매년 네 차례나 차 잎을 채취할 수 있다. 당대부터 재배하기 시작했고 명대에는 황제에게 공물로 바쳤다. 오룡차는 종류가 많은데, 우이산에는 대홍포, 안계에는 鐵觀音철관음, 오룡이 유명하다.

윈난성에는 한 곳이 있다.

18. 뤼산

廬山여산은 북쪽으로는 창장, 동쪽은 鄱陽湖포양후와 접하고 있다. 풍광, 문화, 교육, 종교, 정치가 일체된 명산이다. 은주 시기 때 匡氏광씨 형제 일곱 명이 이곳에 오두막집을 짓고 수도를 하며 은거 생활을 하였으므로 匡山광산 혹은 匡廬광려라고 했다. 해발 1,474미터이다. 절벽, 운해와 폭포가 여산 三絶삼절이고, 여름철 피서지로도 유명하다. 불교 성지이고 수많은 시인들이 주옥같은 시를 남긴 곳이기도 하다.

산둥성에는 두 곳이 있다.

19. 타이산

泰山태산은 옛날엔 岱山대산 혹은 岱宗대종이라고 했다. 중국 역대 황제들의 封禪봉선 의식을 행하던 명산으로 五嶽오악 가운데 으뜸이다. 진시황 때부터 역대 군주들이 이 산에 올라 천지에 제사를 지냈다. 또한 묵객들의 탐방 지역이었다. 杜甫두보는 태산에 올라 〈望嶽망악〉(태산을 바라보며)을 지었다.

태산의 웅장함은 대체 어떠한가?
제와 노 땅 사이에 푸름은 끝이 없네.
천지조화로 빼어난 것 모두 모였고,
남북은 어둠과 밝음으로 나뉘어 있네.
쌓인 구름이 일어 가슴이 후련해지고,
둥지로 돌아가는 새가 눈에 들어오네.
내 마땅히 저 꼭대기에 올라가서,
뭇 산들이 태산보다 작은 걸 한번 보리라.

20. 취푸

曲阜곡부에는 孔廟쿵먀오, 孔府쿵푸와 孔林쿵린이 있다. 공자를 孔子쿵쯔라고 한다. 공묘는 역대로 공자를 제사 지내던 사당으로 건축물이 웅장하고 2천여 개의 비석이 서있다. 공부는 공자 후손이 衍聖公연성공을 세습한 관청과 직계 자손의 사택이다. 공림은 공자와 그 가족들의 전용 묘지다.

孔子공자의 子자는 존칭이다. 맹자, 손자, 한비자, 노자, 장자 등도 마찬가지다. 공자의 본명은 孔丘공구다. 이보다 더 존칭하는 말은 夫子부자이므로 공자를 孔夫子쿵푸쯔라고 높여 부른다. 서양에서는 공자를 콘푸시우스(Confucius)라고 부르는데, 이것은 바로 이 쿵푸쯔에서 유래한 것이다. 유가는 그래서 콘푸시에니즘(Confucianism)이라고 한다. 그러면 맹자는 어떻게 부를까? 맨시우스(Mencius)다. 그러면 노자, 장자, 한비자, 순자 등은 어떻게 부를까? 그냥 한어 병음에 따라 라오쯔, 좡쯔, 한페이쯔, 쉰쯔라고 부른다. 공자는 성인, 맹자는 아성이므로 두 사람만 존칭을 사용하여 부르는 것은 아닐까?

허난성에 한 곳이 있다.

21. 룽먼 스쿠

龍門石窟용문석굴은 洛陽낙양 남쪽 근교, 伊河이하 강변에 위치하고 있다. 북위 효문제가 낙양으로 천도한 후부터 시작하여 400년에 걸쳐 조성되었다. 1,352개 석굴, 750개 불단, 10만여 개의 불상, 40여 개의 불탑이 있다. 석굴의 불상 내용이 풍부하고 조형미가 뛰어나 역사, 불교, 복식, 음악, 춤, 조각, 회화, 서예와 건축 방면의 진귀한 자료이다.

이하 건너편은 香山향산이 있다. 당대 시인 백거이가 말년에 은거한 뒤 이곳에 묻혔다. 그의 호는 香山居士향산거사다. 이하가 내려다보이는 곳에 우리나라 백씨 집안에서 같은 백씨를 기념하는 비석을 하나 세웠다. 용문석굴에서 낙양으로 가는 길에 關林관림이 있다. 관우의 수급이 매장된 곳이다. 關帝廟관제묘와 그가 사용하던 청룡언월도도 있다.

후베이성에는 두 곳이 있다.

22. 밍센링

明顯陵명현릉은 武漢우한시 서북쪽 鍾祥중샹에 있다. 속칭 皇陵황링이라고 한다. 명나라 世宗세종 朱厚熜주후식의 생부 興獻王흥헌왕이고 익호가 황릉인 朱祐杬주우원(1476-1519)의 능묘다. 嘉靖가정 19년(1540)에 건립되었다. 능묘 대문 밖에는 "관원들은 모두 이곳에서 말에서 내려야 한다"는 석비가 세워져 있다. 신도 양측에는, 코끼리, 낙타, 말, 기린, 문신, 무장이 늘어서 있다.

23. 우당산

武當山무당산은 명현릉에서 서북쪽 창장의 지류인 漢水한수이 상류로 더 거슬러 올라간 均縣쥔셴에 있다. 해발 1,612미터이다. 전설에 玄武현무가 승천한 곳이다. 중국 민간 종교인 道敎도교의 명산이다. 주나라 때의 尹喜윤희부터 명대의 張三豐장삼풍에 이르는 유명 도사들이 모두 이곳에서 수도를 하며 연단을 만들었다. 당대부터 세워진 도교의 건축물들이 무수히 많은데 지금은 명대의 건축이 주를 이룬다. 전체적으로는 '眞武修仙진무수선'의 도교 고사에 의거하여 건립되었다. 현존하는 주요 건축으로는 金殿금전과 여섯 개의

宮궁, 두 개의 道觀도관 등으로 건축과 역사, 종교적 가치가 높다.

후난성에는 한 곳이 있다.

24. 우링위안

武陵源무릉원은 후난성 서북부 張家界장가계에 있다. 索溪峪삭계욕은 기이한 모습의 무수히 솟아 있는 사암 봉우리들로 둘러싸인 협곡, 天子山천자산은 기이한 소나무가 특징이다. 이곳에는 또한 원숭이, 도롱뇽, 玉蘭옥란 등의 희귀 동식물들도 있다. 원숭이는 猴子허우쯔라고 하는데 이곳의 원숭이는 獼猴미허우가, 또한 큰 도롱뇽은 娃娃魚와와위라고 한다. 와와란 갓난아기나 어린애란 뜻이다. 도롱뇽이 정말 갓난아기만큼 클까? 최근 한국 관광객들의 단골 유람지가 되었다. 여기저기서 한국말로 "1천 원에 두 개!", 혹은 아예 "1만 원, 세 개"라고 적힌 팻말도 많다.

충칭시에는 한 곳이 있다.

25. 다쭈 스커

大足대족의 石刻석각은 충칭 서쪽 근교에 있다. 천 년의 역사를 지닌 석굴예술의 보고다. 당대 永徽영휘 연간에서부터 남송 말년에 걸친 작품이다. 이 석각에는 석불이 5만여 점이나 있는데 寶頂山보정산과 北山북산 일대 40여 곳에 집중되어 있다. 누워 있는 거대한 석가모니상이 인상적이다.

쓰촨성에는 다섯 곳이 있다.

26. 칭청산, 두장옌

青城山청성산은 成都청두 서쪽 근교에 있다. 산림이 무성하고 깊은 계곡으로 유명하다. 또한 도교 발생지다. 晉진 때 창건되어 麻姑마고가 연단을 구웠던

上淸宮상청궁과 더불어 당대 건립되었고 丈人장인 寧封子영봉자가 수도한 建福宮건복궁, 동한 때 도교의 창시자 張道陵장도릉이 도교를 전파한 天師洞천사동이 저명한 도교 사원이다.

都江堰도강언은 성도 서쪽 창장의 지류인 岷江민강 상류에 있다. 기원전 256년 秦진나라 때 태수였던 李氷이빙 부자가 홍수를 막기 위해 쌓은 거대한 제방이다. 이빙 부자를 모신 사당인 二王廟이왕묘, 전설에 이빙 부자가 치수를 위해 민강 속의 용을 쇠사슬로 묶어 伏龍潭복룡담 속에 담가 놓은 것을 기념하기 위해 지은 伏龍觀복룡관이 있다. 그런데 2008년 5월에 리히터 7.8의 지진이 이곳에서 북쪽에 있는 汶川원촨에서 발생하여 고대 수리 시설 유적인 泰堰樓태언루, 이왕묘가 크게 손상됐다. 게다가 도강언 북쪽 北川베이촨의 댐에 금이 가서 주민들이 대피하였다. 히로시마에 투하됐던 원자폭탄 252개를 한꺼번에 쏟아 부었을 때와 같은 엄청난 위력이라는 이번 지진으로 사망자만 10만 명에 달할 것으로 예상하고 있다. 阿壩아바족 등 소수민족들이 많이 살고 있어 한족보다 피해가 더 컸고, 부실공사로 지어진 학교 건물 붕괴로 많은 어린 학생들이 묻혔다니 안타까운 일이다. 비교될 수 있는 수준은 아니지만 삼풍백화점 붕괴가 생각난다. 둘 다 부실공사가 더 큰 사고를 불러일으켰으므로. 한반도는 정말 지진에 안전지대일까?

27. 황룡

黃龍황룡은 '人間瑤池인간요지'라고 부른다. 요지는 전설에 신선이 사는 곳을 말한다. 카르스트(karst) 지형이다. 주요 경관 가운데 金沙鋪地금사포지는 길이가 1.5킬로미터, 폭이 10미터 되는 칼슘이 굳은, 물이 가득한 우윳빛의 누런 암석이다. 멀리서 바라보면 한 마리의 황룡이 숲을 기어가는 듯하다. 전설에 우임금이 치수를 할 때 황룡이 배를 짊어지고 강을 건넜다고 하여 사당을 세워 제사를 지냈다고 전한다. 만년설인 해발 5,588미터의 雪寶頂설보정 아래 玉翠山옥취산 기슭에 명나라 때 황룡사를 건립했다.

28. 거우자이거우

寨채는 나무우리란 뜻으로 울타리를 둘러친 마을을 가리킨다. 九寨沟구채구란 이름은 이곳의 아홉 개의 藏族장족 마을이 있는 계곡에서 유래했다. 질푸른 호수, 끝없이 이어진 숲과 눈에 덮인 산들로 그려진 한 폭의 그림 같은 풍경으로 '人間仙境인간선경' 혹은 '童話世界동화세계'라고 불린다. 희귀 동식물이 많다. 판다를 熊猫슝마오라고 하는데 이곳에는 판다와 온몸에 아름다운 털이 난 원숭이의 일종인 金絲猴진쓰허우가 살고 있다.

29. 어메이산, 러산 다포

蛾眉山아미산은 성도 서남쪽에 있다. 불교 명산이다. 산세가 눈썹처럼 길고 아름답게 연이어 있다고 하여 아미산이라고 했다. 동한 때는 도교사원이 많이 건립되었으나, 당송 이후에는 불교 사원이 백여 곳이나 세워졌다. 저지대는 아열대, 중간은 온대, 고지대는 한대에 속하고, 기이한 봉우리가 푸른 연꽃과 같다고 명대의 어느 시인이 읊었을 정도로 아름다운 봉우리가 많다. 萬佛頂만불정은 해발 3,099미터이다.

개구리를 蛙와라고 하는데, 晉진대에 세워진 萬年寺만년사라는 절에는 琴蛙친와가 살고 있다. 여름밤이면 이 개구리가 우는데 마치 거문고 소리와 같아 심금을 울린다고 한다. 이백은 〈蛾眉山月歌〉(아미산의 달을 노래하며)에서 象池상지의 달을 찬양했는데 이곳이 洗象池세상지이다. 이곳에 집단으로 서식하는 원숭이들은 사람과도 친근하다.

樂山大佛낙산대불은 성도 남쪽 근교의 민강 강안에 있다. 당대 開元개원 원년(713)에 승려 海通해통이 창건했다. 후에 검남서남천절도사 韋皐위고가 貞元정원 19년(803)에 완성했다. 대불은 높이가 71미터, 얼굴의 길이가 14미터, 너비가 10미터, 어깨 길이는 24미터, 귀의 길이가 7미터, 발등의 너비가 8미터나 되어 백 명이 앉을 수 있다.

필자도 여름철에 이 산을 올랐다. 사람만 한 원숭이가 옆에서 먹이를 받아먹는데 등이 오싹했지만 온순했다. 아미산의 물은 정말 차고 깨끗했다.

위난성에는 두 곳이 있다.

30. 리장

麗江여강은 昆明쿤밍 서북쪽 金沙江금사강 중류에 위치해 있는 역사 문화의 古城고성이다. 주민은 대부분 納西나시족이다. 고성은 남송 말엽 원초 때부터 건설되기 시작하여 800년의 역사를 지녔다. 나시족 고건축을 고스란히 간직하고 있고, 나시족 음악과 東巴文동파문의 활화석이다. 목조 건물은 과거 지진에도 무너지지 않았다고 한다. 나시족 민족 복식과 여강 粑粑바바가 특산물이다. 粑바는 곡류 가루로 구운 둥근 모양의 빵 팍(phag)이다. 주변에는 식물의 보고이며 해발 5,596미터 만년설의 玉龍雪山옥룡설산, 15킬로미터의 협곡으로 강 양쪽에는 3천 미터 이상의 산이 높이 솟아 있는 虎跳峽양호도협, 香格里拉샹그리라, 三江合流삼강합류가 있다.

소수민족 건축 기술이 한족보다 낫나?

시장자치구에는 한 곳이 있다.

31. 포탈라궁

西藏시장의 수도 라싸에 있는 포탈라궁은 역대 달라이 라마의 겨울 궁으로 세계에서 가장 높은 곳에 세워진 궁전이다. 7세기에 송찬감포가 당나라의 文成公主문성공주를 황후로 맞고 지은 궁이다. 역대 달라이 라마의 영탑과 불상을 모신 전각으로 이루어진 중앙의 紅宮홍궁을 중심으로 양쪽에 역대 달라이 라마의 생활공간이며 정무를 보던 白宮백궁이 있는 구조로 되어 있다.

한족 문성공주를 위해 세운 궁 앞에서 그녀의 후손 군대가 무력 진압을 했으니 저승에 계신 공주님이 잠에서 깨겠다.

산시성에는 한 곳이 있다.

32. 친스황링, 빙마융

秦始皇陵진시황릉과 兵馬俑병마용은 西安시안 서쪽 臨潼임동에 있다. 진시황제 嬴政영정의 묘다. 무덤의 높이는 76미터, 주변 길이는 2킬로미터다.

병마용은 진시황릉 동쪽 1.5킬로미터 떨어진 곳에 있다. 모두 세 개의 병마용 갱이 발견됐다. 1만여 건의 陶俑도용, 100대의 수레 및 전차, 400여 필의 陶馬도마와 100만여 건의 병기를 발굴했다. 도용의 신장은 175에서 185센티미터다. 실제 사람과 너무나도 비슷하여 화려한 전차를 탄 진시황제가 지휘하는 활과 창, 칼로 무장한 병사들의 함성소리가 들리는 듯하다.

간쑤성에는 한 곳이 있다.

33. 둔황 머가오쿠

敦煌돈황은 실크로드의 동서교통의 요지였다. 성대하고 휘황찬란하다는 뜻이다. 한무제가 기원전 111년에 돈황군을 설치하였다.

莫高窟막고굴은 속칭 千佛洞천불동이라고 부른다. 막고굴은 前秦전진 建元건원 2년(366)부터 시작하여 鳴沙山명사산 동쪽 기슭 절벽에 동굴을 팠고, 상하 모두 5층으로 되어 있다. 동굴의 길이는 1.6킬로미터에 걸쳐 조성되었다. 북위 때부터 수 · 당을 거쳐 원대까지 492개의 동굴, 2,415개의 조각상과 수많은 벽화가 있는데 건축, 회화, 조각 예술이 일체화된 문화의 보고다. 藏經洞장경동에서 경전, 문서, 비단, 조각상 등 모두 5만 여 점의 유물이 발견됐다. 그러나 근대 때 스타인, 펠리오 등 수많은 서구의 도둑들이 이곳에서 수많은 유물을 훔쳤다. 이들 도둑들은 모두 조국에서 위대한 인물이 되었다. 혜초의 《왕오천축국전》도 바로 프랑스 국적의 도둑 펠리오가 돈황 막고굴 장경동에서 발견했다.

풍경
風景
风景 펑징

중국 정부는 전국 10대 풍경 명승지를 제정했다.

長城창청
桂林구이린 山水산수이
杭州항저우 西湖시후
베이징 故宮구궁
蘇州쑤저우 園林위안린
安徽안후이 黃山황산
長江창장 三峽산샤
臺灣타이완 日月潭르위에탄
承德청더 避暑山莊비수산좡
秦陵친링 兵馬俑빙마용

전국 규모의 10대 대표적인 풍경 명승지에 필적하는 열한 곳의 풍경 명승지를 보태었다.

江蘇장쑤 無錫우시 太湖타이후,
베이징 頤和園이허위안
山東산둥 泰山타이산
쓰촨 峨嵋山어메이산
江西장시 廬山뤼산
貴州구이저우 黃果樹황궈수 폭포
甘肅간쑤 敦煌둔황 莫高窟머가오쿠
新疆신장 天山텐산 天池텐츠
西藏시장 포탈라궁
廣西광시 肇慶자오칭 七星岩칭싱엔
陝西산시 華山화산

설날 春節
春节 춘제

중국 설날은 보통 설날을 중심으로 앞뒤로 일주일씩 대략 2주일간이다. 옛날엔 더 길었다. 필자가 대만에서 유학하던 시절 첫해에 설날을 맞이했을 때는 거의 한 달 동안 모든 사람이 일손을 놓고 가족이 한자리에 모여 명절을 보냈다. 시내에선 여기저기에서 폭죽이 터지고 볼거리도 많았지만 식당이 모두 문을 닫아 유학생에겐 생활의 불편이 이만저만이 아니었다.

구정, 음력설, 설날을 春節춘제라고 하고, 설을 쇠고 새해를 맞는 것을 過年궈녠이라고 한다. 중국식 설 떡을 年羔녠가오라고 하고, 신년을 축하하고 새해 인사를 드리는 세배를 拜年바이녠이라고 한다. 섣달 그믐밤을 除夕추시, 大年夜다녠예, 年晚녠완이라고 하고, 이날 먹는 음식을 年夜飯녠예판이라고 한다.

음력 정월 초하루를 大年初一다녠추이라고 하고, 지금은 양력 설날을 元旦위안단이라고 한다.

설날 때 사람들이 나누는 "새해 복 많이 받으십시오!"라는 인사말은 新年好신녠하오라고 한다. 그리고 "새해에 즐겁게 지내십시오!"는 新年快樂신녠 콰이러라고 한다.

설날 먹는 전통 음식으로 春卷춘취안이 있다. 얇게 밀가루 반죽을 밀어 가늘게 썬 돼지고기나 닭고기, 부추, 숙주나물 등의 소를 넣어 둥그스름하게 말아 기름에 튀긴 음식으로 서양의 차이나타운에서는 스프링 롤(spring roll)이라고 부른다.

2008년 설날은 2월 7일이었다. 설날을 앞두고 중국 중부지방에 20일 동안 계속 폭설이 내렸다. 길이 막혀 고향을 찾은 귀성객이 대혼란에 빠졌다. 급기야 溫家寶원자오바오 총리는 50년 만에 닥친 폭설로 50만 명이 열차표를 구하지 못하고 있는 廣州광저우역으로 날아갔다가 湖南후난성 長沙창사시 기차역 대합실로 달려가 귀성객을 위로했다. 폭설로 인해 교통 마비와 전력 공급난, 물가 상승이 경제를 심각하게 위협하고 있다는 판단 때문에 공산당 지도부가 긴장했다. 50년 만에 닥친 폭설의 최대 피해 지역인 후난성을 비롯하여 남부 지방의 일부 공장들은 가동이 중단돼 올 1월 수출이 10퍼센트 정도 감소했고 경제 성장률도 2003년 이후 처음으로 10퍼센트 아래로 내려갈 것이라는 관측이 제기됐다. 2003년 사스(SARS) 파동과 같은 사회 혼란까지 예측되기도 했다.

2007년, 11년 만에 4.8퍼센트라는 최고치로 상승한 물가 때문에 서민들의 불만이 팽배한 상태에서 이번 폭설로 인해 다시 물가가 치솟으면 민심 악화로 이어질까 우려하는 목소리가 컸다. 이런 중국 최악의 폭설 때문에 중국은 물론 세계경제도 영향을 받았다.

도요타 톈진공장은 폭설로 부품 공급이 어려워 이틀간 조업을 중단해 1,600여 대의 생산에 차질을 빚었다. 난징에 있는 LG의 PDP공장도 이틀간 직원들이 출근을 못해 조업을 중단했다. 쑤저우의 삼성 세탁기공장 역시 협력업체의 부품 조달이 늦어지고 직원 출근이 어렵게 되자 하루를 쉬었다.

폭설 피해로 60여 명이 사망하고 530억 위안(약 7조 원)의 재산피해가 났다. 주택은 100만여 채가 붕괴하거나 파괴됐다. 주가도 급락세를 면치 못하여 상하이 종합주가지수는 3주 만에 20퍼센트 하락했다. 세계의 공장인 중국이 사상 최대의 폭설로 생산이 원활치 못해 세계경제가 큰 타격을 받았다.

후난성의 郴州천저우는 당나라 때 대시인 杜甫두보가 학질과 당뇨병에 시달리며 배에서 숙식하다 홍수를 만났던 곳이다. 이번에 이곳에 50년 만의 폭설이 내렸다. 이곳 주민들은 20일 넘도록 정전과 물 부족으로 고통을 받았다. 정전으로 전기가 끊겨 양초로 불을 밝혔다. 그러나 양초 한 개에 1위안(130원)으로 평소의 0.2위안보다 다섯 배나 올랐다. 며칠 뒤에는 다시 5위안으로 올랐다. 20개들이 한 상자에 50위안인 곳도 있었다. 중국에서는 쌀의 무게를 근으로 단다. 쌀 가격이 근당 1위안에서 2위안으로 올랐다. 생필품 가격이 급등했다. 온수와 난방이 되는 여관은 500위안으로 평소의 열 배에 가까운 요금을 받았다. 휴대전화도 배터리가 모두 나가 외부와의 연락도 끊겼다. 이 정도면 戰時전시나 매한가지다.

한때 수십만 명의 귀성객이 몰린 광저우역에서는 한 여성이 귀성객들에게 밝혀 숨지는 사고가 발생했다. 광저우시 전체 경찰의 절반이 넘는 숫자가 역의 질서 유지를 위해 거리로 나왔다. 고향으로 가지 못한 귀성객이 역에 모였기 때문이다.

중국 최대의 명절인 설을 쇠지 못하고 막힌 길을 닦고 끊긴 전깃줄을 보수하는 중국의 노동자들은 귀성도 못했다. 입춘도 지났으니 곧 봄이 멀지 않다는 말과 함께 중국인을 위로하는 문구 하나. "春江水暖鴨先知춘강수난압선지"(봄 강물이 풀리는 것은 오리가 먼저 안다).

2008년 중국의 설날은 雪亂설난이었다.

중국
中國

中国
중궈

國국 자는 고대에는 두 가지 의미가 있다. 하나는 國家국가이고, 다른 하나는 都邑도읍이다. 《詩經시경》〈大雅대아〉'백성의 民勞노고'편에 " 惠此中國, 以綏四方"라고 했다. 여기에서 '中國중국'은 당시 周주나라의 서울을 가리킨다. 《尙書상서》〈梓材재재〉에 "皇天旣付中國民"라고 했다. 여기에서의 '중국'은 당시 주나라가 통치하는 전국을 가리킨다. 후에 수도라는 개념은 사라지고 '중국'은 전국의 의미로 사용되었다. 1949년 10월 1일 성립된 '中和人民共和國중화인민공화국'을 간단히 중국이라고 부른다.

중화인민공화국의 國旗국기는 '五星紅旗우싱훙치'이다. 국기의 왼쪽 상단에 있는 다섯 개의 노란색 별이 있다. 작은 별 네 개가 큰 별 하나를 향하고 있다. 왼쪽의 큰 별은 중국 공산당, 작은 별은 전국 인민의 단결을 의미한다. 붉은 색은 혁명을, 노란색은 찬란한 빛을 상징한다. 1949년 10월 1일 중화인민공화국 선포식 때 마오쩌둥에 의해 처음으로 등장했다.

國章국장을 國徽국휘라고 하는데, 원형을 이룬 다섯 개의 별 아래 天安門텐안먼이 있다. 중화민족의 정신적 상징이다. 원형 주위에는 곡식의 이삭과 공장 기계의 기어(gear) 문양이 새겨져 있다. 각각 농민과 노동자의 연맹을 뜻한다.

五星오성은 중국공산당의 지도하에 전국 인민의 대단결을 대표한다. 이 국장은 노동자 계급의 영도하에 노동자와 농민의 연맹을 기초로 하는 인민 민주주의 정치 제도의 새로운 중국의 탄생을 상징한다.

國歌국가는 〈義勇軍進行曲의용군행진곡〉이다. 1935년에 聶耳녜얼이 작곡하고 田漢톈한이 작사했다. 애국주의 정신이 충만하고 인민의 국가 보위와 건설을 격려하는 내용이다.

1949년, 중화인민공화국 성립 이전의 왕조는 夏하, 商상, 周주, 秦진, 漢한, 三國삼국, 晉진, 南北朝남북조, 隋수, 唐당, 五代十國오대십국, 宋송, 元원, 明명, 淸청, 中華民國중화민국이다.

기원전 221년, 秦王진왕 嬴政영정이 중국을 통일하고 秦始皇진시황이 되었는데, 전국에 郡縣制군현제를 실시하여 최초로 통일된 행정구획 체제를 갖췄다. 당대에는 道도 · 州주 · 縣현, 송대에는 路로 · 府부 · 縣현, 원대에는 省성 · 路로 · 府부 · 州주 · 縣현을 실시했다. 1912년 봉건제가 폐지되고, 民國민국을 건립하여 기본적으로 省성과 縣현으로 구획했다. 중화인민공화국 건립 이후 여러 차례 행정구역이 바뀌다가 현재는 네 개 直轄市직할시, 스물두 개 省성, 다섯 개 自治區자치구, 두 개의 特別行政區특별행정구로 나뉘었다.

직할시는 北京베이징 · 天津톈진 · 上海상하이 · 重慶충칭의 네 개다. 자치구는 内蒙古네이멍구 · 廣西광시 · 西藏시짱 · 寧夏닝샤 · 위구르 다섯 개다. 특별행정구는 홍콩과 아오먼 두 개다.

시에는 관할 구와 현이 있고, 성에는 관할 구, 시, 현이 있고, 어떤 성은 자치현이 있다. 자치구에는 관할 구, 시, 현, 자치현 또는 旗기가 있다.

행정구는 각기 별칭이 있다. 보통은 자동차 번호판에 적힌 글자를 보고 어느 지역 차인지를 알 수 있다.

1. 시 4개

1) 北京베이징시 : 京징

2) 天津톈진시 : 津진

3) 上海상하이시 : 滬후

4) 重慶충칭시 : 渝위

2. 자치구 5개

1) 蒙古네이멍구자치구 : 內蒙古네이멍구

2) 廣西광시자치구 : 桂구이

3) 西藏시장자치구 : 藏장

4) 寧夏닝샤자치구 : 寧닝

5) 新疆신장자치구 : 新신

3. 성 22개

1) 河北허베이성 : 冀지

2) 河南허난성 : 豫위

3) 山西산시성 : 晉진

4) 陝西산시성 : 陝산, 秦친

5) 遼寧랴오닝성 : 遼랴오

6) 黑龍江헤이룽장성 : 黑헤이

7) 吉林지린성 : 吉지

8) 江蘇장쑤성 : 蘇쑤

9) 浙江저장성 : 浙저

10) 安徽안후이성 : 皖완

11) 福建푸젠성 : 閩민

12) 江西장시성 : 贛궁

13) 山東산둥성 : 魯루

14) 湖北후베이성 : 鄂어

15) 湖南후난성 : 湘샹

16) 廣東광둥성 : 粵위에

17) 海南하이난성 : 瓊치웅

18) 四川쓰촨성 : 川촨, 蜀수

19) 貴州구이저우성 : 黔첸, 貴구이

20) 雲南윈난성 : 滇뎬, 雲윈

21) 甘肅간수성 : 甘간, 隴룽

22) 靑海칭하이성 : 靑칭

4. 특별행정구 2개

1) 홍콩 특별행정구 : 港강

2) 마카오 특별행정구 : 澳아오

각 행정구역 명칭의 유래를 알아보자.

베이징은 고대에 薊계라고 불렸고, 춘추전국 시대 때는 燕연나라의 수도였다. 서한 때는 廣陽광양, 후한 때는 幽州유주라고 칭했다. 遼요나라 때는 南京남경으로 불렸다가 燕京연경으로 바뀌었다. 金금나라 때는 中都중도였고, 원대에는 大都대도라고 했다. 명대 초에는 北平북평이라고 불렀다가 永樂영락 황제 때 北京북경으로 고쳤다. 후에 順天府순천부, 京師경사, 京兆경조 등으로 불렀다. 1928년 시가 되면서 北平베이핑이라고 했다가, 1949년 중화인민공화국이 건립 된 후에는 **베이징**으로 부르게 되었다. 별칭은 수도라는 뜻의 '京징'이다.

톈진은 금 · 원대에 直沽직고라고 했고, 남북 조운의 요충지로 후에 海津鎭해진진을 설치했다. 명대 영락 2년(1404)에 天津衛천진위가 설치됐고 영락 황제가 이곳에서 군사를 일으켜 강을 넘어 남하하여 천하를 얻은 후에 자신의 업적을 기리기 위해 天子천자의 나루터라는 의미로 天津천진이라고 명명했다. 별칭 '津진'은 여기에서 유래했다. 1900년 義和團의화단 사건 이후, 渤海보하이로 흘러들어가는 南河난허 남쪽 지역에 租界地조계지가 설치되면서 상업 항구가 되었다. **베이징**의 문호 역할을 하는 무역항이다.

상하이는 춘추 시대 때는 오나라 땅이었다가 전국 시대 때는 초나라의 春

申君춘신군의 봉읍이었다. 그래서 申선이라고도 한다. 송대 때 鎮진을 설치했고 상당히 상업이 흥성했으며 상해라고 했다. 원대에는 上海縣상해현을 설치했다. 아편전쟁 이후 통상 항구가 되었다. 1928년 시가 설치되었다. '滬후'라는 별칭은 吳淞江우숭장 하류의 해안가 마을 滬瀆후두에서 유래했다.

충칭은 춘추전국 시대 때는 巴파에 땅이었고, 수 · 당 때 渝州유주에 속했다. 그래서 별칭이 '渝위'가 되었다. 원대 이후 四川省사천성에 속했다. 항일전쟁 시기와 국민당 시절 수도였다. 1997년 사천성에서 독립하여 중앙직할시가 설치되었다.

허베이성은 황허 이북 지역으로 수도 베이징을 둘러싸고 있다. 춘추전국 시대 때는 燕연과 趙조 양국에 속했다. 한대에는 冀州기주와 幽州유주를 설치했다. 당대에 황허 이북, 太行山태행산 동쪽 지역을 河北道하북도라고 했다. 청대에는 수도 베이징의 直隸省직예성이었고, 1928년에 허베이성이 되었다. 《禹貢우공》에 冀州기주의 땅이라고 하여 별칭이 '冀지'가 되었다. 省都성도는 石家莊스자좡이다.

허난성은 황허의 남쪽 땅이란 뜻이다. 고대에 豫州예주에 속했고, 九州구주의 중앙에 위치하여 中原중원 또는 中州중주라고 칭했다. 전국 시대 때 河南하남이란 이름이 있었다. 춘추전국 시대 때 宋송 · 衛위 · 鄭정 · 韓한 · 魏위 · 趙조 등의 땅이었다. 당대에는 전국을 열 개의 道도로 나누었는데, 황허 이남과 淮水회수 이북 지역을 河南道하남도라고 했다. 명대에 하남도를 설치했는데, 《禹貢우공》에 豫州예주의 땅이라고 하여 별칭이 '豫위'가 되었다. 성도는 鄭州정저우이다.

산시성은 태행산 서쪽이란 뜻이다. 한대에는 幷州병주였고, 원대에는 수도를 베이징에 설치했으므로 황허 동쪽 태행산 서쪽을 가리켰다. 河東山西道宣慰使하동산서도선위사를 설치했는데 이때부터 산서라는 명칭이 처음으로 사용됐다. 명대 초부터 山西省산시성을 설치했다. 춘추 시대 때 晉진나라의 땅이었으므로 별칭이 '晉진'이다. 성도는 太原타이위안이다.

산시성은 황허 중류 지역으로, 주나라 成王성왕 때 왕의 통치 지역으로 서쪽의 涇水경수와 渭水위수의 평원, 동쪽으로는 伊水이수와 洛水낙수 유역까지의 땅을 陝陌섬맥을 경계로 동서로 나누었기 때문에 지금의 하남 陝縣섬현 서남쪽의 서쪽 지역이 陝西섬서가 되었다. 춘추전국 시대 때 秦진의 땅이었다. 한대에는 幷州병주과 益州익주에 속했다. 송대 초에 陝西路섬서로, 원대에는 陝西行省섬서행성을 설치했다. 청대에 陝西省섬서성이 되었다. 별칭이 '陝산'이고, 성도는 西安시안이다.

라오닝성은 遼河라오허 유역인데 전국 시대부터 원 · 명대까지 라오허 유역 중심지였으므로 遼라오 자를 행정구역 이름으로 사용했다. 1928년 영원히 안녕하다는 뜻을 담은 遼寧라오닝으로 개칭했고 별칭이 '遼라오'이다. 성도는 遼陽라오양이다.

헤이룽성은 고대에 肅愼숙신, 한대 때는 夫餘부여의 땅이었다. 요나라 때는 東京道동경도와 上京道상경도, 금나라 때는 上京路상경로, 원대에는 遼陽行省요양행성에 속했다. 명대에는 女眞여진의 땅이었다. 청대에는 흑룡강 장군의 관할 지역이었다. 그 명칭이《遼史요사》에 처음으로 보인다. 강물 색깔이 검고 굽이굽이 흐르는 모양이 용과 같아서 黑龍江흑룡강이라고 했다. 청말 광서 황제 때 흑룡강성을 설치했으므로 별칭은 '黑헤이'이다. 성도는 哈爾濱하얼빈이다.

지린성은 고대에는 고조선, 부여, 고구려의 땅이었다. 청나라 초 松花江송화장 연안에 吉林烏拉지린우라, 지금의 吉林지린시를 건립했다. 만주어로 吉林지린은 가장자리, 烏拉우라는 큰 강이란 뜻이다. 지린우라는 송화강 연안이란 뜻이다. 청말 광서 황제 때 지린성을 설치했으므로 별칭이 '吉지'이다. 성도는 長春창춘이다.

장쑤성은 춘추전국 시대 때는 오 · 초 양국에 속했고, 진대에는 東海동해, 會稽회계 등의 군에 속했고, 한대에는 徐州서주와 揚州양주에 속했다. 성도는 南京난징이다. 江寧府강녕부와 蘇州府소주부의 머리글자를 따서 붙인 명칭이다. 별칭은 蘇쑤이다. 청대 강희 황제 때 江南右布政司강남우포정사를 江蘇布政司강소포정사로 개칭하면서 江蘇강소라는 명칭이 처음 사용됐고, 별칭은 '蘇쑤'

이다.

저장성은 전국 시대 때 초나라에 속했고, 한대에는 揚州양주에 속했다. 당대에는 浙江東西兩道절강동서양도를 설치했다. 원대에는 浙江行省절강행성에 속했고, 명대에는 浙江布政使司절강포정서사를 설치했다. 浙江저장, 즉 지금의 錢塘江첸탕장이 성도인 杭州항저우를 가로질러 흘러가기 때문에 붙여진 명칭이다. 명나라 초에 浙江省절강성이라고 했고 별칭은 '浙저'이다.

안후이성은 춘추전국 시대에 오·초 양국에 속했고, 진대에는 九江구강, 泗水사수 등의 군이 설치되었으며, 한대에는 揚州양주, 豫州예주 등에 속했다. 원대에는 河南하남·浙江절강의 行省행성에 속했다. 청대 때 安慶府안경부와 徽州府휘주부의 머리글자를 따서 붙인 이름이다. 청나라 순치 연간 초에 安徽巡撫안휘순무를 설치하여 安徽안후이라는 명칭이 이때부터 시작되었다. 안후이성의 별칭은 '皖완'이고 성도는 合肥허페이이다.

푸젠성은 대만 해협을 사이에 두고 대만과 마주보고 있다. 춘추전국 시대 때 越월과 초의 땅이었다. 진대에 閩中郡민중군을 설치했고, 한대에는 양주에 속했다. 당대에 福建節度使복건절도사, 송대에는 福建路복건로를 설치했다. 원대 초에 江浙行省福建道강절행성복건도를 설치했다가 후에 福建省복건성으로 개칭했다. 푸젠 지역은 고대에 閩越族민월족이 살았기 때문에 별칭이 '閩민'이다. 성도는 福州푸저우이다.

장시성은 장강 중·하류 이남 지역이다. 춘추전국 시대 때 초나라에 속했다. 진대에는 九漢郡구한군을 설치했고, 한대에는 양주에 속했다. 당대 開元개원 연간에 江南道강남도의 서부에 江南西道강남서도를 설치했는데, 간단히 江西道강서도라고 했다. 강서라는 명칭은 이때부터 시작됐다. 송대에는 江南東西道강남동서도에 속했고, 원대에는 江西行省강서행성을 설치했고, 청대에는 江西省강서성이 되었다. 贛江궁장이 성내를 흐르므로 별칭이 '贛궁'이 되었다. 성도는 南昌난창이다.

산둥성은 황허 하류 지역이다. 춘추전국 시대 齊제와 魯노나라, 진대에는 濟北제북에 속했고 膠東교동, 琅琊낭야 등의 군을 설치했다. 한대에는 青州청주,

兗州연주, 徐州서주 등에 속했다. 진 · 한대에는 崤山효산, 당대에는 太行山태행산 동쪽 지역을 山東산동이라고 했다. 명대에는 山東布政使司산동포정사사를 두었고, 청대에 山東省산동성을 설치했다. 춘추 시대 때 노나라의 땅이었으므로 별칭이 '魯루'가 되었다. 성도는 濟南지난이다.

후베이성은 洞庭湖둥팅후 이북 지역이란 뜻이다. 춘추전국 시대 때 초나라의 영토였고, 한대에 荊州형주에 속했다. 송대 둥팅후 북쪽의 荊山형산까지 荊湖北路형호북로를 설치했는데 줄여서 湖北路호북로라고 했고 후베이성은 여기에서 유래했다. 청대에 호북성을 설치했다. 청대 호북의 성도 武昌우창은 수대부터 鄂州어저우의 중심지였으므로 별칭이 '鄂어'이다. 성도는 武漢우한이다.

후난성은 둥팅후 이남 지역을 뜻한다. 춘추전국 시대 때 초나라 땅이었고, 진대는 長沙郡장사군에 속했고 한대에는 형주에 속했다. 당대에 湖南觀察使호남관찰사를 두고 둥팅후 남쪽의 湘상과 資쯔 두 강 유역의 일곱 주를 관할했기 때문에 후난이란 이름이 붙었다고 한다. 송대에는 호남 지역에 荊湖南路형호남로를 설치했는데, 간략히 湖南路호남로라고 했다. 청대에 湖南省호남성을 설치했다. 후난성에 湘江샹장이 관통하므로 별칭이 '湘샹'이다. 성도는 長沙창사다.

광둥성은 춘추전국 시대 때 百越백월의 땅이었고, 진대에는 南海郡남해군을 설치했다. 당대에는 嶺南道영남도가 속했고, 五代오대 때는 지금의 廣東광둥과 廣西광시를 廣南광남이라고 했다. 북송 초에 廣南路광남로를 설치했다가 후에 동서로 나누어 광동은 廣南東路광남동로가 되었다. 원대에는 廣西行省광서행성에 속했다. 명대에 廣東省광동성을 설치했다. 후세 사람들이 兩廣양광을 兩粵양월이라고 불러 별칭이 '粵위에'가 되었다. 성도는 廣州광저우이다.

하이난성은 북쪽으로 瓊州경주 해협을 사이에 두고 광둥성과 마주하고 있는 중국 최대의 섬이다. 한대에 珠崖주애와 儋耳담이 두 개의 군을 설치했다. 삼국 시대 때 海南해남이라고 불렀다. 명대에 瓊州府경주부를 두었다. 별칭은 '瓊치옹'이다. 1988년 광둥성에서 분리하여 하이난성이 되었다. 성도는 海口하이커우다.

쓰촨성은 장강 상류 지역이다. 춘추전국 시대 때 蜀國촉국의 땅이었고, 한대에는 益州익주, 당대에 劍南道검남도에 속했다. 송대에는 익주·梓州재주·利州이주·夔州기주의 네 개 路로를 합친 川峽四路천협사로를 두었는데, 후에 四川路사천로라고 했다. 원대에는 四川行省사천행성을 설치했다. 명대부터 四川省사천성을 설치했다. 여기에서 '川촨'과 춘추전국 시대 때 촉국의 땅이었으므로 '蜀수'라는 별칭이 유래했다. 성도는 成都청두다.

구이저우성은 전국 시대 때 초나라의 黔中검중, 且蘭차란과 夜郎야랑의 땅이었다. 진대에 검중과 象郡상군을 두었다. 한대에는 형주와 익주에 속했다. 당대에는 黔中道검중도, 송대에는 矩州구주를 설치했다. 명대부터 貴州省귀주성이라고 부르기 시작했다. 명대 영락 황제 때 귀주성을 설치했고, 간단히 '貴구이'라고 칭했다. 또 당대에 검중도를 설치했기 때문에 별칭은 '黔첸'이라고도 한다. 성도는 貴陽구이양이다.

윈난성은 전국 시대 때 滇國전국의 땅이었기 때문에 별칭은 '滇뎬'이다. 한무제 때 지금의 鳳儀펑이 일대에서 彩雲채운이 보여 사람을 파견하여 그곳을 찾도록 했는데 채운의 남쪽에 현을 설치하고 雲南운남이라고 했다. 별칭을 '雲윈'이라고도 한다. 당대에는 南詔남조, 송대에는 大理國대리국에 속했다. 성도는 昆明쿤밍이다.

간쑤성은 춘추 시대 때 西戎서융에 속했고, 진대에 隴西郡농서군을 설치했다. 지역이 隴山농산의 서쪽이기 때문에 隴西농서 혹은 隴右농우라고 했고, 별칭은 '隴룽'이다. 한대에는 凉州양주가 되었다. 西夏서하가 지금의 張液장액인 甘감과 酒泉주천인 肅숙 두 주에 監軍司감군사를 두었고, 원대에 감숙행성을 두었기 때문에 甘肅감숙이란 명칭이 이때부터 시작되었다. 청대에 감숙성을 설치했다. 별칭은 '肅수'이고, 성도는 蘭州난저우이다.

칭하이성은 靑海청해라는 호수에서 유래했다. 청해라는 명칭은《水經注수경주》에 처음 보인다. 청해는 고대에는 西海서해 혹은 遷海천해였다. 고대에는 서융, 한대에는 羌강의 땅이었다. 수대에 西海서해와 河源하원 등의 군을 설치했다. 당 · 송대에는 吐蕃토번에 속했다. 당대 이후에 청해라고 했다. 청대 옹정 연간에 西寧辦事大臣서녕판사대신을 설치하여 청해 지역을 관할하게 했다. 1928년 청해성을 설치했다. 별칭은 '靑칭'이고, 성도는 西寧시닝이다.

네이멍구자치구는 전국 시대 때 일부 지역이 연과 조나라에 속했다. 당대에 突厥돌궐, 송대에는 요와 서하에 속했다. 청대에 사막 남쪽, 만리장성 북쪽 지역이 內蒙古내몽고 지역이 되었다. 현재 몽골공화국과 국경을 맞대고 있는데, 몽골인들이 많이 살고 있다. 1947년에 자치구가 설치됐고, 별칭은 '蒙멍'이고, 수도는 呼和浩特후허하오터이다.

광시자치구는 춘추전국 시대 때는 백월의 땅이었고, 진대에 桂林郡계림군을 설치했다. 별칭이 '桂구이'가 되었다. 경치가 뛰어난 桂林구이린이 자치구에 있다. 당대는 영남도, 송대에는 광남서로에 속했다. 원대에는 湖廣行省호광행성, 청대에 廣西省광서성을 설치했다. 壯族장족을 비롯한 소수민족이 많이 거주하고 있다. 성도는 南寧난닝이다.

시장자치구는 고대에는 羌강과 戎융의 땅이었다. 당 · 송대 때 토번에 속했다. 원대 때 烏斯藏오사장이라고 했다. 烏斯오사는 티베트어로 중앙, 藏장은 聖潔성결이란 뜻이다. 별칭은 '藏장'이다. 청대 초에 중국의 서부 지역이기 때문에 西藏서장이라고 했다. 건륭 18년(1793)에《欽定西藏章程흠정서장장정》을 반포하여 시장이 정식으로 행정구역이 되었다. 1956년 시장자치구가 되었다. 성도는 拉薩라싸이다. 대부분 티베트족이 살고 있는데, 중국 정부는 관광과 지역 개발을 목적으로 최근에 칭하이성 格爾木거얼무와 라싸를 잇는 靑藏칭장 철도를 부설하였다.

신장자치구는 진 · 한대 때 서역이었다. 한대 초에 西域都護府서역도호부, 당대에는 北庭부정과 安西안서 도호부를 설치했다. 송대는 西遼서요의 땅이었고, 청대에 新疆省신장성을 설치했다. 별칭은 '疆장'이다. 1955년 신장자치구가 되었다. 성도는 烏魯木齊우루무치이다. 주민 대부분이 위구르족이다.

닝샤자치구는 진대에는 北地郡북지군, 한대에는 朔方삭방에 속했다. 송대에는 西夏서하와 秦鳳路진봉로에 속했다. 원대에는 寧夏路녕하로, 명 · 청대에는 寧夏府녕하부를 설치했다. 1928년 寧夏省닝샤성을 설치했고, 1958년에 닝샤 자치구가 되었다. 별칭은 '寧닝'이고, 성도는 銀川인촨이다. 回族회족의 자치구이다.

홍콩특별행정구는 고대에는 沈香심향이 생산되었으므로 香江향강 혹은 香海향해라고 불렀다. 명대 萬歷만력 연간에 東莞둥완의 香木향목을 漕運조운했기 때문에 香港홍콩이라고 했다. 1842년 아편전쟁 이후 영국이 점령했다. 1997년 7월 1일 중국에 반환되었고, 홍콩특별자치구가 설치되었다.

아오먼특별자치구는 진대에 南海郡남해군, 한대에는 番禺縣번우현, 수대에는 南海縣남해현, 당대에는 동완현, 남송 때부터 청대까지 香山縣향산현에 속했다. 1553년 포르투갈에 점령당했다가 1999년 12월 20일 중국에 반환되었고 아오먼특별자치구가 설치되었다.

소수민족 少數民族
少数民族 사오수민쭈

중국은 다민족 국가이다. 56개 소수민족이 있다. 한족의 비율은 약 92퍼센트다. 나머지 소수민족은 약 8퍼센트이다. 소수민족이 거주하는 지역은 전체 국토 면적의 50퍼센트가 넘는다.

壯좡이 가장 많고 그다음으로는 滿만, 回후이, 苗먀오, 維吾爾위구르, 彝이, 土家투자, 蒙古멍구, 藏장, 布依부이, 侗둥, 瑤야오, 朝鮮차오셴, 白바이, 哈尼하니, 哈薩克카사크, 黎리, 傣다이족 등의 순이다.

소수민족의 주요 분포 지역을 살펴보자.

좡족 : 광시자치구, 위난성, 광둥성.

만족 : 랴오닝성, 헤이룽장성, 지린성, 허베이성, 베이징, 네이멍구자치구.

후이족 : 닝샤 회족자치구, 간쑤성, 허베이성, 허난성, 칭하이성, 산둥 성, 윈난성, 안후이성, 신장 위구르 자치구, 랴오닝 성, 베이징, 톈진.

먀오족 : 구이저우성, 후난성, 윈난성, 광시자치구, 쓰촨성, 광둥성.

위구르족 : 신장자치구.

이족 : 윈난성, 쓰촨성, 구이저우성.

투자족 : 후난성, 후베이성.

멍구족 : 네이멍구자치구, 지린성, 랴오닝성, 헤이룽장성, 신장 위구르자치구,

간쑤성, 칭하이성, 닝샤 회족자치구, 허베이성, 허난성.

장족 : 시장자치구, 칭하이성,

부이족 : 구이저우성.

둥족 : 구이저우성, 후난성, 광시자치구.

야오족 : 광시자치구, 후난성, 윈난성, 광둥성, 구이저우성.

차오셴족 : 지린성, 헤이룽장성, 랴오닝성.

바이족 : 윈난성.

하니족 : 윈난성.

카사크족 : 신장자치구, 간쑤성, 칭하이성.

리족 : 광둥성.

다이족 : 윈난성.

傈僳리수족 : 윈난성.

佤와족 : 윈난성.

畲서족 : 푸젠성, 저장성, 장시성, 광둥성.

拉祜라후족 : 윈난성.

水수이족 : 구이저우성.

東鄉둥샹족 : 간쑤성.

納西나시족 : 윈난성.

景頗징포족 : 윈난성.

柯爾克孜커얼커무족 : 신장자치구.

土투족 : 칭하이성.

達斡爾다워얼족 : 헤이룽장성, 신장자치구.

仫佬무라오족 : 광시자치구.

羌치앙족 : 쓰촨성.

布朗부랑족 : 윈난성.

撒拉처라족 : 칭하이성, 간쑤성.

毛難마오난족 : 광시자치구.

仡佬거라오족 : 구이저우성.

錫伯시보족 : 신장자치구, 랴오닝성.

阿昌아창족 : 윈난성.

普米푸미족 : 윈난성.

塔吉克타지크족 : 신장자치구.

怒누족 : 윈난성.

烏孜別克우즈베크족 : 신장자치구.

俄羅斯러시아족 : 헤이룽장성.

鄂溫克어원커족 : 신장자치구.

崩龍펑룽족 : 윈난성.

保安바오안족 : 간쑤성.

裕固위구족 : 간쑤성.

京징족 : 광시자치구.

塔塔爾타타르족 : 신장자치구.

獨龍두룽족 : 윈난성.

鄂倫春어룬춘족 : 헤이룽장성.

赫哲허저족 : 헤이룽장성.

門巴먼바족 : 시장자치구.

珞巴루오바족 : 시장자치구.

基諾지누오족 : 윈난성.

중국과 같이 미국과 호주도 다민족 국가이다. 미국은 흑인, 호주는 애버리진, 중국은 소수민족과의 갈등이 겉으로는 보이지는 않지만 잠재하고 있다. 경제 잠재력을 폭발 잠재력이 삼켜 버릴지도 모른다.

크다
大
大
다

중국어는 네 개의 성조(tone), 음 하나에 네 개의 성조가 있으니 네 개의 서로 다른 발음이 있고 서로 다른 글자도 있게 된다. 예를 들면, ma라는 발음 하나에 네 개의 성조를 달면 서로 다른 글자가 생겨난다. 1성은 어미 媽마, 2성은 삼 麻마, 3성은 말 馬마, 4성은 욕할 罵매이다. 성조를 잘못 발음하면 어미를 욕하고, 말이 삼이 되어 버리는 일이 발생한다.

중국어 발음은 拼音핀인이라고 한다. 이 병음을 잘못 발음하면 욕이 될 수도 있다. 대표적인 예가 바로 "你吃飯了嗎?"(너 밥 먹었니?)이다. 이 문장을 중국식 병음 부호로 표시하면, ni chi fan le ma?가 된다. 베이징의 택시 뒷유리창에 표어가 붙어 있는데 "차와의 거리를 유지하시오"라는 뜻의 '保持距離'라는 문구다. 중국어 발음을 모르는 한국 관광객들은 자꾸 이 문구를 우리 식 한자음으로 큰소리로 읽는 사람이 있다.

중국어의 네 개 성조가 한 문장 속에 다 들어간 예는 바로 "중국은 크다"라는 뜻의 中國很大중궈흔다이다. 1성+2성+3성+4성의 순서대로이다. 중국어 성조 발음을 연습할 때 제일 많이 사용하는 문장이다.

중국어 발음 가운데 치아와 곧게 뻗은 혀끝으로 발음되는 齒音치음 zi〔쯔〕, ci〔츠〕, si〔쓰〕와 약간 구부린 채 혀를 입안 천정의 구부러진 곳에 대고 발음하는 捲舌音권설음 zhi〔즈〕, chi〔츠〕, shi〔스〕가 아주 중요하다. 두 음이 서로 구분이 되어야 한다. 예를 들면 숫자 4는 si〔쓰〕이고, 10은 shi〔스〕로 발음한다. 40은 si shi〔쓰스〕인데, 만약 shi si〔스쓰〕로 발음하면 14가 된다. 특히 대만인은 대부분 福建푸젠성 사람들이 이주하였기 때문에 이 지역 방언 영향으로 권설음 발음을 잘 하지 못한다. 그래서 시장이나 상점에서 값을 치를 때 40과 14를 쉽게 구분하기 어렵다. 그래서 고안해 낸 것이 손가락으로 표시하는 방법이다. 4는 엄지를 숨기고 나머지 네 손가락을 펴서 표시하고, 10은 양손의 집게손가락을 엇갈려서 열 十십 자를 만든다. 40이면 먼저 왼손의 네 손가락을 편 다음에 양손의 집게손가락을 엇갈리면 된다. 14는 역순으로 하면 된다. 6은 엄지와 새끼손가락을 펴고 나머지 손가락은 구부리면 한자 六육과 비슷한 모양이 되어 한자 중에 아래 비친 두 개 획 모양과 같아진다. 7은 새끼손가락과 무명지를 펴고 나머지는 접는다. 이미 다섯 손가락을 보탠 상태라는 것이다. 9는 오른손 집게손가락을 구부려서 아라비아 숫자 9의 모양을 만들면 된다.

중국어를 잘하려면 44,444를 열심히 읽으면 된다. 살아 있는 동안 연습을 많이 해서 죽을 4자를 몽땅 써 버리면 장수할지 모른다.

중국이 우리나라와 다른 점은 스케일이다. 첫째는 크고, 둘째는 넓고, 셋째는 많다.

크다. 건륭 황제가 1750년에 세웠고, 1860년 영국과 프랑스 연합군에 공격을 받아 훼손되었던 頤和園이허위안을 서태후가 거액의 해군 경비를 빼돌려 중건하여 자신의 유람지로 만들었다. 정원의 호수 昆明湖쿤밍후를 직접 한 바퀴 걸어 보았는가? 경복궁의 호수는 이에 비하면 연못이다. 서태후는 겨울의 이화원을 특히 좋아했다. 겨울에 눈이 내리면 서태후는 이화원으로 직행했다. 수백 미터의 눈에 덮인 회랑을 걸었다. 눈 내리는 겨울 호수는 서태후가 아니더라도 누구에게나 환상 그 자체다. 소동파가 杭州항저우의 西湖시후에 자사로 있을 때 겨울에 눈 내리는 서호의 풍경에 매료되었다. 비오는 날의 서호는 맑은 날의 호수보다 좋고, 비 오는 날보다 눈 내리는 서호가 가장 아름답다고 시를 읊지 않았던가? 학교 근처에 있는 고복 저수지는 이화원 곤명호보다는 작지만 아담한 저수지다. 비 오는 날에 호숫가를 따라 뻗은 아스팔트 길을 차로 달리면 차창 밖 풍경에 넋이 나간다. 산 중턱에 자리 잡은 민물새우탕으로 유명한 음식점에서 바라본 호수 수면 위로 雨足우족이 지나간다. 담백한 수채화처럼. 조각 공원 근처 카페에서 바라본 눈 내리는 호수는 비가 내릴 때보다 덜 쓸쓸하고 오히려 풍성한 느낌을 준다. 눈이 호수 위에 녹아든다.

중국은 뭐든지 크다. 처음 중국에 발을 내딛고 말로만 듣던 만리장성을 봤을 때의 충격은 가히 말로 표현할 수 없다. 사람을 압도하는 크기였다. 흉노와 같은 외적의 침입을 막기 위해서 쌓았다는 萬里長城만리장성을 중국인은 그냥 長城창청이라고 부른다. 오늘날 관광객들이 가장 많이 찾는 八達嶺파다링장성은 명나라 때 건설한 것을 다시 보수한 것이다. 이 외에도 세계문화유산으로 지정된 慕田峪무톈위와 베이징시 서북쪽 끝에 있는 司馬臺쓰마타이장성이 있다. 일설에 이 만리장성은 외적의 공격을 방어하기 위해 쌓은 것이 아니라 중화민족과 오랑캐를 구분 짓는 경계라고 하는 학자도 있다. 〈만리장성〉(The Great Wall)이라는 영화에서는 적을 막아내고 중국인을 가두려고 만리장성을 쌓았다는 주인공의 대사가 나온다. 아무튼 성벽 아래에서 위를 올려다보면 그 규모에 숨이 막힌다. 벽돌 한장한장과 성 위에 말이 달릴 수 있게 만든 것을 보고 있노라면 그 옛날 백성들이나 병사들이 어떻게 이런 성을 쌓았을까 하는 의아심과 함께 잠시 생각에 잠기게 된다. 중국인이든 한국인이든 다 인간임에 틀림없다. 신분 차이로 이곳에 끌려와 갖은 고생을 다하며 성을 쌓았을 것이다. 보통 성은 산 정상에 쌓는데 높이 쌓다가 발을 헛딛고 절벽 아래로 굴러 떨어져 적과 싸우기도 전에 죽었다. 한쪽에서는 적과 싸우고 다른 한쪽에서는 성을 쌓다가 적의 화살과 칼끝에 죽어가는 모습이 눈에 선하다. 당시에는 군대에 징집되면 입을 옷과 먹을 양식은 자신이 해결했다. 가족과의 생이별을 위정자들은 아랑곳하지 않았다. 〈飮馬長城窟行음마장성굴행〉이란 樂府詩악부시를 보면 이런 고통을 잘 묘사하였다.

> 정성의 샘물 말에게 먹이나,
> 물 차서 말의 뼈를 상하게 하네.
> 장성을 지키는 관리에게 묻길,
> "제발 태원의 병졸 붙잡지 마소."
> "축성의 기한이 정해져 있으니,

땅이나 다지며 노래나 부르시오."
"사나이로 차라리 싸우다 죽어도,
어찌 슬퍼하며 장성 쌓을까?"
장성은 얼마나 길게 뻗었나?
연이어 삼천리는 족히 되리라.
장성에는 젊은이가 많지만,
고향집엔 과부들만 살고 있네.
편지를 써서 고향집에 보내며,
"개가하여도 만류하지 않겠으니,
새 시부모 잘 모시게나.
때때로 전남편 생각이나 해 주소."
답장이 전방에 전해졌는데,
"전쟁 속에 시달리는 신세,
남의 귀한 딸 어찌 머무르게 하나.
사내아이 낳으면 절대 키우지 말고,
딸을 낳으면 고기 먹여 키우시게나.
그대 보지 못했는가? 장성 밑에,
죽은 사람 해골이 겹겹이 쌓인 것을."
"시집와서 그대를 섬겼는데,
마음에 슬픔이 가득 찼네.
분명 당신은 변방에서 고생하니,
천한 저는 어찌 살아갈 수 있나요?"

광
廣
广
광

중국은 땅이 넓다.

地廣人多디광런두오. 중국 땅은 넓고 사람이 많다.

나는 지도를 좋아한다. 심심하면 아무 지도나 펼친다. 파란색은 강이고, 녹색은 평야다. 누런색은 사막이다. 사막 중간에 점선은 강물이 흐르다가 모래 속으로 흡수된 와디다. 호수도 보인다. 중국 지도를 펼친다. 검은 점선은 철도, 붉은색 굵은 줄이 둘이면 고속도로, 한 줄이면 국도, 가는 선 한 줄이면 지방도로다. 황산에서 항저우까지 뻗은 고속도로를 버스가 달린다. 차가 거의 없다. 통행료가 비싸기 때문이다. 휴게소에 들렀다. 화장실에 들어서니 교통사고 예방 홍보사진이 눈에 들어왔다. 사고 현장 사진은 끔찍하다. 목이 잘린 시체를 그대로 보여 준다. 대도시 베이징의 자연사박물관에서 알코올 병 속에 알몸의 여자와 남자가 들어 있는 것이 생각났다. 도시를 떠나 산으로 갔다. 고동색은 산이다. 짙을수록 높다. 올라갈 엄두가 나질 않는다. 어떤 지도는 정상이 흰색이다. 만년설이란 얘기다.

사람이 사는 곳은 동그라미다. 동그라미가 하나면 시골이다. 조치원 같은 읍도 있겠지. 대전만 한 도시도 보인다. 이름만 다르다. 세 개면 인구 1백만 명이 넘는 대도시다. 와가와가. 박사 입학시험을 보기 위해 멜버른에서 기차를 타고 애들레이드로 가는 도중에 기차를 갈아타기 위해 내린 작은 역이다. 호주 원주민 애버리진 말이다. 물어보질 못해 무슨 뜻인지 모른다. 알 필요 없다. 깨끗하고 아담한 마을 거리를 걷다가 차이니스 레스토랑을 발견했다. 깜짝 놀랐다. 이런 작은 마을에도 자장면 집이 있다니. 중국말로 무작정 인사하자 중국인 주인이 반가워한다. 대만 사람이다. 대만 유학 시절 얘기부터 호주 유학까지. 대만 타이페이에서 호주 시드니, 멜버른에서 이곳까지, 대화의 풍성함. 환대를 받았다. 외국어는 힘이다.

다시 중국 지도로 옮겨 온다. 직업은 못 속인다. 베이징과 서울은 동그라미 수는 같은데 사는 사람의 수는 다르다. 쓰촨성의 면적은 우리나라의 몇 배나 되고 인구는 1억이 넘는다. 중국인이 한 번에 오줌을 싸면 한반도가 잠긴다고 했다. 걱정 없다. 그렇게 하기 위해 중국인이 모두 황해 연안에 모이기 전에 중국이 먼저 오염될 것이다.

만리장성은 이빨 자국이다. 그런데 이가 많이 빠졌다. 땅이 넓으니 계속 성을 쌓아야 했다. 끝도 없는 성을 백성들이 말없이 쌓았다. 성을 쌓다가 적과 싸워야 했고 죽어간 사람이 쌓여서 성이 되었을 것이다. 피비린내가 난다.

고대 중국에서는 봉홧불로 신호를 했다. 돌이나 흙으로 쌓은 곳에서 병사가 교대로 복무를 했다. 적이 쳐들어오면 불을 지펴서 알리고 다른 곳의 병사가 봉홧불을 보고 급히 연기를 피워 도성의 황궁에 계신 임금님께 위급함을 알렸다. 계속 봉화를 피워 그치지 않으면 烽火펑훠는 전쟁을 뜻한다. 그만큼 전방의 상황을 전하는 일은 중요했다. 그래서 웃지 않는 것이 옥의 티인 절세미인을 웃게 하기 위해 일부러 봉홧불을 피워 군사가 허둥대는 것을 보고 웃게 했는데, 진짜로 적이 쳐들어왔을 때는 한 명의 군사도 달려오지 않아 나라를 패망에 이르게 했다는 고사는 유명하다. 그러나 무엇보다도 가족의 소식이야말로 사막의 오아시스와도 같으리라.

廣播광보는 방송하다의 뜻이다. 널리 알린다는 것을 가리킨다. 廣播電臺광보뎬타이는 방송국, 電視臺뎬스타이는 텔레비전방송국이다. CCTV는 中國中央電視臺중궈중양뎬스타이이다. 땅이 넓다 보니 일기예보에서 각지의 주요도시 기온도 한참이나 예보한다. 영하와 영상을 오간다. 한겨울 하얼빈이 영하 30도일 때, 한여름 하이난다오의 三亞산야는 영상 30도일 때도 있다. 氷城빙청이라는 하얼빈은 겨울에 氷燈빙덩 축제가 유명하고, 산야는 열대 해변 풍경 구역이 있다.

吉林지린성은 東北둥베이 3성 가운데 중앙에 위치한다. 옛 고구려 땅이다. 성도인 長春창춘은 1932년 만주국의 수도였다. 마지막 황제 溥儀푸이가 있던 황궁도 있다. 그의 이곳 생활은 영화 〈마지막 황제〉에 잘 묘사되어 있다. 자동차 생산과 영화 제작으로 유명하다. 창춘에 중국에서 부지가 가장 넓은 지린대학이 있다. 학생 수도 6만 명이나 된다. 기숙사 건물도 많다. 새로 생긴 비행장에서 창춘 시내로 가는 도중 창밖에 펼쳐진 드넓은 평야를 보고 있노라면 땅이 넓기도 하구나라는 생각이 들곤 한다. 고속도로 양편에 끝없이 뻗은 들판에 자라고 있는 것이 뭔지 중국인에게 물어보면 옥수수란다. 한 시간을 족히 달려도 온통 옥수수뿐이다. 베이징에서 시안의 진시황 병마용을 보러 갈 때도 똑같은 경험을 했다. 기차 창밖에 펼쳐진 풍경을 옥수수가 온통 차지하고 있다. 거의 열 시간 내내 밀만 본 것이다. 먹을 것이 땅에 가득하다.

중국의 최북단은 헤이룽장의 漠河모허이다. 하얼빈에서 기차로 이곳에 갈 수 있다. 넓을 漠막. 강이 하늘과 맞닿아 어디에서 흘러오는지 알 수 없다. 미지의 원시림이 하늘 높이 솟아 있고 아침의 햇살을 받으면 희디희게 빛을 발하네. 곰들이 아침햇살에 반짝거리는 강물을 거슬러 올라오는 연어를 잡아먹고 독수리는 연어 찌꺼기 냄새를 맡고 하늘을 빙빙 맴돈다. 저녁노을이 숲 사이로 지면 황금빛으로 대지를 물들이고 어둠이 깔리면 멀리서 늑대 울음소리 들리네.

하바롭스크. 블라디보스토크. 시베리아 동토의 땅. 흰 눈이 동방의 보석 위에 쌓인다. 닥터 지바고는 연인과 눈에 덮인 시골 궁전에서 만난다. 이별의 순간이다. 침묵이 흐르고 눈물이 고인다. 마차를 타고 연인은 길을 떠난다. 점점 사라져 가는 사랑. 지바고는 궁전 이층으로 뛰어올라 간다. 주체할 수 없는 이별의 고통이 격정으로 바뀌는 순간, 그는 창을 주먹으로 깨 버린다. 창밖으로 숨이 멈춘 얼굴을 내밀고 마지막 연인을 바라본다.

중국과 러시아의 국경은 강이다. 중국인은 黑河헤이허라고 하고, 러시아인은 아무르라고 한다. 아무 말 없이 유유히 흐르던 이 강에 포성이 울려 정적이 깨진 적이 있었다. 두 나라는 이 강에 퇴적층으로 형성된 섬의 소유권을 주장하며 전쟁 일보 직전까지 갔었다. 헤이허는 지금은 두 나라의 국경 무역의 중심지가 되었다. 값싸고 질 좋은 중국 상품들이 러시아로 흘러들어가고 있다. 하바로프스크 건너편이 중국의 최동단이다. 만주 땅은 겨울철엔 영하 40도 이하까지 수은주가 내려가는 툰드라 지대다. 서쪽 몽골 접경지대는 네이멍구자치구가 속하는데 이곳의 大興安嶺다싱안링 산맥은 北大荒베이다황이다. 문화대혁명 때 走資派주자파들의 정신 개조를 위한 下放샤팡 유배 지역이다. 호주 유학 시절 이곳에 끌려갔던 소설가를 만난 적이 있다. 나무숲의 끝이 보이지 않는 원시림 속에서 벌목 생활을 하며 강추위와 배고픔으로 갖은 고초를 겪었다고 한다. 어마어마한 눈이 며칠 동안 계속 내리면 길이 보이지 않고 모든 것이 얼어 버린다. 세계적인 감독 구로사와 아키라의 영화 〈우잘라〉와 같다. 얼어붙은 강 위를 걷다가 직감적으로 눈폭풍이 불어 닥칠 것을 예측하고 강가의 갈대를 베어다 쌓고 그 속에 들어가 대피하는 장면은 압권이다. 자연의 위력과 인간의 초라함을 대비시키면서 자연과 인간이 완전 합일된 가장 이상적 삶을 잘 보여 준 고급 영화다.

네이멍구자치구는 몽골공화국과 중국 사이에 동서로 길게 뻗어 있다. 수도 후허하오터 시는 자치구 중앙에 위치하고 있는데 이 시의 동북쪽과 서쪽이 사막이다. 이곳이 매년 우리나라 봄철에 어김없이 불어와 피해를 주는 황사의 근원지이다. 최근에 우리나라 모기업이 중국 지역 정부와 합작으로 황사를 막기 위해 이곳에 나무를 심는 일을 하고 있다.

1999년 베이징외국어대학의 외국인 교수들과 함께 식목을 한 적이 있다. 만리장성은 여러 번 가 보았지만 장성을 넘어가 본 적이 없었다. 베이징에서 만리장성으로 가는 길 양쪽은 나무가 별로 없다. 그냥 황토 평지다. 만리장성이 가까워지면 산과 나무도 제법 눈에 들어온다. 산 정상을 따라 성을 쌓은 것이다. 그러나 장성을 넘어서면 나무는 거의 없고, 약 한 시간쯤 달리면 갑자기 반사막 지대가 나온다. 흙먼지가 날린다. 지나는 마을은 뿌옇게 보인다. 숨을 쉴 수가 없다. 그리고 또 두 시간을 더 달린 뒤 도착한 조그만 마을이 바로 우리의 목적지였다. 마을 뒷산엔 나무 한 그루 없다. 기념으로 심은 나무의 오른팔엔 만국기가, 왼팔엔 식목한 사람의 명찰이 달려 있다. 허수아비처럼 바람에 펄럭이는 만국기, 명찰들. 10년 전의 일이지만, 40년 전, 지금은 돌아가신 어머님 손을 잡고 큼지막한 손수건을 왼쪽 가슴에 달고 낯선 초등학교에 갔던 어린 시절이 생각났다. 그때 나의 모습과 같은 지역 어린이들이 자기 머리만큼이나 큰 물동이를 들고 막 심은 나무에 물을 주고 있다. 그때 심었던 나무들과 그 어린이들은 지금은 무럭무럭 자라 황사를 막아주고 있으리라. 베이징의 봄은 정말 바람이 많이 불고 황사가 지독하다. 건물이나 자동차를 손가락으로 긁어 보면 얼마나 많은 황사가 날아오는지 알 수 있다. 황사가 심한 날, 거리를 나서면 도시 전체가 뿌옇다. 여기에 석탄을 태워 피어오른 연기까지 섞이면서 공기는 오염될 대로 오염된다.

중국의 최서단은 신장과 시장 자치구다. 신장 자치구 서쪽 끝은 파미르고원이다. 喀什커스에서 버스를 타면 7천 미터가 넘는 높은 산들을 넘어 캐시미르의 8천 미터 산을 지나 파키스탄의 수도 이슬라마바드, 카불에 도착할 수 있다. 남쪽의 昆侖쿤룬과 북쪽의 天山톈산 산맥이 서쪽에서 만나는 곳이다. 이 두 산맥 사이가 타림 분지이고, 이곳에 타클라마칸 사막이 누워 있다. 건조한 사막 기후이다. 낮에는 혹서, 밤에는 혹한이 몰아치는 그런 기후다. 죽음의 사막이다.

커스는 중국 최서부의 오아시스다. 커스는 위구르어로 '처음으로 창조된 곳' 혹은 '옥이 모이는 곳'이란 뜻의 카슈가르(Kashigar)이다. 커스는 한자의 음역인 '喀什噶爾커스커얼'의 준말이다. 해발 1,300미터의 고산지대에 위치하여 더위와 추위를 모르는 쾌적한 곳이다. 타클라마칸 사막의 가장자리의 오아시스를 연결한 남북로가 만나는 곳이기 때문에 교통의 요지로서 각종 교역 상품과 사람들이 모이는 곳이다. 당나라 때 인도로 불경을 구하러 간 현장, 원나라 때 베네치아를 떠나 중국에 온 마르코 폴로, 근대 때 이 지역의 고대 유적에서 귀한 벽화, 두루마리 문건, 불상 등을 훔쳐간 탐험가 스타인, 헤딘, 르 콕 등도 이곳을 거쳤다. 혜초 스님도 인도에 갔다가 귀국하는 도중 이곳, 당시에는 疏勒수러에 머물렀고, 고구려인이자 당나라의 장군 고선지도 이곳에서 파미르 고원을 넘어 서역 원정을 갔다.

카슈가르의 명물은 큰 재래시장 바자르이다. 중국과 중앙아시아의 갖가지 상품이 거래되는 국제무역 시장이다. 1970년, 카스에서 파키스탄 국경까지 약 500킬로미터의 카라코룸 고속도로가 개통되어 변방무역이 성행하고 있다. 교역 상품 가운데 소, 말, 낙타 등이 거래되고 있는데, 특히 옛날부터 말 거래가 활발했다. 말은 치아 상태를 보고 나이와 건강 상태를 알 수 있다고 한다. 이 지역은 고대 중국에서는 西域서역이라고 불렀다. 서역의 말은 당시 한나라에게는 아주 귀했다. 기동력 때문에 전쟁에서는 필수적이었다. 중국 북방의 기마유목민인 匈奴흉노는 늘 중국의 위협이 되었다. 그래서 중국의 역사는 말의 역사라고 할 수 있다.

중국 최남단은 海南島하이난다오의 산야다. 중국 대륙 철도의 종착역이다. 우리나라에 골프 관광지로 잘 알려진 이 섬은 열대에 속한다. 아열대 기후의 제주도와 비슷하다. 제주도의 도청소재지가 섬 북쪽의 제주시에 있는 것처럼, 하이난성의 성도 하이커우도 섬 북쪽에 있다. 1917미터의 한라산에 해당되는 五指山우즈산은 한라산처럼 섬 중앙에 솟아 있는데, 그 높이가 1867미터이다. 산야는 중국의 서귀포다. 산야의 모래 해변은 중문해수욕장과 같다. 서부의 尖峰嶺젠펑링에 우거진 열대우림은 제주도 아열대숲을, 하이난 섬 동부 文昌원창 부근의 야자숲은 제주도 동부 성산포의 유채꽃을 떠올리게 한다. 또한 하이난 도처의 망고나무는 제주도의 귤나무에 해당된다. 산야와 서귀포 모두 열대식물원이 있고, 산야 앞바다의 산호초 섬은 서귀포 앞 바다 속 산호들과 같다. 두 섬의 유사점이 많지만 다른 점이 하나 있다. 하이난섬의 면적이 제주도보다 넓다는 것.

말 馬 / 马 마

동방의 유목민은 크게 몽골, 돌궐과 이란 계통의 3대 인종으로 나뉜다. 이 가운데 동방에서 가장 뚜렷한 유목민은 몽골고원의 흉노와 東동투르키스탄의 月氏월지이다. 흉노는 몽골족, 월지는 돌궐족 혹은 이란 계통에 속한다. 기원전 4세기부터 흉노족이 두각을 나타내기 시작했다. 중국 역사서에 흉노가 처음 등장한 것은《사기》〈秦本紀진본기〉이다. 흉노는 기원전 318년에 한, 조, 위, 연, 제나라와 연합하여 秦진나라에 대항했다가 실패하고 북방으로 도주했다.

흉노 이전에 중국 북방에는 戎융이라고 하는 이민족이 살았다. 비록 융족도 유목민이었지만 흉노와는 다른 기마유목민이다. 흉노는 그들을 胡호의 동쪽 사람을 東胡동호, 서쪽 사람을 林胡임호라고 불렀다. 그러나 당시 중국인들은 흉노가 이민족이었기 때문에 오랑캐란 뜻으로 胡호라고 통칭했다.

흉노는 점차 무장을 하게 되면서 군사 세력으로 변모하였다. 대왕 單于찬위가 국가를 세웠다. 이 북방의 패권 국가는 중국에 상당한 위협이 되었다. 이때 중국 내부에서 군웅들이 할거하여 제각기 나라를 세우게 되자 흉노는 기회를 엿보고 군사 행동을 하기 시작했다.

기원전 3세기 후반에 진과 한이 중국을 통일하는 데 기마 유목 민족인 흉노의 위협이 커다란 문제였다. 만약 흉노의 위협이 없었다면 진과 한의 통일은 늦어졌거나 강대한 통일 국가를 이룩할 수 없었을 것이다.

殷은과 周주나라가 대결했을 때 주나라 武王무왕이 전차 300乘승, 용사 3천 명, 갑옷 입은 전사 4만 5천 명을 이끌었는데 주나라 연합군 총 수는 전차 4천 승이었다. 1승은 네 필의 말로 구성되었다. 당시 일국의 국력은 전차 수의 과다와 깊은 관계가 있었다. 은나라를 멸망시킨 주나라가 기원전 770년에 도읍을 洛邑낙읍, 지금의 洛陽뤄양으로 옮긴 후를 東周동주라고 한다. 동주 시기에 주 왕실의 권위가 쇠퇴하여 강대한 제후들이 난립하였는데 이들을 '春秋五覇춘추오패'라고 한다. 춘추오패는 '尊王攘夷존왕양이'의 구호를 외쳤는데, 이는 "국왕을 받들고 오랑캐를 배척한다"는 뜻이다. 여기에서 오랑캐란 유목민을 가리킨다.

여전히 보병의 수가 훨씬 많았지만, 세 명은 칼이나 활, 창을 사용하고 나머지 한 명의 병사가 전차를 몰고 적과 싸우는 형태가 출현하기 시작했다. 춘추오패의 하나였던 晉진이 세 나라로 분열되면서 제후들 사이에 격렬한 투쟁이 벌어지는 전국 시대의 서막을 열었다.

최후로 일곱 나라가 병립하는 국면이 발생했는데 이를 '戰國七雄전국칠웅'

이라고 한다. 전국칠웅 가운데 趙조나라의 武靈王무영왕은 북방 기마유목민의 전법을 채용했다. 이 전법을 '胡服騎射호복기사'라고 한다. 이민족의 옷을 입고 말을 타고 활을 쏜다는 뜻이다. 이전보다 훨씬 민첩하게 행동하고 전차가 가지 못하는 곳을 신속하게 갈 수 있는 장점이 있었다. 기병이 전쟁터의 최전선을 담당하게 되었다.

전차를 몰거나 말을 타려면 말과 관련된 기술과 지식이 있어야 했다. 평소에 말을 기르고 조련하는 실제 경험이 필요했다. 말을 중시하는 풍조는 중국뿐만 아니라 유목민들에게도 마찬가지였다. 일단 실전에 들어가면 사람의 생사는 말에 달렸다. 말을 돌보는 것도 중요하지만 좋은 말을 고를 수 있는 안목도 중요했다. 고대 중국에서 말을 감별하는 데 뛰어난 사람이 있었는데 그가 바로 伯樂백락이다.

중국의 말은 어떤 종류의 말이었을까? 은나라 유적에서 제사용 말 100필이 발견되었다. 키가 140센티미터로 작은 편이고 머리가 크고 골격이 튼튼하며 통통하여 지금의 몽골말과 유사했다.

전국 칠웅 가운데 소국에 의탁하였던 秦진은 후에 강대한 국가로 변모했다. 원래 진은 서쪽에 치우쳐 있었다. 춘추 시대 초에 嬴영이란 부족이 주나라의 東遷동천을 도왔었는데, 진나라는 이 영이란 부족에서 유래하였다. 영은 夷狄이적과 같은 부류의 부족이었다. 그러나 주나라의 동천을 도운 이후에 그 공으로 제후가 되었고 봉토도 받았다.

《사기》〈진본기〉에 영 부족과 말과의 관계를 잘 보여 주는 기록이 있다. 진의 조상은 顓頊전욱의 후예 女修여수인데, 여수의 손자 大費대비는 禹우와 함께 치수에 성공하고 순임금을 도와 새와 짐승을 잘 길들였다. 이 사람이 柏翳백예인데, 순임금은 그에게 영이란 성씨를 하사했다. 대비의 후예들은 모두 군주의 수레를 잘 몰거나 잘 다루었다. 후예 가운데 非子비자는 말과 가축을 좋아했고, 또 사육과 번식에도 뛰어난 재주를 가지고 있었다. 周孝王주효왕이 이를 알고 비자를 불러 汧水견수와 渭水위수 사이에서 말을 사육하도록 했다. 그러자 말이 대량으로 번식하였다. 그래서 효왕은 영씨 후손들에게 토지를 나누어 주고 큰 나라에 부속된 작은 나라로 삼았다. 그러고는 秦진이라고 불리던 땅을 비자에게 봉읍으로 하사하고 秦嬴진영이라고 명명했다.

말을 잘 길들인 진영은 전쟁 때 필수불가결한 군마를 제공했고, 이 점이 후에 진영이 두각을 나타낼 수 있었던 원인이 되었다. 기원전 221년, 전국 칠웅을 모두 평정하고 중국을 통일한 진시황의 이름이 嬴政영정이었다. 영은 성씨이고, 정월 초하루에 태어났기 때문에 正정과 같은 음의 政정을 이름으로 정했다고 전해진다. 1974년 진시황릉 부근에서 발견된 갱 속의 兵馬俑병마용은 갑옷을 입은 무사 陶俑도용 800여 개, 목제 전차 18대, 진흙 말 100여 필 등이 묻혀 있었다. 이렇게 진시황이 제후국들을 통일할 때 통솔했던 거대한 군대를 지하에 다시 건설한 것은 생전의 모습을 그대로 간직하고 사후에도 계속 웅장한 진용을 갖추길 원했던 바람 때문일 것이다.

진시황이 천하를 통일한 후에도 가혹한 법가주의, 만리장성 구축, 거대한 능묘 건설, 계속된 전쟁 등으로 민생은 도탄에 빠지게 되었다. 진시황이 죽은 후 환관 조고와 무능한 2세 황제의 부패로 인해 백성들의 불만이 크게 일어나 전국에서 잦은 분란이 일어났다. 결국 기원전 206년에 멸망했다. 이러한 혼란 가운데 명문 집안 출신의 항우와 농민 출신의 유방 간의 투쟁이 벌어졌는데 기원전 202년 유방이 항우를 격파하고 장안에 수도를 정하고 한나라를 건립했다.

한나라가 중국을 평정하고 천하통일을 이룩했을 때, 목돌선우는 흉노 군대를 이끌고 馬邑마읍, 지금의 산서 朔縣삭현을 습격하여 점령한 뒤에 남하하여 太原태원을 공격했다. 이에 한고조 유방은 친히 군사를 이끌고 출병하였으나 때마침 겨울인지라 강추위가 몰아치고 큰 눈이 내려 동상자가 속출했다. 흉노군은 퇴각했고 한나라 군대는 승세를 몰아 추격했다. 한고조가 친히 기병대를 이끌고 최전선에서 적을 추격했고, 보병대는 느릿느릿 뒤따라갔다. 목돌은 정예부대를 숨겨두고 위장전술을 사용하여 패주하는 척하며 적을 유인했다. 한고조는 직속 부대만을 이끌고 平城평성, 지금의 산서 大同대동 동북쪽에 이르렀다. 묵돌선우의 정예부대가 한고조 유방을 白登山백등산 위로 몰아넣고 포위했다. 당시 흉노 기병이 포위하는 진영은 동쪽에 푸른색의 青駹馬청방마, 서쪽에 흰색의 白馬백마, 남쪽에 붉은색의 騂馬성마, 북쪽은 검은색의 烏驪馬오려마으로 편성했다. 이런 점에서 보면 흉노는 각종 말을 가지고 있었음을 알 수 있다. 이런 막강한 기병으로 편성된 흉노 군대는 한고조 유방을 7일 동안 꼼짝달싹 못하게 포위하고 압박을 가할 수 있었다.

기동력을 앞세워 변방을 자주 침입하여 가축과 주민을 강탈하며 치고 빠지는 전법을 사용하는 흉노는 한나라의 입장에선 속수무책이었다. 그래서 한나라의 역대 황제들은 흉노와 화친을 하고 친선관계를 맺을 수밖에 없었다. 한나라는 흉노가 필요로 하는 술, 비단, 무명, 곡식 등을 주었고, 대신 흉노는 한나라가 필요로 하는 낙타, 말 등을 주었다. 또한 관문이나 장성 밑에서 교역을 하며 서로 필요한 물자를 교환했고 중국에선 흉노에 공주를 시집보냈다. 간혹 소규모의 전투는 있었으나 크게 침략하는 일은 없었다.

한나라 건립 이전, 진시황이 죽은 다음 해에 북방 지역에 기마민족 흉노인이 유목제국을 건립했다. 흉노는 항상 한나라에 위협적이었다. 흉노의 위협이 된 것은 말이었다. 흉노는 기마민족이어서 이동 속도가 빨랐다. 정면 공격으로는 승산이 없었다. 한나라 군사는 대부분 보병이었다. 적에 근접해야만 싸울 수 있는데 번개 같은 흉노 기마병에 가까이 갈 수 없었다. 또한 적은 초원지대에 있어 한나라 군대는 식량을 구하기도 공급하기도 쉽지 않았다. 사전에 미리 식량 운반부대를 파견하면 적의 공격 목표가 되었다. 한나라는 거대한 수의 병사를 몽골 고원에 파견하고 적을 찾아내야만 공격할 수 있었다.

전세는 한나라에게 불리했다. 한나라는 흉노가 세력을 점령했던 타림분지 가장자리의 오아시스 국가들을 공략했다. 이것을 서역 경영이라고 한다. 원래 이들 국가들로부터 받은 공물은 흉노의 주요 재원이었다. 한나라가 서역을 경영한 후에는 흉노의 물자가 날로 모자라기 시작했다. 그러나 전세는 갈수록 나빠져 한나라가 흉노를 굴복시키지는 못했다. 결국 경제 위기에 봉착한 흉노는 내란 때문에 쇠퇴하기 시작했다. 한나라도 방대한 군사 동원으로 궁핍해지기는 마찬가지였다. 한나라 조정이 흉노에게 화의를 제의하여 두 나라 사이에 평화가 공존했다.

기마 유목민족은 이동하는 생활습관 때문에 국가 조직을 형성할 필요가 없고 그럴 수도 없었다. 그래서 대규모 전쟁을 수행할 수 없었다. 이에 반해 한나라는 거대한 국가 조직을 바탕으로 많은 수의 군사를 동원할 수도 있었다. 그러나 항상 위협을 느끼는 쪽은 한나라였다. 그 원인은 흉노의 말이었다.

흉노
匈奴

匈奴
슝누

유목민족은 본래 단결하여 하나의 국가를 건립할 필요가 없었다. 말이나 양과 같은 가축들이 먹을 풀이 자라는 곳을 찾아다니며 살았다. 그래서 봄철에 이동하고 여름철엔 피서를 한 후에 가을에 다시 이동하고 겨울에는 추위를 피해 남쪽 지방에서 살았다. 만약 많은 인구가 한곳에 모여 살면 가축이 먹을 풀이 부족해지므로 유목민은 방대한 단체 조직을 필요로 하지 않았다. 유목민과 농경민은 호혜적 입장이었다. 유목민은 농경민으로부터 곡물과 의복을 획득할 수 있었고, 농경민은 유목민으로부터 소금과 모피뿐만 아니라 특히나 중요한 말을 얻을 수 있었다. 농경민과 유목민 간의 순조로웠던 교역은 유목민이 가족을 중심으로 소규모 집단생활을 하기 시작하면서 무너졌다. 농경민의 입장에서 보면 한곳에 정착하지 않고 이리저리 옮겨다니는 유목민이 위협이 되기까지 했고, 반대로 유목민의 입장에선 정착생활을 하는 농경민을 공격할 필요가 없었다.

진나라가 중국을 통일한 후에는 국경 교역을 간섭하기 시작했다. 유목민의 물품은 싼 값에 살 수 있었고 농경민의 물품은 고가에 내다 팔 수 있었다. 그래서 유목민은 생활에 고통을 겪었다. 강력한 군대를 갖춘 중국 대군의 압력에 맞서기 위해 유목민은 단결하지 않을 수밖에 없었다. 기마 유목민은 점차 무력을 갖춘 집단이 되었다. 이런 배경으로 제일 먼저 성립된 초강국이 바로 흉노제국이다.

흉노 유목민의 생활에 관해서는 사마천의 《사기》<흉노열전>이 상세하다.

흉노의 선조는 夏后氏하후씨의 후예로 淳維순유라고 불렀다. 요와 순임금 이전에는 山戎산융, 獫狁험윤, 葷粥훈육 등의 여러 종족들이 북쪽의 미개척지에서 유목 생활을 했다. 그들의 가축은 말, 소, 양이었는데, 특이한 것으로는 낙타, 나귀, 노새, 버새, 준마의 일종인 騊駼도도, 말보다 작은 驒騱탄해 등이 있었다. 물과 풀을 따라 옮겨 살았기 때문에 성곽이나 일정한 주거지도 없고 농사를 짓지 않았으나 각자의 세력 범위의 경계만은 분명했다. 글이나 서적이 없었으므로 말로써 약속을 했다. 어린애도 말을 타고 돌아다니며 활로 새나 쥐를 쏘고, 장성해서는 여우나 토끼 사냥을 해서 양식으로 충당했다. 남자들은 자유자재로 활을 다룰 수 있어 전원이 무장 기병이 되었다. 그래서 그들은 평상시에는 목축에 종사하는 한편 새나 짐승을 사냥하는 것을 직업으로 삼았고, 긴급한 상황에서는 전원이 군사 행동에 나설 수 있었다. 이것은 그들이 타고난 천성이었다. 그들이 먼 거리에서 쓰는 무기는 활과 화살이었고, 가까운 거리에서는 칼과 창이었다. 싸움이 유리할 때는 나아가고, 불리할 때는 후퇴했다. 도주하는 것을 수치로 여기지 않았다. 오로지 이익을 위해서 일을 꾸밀 뿐 예의는 고려하지 않았다. 임금을 비롯해서 모든 사람이 가축의 고기를 먹고 그 가죽이나 털로는 옷을 해 입거나 침구로 썼다. 젊은 사람이 맛있는 음식을 먹고 나면 노약자들은 그 나머지를 먹었다. 다시 말해 젊은 사람을 중시하고 노약자를 경시했다. 아비가 죽으면 아들이 그 후처를 아내로 맞고 형제가 죽으면 남아 있는 형이나 아우가 그 아내를 차지했다.

위 두 가지 즉 노인을 존경하지 않는 점과 부친의 후처나 형제의 아내를 차지하는 점 때문에 중국인들은 흉노인들이 예의를 모른다고 무시했다. 연나라 사람 환관 中行說중항열은 효문제가 종실의 딸을 공주라고 속여 흉노의 선우에게 보낼 때 수행원이었다. 중항열은 흉노에 가길 원하지 않았으나 한나라 조정에서 강압적으로 그를 보내자, 중항열은 만약 자신이 흉노에 가면 반드시 한나라에 화가 될 것이라고 했다. 중항열은 흉노에 도착하자마자 선우에게 투항하였고, 곧 선우의 총애를 받게 되었다.

흉노는 한나라의 비단, 무명, 음식을 좋아했다. 중항열은 선우에게 다음과 같이 진언했다.

> 흉노의 인구가 한나라보다 적지만 강한 것은 입고 먹는 것이 한나라와 다르고 그것에 의존하지 않기 때문입니다. 선우께서 풍습을 바꾸어 한나라 물자를 좋아하면 흉노는 모두 한나라에 귀속되고 말 것입니다. 한나라의 비단과 무명을 입으시고 풀과 가시밭 사이를 헤치고 돌아다니십시오. 비단과 무명으로 만든 옷과 바지가 다 찢어져 못 쓰게 될 것입니다. 그리하여 비단과 무명이 가축의 털로 짠 옷이나 가죽옷만 못하다는 것을 보여 주셔야 합니다. 또 한나라의 음식을 얻으시면 모두 버리십시오. 한나라의 술과 곡식이 가축의 젖과 유제품만큼 편리하고 간편하지 못하다는 것을 보여 주셔야 합니다.

한나라 사신이 흉노의 풍습에 노인을 천대한다고 하자, 중항열은 한나라 풍습에 군대로 떠나는 사람이 있으면 늙은 양친이 자신의 옷을 벗어 주고 살찌고 맛있는 음식을 그에게 주지 않느냐고 되물었다. 또 중항열은 늙고 약한 사람은 싸울 수가 없기 때문에 젊은이에게 맛있는 음식을 먹이는 것이다, 이것은 스스로를 보호하기 위한 것이며 이렇게 하여 아비와 자식이 오랫동안 몸을 보존할 수 있는 것이라고 했다. 그러자 한나라 사신이 흉노는 부자가 같은 천막 속에 살며 아비가 죽으면 자식이 계모를 아내로 삼고 형제가 죽으면 남아 있는 다른 형제가 그의 아내를 맞아 자기의 아내로 삼는다고 하면서 예의도 없다고 하자, 중항열은 흉노의 임금과 신하의 관계는 간단하고 쉬워서 나라의 정치는 마치 한 집안의 일과도 같다. 부자형제가 죽으면 남은 사람이 그의 아내를 맞아 자기 아내로 삼는 것은 대가 끊어지지 않게 하기 위한 것이다. 그러나 중국은 친족관계의 거리가 멀어지면 서로 죽이기까지 한다. 충성이나 믿음의 마음도 없이 예의를 강요하기 때문에 위아래가 서로 원한으로 맺어져 있다. 한나라는 성을 쌓아 방비만 하기 때문에 싸움에 익숙하지 않고 평상시에 생업에 힘쓰느라 지쳐 있으며, 겉만 화려하고 실속은 없으니 관을 써 보았자 아무 소용이 없다고 대응했다.

풀과 물을 따라가면서 가축의 젖과 고기를 먹으며 생활하는 유목민 흉노의 입장에선 농경민족인 한나라의 생활용품은 적합하지 않은 것이다. 한나라의 물자에 익숙해지면 흉노의 풍습은 바뀌게 되고 일단 익숙해진 관습과 생활은 쉽게 바뀌지 않는다. 한나라의 물자 공급이 원활하지 않으면 한나라보다 싸움에 능한 흉노인의 위협은 줄게 되고 만약 물자가 끊기면 흉노가 한나라에 복속되는 것은 시간문제다.

남북한 이산가족 상호 방문이 전 세계의 이슈가 되면서 1986년부터 중국대륙에서 건너간 대만인의 探親탄친, 즉 고향의 친척이나 친구 방문이 이루어졌다. 당시 중국이 막 개혁개방을 실시하던 때라 경제 발달 수준이 별로 높지 않았고 특히 농촌은 더욱 낙후되어 있었다. 고향을 중국 대륙에 둔 많은 대만 사람이 모처럼의 기회를 이용하여 고향의 친척을 방문하고 돌아왔다. 생활이 어려운 고향 친척들에게 가전제품과 대다수 중국인들이 아직 향유하지 못한 생활필수품을 선물로 가져갔고 헤어질 때는 두둑한 미화도 잊지 않고 손에 쥐어 주고 왔다. 방문 횟수나 방문자 수가 많아지고 이어서 중국 투자의 길을 모색하자는 의견까지 나오게 되자, 많은 대만 사람들이 이를 환영하면서도 한편으로는 만약 투자가 늘어나고 대만 제품의 중국 수출이 가능해지면 점차적으로 대만의 경제가 중국에 귀속될 것이라고 우려하는 목소리도 커졌다. 이 점은 흉노와 한나라와의 관계에서도 같았다.

진시황이 중국을 통일한 후, 蒙恬몽염이 10만 군사를 이끌고 북쪽의 흉노를 공격했다. 몽염은 河套하투 황하 남쪽 지역인 河南하남 땅 모두를 점령했다. 또한 산맥, 구릉, 계곡을 따라 보충해야 할 곳은 손을 더 보아 서쪽으로는 지금의 감숙성 岷縣민현인 臨洮임조를 기점으로 동쪽으로는 한반도 북쪽 요동에 이르기까지 만여 리에 달하는 장성을 쌓았다. 오늘날에 만리장성이라고 하는 성이 바로 이때 건설된 것이다.

당시 흉노의 왕 單于선우는 頭曼두만이라고 불렸다. 몽염이 죽고 여섯 나라의 귀족들이 진나라를 배반하여 중국은 혼란에 빠졌다. 이때 흉노는 황하를 건너 남쪽으로 내려오기 시작했다.

두만선우에게 冒頓묵돌이라는 아들이 있었다. 후에 총애하는 閼氏연지에게 다시 작은아들이 태어나 묵돌을 폐하고 작은아들을 태자로 세우려고 했다. 연지는 흉노 군주의 정실부인에 대한 칭호이다. 그래서 선우는 묵돌을 월지에 인질로 보낸 후 월지를 공격했다. 선우는 예상대로 묵돌을 죽이려고 하였으나 묵돌은 준마를 훔쳐 타고 본국으로 돌아왔다. 두만은 비록 자신의 계획이 실패하긴 했으나 묵돌의 용기를 높이 사서 만 명의 기병을 거느리는 장군에 임명했다.

베갯밑공사에 넘어간 아버지가 자기의 아들을 죽이려 하거나 아들이 아버지에게 자신의 원수를 갚으려 한다면 중국인의 입장에서 보면 인륜을 저버린 행위임에 틀림없다. 젊은이를 중시하고 늙은이를 경시하는 흉노의 풍속에서 볼 때는 가능하다고 여길지 모르지만 중국에서도 이와 유사한 일은 있었다. 형과 동생을 죽이고 왕으로 등극한 예가 있는데 당태종 이세민이 바로 그런 인물이었다.

묵돌은 자신을 죽이려고 했던 부친에게 복수를 하기 위해 계책을 하나 세웠다. 묵돌은 쏘면 소리를 내는 화살 鳴鏑명적을 만들어서 부하들에게 나누어 주고 말을 타고 활 쏘는 연습을 시켰다. 그리고는 명을 내리길, 자신이 명적을 쏘면 다 같이 그곳을 쏘도록 하고 만약 쏘지 않는 자가 있으면 죽일 것이라고 했다. 얼마 후 사냥을 나간 묵돌은 자신이 쏜 곳에 명적을 쏘지 않은 자를 모두 죽여 버렸다. 그 뒤 묵돌은 자신의 애마를 향해 명적을 쏘았다. 차마 애마를 쏘지 못한 자를 잡아 죽였다. 묵돌은 다시 얼마 후에 자신의 애처에게 명적을 날렸다. 겁이 나 쏘지 않은 자를 모두 죽였다. 또 얼마 후 묵돌은 사냥을 나가 선우가 타고 있는 말에 명적을 쏘았다. 그때서야 부하들은 일제히 말을 향해 화살을 쏘았다. 다음 사냥에 아버지 두만선우를 따라

갔을 때 묵돌은 아버지 두만에게 화살을 쏘았다. 과연 묵돌의 부하들은 일제히 화살을 쏘아 두만선우는 죽었다. 이렇게 해서 묵돌은 친아버지를 죽이고 스스로 선우가 되었다.

묵돌이 선우에 올랐을 때, 遼河요하 상류의 동호는 매우 강성했다. 동호는 사신을 묵돌에게 파견하여 두만이 가지고 있던 千里馬천리마를 얻고 싶다고 청했다. 묵돌이 군신들에게 의견을 묻자 군신들이 충언하길 천리마는 흉노의 보물이므로 주지 말아야 한다고 했다. 그러자 묵돌은 동호가 인접국이므로 한 마리 말을 아까워할 필요가 없다고 하면서 천리마를 동호에게 주었다. 동호는 묵돌이 자기들을 두려워한다고 여기고 다시 사신을 보내 선우의 연지 중의 한 사람을 얻고 싶다고 청했다. 신하들이 모두들 동호가 무례하다고 하면서 출병해서 동호를 공격해야 한다고 화를 냈다. 그러자 묵돌은 이웃나라에 여자 하나를 아낄 수 없다고 하면서 사랑하는 연지 가운데 하나를 골라 동호에게 주었다. 그 뒤로 동호는 교만해져서 서쪽으로 흉노를 침략해 왔다. 당시 동호와 흉노 사이에 황무지가 버려져 있었다. 동호는 사자를 묵돌에게 보내 황무지는 무용지물이니 자신에게 달라고 했다. 대신들이 말하길 버려진 황무지이니 주어도 좋고 안 주어도 좋다고 했다. 그러자 묵돌이 크게 화를 내며 땅은 나라의 근본이니 줄 수 없다고 하며 주어도 좋다고 말한 대신의 목을 베어 버린 뒤 곧 말에 올라 출전하여 후퇴하는 자는 즉시 죽이겠다고 명령을 내렸다. 그리고 동호를 습격했다. 흉노를 업신여긴 동호의 수비는 허술했다. 순식간에 동호를 대파하고 동호의 왕을 죽였으며 백성들을 사로잡고 가축을 빼앗았다. 묵돌선우 때 흉노는 가장 강성해져서 북쪽 이민족들을 모두 항복시키고 남쪽으로는 중국과 적대 관계를 이루었다. 흉노에는 활에 능숙한 군사만 30만 명이나 될 정도였다. 묵돌선우 때 흉노는 가장 강성해졌다. 위 두 가지 고사를 통해 묵돌 선우의 지혜와 능력을 갖춘 유능한 군주였음을 알 수 있다.

흉노는 전쟁을 일으킬 때 항상 별과 달의 모양을 관찰하고 결정했다. 달이 둥글면 공격하고 이지러지면 후퇴했다. 적의 목을 가져오면 술 한 잔을 주고,

노획품은 본인이 가져갔는데, 적을 생포하면 노비로 삼았다. 그래서 누구나 이득을 얻으려고 적을 교묘하게 유인하여 습격하는 전략을 사용했고, 이득을 얻을 것으로 판단되면 공격하지만, 전세가 불리해지면 뿔뿔이 흩어져 달아났다. 이런 전법으로 흉노는 중국과의 싸움에서 이길 수 있었다.

묵돌의 정예부대가 한고조 유방을 白登山백등산 위로 몰아넣고 포위하여 한고조가 7일 동안 포위되었을 때의 일이다. 유방이 陳平진평의 계책을 채용하여 묵돌의 애첩 연지에게 후한 선물을 주자, 연지가 묵돌을 설득하여 한나라 땅을 얻어 봐야 그곳에 살 수도 없는 것이라고 하면서 휴전을 제의했다. 뇌물과 여자를 이용한 구사일생의 발버둥인 것이다. 중국은 역대로 베갯밑 공사에 뛰어난 민족이다. 결국 묵돌이 일부 포위를 풀어 주어 한고조는 겨우 목숨을 건질 수 있었다.

중국 내에서 항우와 힘겨운 싸움에서 승리하여 천하를 평정하고 등극한 한고조 유방이 밖으로는 오랑캐라고 업신여겼던 흉노에게 일격을 당하고 패퇴한 것이다. 목숨을 잃을 수도 있었던 위기를 뇌물로 해결한 것이다. 한고조가 포위를 풀고 도주하는 모습은 너무나 초라하고 비굴하기까지 했다. 활을 흉노에게 겨누게 하며 포위망을 빠져나와 겨우 후진 부대에 합류할 수 있었다.

백등산 전투에서 구사일생한 한고조는 흉노의 침입이 두려웠고 변방에 파견된 한나라 장수 가운데 흉노에 투항하는 자가 많아지자, 종실여자를 공주라고 속여 선우의 연지로 보내주고 무명, 비단, 술, 곡식 등을 매년 흉노에게 보내주어 형제로서의 약속을 맺어 흉노와 화친했다.

사마천이 역사적 사실에 근거하여 기록한 정사를 보면, 한나라에게 흉노는 상당한 위협이 된 것만은 확실하다. 심지어 燕王연왕 盧綰노관은 한나라를 배반하여 수천 명의 부하를 이끌고 흉노에게 항복한 뒤 한나라 변방 지역의 주민을 괴롭히기도 했다. 조공은 국가 간의 지배와 복속 관계가 아니라 전쟁을 막고 평화를 유지하는 하나의 국가 정책이었다. 그런데 사마천은 중국인이고 유방은 한나라의 시조이므로 흉노에게 황실의 공주를 시집보낸 것은 흉노가 원한 것처럼 보이게 하고 흉노가 필요로 해서 바꿔 말하면 불쌍해서 비단, 쌀 등을 주었다고 기록하고 싶었을 것이다. 그러나 백등산 전투의 과정을 살펴보면 이 전투는 한나라의 실패였다. 전쟁에서 이겼다면 왜 황실의 공주를 흉노에게 시집보내겠는가? 두려웠기 때문에 중국이 업신여기던 이 민족에게 자청해서 값비싼 귀중품을 주고 환심을 산 것이다. 한나라가 흉노와 형제관계라고 하며 화친을 맺었으나 실제는 조공을 바쳤으니 흉노와 한나라는 주종관계를 이룬 것이다. 주종과 복속은 다른 개념이다. 일부 중국 사학자들은 고구려는 일개 지방정권에 불과하다고 하면서 조공의 개념을 들고 나온다. 조공은 복속관계가 아니다. 만약 중국이 역대 한반도의 국가가 중국에 조공을 바쳤으니 복속관계였다고 가정한다면, 한나라 때의 중국도 흉노제국에 복속되었다는 논리가 성립된다.

효문제 때 흉노는 기병 14만 명을 이끌고 한나라 땅을 공격하고 수많은 주민과 가축을 빼앗아갔다. 장안 가까이까지 쳐들어오자 효문제는 수도의 치안과 호위 부대를 관장하는 장수와 황제의 시종을 장군으로 삼고 전차 1천 乘승과 기병 10만 명을 보내 장안 부근에 진을 치고 흉노의 침입에 대비했다. 한편으로는 여러 장수들에게 명을 내려 흉노의 군대를 공격하게 했다. 그러나 흉노는 한나라 요새 안으로 쳐들어와 한 달 남짓 있다가 달아났다. 흉노는 해마다 변방을 침입하여 무수한 주민과 가축을 살상하거나 약탈했다. 어떤 지역에서는 사상자가 만여 명이나 되었다. 그래서 효문제는 흉노에 사신을 보내 화친을 맺고자 했다. 이때 사신이 가지고 간 황제의 글을 보면, 흉노와 한나라와의 관계를 알 수 있다. 서신의 첫머리는 흉노에 대한 한나라의 태도를 엿볼 수 있는데, 상당히 공손하다. "황제는 삼가 흉노의 대선우에게 문안드리오니 그간 평안하신지요?"라고 시작한다. 중간에 가면 "한나라와 흉노는 서로 대등한 나라요. 그래서 짐은 우리 관리에게 명하여 선우에게 해마다 차조, 술, 금, 비단, 무명을 보내는 것이요"라고 하면서 "형제로서의 친목을 벌어지게 할 정도의 것은 아니었소", "다 같이 지나간 일들일랑 잊어버립시다" 운운하면서 "선우가 화친에 마음을 쓰게 되면 천하는 크게 편안하게 될 거요"라고까지 화친을 요청하고 있다.

흉노와 한나라의 화친 관계는 70여 년 계속되다가 漢武帝한무제 집권에 이르러 상황이 바뀌었다. 한무제 즉위 후 즉각 흉노에 반격했다. 한무제 衛皇后위황후의 동생 衛青위청은 모두 일곱 차례에 걸쳐 흉노를 공격하여 위협을 제거했다. 驃騎將軍표기장군 郭去病곽거병은 흉노를 공격하여 포로 수만 명을 사로잡았다. 곽거병의 활약 덕분에 흉노는 더 이상 한나라의 위협이 되지 못했다. 흉노의 左賢王좌현왕과 접전을 벌인 끝에 포로 7만 명을 사로잡고, 아깝게 놓친 그를 쫓아 지금의 몽골 고원 동북쪽에 있다는 翰海한해까지 갔다가 되돌아왔다. 그 뒤로 흉노는 멀리 달아났고, 한나라는 황하 건너편 땅에 도랑을 파서 물을 대고 농지를 개간하고 관리와 사졸 5, 6만 명을 주둔시켜 흉노의 옛 세력 범위였던 황하 북쪽을 경계로 삼았다. 이번엔 흉노가 자청해서 한나라에 사신을 보내어 부드러운 말로 화친을 청했다.

곽거병이 죽고, 烏維오유가 흉노의 선우가 되었을 때, 한무제가 처음으로 수도에서 나와 군현을 순행했다. 그 뒤 한나라는 흉노를 공격하지 않았고, 흉노도 변경을 침입하지 않았다. 여러 장수를 변방에 보내었으나 흉노인은 한 사람도 볼 수 없었다. 기원전 110년에 한무제가 변경을 순행하여 삭방에 이르러 18만 명의 기병을 통솔하여 전에 없던 위세를 보였다. 이 무렵 한나라는 동쪽으로 예맥과 조선을 정벌하고 낙랑, 임둔, 진번, 현토 등의 사군을 설치했다. 또 서쪽의 月氏월지, 大夏대하 등과 국교를 맺고 공주를 烏孫오손왕의 아내로 주는 등 회유책을 써서 흉노를 지원하던 중앙아시아 각국과 흉노와의 사이를 끊어 버렸다.

한때 흉노가 부드러운 말로 한나라에 화친을 자청한 적은 있었으나 여전히 한나라에게 위협적이었다. 이런 단적인 예는 사마천이 〈흉노열전〉을 끝내면서 덧붙인 자신의 평가에서 알 수 있다. 동시대 인물에 대한 기록이 애매하고 분명하지 못한 것은 당시로서는 너무나도 절실한 일이어서 비판을 피하고 말하기를 꺼려하기 때문이라는 것이다. 흉노 문제에 대해 얘기하는 사람들은 한때의 방편에 맞추어 천자에게 자기의 주장이 채택되게 하려고 노력하고, 또한 한때의 이해에만 사로잡혀 흉노와 한나라의 올바른 정세를 파악하지 못한 경향이 있다고 하면서 한나라 장수는 한나라의 광대함을 믿고 기세만 올렸고, 천자는 그들의 영향을 받아가며 방침을 정했다고 비판했다. 그러면서 장수와 대신을 잘 선택하여 임명해야 흉노 문제를 해결할 수 있다는 대책도 내놓았다.

적에 대한 철저한 분석과 이에 적절히 대처할 수 있는 능력을 가진 장수를 선발하여 효과적으로 적의 침입을 막아낼 수 있도록 하여야 한다는 것이다. 장성을 쌓기만 한다고 적이 넘어오지 않는 것도 아니고 무조건 장수를 내보낸다고 기동력이 앞선 적을 쳐부술 수는 없는 것이다. 군사의 수가 많다고 무조건 싸움에서 이기는 것도 아니다. 흉노의 말의 수는 중국 사람의 수보다 적지만 말이 인간보다 빠르다.

많다 多
多 두오

많다. 중국의 인구는 13억이다. 세계 제일이다. 인구조사를 하는 데 1년이 걸린다면 그사이 1억이 늘어난다. 그래서 중국어를 사용하는 인구가 영어를 사용하는 인구보다 많다. 영어 사투리를 포함해도 중국어 사용 인구가 더 많다. 왜냐하면 중국어에도 방언이 있고 다양해서 사투리를 사용하는 인구 역시 더 많기 때문이다.

광둥어에도 방언이 많다. 潮州차오저우 사람은 **광저우** 사투리를 알아듣지 못한다. **푸젠**성은 閩민이라고 부르는데, 閩南민난과 閩北민베이 사람은 서로 말을 알아듣지 못한다. 중국 방언 지도를 펼쳐 보면 표준어 사용 지역이 대략 한족 거주 지역이고 원래의 중국 땅이라고 할 수 있다. 그 이외 지역은 역사를 거슬러 올라가면 중국 왕조가 지배하던 영토가 아니었다.

베이징에 도착하면 제일 먼저 외국인의 눈에 띄는 것이 자전거다. 최근 자가용을 모는 **베이징** 사람이 많아졌지만 아직도 대중교통 수단은 자전거다. 자전거 왕국이다. 그런데 자동차와 자전거가 곡예를 하며 무언의 약속이라도 했는지 서로 부딪치지 않게 잘도 피해 간다. 오랜 경험으로 터득한 방법이다. 법보다 관습이 먼저다.

많은 자전거가 교통 혼잡의 주 원인이라고 하여 규제하려고 하였지만 서민들이 편리하게 사용하는 자전거는 없어서는 아니 될 개인 교통수단이다. 베이징의 좁은 골목길을 요리저리 휘젓고 다닐 수 있는 것은 자전거뿐이다.

설날 때 귀성객의 모습을 허난 鄭州정저우에서 직접 본 적이 있다. 少林寺샤오린쓰를 구경하고 베이징으로 돌아가기 위해 정주에서 하루를 묵었다. 엄청난 수의 귀성객이 기차역에 모여 있는데 예전에 TV에서 서울역에 모인 추석 귀성객 규모보다 몇 배는 컸고 뉴스 시간에 본 행렬처럼 어마어마하게 북적거렸다. 기가 막혀 기차를 탈 엄두도 내지 못했다. 기차표는 호텔에서 웃돈을 얹어 주고 쉽게 샀던 경험이 있어 부탁해 보았으나 속수무책이었다. 무질서하고 암표가 판치는 곳에서는 아무 소용없었다. 90년대 베이징 기차역은 지방에서 올라온 사람들로 항상 붐볐다. 베이징의 하루 유동인구가 약 100만 명이라니 기차역이 붐빌 수밖에 없지만 이날은 평소와 비교할 수 없을 정도로 다르다. 생전 그렇게 많은 사람을 본 적이 없다.

베이징대학과 清華칭화대학 사이의 중국의 실리콘밸리라고 부르는 中關村중관촌에는 오래된 주택들이 철거되기 전에 주말 벼룩시장이 하나 있었다. 구하기 힘든 헌책들과 골동품들이 많았다. 물고기 화석을 발견했다. 어릴 때 책이나 박물관에서 본 화석이 생각나 그것도 아주 싼값에 샀다. 가끔 타임머신을 타고 원시 시대로 돌아가 보곤 했다. 그런데 중국인 친구와 이야기를 나누던 중에 이런 화석은 산둥 해안에 가면 발에 차일 정도로 많다는 말에 어안이 벙벙했다. 무엇보다도 중국에는 사람이 많다. 인재도 많다.

눈도 많이 내린다. 작년 말 내린 눈 피해 지역은 후난, 후베이, 貴州구이저우 등 모두 11개 지역이었고, 20여 개 성은 국가 준비상사태를 선포했다. 중국의 중앙에 위치하여 베이징에서 홍콩과 접해 있는 珠海주하이를 남북으로 잇는 고속도로 가운데 후난성의 성도인 長沙창사와 광둥성의 성도인 廣州광저우 구간 일부 도로 통행이 전면 봉쇄됐다.

폭설로 농산물 공급이 끊기면서 가격이 폭등했다. 예를 들면, 광저우에서 1킬로그램에 5위안(650원)이던 오이는 8위안으로, 브로콜리는 킬로그램당 3위안에서 8위안으로 약 세 배 올랐다. 일반 채소 값은 네 배까지 올랐다고 한다. 돼지고기는 50퍼센트, 국수 한 그릇 값은 40퍼센트 넘게 올랐다. 2007년 11월 소비자물가지수는 4.8퍼센트를 기록했고 이는 11년 만의 최고치였다. 2008년 예상치는 7퍼센트였다. 중국의 물가가 엄청나게 치솟고 있는 것이다.

물가상승으로 인한 인플레이션 압박이 거세지고 있다. 농산물 가격 급등이 유발하는 인플레이션, 즉 농업이란 뜻의 에그리컬처(agriculture)와 인플레이션(inflation)을 합친 에그플레이션(agflation)이 현실화될 조짐을 보이고 있는 것이다. 중국 정부는 인플레를 잡기 위해 금리 인상과 같은 긴축 정책을 실시했다. 그러나 만약 인플레 관리가 실패할 경우 경기가 하락하여 장기침체에 빠지게 된다. 여기에다 미국의 서브프라임 사태로 세계경제의 후퇴 가능성이 높아지면 중국 경제의 동력에도 큰 타격을 받게 된다. 왜냐하면 중국의 수출이 국내 총생산에서 차지하는 비중은 36퍼센트이고, 특히 대미 수출이 20퍼센트를 차지하므로 미국의 경기 침체가 중국에 미치는 영향이 크기 때문이다.

과도한 긴축정책은 기업 실적의 악화, 은행 부실대출 증가, 주식과 부동산 시장 둔화 등의 악재가 발생할 가능성을 높여 중국 경제는 침체 상태에 빠졌다. 또한 세계경제는 하강하고 있는데 중국은 2008년 1월 1일부터 신노동법을 실시하여 인건비가 상승했다. 이에 따라 장난감, 운동화, 의류와 같은 노동집약적인 제품 생산에서는 공장 고용주와 노동자 간의 갈등이 발생할 조짐까지 보인다. 미국에서 문제가 생겼던 장난감으로 소비자들이 생산에서의 질적 검사 강화 압박을 계속해 낮은 인건비로는 도저히 생산단가를 맞출 수 없게 되고, 결국 수출 가격을 올릴 수밖에 없는데, 이는 곧 중국 경제에 큰 영향을 미치게 된다.

중국의 물가가 치솟고 경제성장이 위축되면 한국 경제에 미치는 영향도 엄청나다. 서브프라임 사태로 미국 경제가 침체하고 중국의 경기 하락이 겹칠 경우 한국 경제는 이중고에 시달릴 게 당연하기 때문이다.

중국은 2007년 한 해 우리나라 전체 교역 규모의 20퍼센트(1,450억 달러)을 차지했고 우리나라 기업이 가장 많이 진출해 있다. 중국의 물가가 오르면 농산물을 비롯한 생필품 가격도 당연히 올라 중국 농수산물을 수입하는 우리나라는 덩달아 생필품 가격이 동반 상승한다. 더구나 2007년 중국에 막대한 펀드투자(18조 원)를 한 우리나라는 중국 경제 성장의 하락으로 중국 증시가 폭락하자 곧바로 악재가 되어 우리나라 투자자들의 중국 펀드 수익률도 하락했다.

갑자기 많이 내린 눈 하나가 중국 전체에 미치는 영향은 엄청나다.

짝퉁이 많다. 베이징 琉璃廠리우리창에 가면 짝퉁을 사라고 호객한다. 좁은 골목을 비집고 들어가면 이중 삼중의 문을 뚫어야 한다. 돈을 빼앗기고 폭행을 당할까 두렵기도 하다. 신문에 한국에서 온 중소기업체 사장이 술집에서 팁을 듬뿍 주면서 돈 자랑하다가 밤에 폭행을 당하고 돈을 빼앗겼다는 보도를 가끔 접했기 때문이다. 방 안에는 가방, 지갑, 신발 등 면세점에서나 볼 수 있는 세계적 브랜드의 짝퉁 물건들이 가득하다. 상하이의 南京路난징루에 가면 차가 다니지 않는 명동과 같은 거리 골목 안으로 짝퉁 시장이 많다. 외국인으로 보이는 사람이면 다가와서 짝퉁을 사지 않겠느냐고 호객을 한다. 문을 열고 들어가면 방 안 가득 짝퉁이 즐비하다. 가죽은 진짜라고 한다.

가짜가 많다. 가짜 계란, 가짜 술, 가짜 비아그라, 최근엔 가짜 쇠고기까지 등장했다. 햄, 밀가루, 소고기 등을 섞어 만들었다. 진짜 소고기보다 값이 싸다. 이익을 챙기기 위해 가짜를 만드는 것이다. 고도의 짝퉁 제조 기술이 가짜 음식으로까지 전염되었다.

국민성
國民性
国民性
궈민싱

중국에서 질서 투쟁에 나선 여인이 있다. 대만 출신의 李文리원이란 여자다. 대만의 유명한 야당 정치인이자 소설가인 李敖리아오의 딸이다. 투쟁의 대상은 베이징 시민의 무질서, 무례, 몰염치다.

미국 뉴욕 출신인 리원은 대만에서 성장하여 샌프란시스코대학에서 교육학 박사학위를 받았다. 졸업 직후인 2002년 12월 25일 베이징에 도착했다. 대륙의 동포에게 국제무대에서 필수인 영어를 가르치기 위해서였다. 그러나 영어를 가르치기 전에 베이징에서 본 중국인의 모습에 경악을 금치 못했다. 창밖에 내걸린 속옷 빨래, 길바닥에 얼어붙은 가래, 부끄러워하지 않는 무단횡단 등. 그녀는 법원으로 달려가 고소를 하기 시작했다.

옆집에 가수 董文華둥원화가 살고 있었다. 이 집에 기르는 셰퍼드 세 마리가 문제였다. 이 개들은 밤마다 철문을 들이받으며 짖어댔다. 조용히 시켜 달라는 부탁도 했지만 아무 소용이 없었다. 즉시 고소를 했다. 반응이 없자 이 사실을 신문에 투고했다. 둥원화는 네티즌들의 항의가 빗발치자 그제야 개들을 뒷마당으로 옮겼으나 계속 개 짖는 소리가 들리자 그녀는 또 고소를 했다. 둥원화는 할 수 없이 개를 팔아야 했다.

그녀가 베이징 시민들이 고쳐야 할 점이 입 냄새, 침 뱉기, 식당과 같은 공공장소에의 흡연과 큰소리로 말하기, 차선 무시, 차창 밖으로 쓰레기 투기 등이라고 했다. 중국인의 문화가 바뀌어야 한다고 역설했다.

포기하지 않고 도전하는 정신은 아름답다.

2008년 8월 올림픽 개최를 앞두고 베이징시 정부는 시민들의 가래침 뱉지 말기 운동을 벌였다. 90년대 기차나 버스를 탈 때마다 느끼는 점이지만 객실 내에서 중국인은 대부분 담배를 피운다. 중국 대륙이나 대만에선 담배를 권하는 것이 예사롭고 일종의 예절이다. 지하철 역 앞에서 담배꽁초를 버리는 사람을 적발하고 벌금을 부과하지만 워낙 이동하는 사람들이 많아 일일이 적발하기란 역부족이다.

면 기차여행 때는 먹고 남은 컵라면 봉지를 차창 밖으로 투척하는 것을 흔히 볼 수 있다. 공원이나 명승지에 쓰레기를 함부로 버린다. 질서를 지키는 법이 없다. 필자는 현재 맥도날드가 들어선 王府井왕푸징의 新華신화서점에 간 적이 있었다. 카운터 옆의 점원에게 사고 싶은 책을 가져가면 영수증을 써 주는데 그 영수증을 가지고 카운터에 가서 반월형의 입구에 영수증과 함께 돈을 건네는 순으로 책을 구입하게 된다. 그런데 카운터 앞에 사람이 많고 줄도 서지 않기 때문에 언제 돈을 지불하고 책을 손에 쥘지 모를 판이다. 그 구멍에 영수증을 쥔 손을 무조건 먼저 집어넣는 자만 책을 살 수 있다. 그래서 필자도 중국인처럼 서로 어깨를 밀치면서 비집고 들어가 구멍에 손을 집어넣었는데, 공교롭게도 다른 사람의 손과 우연히 같이 들어간 것이다. 놀라서 본능적으로 서로 손을 빼려 했으나 손이 빠지지 않았고 계속 그렇게 넣다 뺐다 몇 번 실랑이하다가 당신이 먼저 빼라고 하고는 그 다음에 손을 넣고 돈을 지불했다. 여기서 끝난 것이 아니다. 만약 32위안의 책값으로 50위안짜리 지폐를 낸다면, 18위안을 거슬러 주는 게 아니고 1위안짜리 50장을 내준다. 익숙하지 않은 방법이라 멍하니 바라보고 있는데, 돈을 줄 때도 공손하게 주는 것이 아니라 던져 준다. 할 수 없이 울며 겨자 먹기로 32위안을 세고 있는데 뒤에서 여기저기 사람들이 뭐하냐고 소리치며 내 등을 세게 밀어 버렸다. 책 사는 것이 전쟁이다. 기차표 구입할 때와 같다. 그래서 웃돈을 주더라도 사람을 시켜 표를 구입하게 된다. 90년대의 중국인의 자화상이다. 지금은 은행에 가도 각 창구마다 줄을 서고 질서를 잘 지키는 편이다.

중국에선 질서를 지키면 자기 손해다. 그래서 중국인처럼 행동해야 한다는 강박관념이 있다. 94년도 天安門텐안먼 광장에 있는 국가박물관에 학생들을 인솔하고 갔는데 당시는 兌換券태환권이라고 하여 외국인이 사용하는 화폐가 따로 있었다. 같은 물건도 외국인이 중국인보다 배 이상 요금을 지불해야 구입할 수 있었다. 그래서 싸구려 중국 옷과 모자 차림으로 빠르고 유창하게 북경어를 흉내 내어 얼마냐고 물어 중국 화폐를 내고 박물관에 들어간 적이 있다. 택시를 탔는데 먼 길로 돌아갔는지 예상보다 요금이 많이 나온

적도 있다. 이럴 땐 운전사에게 화를 내는 척하면서 큰소리를 쳐야 조금이라도 요금을 덜 낸다. 베이징으로 유학 온 한국 학생들이 방학 때 한국에 돌아오면 중국에서 보고 배운 습관대로 함부로 담배꽁초를 버리고, 뭔가 손해 본 것 같다고 생각되면 화부터 낸다. 90년대 중국 유학생의 자화상이다. 지금은 이런 일이 별로 없다. 택시를 타면 지도를 펼쳐서 운전사에게 이렇게 가 달라고 행선지로 가는 코스를 손끝으로 가리키고, 요금을 지불한 뒤에 영수증이란 뜻의 發票파퍄오를 달라고 하면 된다.

남을 화내지 않게 하는 것도 아름답다.

화평굴기 和平崛起

和平崛起 허핑쥐에치

'和平허핑'은 평화란 뜻이고, '崛起쥐에치'는 봉우리 등이 우뚝 솟은 모양을 말하는데 들고 일어난다는 뜻이다. 중국이 강대국이나 주변 국가와 평화 관계를 유지하면서 국제사회에서 제 목소리를 낸다는 뜻이다. 중국 4세대 지도부의 외교 전략이다. 鄧小平덩샤오핑과 江澤民장쩌민 시대의 "실력을 감추고 드러내지 않고 힘을 기르면서 때를 기다린다"는 韜光養晦타오광양후이 전략이 胡錦濤후진타오 시대가 들어서면서 바뀐 것이다.

중국은 고도 경제성장을 거듭하고 있다. 아시아 지역 10개국과의 교역액은 1천억 달러를 넘어섰다. 물론 한국과 일본도 최대 교역 상대국이 미국에서 중국으로 바뀌었다. 중국이 재채기를 하면 아시아가 감기몸살을 앓는다는 말이 생겨났다. 동남아는 중국의 에너지와 원자재 보급창고가 되었다. 1995년, 중국은 필리핀과 합동 군사 훈련을 실시하고, 대신 필리핀에 16억 달러의 차관과 투자를 제공하기로 했다. 인도네시아는 장거리 미사일 개발 협력에 합의할 예정이다. 베트남과는 南沙난사군도의 석유와 천연가스와 같은 자원 개발을 위한 협력 관계를 맺었다.

중국 내 외국인 유학생은 2004년도 기준 7만 8천 명인데 80퍼센트가 아시아인이다. 아시아 국가들과의 경제, 정치, 문화, 교육의 협력 관계를 긴밀하게 하면 할수록 중국의 목소리는 더욱 커질 것으로 예상된다.

주변국, 더 나아가서는 세계 각국과 평화를 중시한다고 외쳤던 중국이 얼마 전에 티베트인들의 행동을 무력으로 탄압했다. 입장과 각도를 달리하면 정말 난동인지 정당한 행동인지 알 수 없는 일이 일어날 수 있다.

골동품 骨董品

骨董品 구동핀

2005년 9월에 서울옥션스페이스의 '중국 명품유물 특별 경매전'은 국내에서는 처음으로 열린 중국 고미술 경매였다. 당나라 때의 불상, 원나라 때의 도자기와 서예의 대가 趙孟頫조맹부의 글씨, 명대의 불화, 청대의 회화와 의복 등 50여 점을 선보였다. 이 가운데 청대의 의복과 초상화, 청대 光緒광서 황제가 소장했던 19세기 陣法진법 기록화 등 10여 점이 포함되었다.

청대의 초상화는 한 화면에 여러 대의 조상을 함께 그려 넣는 것이 특징이다. 마치 동일한 인물 수십 명을 그린 것 같지만 자세히 보면 각각 차이가 있는 독특한 초상화다. 경매 가격은 대부분 1억 원부터 시작했다.

필자는 중국 골동품에 관심이 많고 학생들 강의에 필요하여 중국에 갈 기회가 있을 때마다 베이징시 남쪽 曹氏조씨라는 명문 집안의 흥망성쇠를 그린 중국 최고의 소설《紅樓夢홍루몽》의 무대가 되었던 大家園다자위안 동쪽에 있는 潘家園판자위안 古玩구완 시장에 간다. 기타 도시들도 수소문하여 찾아간다. 한자의 기원이 된 거북이 배 껍질에 甲骨文갑골문이 새겨져 있는 甲骨쟈구, 靑銅칭퉁 거울, 용이 새겨져 있는 가운데 구멍이 난 碧玉비위, 田玉톈위로 만든 돼지, 도장 재료 가운데 가장 비싸다고 하는 계혈석이 아닌 鷄血玉지쉬에위 도장, 다리가 세 개인 주나라 때의 청동 술잔 爵쥐에, 소주잔보다도 작은 나무 모양에서부터 뒤집어도 물이 흘러내리지 않는 차 그릇 등의 수십여 개의 茶碗차완 등. 전부 가짜다. 간혹 파장 무렵에 진짜가 흘러나오긴 하지만 대부분 짝퉁이다. 언젠가 송대 판각본《水經注수경주》라는 중국 지리서를 가게 주인이 고서인 줄 모르고 헐값에 팔았고, 귀한 고서임을 알고 싼값에 산 어느 교수가 횡재를 한 일이 있었다. 베이징에 가거들랑 횡재 사냥하러 가 보세.

골동품 가격은 주인이 부르는 가격대로 주어서는 절대 안 된다. 대략 반값 이하여야 한다. 물건에 따라 다르지만 통상 4분의 1 가격으로 흥정을 시작한다. 다음 단계로는 두 가지 물건의 값을 합치되 반 이하의 가격을 머릿속으로 정하고 제시한다. 그러면 주인은 당황하여 약간의 돈을 붙이는데 이때는 그 가격으로 흥정을 끝낸다. 다른 방법은 너무 비싸다는 표시로 가게 문을 그냥 나오려는 시늉을 하는 것이다. 그러면 대개는 손님이 부른 가격 또는 약간의 웃돈을 붙인 가격에 낙찰된다.

중국 현대 미술품이 세계 각처에서 투자의 대상이 되었다. 10년 전 필자도 이곳에서 100위안을 주고 范曾판쩡이란 중국 현대 화가가 기가 서린 눈동자로 먼 산을 바라보는 선비를 먹으로 그린 작품 한 점을 산 적이 있다. 물론 가짜다. 그의 도록을 찾아보니 똑같은 작품이 있었다. 워낙 모방 기술이 좋아서인지 진짜보다 더 나은 것 같다.

대만
臺灣

台湾
타이완

대만 유학 시절 여름방학 때 중국인 친구의 초대를 받아 농촌을 직접 경험한 적이 있었다. 대만 남부 高雄가오슝 근처의 旗山치산이란 곳이었다. 이곳은 바나나 재배 집단 농장이 있는 곳으로 유명하다. 고구마와 토란 둘을 접붙여서 만든 것이 芋頭위터우이다. 이것을 찌거나 튀겨서 먹는데, 이를 가공하여 아이스크림, 과자 등도 만들어 팔았다. 이 농산물 하나를 이용하여 개발한 상품이 많았던 것이 인상적이었다. 중국 본토의 끝없이 이어진 산봉우리가 인상적인 桂林꾸이린과 규모는 계림보다 작지만 풍경은 똑같은 美農메이농이란 곳도 근처에 위치했고, 墾丁컨딩이라는 대만 최남단의 아름다운 아열대 해변에도 가 볼 수 있었다.

1984년 때였으니 한국은 박정희 집권 시절이다. 당시 농촌은 무척 가난할 때였다. 대만에 유학을 와서 첫 여름방학 때 농촌을 본 뒤에야 대만이 왜 우리나라보다 부유한지를 알게 되었다. 蔣介石장제스가 마오쩌둥과의 투쟁에서 지고 대만으로 넘어올 때 두 가지를 가지고 왔다. 하나는 국가 문화재이고, 다른 하나는 황금이었다. 전자는 자신이 정통 중국 정부임을 자부할 수 있는 명분을 드러내 줄 정신적 상징물이다. 갖은 역경을 딛고 열차로 전국에 흩어져 있는 엄청난 국보급 문화재를 상하이 등 동부 해안의 항구로 옮겨 온 뒤에 선박을 이용하여 臺北타이베이 陽明山양밍산에 굴을 파고 그 안에 수장하였다. 대만은 아열대 지역이었으므로 습도로 인한 파괴를 방지하기 위한 것이었다. 황금은 물질적 자산으로 국민당의 재정과 물가를 안정시키는 데 사용하기 위해서였다.

대만인들도 한국 사람처럼 부지런하다. 대만의 경제 구조가 우리와 다른 점은 산업 구조가 중소기업 위주여서 국가 경제 전체에 미치는 영향이 큰 대기업 위주의 구조적 위험성이 없다는 것이다. 가족 단위로 꾸려지는 중소기업은 단결력이 강하고 회사에 헌신적이라는 강점이 있다. 그러나 더욱 중요한 점은 농업정책이다. 중국인 친구의 부친 말로는 농민이 생산한 농산물은 정부가 전량 매입해 주기 때문에 농민은 마음 놓고 일만 열심히 하면 된다고 했다. 친구 집에는 그때 처음 본 봉고차, 자가용, 오토바이 두 대가 있었고, 농촌 집까지 잘 닦여진 아스팔트 포장길도 인상적이었다. 필자가 어렸을 땐 집안이 가난했던 탓도 있지만 당시에는 서울을 포함한 도시와 농촌 할 것 없이 한 해 고기를 먹을 수 있는 날이 그리 많지 않았다. 쇠고기 값이 상당히 비싸 보통 서민은 상상하기 어려웠다. 자신을 포함하여 가족 생일날과 설날 때나 겨우 고기 구경을 할 수 있었다. 대만의 농촌 가정집에서는 매일 고기를 먹었다. 필자에겐 충격에 가까웠다. 대만 유학 시절 교내 식당이나 학교 근처 일반 식당에서 매일 고기를 싼값에 먹을 수 있었다. 대만은 自助餐쯔주찬이라고 하는 뷔페식 식당이 보통이었다. 자신이 먹고 싶은 반찬을 담아 무게를 달고 돈을 지불하는 방식이다. 중국인이 잘 먹지 않는 쇠고기를 제외하고 닭고기, 돼지고기, 생선은 항상 좌판에 올라와 있었다. 유학 비용을 아끼려고 할 때는 주말이면 학교 뒷산의 불교사원 指南宮지난궁을 걸어 올라가 점심을 공짜로 먹고 하산하기도 했다. 이곳에서 처음으로 똥냄새가 나는, 중국인처럼 중국어를 잘 하려면 반드시 먹을 수 있어야 한다는 두부를 썩히고 기름에 튀긴 그 유명한 臭豆腐처우더우푸를 먹어 보았다. 맛만큼은 아주 좋았던 기억이 난다.

20년 만에 다시 찾은 대만의 옛 모습은 이제 역사의 뒤안길로 사라졌다. 내가 4년을 공부했고 지금의 아내를 만났던 국립정치대학에도 새로운 건물들이 들어섰고, 지저분했던 학교 앞도 말끔하게 변해 자주 찾았던, 중국 대륙 할아버지 여러 명이 운영하던 만두집은 사라지고 없었다. 쯔주찬 식당은 그대로였으나 맛이 예전 같지는 않았다. 대만에 막 와서 묵었던, 이층에 친구가 세 들어 살던 집은 지금은 동물원으로 변해 버렸고, 우리나라가 건설한 지하철역이 생겨났다. 버스 종점은 사라졌고 우체국은 그대로였다. 시내에는 고층건물이 여기저기 우뚝 솟아 있으나 국부 孫文손문을 기념하는 중정기념관은 보수를 하지 않아 낡았다. 고궁박물원은 예전 그대로였다. 문화재가 많아 상설전시관을 제외하고는 1년에 네 번 특별전을 연다.

대만에선 국립대학의 대학원 학비가 없는 것을 알고 어렵사리 비행기를 타고 무작정 대만엘 갔다. 다행히 동기생이 유학을 하고 있어 심적으로 안심은 되었다. 대만에 도착한 다음 날 대학 선배가 중국어 훈련과 적응을 위해 집을 못 찾을 경우를 대비해서 집 전화번호 하나만 달랑 손에 쥐어 주고 나를 밖으로 내쫓았던 과거가 기억난다. 전부터 가 보고 싶었던 고궁박물원으로 향했다. 당시에 나는 중국어 회화를 잘 하질 못했다. 간단한 질문과 예상 답변을 몇 마디 외우면서 버스정류장 근처를 얼쩡거렸다. 중국어 회화는 여자를 사귀면 빨리 배울 수 있다는 동기생의 충고가 생각났기 때문이다. 헌팅 장소를 시내 모 대학 근처 버스정류장으로 택했다. 처음엔 용기가 나질 않았다. 떠듬거리는 중국어 때문에 내 자신이 우스워 중간에 그만두기도 했다. 혹 사정권에 들어와도 뭔 소린지 알아들을 수가 없었다. 다시 천천히 말해 달라고 해도 알아듣지 못할 때는 준비한 수첩에 적어 달라고 해서 길을 찾아갔다. 물론 나중을 위해 전화번호를 적어 달라는 간절한 부탁도 잊지 않았다.

고궁박물원 첫나들이는 운이 좋았다. 중국 산수화의 양대 국보급 가운데 하나인 그림의 특별전이 열리고 있었다. 郭熙곽희의 〈早春圖조춘도〉였다. 진품이 지금도 눈앞에 선한데 명품을 보는 기쁨이 얼마나 컸던지 그 감동은 지금도 가슴에 남아 있다.

젊어서 유학했던 곳을 늙은 뒤에 다시 찾아가지 말라는 선배들의 조언이 생각난다. 공부에 전념하느라 마음고생이 심했던 기억이 남아 있기 때문에 다시 찾아가면 세월의 무상함만 느끼고 후회한다는 것이다. 틀린 말이 아니었지만 그대로 남아 있는 것도 있었다. 고궁박물원이다. 과거를 계속 쌓아가는 곳이기 때문에 나의 과거도 그곳에 간직되어 있었다. 흘러가는 강물은 다시는 돌아오지 않지만 봄이 오면 강가의 복숭아나무엔 어김없이 붉은 꽃이 화사하게 핀다.

패권 霸權
霸权 **바취안**

중국은 수단에서 석유를 수입하는 대가로 수단을 재정적, 외교적으로 보호하면서 학살에 사용되는 무기를 공급하고 있다. AI(국제사면위원회) 미국 지부에 따르면, 중국은 2005년 수단에 폭격기와 공격용 헬리콥터 등을 포함해 8,300만 달러(약 780억 원) 상당의 무기를 판매했다. 수단은 중국의 보호를 등에 업고 1월 초 다르푸르 지역의 유엔평화유지군을 습격하기도 했다. 또 수단의 수도 하르툼에서 미국 외교관 존 그랜빌이 괴한의 총에 맞고 숨졌다.

유엔평화유지군이 다르푸르 지역에 주둔할 수 있도록 중국이 수단 정부에 압력을 가한 것은 사실이다. 그러나 근본적인 문제는 중국은 유엔 안전보장이사회가 수단을 제재하려는 움직임에 대해 반대하고, 수단은 중국을 믿고 반군을 계속 공격하고 있는 것이다.

중국은 수단에 무기 공급을 중단하고 수단의 학살 범죄에 동조하지 말아야 한다는 압력을 받고 있다. 이런 가운데 중국 정부의 싱크탱크인 중국과학원이 1월 29일 '평화 비둘기 전략'이라는 보고서를 발표한 것에 대해 일부에서는 중국의 세계전략에 대한 의중을 반영한 것이라고 평가했다. 중국과학원은 2001년부터 진행해 온 중국 현대화 전략연구과제 팀의 연구 성과를 집대성한 것이다.

2002년 이후 중국 海南하이난섬에서 열리고 있는 博鰲보아오포럼과 아시아협력대회를 통한 아시아국가연합을 비둘기의 심장에, 유엔은 머리에, APEC(아시아태평양협력체)은 오른쪽 날개에, ASEM(아시아 · 유럽정상회의)은 왼쪽 날개에 비유한 전략이다. 중국 정부는 학술기구의 보고서일 뿐이라고 하지만 중국의 미래 전략임에는 틀림없다.

중국은 미국의 핵에 대한 억제력을 갖기 위해 군을 현대화하고 있다. 2004년 7월부터 핵잠수함을 배치했다. 최근 개발한 대륙 간 ICBM(탄도미사일) 16기를 장착할 수 있다. 사정거리 8천 킬로미터이고 미국의 핵 공격을 막아내고 역공도 가능하다. 또 지상에서 발사할 수 있는 ICBM 東風둥펑도 배치됐다. 둥펑 미사일은 향후 사정거리가 1만 3천 킬로미터 가능한 미사일로 대치된다. 《워싱턴포스트》지는 이들 미사일의 주목적은 미국에 대한 공격이 아닌, 대만 위기 때 미국이 중국의 핵 보복 능력을 우려하게 하여 미국의 개입 결정을 미루게 하고 그사이에 중국 군대가 대만을 점령하기 위해서라고 전했다.

중국은 수입 석유와 원자재의 안전을 위해 남 · 동중국해 해상노선 확보를 위해 미얀마와 이란 항구 등지에 음파탐지 시설을 설치했다. 대만을 겨냥하여 600여 기의 단거리 탄도미사일을 배치하고 음속의 3.5배로 날아가는 미사일이 장착된 6척의 러시아제 구축함을 주문했다.

국토 방위냐 패권을 위한 야망이냐?

동북공정
東北工程
东北工程 둥베이궁청

工程궁청은 공사, 작업이란 뜻이다. 동북공정은 2002년부터 2006년까지 고구려사를 중국사로 편입하려는 중국 정부의 작업을 말한다. 1996년부터 2000년까지, 중국의 신화 시대를 역사 시대로 편입하기 위한 斷代工程단대공정을 완성했다. 2003년부터 시작된 중국 문명의 기원을 추적하는 探源工程탐원공정에서는 한국 고대 문화의 뿌리라고 할 수 있는 동북 지역 고대 문명을 중국사로 간주하려는 시도가 지금 중국에서 진행되고 있다.

2003년 중국사회과학원 변강사연구중심이 펴낸《古代高句麗歷史續論고대중국고구려역사속론》에 고구려인은 殷은 계통의 사람으로 중국인의 선조인 炎黃염황의 자손이라고 했다. 고구려인이 東夷동이족의 하나인 濊貊예맥계라는 기존 학설을 뒤엎고 중국 고대 국가인 하 · 상 · 주 3국의 하나인 은나라의 후손이라고 주장하고 나선 것이다. 은나라는 기원전 14세기에서 11세기까지의 왕조이고, 상나라는 기원전 1711년에서 기원전 1066년까지 이어진 왕조다. 은상이라고도 부른다.

중국은 왜 이런 주장을 할까? 이것은 遼河랴오허 유역의 고고학 발굴과 밀접한 관계가 있다. 중국인들은 중화 문명이 黃河황허 유역의 신석기와 청동기 문화에서 기원한 것으로 해석한다. 그러나 랴오허 유역 일대에서 기원전 7000년경의 新樂신락과 小珠山소주산, 기원전 6000년경의 興隆窪흥룽와, 기원전 3500년경의 紅山홍산, 기원전 2400-1500년경의 夏家店하가점 등의 신석기와 청동기 시대 유적이 대거 발굴되면서 중국 당국은 위기의식을 느끼게 되었던 것이다. 중국인의 모태가 되는 황하 문명보다 더 이른 문명이 고구려가 활동하던 랴오허 일대에 존재했다는 사실을 받아들이기 어려웠기 때문이다.

랴오허 유적에서는 빗살무늬토기와 돌무덤, 비파형 청동검 등 그동안 한반도 문화의 특징을 가진 유물들이 대거 출토됐다. 이것은 중화 문명보다 더 이른 문명이 한민족의 뿌리라는 점, 랴오허 지역이 만주 지역의 일부이고 고조선, 고구려 등 한국 옛 왕조의 지배하에 있었다는 점과 이런 논리로 한반도 통일 후 북한과 간도 땅 문제, 더 나아가 고조선과 고구려의 활동 지역인 만주 일대에 대한 권리 주장까지도 발생하면 중국이 곤란해질 것이라는 강박관념이 작용했다. 이런 곤경을 한꺼번에 해결할 수 있는 방법은 랴오허 문명이 중국의 기원이라고 주장하는 것이다.

황하 문명에 앞서 훨씬 이전에 랴오허 문명에서 중국 문화가 싹텄고 중원 문명과 밀접한 관계를 맺고 있다고 하면서 만주 일대의 문명 또한 이 랴오허 문명에서 기원하였다고 주장하면 한국 문화의 뿌리는 중국 문명이라는 논리가 성립되는 것이다. 한반도의 한국인은 중국인의 소수민족이라는 억측이 나올 수 있는 것이다.

랴오허 지역에서는 한자의 원형으로 추정되는 갑골문이 발굴된 殷墟은허의 은나라 유적보다 훨씬 앞선 시대의 갑골과 가장 오래된 龍용 조각이 출토됐다. 이는 華夷화이를 엄격하게 구분 짓는 중화사상에서 비롯된 황하 문명의 우월성을 위협할 수 있는 것이다. 그러나 이런 중국의 주장을 역으로 보면 이들의 주장이 얼마나 터무니없는 것인가를 쉽게 알 수 있다.

첫째, 왜 만리장성은 山海關산해관에서 시작되었을까? 랴오허 문명이 중화 문명의 기원이라면 랴오허 문명의 중심지를 둘러싸서 성을 쌓아야 옳았다. 산해관을 경계로 성을 쌓은 것은 랴오허 일대가 한족의 영역이 아니라는 것을 증명하는 것이다. 만리장성은 한족과 오랑캐를 구분 짓는 선이라는 학설을 받아들인다면, 랴오허 지역은 오랑캐의 땅이다. 이런 오랑캐의 땅이 한족의 기원이라는 주장은 억측이다. 과연 중국인들은 이런 주장을 받아들일 수 있을까? 황하가 중화민족의 뿌리라고 오랫동안 알고 있었고 또 가르쳐 왔는데 갑자기 랴오허가 한족의 기원이라고 하면 어디엔가 랴오허보다 더 이른 유적이 발견될 때 그 지역이 중국 문명의 기원이라고 정정할 것이다.

둘째, 중국인은 은나라가 동이족의 후손이 세운 나라라고 사서에 기록했다. 동이족 계통의 예맥족이 고구려인의 뿌리인데, 랴오허 문명을 한족의 기원으로 설정해 놓고 보니 고구려인은 조선인이 아니고 은나라에서 나왔다는 주장이 저절로 나오게 된 것이다. 이제는 중국인들은 한민족은 동이족 후손이 아니라고 할 판이다.

셋째, 한자의 기원이 되는 갑골문보다 앞선 문자가 있었을 것이라는 주장이 중국인 학자들 사이에 제기되어 왔다. 그런데 랴오허 유적에서 그런 문자가 나왔으니 중국은 당연히 랴오허 문명이 중국 문명의 기원이라고 억지를 부리는 것이다. 이를 역으로 추정하면 한족 조상들이 먼저 한자를 사용했고 이런 문자들의 영향을 받아 은나라가 갑골문을 사용했다는 말도 성립될 수 있는 것이다.

넷째, 만주 일대는 한족의 활동 무대가 아니었다. 전설상의 고대 중국의 행정구역은 九州구주이다. 한대 이전의 구주는 우임금의 치수 이후의 구분이었다. 《尙書상서》에 冀익은 河北허베이 남부와 山西산시 동남부, 兗연은 河南허난 북부와 山東산둥 서남부, 靑청은 산둥의 동부와 북부, 徐서는 허난 동남부 · 安徽안후이 북부 · 산둥 남부 · 江蘇장쑤 북부, 揚양은 안후이 남부 · 장쑤 중남부 · 江西장시 동부 · 浙江저장과 福建푸젠 일부, 荊형은 湖南후난과 湖北후베이, 豫예는 허난 남부와 안후이 북부, 梁양은 陝西산시 남부와 四川쓰촨 동부, 雍옹은 산시와 甘肅간쑤라고 했고, 《呂氏春秋여씨춘추》에는 幽州유주가 있고 梁州양주는 없다. 또 《周禮주례》에는 유주와 幷州병주는 있으나 徐서와 梁양은 없다. 유주는 지금의 베이징 일대로 지금도 가 볼 수 있는 만리장성이 여기에 있다. 유주 동쪽의 랴오허 지역은 구주에 속하지 않았다.

中原중원이라고 하는 지역은 좁은 의미로는 지금의 허난 지역이고, 넓은 의미에서는 황하 중하류 일대를 가리킨다. 中土중토, 中州중주라고도 한다. 중국인은 중원 지방을 중심으로 살았던 민족을 가리킨다. 명 · 청 시대 때 산해관 서쪽 지역을 關內관내라고 했고, 遼寧랴오닝, 吉林지린, 黑龍江헤이룽장 3성을 關外관외라고 했는데, 山海關以外산해관이외라는 말에서 유래했다. 청나라는 바로 이 산해관을 경계로 만주 일대를 호령했던 만주족이었다. 몽골은 고비사막 너머 바이칼호 이남 지역이다. 만주족과 몽골족 두 민족 모두는 중원의 한족이 오랑캐라고 멸시하던 민족이다. 그러나 元원과 淸청이라는 국가를 중원에서 경영했다.

중국은 항상 同化동화라는 개념으로 비록 이민족이 중원을 통치했지만 문화적으로는 완전 중원 문화에 동화되어 흡수되었다고 말한다. 만주에서 일어난 여진족이 건립한 금나라가 북송을 멸망시켰고, 몽골족이 금과 남송을 멸망시켰으며, 만주족이 명을 멸망시키고 중원을 점령했다. 동화라면 혈통적 동화와 문화적 동화가 이뤄져야 하는데, 원대와 청대의 통치자는 강희 황제를 제외하고는 모두 결코 한족을 황후로 맞이한 적이 없어 적어도 통치 집단 내에서는 한족에 의한 동화는 없었다. 중국 문화의 비중이 상당히 큰 것은 사실이지만, 상대적으로 한족은 인구가 많아 동화라는 개념보다는 상호 영향의 측면으로 접근하기는 것이 더 합리적이다. 문화는 차이이지 높낮이는 아니다. 예를 들면, 평상시나 특히 결혼식에 즐겨 입는 치파오는 만주족의 옷이다. 변발을 한다든지 양고기를 즐겨 먹는 것은 유목민족의 풍습이다.

비록 고려가 원의 통치를 받긴 했어도 고려의 왕은 엄연히 존재했다. 일제 식민지 시대에서조차 조선의 왕은 있었다. 원과 청나라 때 중국의 한족 왕이 존재했던가? 몽골에 가서 원나라는 누구의 역사인지 물어봐라. 만주족이 점점 줄어들고 있긴 하지만 아직도 만주 땅에 살고 있다. 그들에게 민족사를 저술하라면 청나라는 누구의 역사가 되겠는가?

중국은 다민족 국가임에는 틀림없다. 중국은 국가는 민족의 개념이 아니고 지역 개념이라고 여기고 있는 것이다. 엄연히 고조선, 고구려의 땅이었던 만주에는 한족은 살고 있지 않았다.

손자병법
孫子兵法
孙子兵法
쑨쯔빙파

《손자병법》은 춘추 시대 때 전략가인 孫武손무가 吳오나라 왕 闔閭합려를 위해 지은 병법에 관한 명저다.

2007년 가을, 중국의 대학과 기업체는 물론 정계와 군부도 《손자병법》 배우기에 열을 올렸다. 명문대학을 중심으로 2006년부터 최고경영자들을 대상으로 '《손자병법》과 기업 전략'이 라는 필수 과목을 개설하고 운영중이다. 인민해방군은 모든 장교들의 훈련 교재로 《손자병법》을 채택했다.

중국 정부는 손무 탄생일을 맞아 그의 고향인 蘇州쑤저우에 孫武書院손무서원을 건립했다. 이 행사에 홍콩, 일본, 대만, 미국, 말레이시아 등 10여 개국의 《손자병법》 전문가 150여 명이 참석했다. 손무서원 측은 인터넷을 통해 관료, 기업 경영자, 대학원생들에게 강의도 할 예정이라고 했다.

2007년 9월 9일 호주 시드니에서 폐막한 APEC(아시아 · 태평양경제협력체) 정상회담에서 미국 · 일본 · 호주 3개국 정상이 안보전략회의를 열어 중국에 대한 포위망 구축을 논의했다. 그러나 후진타오 주석은 이에 대해 비난하지 않고 대신 호주와 미국과 같은 수준의 안보전략회의 개최와 향후 20년 동안 100만 톤의 천연가스 공급 계약을 성사시켰다.

실리란 자신은 희생을 적게 하고 남으로부터 더 많은 이익을 얻는 것이 아닐까? 그렇다면 적을 이기는 방법은 무엇일까? 《손자병법》에는 적과 힘이 같을 때는 절대로 적을 공격하지 않고, 적보다 네 배의 힘이 있을 때만 공격해야 한다고 했다. 최근 티베트에서 발생된 갈등을 역사적으로 본다면, 당나라 때 티베트는 吐蕃토번이었는데 막강한 국가를 형성하여 당이 결코 공격하지 못했다. 인접국으로부터의 공격에 대한 두려움 때문에 외교적으로 인척 관계를 맺는 방법을 택했다. 그래서 당 조정은 문성공주를 라싸로 보내어 티베트의 왕에게 시집을 보냈다.

최상의 전법은 싸우지 않고 이기는 것이다.

결론

중국의 힘은 한자에서 나온다. 중국은 사해의 중심이고 중심 밖 주변에는 네 곳에 오랑캐가 있다고 여겼다. 중심과 주변은 변화가 없다. 영원이다. 고착되면 변화 불가능이다. 불교와 마르크스주의가 중국에 들어와 정신 및 생활, 문화 등 모든 방면에 엄청난 영향을 끼친 것처럼 최근 중국은 그들이 그토록 원했던 과학과 민주 가운데 과학을 수용하면서 삶의 질을 높였으나 그로 인해 급격한 사회적 변화를 겪고 있다. 이는 해안 대도시를 우선 발전시킨다는 先富論선부론에 바탕을 두고 있다. 산샤댐을 통한 서부 대개발의 첫 단추를 꿰다가 티베트에서 문제가 발생했다. 이 문제는 민주라는 다른 한쪽에 대한 성취를 이룩하지 못했기 때문이다.

돈이 생각을 바꿀 수도 있지만 돈만의 문제는 아니다. 민주는 뜨거운 감자다. 13억 인구에 버금가는 인접 대국 인도는 영국 식민지 시절 민주주의를 직접 경험했다. 선거를 통해 국가 최고 지도자를 국민이 직접 선출하고 있다. 중국의 국력이 인도를 능가하는 것은 사실이다. 그러나 민주는 한 수 아래다. 잘 익은 감자는 맛있어 보이지만 뜨거워서 금방 먹을 수는 없다. 그래서 식을 때까지 기다리는지도 모른다. 배가 고플 때 밥을 먹고 목이 마를 때 물을 마실 수 있도록 했다. 그 다음은 무엇인가?

권리다. 대가를 톡톡히 치를 것이다. 공짜는 없다. 자연스럽게 밑에서부터 끓어오르는 민중의 목소리를 막을 수는 없을 것이다. 폭주하는 욕구를 다 충족시킬 수도 없다. 수요가 공급을 맞추지 못하면 값은 오른다. 상대적

박탈감, 불평등과 알 권리를 차단한 벽을 허물고 기득권을 손에서 놓아야 한다. 이는 중국 역사에서 수없이 읽을 수 있다. 국가가 모든 것을 통제할 수는 없다. 역사는 반복된다. 또 다른 황제가 될 것인가? 아니면 동화와 중국화를 자랑하는 중국이 민의를 바탕으로 새로운 서구의 민주주의 제도를 수용할 것인가? 이것도 저것도 아니면 중국식 신민주주의를 정착시킬 것인가? 신민주주의의 정체는 무엇이 될까?

세계의 반쪽이 중국이라는 것은 중국 이외에 공존하는 다른 나라도 있다는 말이다. 세계의 반쪽이 과학과 민주라는 것은, 과학과 민주가 음양으로 공존해야 비로소 반쪽이 아닌 중국이 존재한다는 뜻이 된다.

한자의 뿌리는 갑골문이 아니다. 뿌리 깊은 한자는 중국인만의 언어가 아니고 동아시아 공동의 언어다. 잎이 무성한 나무의 영양소는 뿌리로부터 얻는다. 나뭇잎은 열매를 생산하는 공장이다. 뿌리가 썩으면 잎도 자라지 못하고 열매도 맺지 못한다. 동아시아 각국은 나뭇잎에 해당된다. 현재 지역적으로 볼 때 중국은 한자의 뿌리, 잎은 한국, 열매는 일본처럼 보인다. 우리는 우리나라의 근원인 뿌리를 알아야 한다. 그래야 알찬 열매도 맺을 수 있다.

중국의 힘은 미완성이다. 동아시아, 더 나아가서는 세계와 공존해야 하는 진행형이다.

한자 속의 중국 문화

초판 발행 2009년 11월 20일
초판 2쇄 2015년 5월 4일
지은이 이해원
펴낸곳 고려대학교출판부

www. kupress. com
kupress@korea. ac. kr
136-701 서울특별시 성북구 안암동
02-3290-4230, 4232
Fax 923-6311

찍은곳 한국컴퓨터인쇄정보

ISBN 978-89-7641-700-8 03380
값 15,000 원